海外中国研究丛书
刘 东 主编

[比利时] 魏希德 著
刘云军 译

宋帝国的危机与维系

信息、领土与人际网络

INFORMATION, TERRITORY, AND NETWORKS

The Crisis and Maintenance of Empire in Song China

江苏人民出版社

图书在版编目(CIP)数据

宋帝国的危机与维系：信息、领土与人际网络／(比)魏希德著；刘云军译. —南京：江苏人民出版社，2021.8(2021.10重印)

(海外中国研究丛书／刘东主编)

书名原文：Information, Territory, and Networks : The Crisis and Maintenance of Empire in Song China

ISBN 978-7-214-25735-2

Ⅰ.①宋… Ⅱ.①魏…②刘… Ⅲ.①政治制度史—研究—中国—宋代 Ⅳ.①D691.2

中国版本图书馆 CIP 数据核字(2020)第 255247 号

Information, Territory, and Networks : The Crisis and Maintenance of Empire in Song China by Hilde De Weerdt.
Copyright © 2015 by the President and Fellows of Harvard College.
Published by arrangement with Harvard University Asia Center through Bardon-Chinese Media Agency.
Simplified Chinese edition copyright © 2021 by Jiangsu People's Publishing House.
All rights reserved.

江苏省版权局著作权合同登记号：图字 10-2018-346 号

书　　　名	宋帝国的危机与维系：信息、领土与人际网络
著　　　者	[比利时]魏希德
译　　　者	刘云军
责 任 编 辑	李晓爽
装 帧 设 计	陈　婕
责 任 监 制	王　娟
出 版 发 行	江苏人民出版社
地　　　址	南京市湖南路 1 号 A 楼,邮编:210009
照　　　排	江苏凤凰制版有限公司
印　　　刷	南京新洲印刷有限公司
开　　　本	652 毫米×960 毫米　1/16
印　　　张	32　插页 4
字　　　数	356 千字
版　　　次	2021 年 8 月第 1 版
印　　　次	2021 年 10 月第 2 次印刷
标 准 书 号	ISBN 978-7-214-25735-2
定　　　价	98.00 元

(江苏人民出版社图书凡印装错误可向承印厂调换)

序"海外中国研究丛书"

中国曾经遗忘过世界,但世界却并未因此而遗忘中国。令人嗟讶的是,20世纪60年代以后,就在中国越来越闭锁的同时,世界各国的中国研究却得到了越来越富于成果的发展。而到了中国门户重开的今天,这种发展就把国内学界逼到了如此的窘境:我们不仅必须放眼海外去认识世界,还必须放眼海外来重新认识中国;不仅必须向国内读者迻译海外的西学,还必须向他们系统地介绍海外的中学。

这个系列不可避免地会加深我们150年以来一直怀有的危机感和失落感,因为单是它的学术水准也足以提醒我们,中国文明在现时代所面对的绝不再是某个粗蛮不文的、很快就将被自己同化的、马背上的战胜者,而是一个高度发展了的、必将对自己的根本价值取向大大触动的文明。可正因为这样,借别人的眼光去获得自知之明,又正是摆在我们面前的紧迫历史使命,因为只要不跳出自家的文化圈子去透过强烈的反差反观自身,中华文明就找不到进入其现代形态的入口。

当然,既是本着这样的目的,我们就不能只从各家学说中筛选那些我们可以或者乐于接受的东西,否则我们的"筛子"本身就可能使读者失去选择、挑剔和批判的广阔天地。我们的译介毕竟还只是初步的尝试,而我们所努力去做的,毕竟也只是和读者一起去反复思索这些奉献给大家的东西。

刘　东

谨以此书纪念冈元司(Oka Motoshi)先生

目 录

中译本序(魏希德) 1
图、地图、表 1
前言及鸣谢 1
导 论 1

第一部分 帝国的当代维度:朝廷 33
  第一章 档案传播与晚期中华帝国档案心态的形成 35
  第二章 朝报与小报 70

第二部分 帝国的跨历史维度:中国领土 97
  第三章 舆地图中的帝国重建 99

第三部分 沿边、边境和边疆 153
  第四章 战略话语:在公共领域中构建边疆 155
  第五章 前现代边境的多重性 212

第四部分　帝国的信息网络　251

　　第六章　笔记现象　253

　　第七章　信息提供者网络与士人身份认同　292

　　第八章　展现异族他者　348

结语与跋　376

附录Ⅰ　补充表格　387

附录Ⅱ　关于主题标记的说明　414

参考书目　416

索　引　457

译后记　477

中译本序

　　为什么中国读者想要阅读引进版的中国史著作？为何他们想要翻译一本关于宋朝中国政体行政知识生产与使用的英文历史著作？当我坐下来为《宋帝国的危机与维系：信息、领土与人际网络》(我自2007年至2012年历时五年研究并完成本书)中译本写序的时候，这些问题就浮现在我面前。我在下文中给出了两个理由，来说明为什么中国读者会想继续阅读本书。首先，局外人的视角可以帮助人们发现貌似熟悉的历史的基本方面；其次，这种看似陌生的历史研究方法，可能会阴差阳错地导致人们重新思考中国历史的本土传统和非本土传统之间在方法论上的相似性（以及差异），从而得出对前者和后者更深层次上理解的结论。

　　根据我从华人同事和学生那里得到的信息（他们对关于本书的演讲、草章以及后来本书的英文版给出反馈），这个问题乍听之下很不寻常，甚至令人费解。为什么本书要探究政治知识的社会生产？为何要叙述人们如何在各种各样的文本和图表体裁中共享并改编行政知识？为什么要分析有关宋朝廷和宋帝国文本嵌入其中的沟通网络？以及为什么要特别注意那些出版、交流时事、档案知识、地理知识和军事知识的各种媒体？

我们如何撰写历史，取决于一系列因素：学术共同体中的史学语境，这些学术共同体中培养出来的学术价值观，以及我们学术生涯所在的阶段（如果我们是在学术语境下写作的话）；当然，还有我们所处的更大范围的国家和国际环境。对于当前在中国得到训练的史学工作者或感兴趣的中国读者，以及在比利时长大，曾在美国、日本、中国、英国和荷兰接受过训练和工作的中国史学者来说，这些都是不同的。我们阅读的文本，提出的问题，以及我们对史料诠释与书写的方式，都是挑来选去的对象。对于一位对思想史和政治史感兴趣的欧洲史学工作者来说，宋史的核心原始史料之所以有趣，不仅因为它们讲述了关于政治角色和事件的故事，它们的存在、结构和组织、流通，以及在其他史料中引用这些史料与引用史料的方式也需要得到解释。从局外人的角度或全球中世纪史更广阔的视角来看，这些事情在行之有效的中国政治史和制度史上被视作理所当然。政书、地理文本、军事文本和档案文本的早熟生产、印刷和二次讨论是最引人注意且最值得人们记录的。我们需要解释它们的存在，而它们在中国历史进程中的意义和影响，也值得我们探讨。早期现代欧洲旅行者，当他们第一次接触到中国丰富的行政和历史传统时，已经格外强调中国行政知识异常丰富的资料以及士人参与其生产和传播的过程。因此，局外人的观点可能会突出一些根本上很重要的东西，一些已经变得如此司空见惯以至于对局内人来说，它们不会引人注意，或者显得过于不言而喻，因此不值得进行历史分析。

然而，那些以其所书写的传统为本土的历史学家与非本土的历史实践者之间的这种差异，并不像看上去那么绝对。对中西方历史趋势进行更大规模的比较,我一直持相当怀疑的态度,我认为这些比较往往是基于文明差异的假设,而不是对特定领域、知识传统和国家学术语境以及最迟自19世纪以来所形成的国际和跨文化联系下不同学术流派的认真理解。近年来,人们对宋代政治文化的研究,是学术传统交叉的一个绝佳例证。正如我在其他地方更详细解释的那样,特别是来自中国的学者,将学术注意力转向官方文件的传递、政府命令的传达以及地方和中央信息的收集和交流上。① 关于这些主题的连续出版物的编辑出版,带来了关于中国政治史的史学的重大转变。正如邓小南著作中精准且极具挑战性的阐述那样,这种新政治史是一种自觉的转变,它摆脱了早期政治史上主要侧重于制度史(产生了对一般中央和区域政体以及司法、财政、军事、调查、档案和下级官僚机构的详尽研究)、君臣,以及重大事件叙述的学术研究。新的"活"的政治史关注社会、政治和制度进程(王朝以及跨越王朝);强调个人、集体和机构之间的关系与张力;强调政治产生的网络与场域;以及对制度发展和政治决策产生影响的各种因素,包括礼、话语、政治理论书写以及个别政治家的意愿和话语。信息的披露和控制,以及特定行动者获得并利用信息的渠道已成为分析的出发点;个别文件已变成问题,成为对多重能动性进行分析的个案,而不是那些对机构及其在帝国专制主义发展过程中的地位进行冗长描述的不

---

① 魏希德(De Weerdt)和约翰·沃茨(John Watts)《走向比较政治史:1000—1500年左右政治传播的结构转型》,收入魏希德和朱利叶斯·莫什(Julius Morche)主编《1000—1600年中国和欧洲历史上的政治传播》(阿姆斯特丹:阿姆斯特丹大学出版社,2020);邓小南主编《政绩考察与信息渠道:以宋代为重心》(北京:北京大学出版社,2008);《文书·政令·信息沟通:以唐宋时期为主》(北京:北京大学出版社,2012);《宋代政治史研究的新视野国际学术研讨会论文集》;邓小南、黄宽重主编《宋代的讯息传递与政令运行》,《汉学研究》27卷第2期(2009),第1—200页。

言自明的证据。这项学术研究最初侧重于官僚内部的沟通交流，但也导致了在地方支持者中皇帝命令与地方政府决定的沟通方面的开创性工作，以及 11—12 世纪以来各种地方中介机构的兴起。① 在这些趋势中，我发现了跨越东亚和欧洲政治交流语言史中潜在的方法论兴趣的相似性。

自本书初版以来，除了前文强调的关于政治交流的中国学术之外，主要在两个方向上有了重要的进一步发展：关于宋朝中国政体的性质和民族在其中所发挥的作用，以及我在本书最后几章中所谈到的数字历史。如果我重写本书，我可能会更明确地评论中国人的民族国家起源于宋朝的论点，也许会在本书的最后一章中更明确地提到最近关于民族话语的成果。现在，我要向读者推荐两篇书评，在这两篇书评中，我阐述了为什么我仍然认为，我们可以更好地把宋朝政体想象成一个帝国（empire），而不是一个民族（nation）或一个民族国家（nation-state）。②

关于宋代笔记作者从何处获取信息，以及他们所报道的那些信息的社会背景和地理背景的问题，促使我探索了具有重大影响的实证调查和历史分析的新方法。我们在本书中开始的工作可

---

① 邓小南《前言》，收入邓小南主编《政绩考察与信息渠道：以宋代为重心》。《走向活的制度史——以宋代官僚政治制度史研究为例的点滴思考》，收入包伟民主编《宋代制度史研究百年》（北京：商务印书馆，2004），第 10—19 页。第一部有专章专门讨论政治沟通的作品是朱瑞熙的《中国政治制度通史：宋代》（北京：人民出版社，1996）。关于与地方社区的沟通，参见高柯立《宋代州县官府的榜谕》，《国学研究》第 17 卷（2006），第 77—108 页；《宋代粉壁考述——以官府诏令的布为中心》，《文史》第 66 卷（2004），第 126—135 页。戴建国《宋代的公证机构——书铺》，《中古史研究》1988 年第 4 期。陈景良《讼学与讼师：宋代司法传统的诠释》，《中西法律传统》（2001 年），第 201—232 页。
② 魏希德《评谭凯〈肇造区夏：宋代中国与东亚国际秩序的建立〉》，*H-Nationalism*, *H-Net Reviews* 8, 2018. http://www.h-net.org/reviews/showrev.php?id=52962；《评杨绍云〈蛮夷之道：唐宋时期重新划定民族边界〉》，《美国历史评论》待刊。

以在线检查并被重复使用,①这导致我们开发了文本分析和阅读平台MARKUS。② 在过去十年里,数字历史发展迅速,并朝着不同的方向发展。如果我们今天这样做的话,我们可能会以不同的方式展示或发表我们在本书中所进行的尝试。但这也是我们从本书中学习到的教训,并且我们也希望我们的读者们也能从中吸取教训:愿意承担精心构思的风险,以改进人类历史实践和享受的多样性,并愿意跨越语言的边界进行学习与合作。

最后,我要特别感谢出版社和译者。翻译是一门难度很大的艺术,人们需要做出许多艰难的决定,鸠摩罗什和慧远对此非常清楚。翻译,尤其是专门的历史研究的翻译,最终总是一项得不偿失的工作。然而,我还是要特别感谢刘云军,因为他创作出了一部精彩的翻译艺术作品。

十分感谢!

魏希德
2020年10月20日
于莱顿

---

① 魏希德和布伦特·何(Brent Ho)《〈信息、领土与人际网络〉所附带的数据和可视化网址》,2016。http://chinese-empires. eu/reference/information-territory-and-networks/。
② 有关MARKUS的历史和功能的概述,请参阅魏希德《中韩数据的创建、链接与分析:MARKUS和COMPARATIVUS中的数字文本注释》,*Journal of Chinese History* 4.2, 519—527。

图、地图、表

图

1.1 档案形成不同类型档案汇编和历史汇编的过程 39

3.1 《古今华夷区域总要图》 129

3.2 《元魏北国图》 132

4.1 长江上游和淮河地区战略要地的层次结构 172

4.2A-B 刘达可《璧水群英》中"待夷狄"主题下的"恢复"小标题 181

4.3A-B 《两朝圣政》中与《璧水群英》所引用的那些相对应的段落 182

4.4 《两朝圣政》中正文与朝代索引和主题索引之间的关系 184

5.1 《圣朝元丰(1078—1085)九域图》，出自《历代地理指掌图》 221

6.1 宋代刻本笔记数量（根据刊刻年代） 263

6.2 宋代笔记版本分布情况（根据出版者类型） 266

6.3 宋代官刻本笔记数量（根据刊刻年代），并显示官刻本的子类型 268

6.4 宋人笔记作者中用于入仕的方法（按百分比） 276

6.5 宋代刻本笔记作者人数（未见于CBDB条目中） 278

6.6 王明清《挥麈录》中所涉及的关系 286

7.1 王明清《挥麈录》：信息提供者网络（根据征引频率） 303

7.2 司马光《涑水纪闻》：信息提供者网络（根据征引频率） 306

7.3 张世南《游宦纪闻》：信息提供者网络（根据征引频率） 308

7.4A 王明清《挥麈录》：959年前的作者人际网络 309

7.4B 王明清《挥麈录》：1060—1109年作者的人际网络 310

7.5 王明清《挥麈录》：1100—1219年信息提供者网络 311

7.6 张世南《游宦纪闻》：1150—1266年信息提供者网络 312

7.7 王明清《挥麈录》：条目时间分布（根据朝代） 313

7.8 张世南《游宦纪闻》：条目时间分布（根据朝代） 314

7.9 王明清《挥麈录》的主题地图 337

地 图

5.1 基于华岳考察结果绘制的淮南地区州县城墙 236

5.2 依据华岳考察结果绘制的长江中游州县城墙 237

5.3 对于淮南东路94座山寨建构的地区建议 243

表

5.1 黄土高原上按类型划分的强化定居点数量 223

6.1 标记初版时间的南宋版笔记 264

6.2 张晖关于宋人笔记作者仕宦生涯的数据 277

7.1 司马光、王明清、张世南人际网络中官场中的信息提

供者 316

7.2 《挥麈录》中作者与对话者之间在朝廷为官者与在地方为官者的比例 318

7.3 关于信息提供者初次为官方法信息的考察（来自所有三部笔记网络） 320

7.4 根据入仕信息类型区分的信息提供者比例（王明清《挥麈录》） 320

7.5 根据入仕信息类型区分的信息提供者比例（张世南《游宦纪闻》） 320

8.1 王明清《挥麈录》中描述女真人和金政权的术语频率 351

8.2 王明清《挥麈录》中描述宋人与宋政权的术语频率 353

8.3 王明清《挥麈录》中与房相关的排在首位的搭配出现频率与Z值 354

8.4 王明清《挥麈录》中与金相关的排在首位的搭配出现频率与Z值 355

8.5 王明清《挥麈录》四库本与经过整理的中华书局本中与金政权及其人民有关的词语频率 358

8.6 王明清《挥麈录》中夷、狄、蛮、戎词语出现的频率（根据文本类型） 359

附录Ⅰ 补充表格 387

表1 南宋初（1131—1159年）捐赠给朝廷的图书和精选艺术品清单 387

表2 南宋初朝廷（1132—1159年）颁布的征求献书表 393

表3 南宋初（1131—1159年）每年捐赠给朝廷的图书和艺术品的数量、规格 397

表4　南宋初（1132—1159年）每年朝廷要求捐赠的一般及个别次数　398

表5　三位私人藏书家藏书中收录的出使夏、辽、金宋朝使节报告　399

表6　三位私人藏书家藏书中收录的夏、辽、金志书和记录　402

表7　三位私人藏书家藏书中关于北方失地的历史与记忆　405

表8　四位私人藏书家藏书中的综合性志书　406

表9A　主要宋代目录和书目中列举的"须知"概览　408

表9B　根据主题领域，图表9A中列举的"须知"总数　413

表9C　三部私人藏书目录与《宋史艺文志》中关于边事的"须知"比例　413

前言及鸣谢

20世纪80年代末,在我上学的第一节课上,有人告诉笔者以及89名学习中文的学生,对我们来说,研究现当代中国史如同瞎子摸象一般:我们的观点会随着所接触到的庞然大物的不同部分而不断改变,而且系统性的概述仍然遥不可及。这个故事是基于一个众所周知的寓言故事,它的寓意也同样适用于19世纪以前的中国史。

自从笔者开始着手写作本书,甚至现在,在完成了本书写作之后,我经常感到自己仍然处于一团迷雾之中。毫无疑问,有些人会觉得笔者兴趣太过广泛,或者说我没有在将一个领域研究透彻之前,就转移到相近研究领域,笔者对这两点看法都表示认可。通过选择在本书中介绍有关朝廷运行、边境政策和中国领土地理信息的社会生产与信息流通的大致情形,笔者旨在重点关注士人感兴趣的相互关联的领域,这些领域在整个帝制精英身份和中国政治文化史更大背景下的重要意义,如果与其他领域分开处理,以及与日益增长的笔记、科举应试手册或书信的社会生产和流通分开处理时,仍然并不引人注意。为了追踪关于中国近古史和时事的文本记录与评论之间的关系,笔者尝试了不同的接触、感知方式,并取得了进展。这导致了本书各章间的视野和方法并不均衡,特别是前三个部分以及最后一部分,前三个部分关注的是与帝国政权相关场所信息的产生,最后一部分深入研究了这些文本与在 12—13 世纪写作并出版的日益增多的笔记数目之间的关系。通过对这些文本作整体和具体个案的解读,笔者希望能够通过交叉内容绘制出路线图,而这些交叉内容即使在史学工作者们的视线范围内,他们也视若无睹。

在某种意义上,现在呈现给大家的《宋帝国的危机与维系:信息、领土与人际网络》一书,是建立在笔者关于科举考试的早期著作基础之上。当我偶然发现并引用宋代档案汇编和王朝史、当时的笔记,以及为举子应试所编写的科举应试手册和类书中的宋代历史地图集时,笔者已经面临着这样一个问题:州府学教师、私塾老师和商业版教科书的编纂者们如何获得这些材料。笔者用一到两章的内容,回顾了应试题目和这些应试手册。尽管笔者对宋代科举知识史的研究,可以看作是在教科书作为课程指南的背景下,阅读科举考试问题和论说文的一种尝试,但这本新作的出发点,是为了深入挖掘科举应试手册自身的文本层次。本书的文本考古学,为一些早期工作增添了新的意义:例如,结合科举考试资料,对历史地图集和军事地理的分析,有助于解释在科举考试中如何检验地理知识,以及为什么地理文本的编纂者们可以声称,他们的作品与应举的学生有关。科举考试深刻地塑造了中国的政治文化,但我们对此却知之甚少。然而,正如本书各章节所示,生产并传播时事信息的文化和政治意义,已经超越了科举考试领域,延伸到了宋代士人更为广阔的社会世界。

本书的写作史与笔者之前的著作《义旨之争：南宋科举规范之折冲》截然不同。《义旨之争：南宋科举规范之折冲》的写作，在很大程度上是按部就班进行的，它受益于多年来我对人们很少使用的原始材料相对轻松的探索。笔者撰写该书鸣谢的时候，就像电影致谢名单一样，只能把那些以各种方式帮助过我的人们的名字一一列举出来；青涩的我不知道该用何种语言来表达自己的由衷感激之情。相比之下，笔者写作《宋帝国的危机与维系：信息、领土与人际网络》一书，则是利用了忙里偷闲的时间，并在与其他许多人的合作中不断推进。笔者最应该感谢的还是包弼德（Peter Bol）教授，他建议我在 2005 年将自己的首次学术探索成果付梓，该书是关于档案汇编的制作与传播。更重要的是，即使在我对学术研究犹豫不定的时候，他从来没有想过有必要控制笔者兴趣广泛的学术倾向。我对包筠雅（Cynthia Brokaw）教授同样满怀感激之情，她对笔者的写作以及其他方面的评论，充分体现在我的大部分工作中。

笔者提交会议、工作坊和专题讨论小组的最初文稿，奠定了本书中的若干章节的内容。我要感谢费正清中国研究中心的工作人员和伊维德（Wilt Idema）教授，感谢他们赞助了关于早期印刷史的两次（而非一次）工作坊。我和乔·丹尼斯（Joe Dennis）教授在 2005 年共同组织了第一次工作坊，在 2007 年和贾晋珠（Lucille Chia）教授合作组织了另一次工作坊。不用说，如果没有他们每次的发起与合作，工作坊以及脱胎于此的本书都不可能实现。在 2005 年的工作坊上，笔者首次讨论了宋代朝廷档案汇编的流通问题，并从所有与会者的评论中获益。感谢韩德林（Joanna Handlin Smith）教授，笔者在《哈佛亚洲研究》上发表第一篇论文的过程中，她教授了我很多关于编辑和修改的知识，本书第一章吸收了她的辛勤成果。2006 至 2007 年期间,斯坦福人文中心的工作人员、研究伙伴和访问学者们在许多方面都是笔者灵感的来源;本书第三、四、五章的大部分研究和写作,都是在与他们共处时进行的。除了我们在一起的时间,他们的热情和我们午餐时的日常交谈一直是我动力的源泉。我还要特别感谢马修·蒂斯(Matthew Tiews)、约翰·本德(John Bender)、妮可·科尔曼(Nicole Coleman)、罗伯特·巴里克(Robert Barrick)、凯伦·维根(Kären Wigen)、马特·萨默斯(Matt Somers)、马特·乔克斯(Matt Jockers)、安克强(Christian Henriot)、克里斯汀·古斯(Christine Guth)、特洛伊·乔利莫尔(Troy Jollimore)、琳达·泽里利(Linda Zerilli)、陆威仪(Mark Edward Lewis)、周逸群(Zhou Yiqun)、威廉·特龙佐(William Tronzo)、文以诚(Richard Vinograd)、墨磊宁(Thomas Mullaney),以及其他工作人员和同事,他们使斯坦福人文中心成为绝佳的阅读、思考和写作的地方。

虽然专业组织的年会,曾经是将长篇论文加以凝练,并呈现论文研究观点的场所,但在过去的 7 年间,它们已经变成了为完成正在进行的研究成果定截止日期的地方。感谢专题讨论小组的组织者,他们邀请我参加讨论小组,在亚洲研究协会、美国历史协会、社会科学史协会和作者史协会、阅读和出版协会的会议上展示自己的研究成果。按照时间顺序,从 2005 年开始,这些讨论小组的组织者分别是:韩承贤(Han Seunghyun)、张勉治(Michael Chang)、谭凯(Nick Tackett)、乔·丹尼斯、费丝言、陈松、赵安妮(Anne Chao)。在此,我衷心感谢来自讨论者和听众们的意见。除了已经提到的那些人之外,我还要特别感谢韩明士(Robert Hymes)、梅尔清(Tobie Meyer-Fong)、林蔚(Arthur

Waldron)、王安（Ann Waltner）、宋怡明（Michael Szonyi）、保罗·麦克莱恩（Paul Mc Lean）和约翰·莫尔（John Mohr）。受邀参加法兰西远东学院（非商业印刷，2009年）、耶鲁大学（冲突与协商，2009年）和哈佛大学（中国手稿文化，2010年）的工作坊，都有助于笔者对抄本和刻本笔记出版（第一章、第六章和第七章），以及笔记中呈现的宋金冲突研究的成形（第八章）。对于米凯拉·布索蒂（Michela Bussotti）、戴仁（Jean-Pierre Drège）、蓝克利（Christian Lamouroux）、克里斯蒂安·雅各布（Christian Jacob）、罗杰·查蒂尔（Roger Chartier）、方德万（Hans van de Ven）、苏源熙（Haun Saussy）、吕立亭（Tina Lu）、司马懿（Chloe Starr）、田晓菲和李惠仪（Li Wai-yee）等人的邀请和反馈意见，笔者感激不尽。本书脚注会证明，我从同事那里获益良多，他们让我阅读并评论其研究成果；笔者要表达对安·布莱尔（Ann Blair）、查维尔（Javier Cha）、王利（Wang Li）和马世嘉（Matthew Mosca）的赞誉，他们以这种方式让我参与其中。

我在其他研讨会和邀请讲座中收到的问题和评论意见，帮助笔者改进了论点，我详细阐述了认为理所当然的地方，并对熟悉的材料提出了新的观点。我要感谢东道主和所有那些在笔者关于社交网络、舆地图和地图阅读、图书收集、帝国和信息演讲中提出问题的人（按时间倒序排列）：台湾"清华大学"，海德堡大学雅斯贝尔斯高等跨文化研究中心和哲学学院，外交和联邦事务部（伦敦），阿肯色大学，伦敦大学沃尔伯格学院，在东方和非洲研究学院（伦敦大学）举行的东亚/东南亚历史讨论会，巴黎狄德罗大学，剑桥大学亚洲研究研讨会，在牛津大学举办的中世纪史研讨会、历史系、牛津电子研究中心以及中国研究研讨会，伊利诺斯卫斯理大学历史荣誉学会，曼彻斯特大学历史系，特里尔大学的精英群体"社会依赖与社交网络",佛罗里达大学人文和公共领域中心,大阪市立大学,布鲁塞尔艺术和博物馆,彭布罗克学院(牛津大学),云南大学和武汉大学举办的国际宋史研讨会暨中国宋史研究会,哈佛大学费正清中国研究中心,成均馆大学东亚学术院,华威大学巴斯皇家文学与科学研究所,英国研究所的图书历史研究网络(伦敦大学),斯坦福大学人文中心,范德比尔特大学美国华人协会会议,伊利诺伊大学厄巴纳-香槟分校第六届图书馆历史研讨会,以及田纳西大学诺克斯维尔分校的人文学科项目。

如果没有基金会、研究机构和服务机构的智力支持,这份冗长的致谢名单将会非常不完整。我要感谢所有为笔者付出了时间、金钱、精神支持以及智力投入的人。应该被提及之人一个都不能少,这其中当然少不了薛凤(Dagmar Schäfer)以及聚集在她周围的柏林马克斯·普朗克科学史研究所的研究团队。在2010年和2011年的两个夏季会议期间,我用了6个月的时间,终于可以把多年来一直留存的零碎片段整合在一份手稿中。2011年的春天,也标志着一个新课题的开始,该课题旨在继续本书第四部分中开始的工作,并将其扩展为一个比较课题。这项工作的基础是在2008—2009年间,我有充分时间阅读笔记并进行数字实验分析,主要得到了国家人文基金会(NEH)、牛津大学出版社约翰基金(John Fell Fund),以及牛津大学英国人文社会科学院和东方研究学院中国研究学科的支持。特别感谢国家人文基金会的吉姆·特纳(Jim Turner),感谢他的耐心和帮助。牛津大学计算服务的詹姆斯·卡明斯(James Cummings)、塞巴斯蒂安·拉赫兹(Sebastian Rahtz)、卢·巴纳德(Lou Barnard)和马丁·韦恩(Martin Wynne)劝说我接受了 XML-TEI,我很高兴他们这样做。笔者希望后期加入的学生也能有同样的感受;徐力恒

(Lincoln/Lik Hang Tsui)、陈韵如(Chen Yunju)、游自熙(You Zixi)和李云忠(Li Yun-Chung)进入团队的旅程非常愉快。在编辑手稿的最后阶段,我得到了何浩阳(Ho Hou Ieong)的宝贵帮助和建议;大部分修改后的表格和地图都是他的辛勤劳作。

从笔者初涉政治沟通领域开始,我就很幸运地得到来自参与同一主题的国际项目的前辈学者与学界同仁的定期反馈和支持。邓小南(北京大学)、黄宽重(时就职于台湾"中央研究院")、平田茂树(大阪城市大学)和蓝克利(巴黎社会科学高等研究院)建立了一个非正式的国际网络,定期开会讨论"新政治史"的工作;对于他们通过在各自机构内外激发新的学术研究而带来的改变,笔者的感激之情无以言表。

起初我在田纳西大学历史系阅读过有关新闻史、信息史、档案史,以及精英社会化历史。作为一名主要接受了汉语学习训练的学生,笔者从研究世界其他地方史学工作者们提出的问题中获益良多。汤姆·伯曼(Tom Burman)、帕尔米拉·布鲁梅特(Palmira Brummett)、J. P. 德塞尔(J. P. Dessel)、迈克尔·库利科夫斯基(Michael Kulikowski)和蒂娜·谢泼森(Tina Shephardson)让我以新的方式阅读和思考。阿莱蒂斯·范德穆特尔(Aleydis van de Moortel)帮助我重新思考帝国核心和地方之间的关系,罗梅如(Miriam Levering)、苏珊·赖特(Suzanne Wright)和我一起参加了一系列跨学科的关于印刷史的工作坊。近年来,牛津全球中世纪计划(Oxford Global Middle Ages Initiative)的同事们同样启发我跳出熟悉的领域来思考问题;笔者要特别感谢凯瑟琳·福尔摩斯(Catherine Holmes)、约翰·沃茨(John Watts)、马克·惠托(Mark Whittow)、莱斯利·艾布拉姆斯(Lesley Abrams)、克里斯·威克姆(Chris Wickham)和史怀梅(Naomi Standen)的邀请和讨论。可惜时间太短了,他们提出的许多建议无法跟进。作为一个多学科的所在,我在牛津的彭布罗克学院(Pembroke College)探索概念的意义和方法的使用。马克·弗里克(Mark Fricker,生物学家)建议我在学院里召开一个关于人际网络的研讨会,这使得我能与约翰·帕吉特(John Padgett)见面并与之对谈。马克·弗里克还指导我在大学里进行网络研究。陈敏(Chen Min,计算机科学)和埃蒙·莫洛伊(Eamonn Molloy,管理学)分享了他们对人文可视化和空间历史的兴趣。为了比较史学的观点,笔者求助于阿德里安·格雷戈里(Adrian Gregory)和克里斯托弗·梅尔彻特(Christopher Melchert)。他们的贡献意义重大。我必须还要感谢祝平次(Chu Ping-tzu)、马瑞诗(Ruth Mostern)、葛凯(Karl Gerth)、蒂亚·桑顿(Tia Thornton)和拉娜·米特(Rana Mitter),因为他们给予我善意的鼓励和不留情面的批评。

我的母亲、兄弟姐妹、侄子、外甥、叔伯婶婶和堂兄弟姐妹们对我多年来执着于个人兴趣,表现出极大的支持和热情。笔者意识到这是一份不容易被视作理所当然的礼物。我要感谢玛丽(Mary)和西蒙·卢卡尔(Simon Lucal)对我无私的爱和关心,还有纽拉·克尔-博伊尔(Neula Kerr-Boyle),随时随地插进来搞笑以活跃气氛。

哈佛大学图书馆的数字制图专家C. 斯科特沃克(C. Scott Walker)根据作者提供的材料,在第七章中完成了地图的最后准备工作,何浩阳协助编制了该章中的图表。

笔者还要感谢《汉学研究》《哈佛亚洲研究》《国际地图史杂志》(*Imago Mundi*)、《国际制图史杂志》(www.tandfonline.com)、《图书馆趋势》《通报：国际汉语研究》和博睿出版社（Brill Publishing）的编辑和出版商，以及德罗兹出版社（Librairie Droz）慨允我将发表的文章和第一章的部分内容加以重写、精炼与改写。

如何研究国家文件的接收史，以及如何分析士人的通讯网络，使我探索了一系列的数字化方法。最后几章论点所依据的核心数据，可以通过以下链接访问并探讨：http://chinese-empires.eu/reference/information-territory-and-networks/。我还在那里对数据的格式和初始方法转换为 MARKUS 文本分析和读取平台的历史进行了简要说明。

导　论

在中国大众的想象中,以及对中国大众的调查史中,人们普遍认为宋朝(960—1279 年)处于军事疲软和政治不振的时代。在学术史的正副标题中,特别是在讨论宋朝三百年统治期间的后半段时,当宋朝与女真人建立的金朝(1115—1234 年)签约议和,同意放弃对淮河和长江以北中国地区的所有权之后,宋朝廷经常被人们称为"小朝廷"。这个带有贬损意味的标签,并不是后世士大夫们的发明。士大夫们为中国领土在元(1279—1368 年)、明(1368—1644 年)、清(1644—1911 年)或者民国统治下的重新统一欢欣鼓舞。更确切地说,这个带有贬损意味的标签,是直接采用一位宋朝批评人士的说法,此人对宋朝与金朝的和议义愤填膺。

公元 1138 年,胡铨(1102—1180 年)在一份反对秦桧(1090—1155 年)让宋高宗(1127—1162 年在位)同意金朝要求的火药味十足的奏疏结尾,写下了这样的话:"宁能处小朝廷求活耶!"①胡铨誓言与其接受金朝提出的条件,不如自我了断。在具有讽刺意味的历史转折中,胡铨这句话成为宋朝在现代史学中的指代。我们深入分析其原文语境,表明其煽动性的排外言论,以

---

① 王明清《挥麈录》(中华书局点校本)后录卷 10,第 208 页。《挥麈录》分 4 部分出版。

及他要求处决倡导和议的首要之人与立即动员宋朝军队的意图，并非是一种示弱。这些评论也不是一部分宋朝官员对于宋朝政体政治地位变化的描述性陈述。更确切地说，人们阅读这篇奏疏，并将其解读为武力捍卫宋朝领土，并恢复疆域的号召。根据记载，这篇奏疏发出的呼吁，在宋朝都城的大街小巷引起了轰动，①并在整个 12—13 世纪的笔记和史书中，继续为人们所颂扬。胡铨的奏疏及其在宋代以及宋代以降中国历史上的特殊地位，证明了 12—13 世纪中国宋代维系并延续着帝国传统。

本书的中心议题，是宋帝国如何维系的问题。我不认为 12—13 世纪是政治软弱、国家分裂以及有着光辉灿烂文化知识但"转向内在"成就的时期，我认为，这几个世纪应该在中国历史上帝国显著延续性进呈中占据突出的位置。帝国的延续性，主要取决于在危机时刻它们如何维持并复苏。1127 年的地缘政治危机，开启了宋朝的最后时期。在这一时期，核心中国领土成为多国之间旷日持久角逐的对象。通过关注在宋朝最后 150 年间保持帝国视野活力的信息来源和渠道，笔者旨在强调，在中国历史上的过去一千年里，那些在帝国维系与复兴中非常重要但被人们普遍忽视的因素。

中国历史上的帝国问题

数年前，一位研究中国史的同事评论道："中国人没有帝国，只有英国人拥有帝国。"这一说法旨在回应笔者对 12 世纪中国地图集、地图及其解读中政治想象构建的讨论（见本书第三章）。对

---

① 毕沅《续资治通鉴》（中国基本古籍库数字版）卷 121,10a。

帝国进一步的讨论,让我们得出这样的结论,即充其量"中国人对帝国有疑问"。后一种说法表达了一种观点,即许多中国史学工作者们都认为,诸如"帝国"等西方词汇对19世纪前中国王朝及其政体适用。

人们普遍关注的一个问题——亦即我同事指出的问题——是许多中国政治家和中国民众都对帝国主义政策心存疑问。帝国主义政策通常与西方帝国主义,尤其是19—20世纪的扩张主义政权联系在一起,它们相互竞争,争夺对非西方世界的控制权。"帝国主义"和"帝国主义者"意味着帝国的扩张主义意志、对领土扩张的推动、对新领土的蓄意开发以及对各国人民和国家的征服。事实上,纵观中国历史,我们会发现,有证据表明(例如,公元前2世纪汉武帝统治时期和11世纪末的宋神宗统治时期),在各个时代鼓吹扩张主义的时候,许多人对此表示反对。他们这样做是出于政治和文化原因。自汉朝以来的进谏者和评论人士警告说,扩张是不可持续的,会导致统治王朝变得过度膨胀并崩溃。像司马光这样具有历史意识的政策进谏者补充说,王朝灭亡屡屡导致多个统治政权更迭。领土扩张和经济扩张主义的批评者们,也依赖于文化差异的论点:中国王朝通过怀柔手段进行统治,通过吸引他人自愿进入文明轨道,并让他们参与朝贡经济关系,或者将他人拒之门外,以维持文明的差异。总的来说,扩张主义动机并没有随着时间的推移而持续下去。

然而,在"帝国的(imperial)"和"帝国主义者(imperialist)"的政策和做法之间,存在重要的区别。前者指帮助形成并维持帝国的政策和实践,但不一定要与军事、经济或文化扩张主义有关。历史上,早期帝国的出现,并没有帝国主义所暗示的战略和扩张主义的视野。它们也倾向于更关心核心,而帝国主义政权则更密切地参与周边。①

在本书中,笔者把"帝国(empire)"作为一个分析范畴,而不是任何特定中文术语的翻译。"帝国"在这里代表一种规模相对较大的政治形态,其中政治核心(皇帝、朝廷和中央官僚机构)通过精英中间人的协助——他们以赋税、徭役、兵役的形式,协助政治核心攫取资源——来控制广袤的领土和多样化的人群。② 精英中间人与政治核心处于不平等的关系,并容易被细分。各州府和边疆地区的政治、经济和宗教精英之间维持着差别,不同的契约将各式精英与核心联系在一起,以便于通过中心协商他们的权力。帝国的繁荣,建立在不平等和差异的关系上,从这个意义上说,它们在理论上与民族国家是不同的。

在中国历史上,历代王朝都将宗教精英排除在科举制度之外,并通过机制认定其身份,授予他们有限的权力,但同时也将他们排除在常规行政管理之外。通过与其达成不同的协议——和中国腹地的政治精英以及地方精英达成的协议不同——它们还试图将边疆精英,尤其是非汉族地区的地方领导人纳入其中。从12世纪开始,功名较低之人,以及其他通过荫补入仕而身份未显之人,更明显地参与了地方福祉的管理;这些中间人参与帝国运作的范围,同样需要与政治核心进行协商和重新协商。尽管中华帝国有时可能不像西亚帝国如阿拔斯王朝或奥斯曼帝国那样具

---

① 明克勒(Münkler)《帝国:从古罗马到美国的世界统治逻辑》,第8页,第152页;亚历山大(Alexander J. Motyl)《是一切帝国吗? 帝国是一切吗?》,第244页。
② 巴基(Barkey)《差异帝国:比较视野下的奥斯曼帝国》;伯班克(Burbank)、库珀(Cooper)《世界帝国史:权力与差异政治》;多伊尔(Doyle)《帝国》;明克勒《帝国:从古罗马到美国的世界统治逻辑》;艾森斯塔特(Shmuel Eisenstadt)《帝国的政治体系》。

有种族多样性和分裂程度,但中国历史上与中间精英协商的策略和过程,可以(并且应该)与在其他地方形成并维持帝国起关键作用的中间协商水平进行比较。

应用这一定义,引发了关于中国历史上帝国的第二个问题,即强加了一种自身被视为帝国主义的分析框架。这一问题源于围绕帝国历史和帝国同时代相关性的更广泛的争论,以及在帝国比较研究中,关于中国历史的翻译与呈现的问题。正如笔者在其他文章中所写的那样,在对中国历史的讨论中,帝国比较研究的重要著作再现了分析和修辞结构,这些分析和修辞结构导致了史学研究忽视了中国帝制史上重大事件和结构转变。① 诸如选择帝国的前景和作为理想类型(典型性)时期的分析性特征,以及寻求分歧,都有助于保持欧洲中心主义和中国中心主义的分析。

在本书中,笔者关注的是帝国比较研究中的一个非典型案例:在其统治精英丧失了对北方领土控制权(1127—1276 年)之后的宋帝国。笔者考察了个人和集体对靖康之难(1126—1127 年)的纪念活动,并解释了士人对随之而来的地缘政治危机的反应,如何改变了朝廷与州府精英在政治沟通领域中的关系。(这里的"士人"指的是那些有文化,精通士大夫文化技能的人;他们构成了 20 世纪学者们所认为的帝国精英的一个子集,其中包括在地方、地区和中央层面具有影响力的其他精英。本书中提到的精英,主要是指士人精英。)本书前五章追溯了与朝廷文本和图形制作相关的官样体裁的系统性使用的故事,后三章探讨了士人之间帝国使命的表达,以及文本交换的士人网络的范围。笔者的研究证实了由艾森斯塔特及其追随者们所赋予的士人在整个中华

---

① 魏希德《艾森斯塔特与 18 世纪前帝国的比较政治史》。

帝制史上重要作用。然而,尽管这些学者断言,士人精英自帝制初以来已经占主导地位,而其他精英相对较弱,笔者则提出,根植于12—13世纪的士人文化与身份以及信息沟通网络的结构和地理,在自12世纪以来帝国传统的持续维系中发挥了关键作用。

政治沟通的结构性转型

司马光与大一统问题

到目前为止,笔者已经确定,我们可以把宋朝(以及其他朝代)中国政体的历史作为帝国来考察,但在中国历史上,帝国的概念存在几个问题。除此之外,本书的核心还有另外一个问题,即维系中国全部领土的政治统一很难。中国历史上最著名的史学家之一司马光(1019—1086年),以典型方式表述了这个问题。1061年,司马光上疏宋仁宗(1023—1063年在位),他在奏状中指出,在中国历史上,朝代更迭一直占据主导地位:"上下一千七百余年[从公元前八百年东周迁都,到宋朝建立],天下一统者,五百余年而已。"①司马光奏状的传播史是强有力的标志,表明了11世纪到13世纪之间政治交流发生了较大的改变。

《资治通鉴》(1084)是一部时间跨度从公元前403年直到959年(即宋朝建立前一年)的通史,司马光开始着手编写《资治通鉴》之前,写下了这番话。司马光发表于1061年的对中国历史"长时段"的评述,发表于1061年,似乎为其在《资治通鉴》中开始撰写的那种历史提供了灵感源泉。因为,尽管他最初被委托编纂

---

① 司马光《传家集》卷21《进五规状·保业》,4b。

一部历代统治治乱的事例汇编,但他决定编写一部"长时段"的史书。① 自司马迁(公元前145—90年)时代以来,很少有人写作这样的史书,但在司马光看来,相比把历史割裂成碎片、缺乏长远眼光的政书,这种史书是形成长期政策更坚实的基础。②

司马光原话的主要听众是宋仁宗。他在极力敦促皇帝积极投身于帝国事务同时,给皇帝留下了帝国崩溃频繁发生的深刻印象。历史教训发人深省,它发生在关于国家权力集中化的利弊,以及与契丹和宋朝西北、南方沿边蛮夷之人关系的政策辩论的背景下。虽然他的话语中透着警示,但司马光指出自己写作时正值宋帝国统治的鼎盛时期。奏状接着称宋仁宗很幸运:"国家自平河东以来,八十余年内外无事。然则三代以来,治平之世,未有若今之盛者也。"③

司马光对中国历史"长时段"的考察,在12—13世纪被多次重复,但是在1127年之后,它的含意发生了变化。公元1126—1127年,宋朝都城开封沦陷,中国领土一分为二,女真人建立的金朝统治了北方地区,宋朝统治着南方,在此之后,司马光关于帝国统一容易丧失的观察再次成为现实。司马光这篇奏状被收录在12—13世纪的几部论著选集中,其中不仅包括奏议集,还包括体裁更宽泛的散文集。④ 一个特别引人注意的例子,是一方题为《帝王绍运图》的石碑,该石碑大肆宣扬了历史上普遍存在的分裂

---

① 宋家复《龟鉴之间》第1章,特别是第17—31页。[司马光最初撰写《通志》,作为统治借鉴。治平三年(1066年),撰成自战国至秦朝8卷,进呈宋英宗,英宗命设局续修。神宗时,赐书名《资治通鉴》。——译者注]
② 关于分裂时期的例子,见丁爱博(Dien)《六朝史学》。
③ 司马光《传家集》卷21《进五规状·保业》,4b。
④ 例如,司马光奏疏全文,收录于吕祖谦编《宋文鉴》(四库全书本)卷48《进五规状》,15b—27b(1179)。赵汝愚编《宋名臣奏议》卷1《上仁宗五规·保业》,5a—17b(约1186),以及楼昉《崇古文诀》(四库全书本)卷17《保业》,9a—12a。

现象。①

这方石碑建造于 1247 年左右,追溯了从中华文明缘起到当前宋朝的中国王朝历朝历代的国名和帝号,始于黄帝,讫于宋理宗(1225—1264 年在位)朝。② 这一更新后的版本是基于黄裳(1146—1194 年)在 1190 年左右起草的类似表格。黄裳在担任未来的宋宁宗(1195—1224 年在位)老师时起草了这份表格,但他编纂的这张表格和其他图的抄本,被保存在其四川的家庭藏书中。在来自浙江东部的王志远(曾在多个地方和地区为官)的介入下,13 世纪中叶,苏州府竖起一方基于黄裳早先草稿的石碑,这方石碑保存至今。乍看之下,石碑体现了与家谱、王朝世系或知识谱系相关的核心特征。沿着垂直线排列着 197 位君主,表明君权神授和朝代更迭的延续性。③

当我们连同石碑底部的铭文一起阅读时,就像 12—13 世纪的作者们所感知的那样,在连续性的理想(这是它想要捕捉的)与历史之间出现了张力。碑文详细引用了司马光的奏状,但文末以天下统一的时间——只有大约 500 年作结;原文末尾的祝词被省略了。与这通石碑出现在苏州的时间大致相仿,王应麟(1223—1296 年)在对中国国家行政组织的历史回顾中,挑出了这一句话

---

① 从字面上看,"绍运"的意思是"继续运行"。我选择将这个词英译为"Diagram of Rulers in Succession",因为石碑上朝代表名字更迭,表明按照朝代顺序和传承(而不是监督王国的自然运作,这是"运"所隐含的意思)是这些图表的核心特征。相关例子,参见晚宋教科书《儒学枢要》中包含的朝代图《帝王系统之图》,《儒学枢要》元 1。

② 我对 1247 年石碑的讨论,是基于张晓旭文本的转录(《四大宋碑概述》)。

③ 类似中世纪君主的家谱,见格拉夫顿(Grafton)和罗森堡(Rosenberg)《时光的制图学》,第 34—35 页。

并着重强调:"上下一千七百余年,天下一统者五百余年而已。"①司马光的奏状,现在浓缩成了一句话。它所传达的历史教训,在王应麟编撰其类书时,已不再仅仅或主要是针对皇帝。它成为广大士人的回忆,并为广大士人所回忆。司马光的奏状已经成为一系列文本中的一部分,这些文本曾是朝廷和高级官员的禁脔,但现在却在士人手中果断地发挥着作用。这种关于统治王朝事务的文本生成的转变是如何发生的,是什么激发了士人对它们的兴趣,以及这种转变对中国政治文化史产生了什么影响?这些都是本书后续章节中要讨论的核心问题。

结构改变与靖康之难

人们一直认为,12世纪是一个结构性改变的时期。更准确地说,人们认为它是从8世纪末到13世纪社会变革的长期过程的高潮。尽管人们对于社会变革的时机、性质与范围存在分歧,但社会史学者和思想史学者们,倾向于认为精英身份的标准在9到11世纪发生了变化,并从12世纪以降,精英间对地方利益的表述愈发清晰,更加丰富。② 人们普遍认为,至13世纪,政治精

---

① 王应麟《玉海》卷18《地理·郡国》,38a-b。[王应麟此句话是引用司马光的说法。——译者注]
② 对于南北宋之间变化本质的早期描述,请参阅郝若贝(Robert Hartwell)《750—1550年中国的人口、政治和社会变迁》一文;韩明士《官僚与士绅:两宋江西抚州的精英》。关于东亚和欧洲语言学界对这一问题的概况,请参阅罗祎楠《关于"唐宋变革模式"的变化研究》。对地方主义转向的各种批评的代表性例子,参见柏文莉(Beverly Bossler)《权力关系:宋代中国的家族、地位与国家》;李锡熙(Lee Sukhee)《权力斡旋:12至14世纪中国的国家、精英与地方治理》。虽然大多数争论都集中在宋代变化的本质上,最近人们更密切地关注9—10世纪,特别参谭凯《大族、官僚、地方豪绅:晚唐中国精英阶层的结构与流动》。

英已经从唐帝国由身份等级定义和以都城为基础的门阀世族,变成了在11世纪通过科举入仕并集中于都城的精英,并且主导地方社会的精英,很大程度上依靠其教育和随之而来的文化背景的基础。至12世纪末,生活在宋朝统治下的精英们开始接受这样一种观点:无论如何定义,学问都要优先于其他决定精英身份地位的因素,比如家庭背景。此外,他们声称,学问不仅是入仕的先决条件,而且随着科举考试在入仕中作用的不断提高,通过文本的生产和交换所进行的学问以及学问展现,也成为广义上士人身份地位的标志。①

12世纪,对精英之间对地方关系的投入,是否伴随着朝廷与地方精英之间政治沟通的变化而变化?这种变化,对政治机构和政治想象力有何影响?笔者对这些问题的回答是,士大夫精英的广泛性和地方性,与朝廷和地方精英之间的信息交流关系以及结构的变化相吻合。在本书这几章中,笔者分析了朝廷与士人之间以及士人彼此之间政治沟通的变化,如何适应长期远离大都市地区,并根据士人的文化生产与交流模式,质疑他们的地方化程度。

笔者从三个方面,探求朝廷与士人在政治沟通领域关系的这种转变。在制度史的层面上,笔者考察了从10世纪到12世纪初,中央集权的总体趋势是如何建立起来,并重塑宋朝之前的制度。在本书前五章中,同样显而易见的是,中央机构,如秘书省、档案馆、进奏院或都城的部门考试,成为连接都城精英与宋朝境内士人精英网络的运作场所。我们还可以看到,精英网络渗透进这些机构,是否以及如何影响了关于宋帝国管理的信息与知识传播的中央控制。这一问题,部分通过

---

① 这一变革的标准叙述,见包弼德《斯文:唐宋思想的转型》。

考察朝廷档案的存取和档案运行模式对精英写作的影响来予以探究。

其次，在法律史的层面上，笔者记录到越来越多的关于出版的规定，包括监管的频率，以及对出版类型和出版方式更详细的监管规范。在本书前五章中，笔者对档案编辑、单篇国家文件、朝报、策论以及关于边事文本的手稿和出版物更严格的规定，是在其日益发展的出版与流通的背景下加以解释的。笔者在本书中的一个主要关注点，是讨论这两个矛盾的共同趋势：一方面增加对手稿和印刷出版物的法律控制；另一方面，私刻、坊刻以及官刻产生快速流动的消息、档案和最近的历史汇编也在升级。第一个方面，我们姑且称之为审查制度，在现有的东亚和欧洲语言研究中已经得到了广泛的报道。我们通常在全面的历史研究中讨论审查，重点是政府对出版的持续干预史，或者在个案研究中，讨论往往更为复杂的个人和政治关系，这些关系导致了臭名昭著的干预。① 这里的关键问题，是我们如何最佳解释中央与地方政府针对国家文件和政治新闻传播的矛盾立场，这种矛盾心理，不仅明显体现在系统执行现有法规的欠缺，而且也表现在颁布对于捐赠图书和允许复制机密材料的藏书家予以适当奖励的补偿条例。这些章节还讨论了中央和地方政府对中国政治文化史矛盾立场的长期影响。

---

① 比如，安平秋和张培衡《中国禁书大观》；陈学霖（Hok-Lam Chan）《古今中国的出版控制》；蔡涵墨（Hartman）《1079 年的诗与政治：苏轼乌台诗案新论》。另一方面，周启荣评论说，在 16—17 世纪，政府在时事出版方面总的来说是宽松的（周启荣《近世早期中国的出版、文化与权力》，第 252 页）。周启荣进一步认为，时事的私人和商业出版导致了"与帝国政府的完全背道而驰"（周启荣《近世早期中国的出版、文化与权力》，第 145 页）。在这里，我要表达的是，12—13 世纪的类似现象并不一定会导致这种背离，反而是加强了士人致力于帝国使命。

第三,在出版和阅读文化史的层面上,笔者指出,与宋帝国管理有关的文本制作过程发生了显著的变化。在本书关于朝报、档案和史书编纂、地图与地图集,以及军事和行政区域出版和传播的各个章节中,我们看到从11世纪末和12世纪以来一个普遍转型,这些体裁几乎完全由朝廷监督和出版独占,转向扩大其私人化和商业生产。在以往的学术研究中,人们已经注意到了在一些体裁的生产中存在这样一种趋势(例如,方志、类书和科举应试手册)。① 在本书中,这一趋势也与笔记和个人文集出版的进一步激增有关——这些是我们探索个人和集体接受时事最富价值的史料。其广泛适用性提出了进一步的问题。为何一个最初中央集权政策超过了之前汉唐的政府,在12世纪却退缩到有些无为而治的立场?官样体裁的传播,是否影响了士人认同与政治忠诚?士人如何阅读并回应官样文学?并且,在宋代作者和现代史学工作者的眼中,雕版印刷术在士人交往中扮演着何种角色?这项技术也是首次被用于传播11世纪末和12世纪以来的各种文本。

结构性变化往往是长期发展和关键事件导致的结果,这些事件为权力关系的变化提供了骤然机会。在本书中,笔者认为,像我之前所说的那样,被称作靖康之难的1126—1127年的事件,不仅在实现长期社会变化方面发挥了关键作用,而且在巩固自11世纪下半叶以来一直在增长的政治沟通的发展方面同样发挥着关键作用。以下是对这些事件及其影响的简要概述。

1125年至1127年间,据估计拥有140万人口的宋都开封,

---

① 参见何瞻(James Hargett)《宋朝地方志及其在地方志史上的地位》;魏希德《宋人知识生活面面观:南宋类书初探》和《义旨之争:南宋科举规范之折冲》,特别是第5章;马瑞诗《分土而治:宋帝国的空间架构》,第90—99页。

屡屡遭受女真军队的攻击。在那之后的几年和数十年中,流传着对这座被占领城市的回忆,这些回忆记起了女真人索要的金银赎金如何先导致城市居民的贫困不堪并遭受迫害。当人们逐渐意识到,无法满足对方数百万的金银与成千上万匹丝绸和牲畜的要求时,这座城市的所有贵重物品被搜刮一空,大量人口死亡,被抓捕或者流亡。成千上万的妇女被移交以补偿未支付的款项,坟墓遭到盗掘,在大雪纷飞的冬季,由于柴火供应不足,木质建筑物被拆除。1127 年初,当占领结束时,女真军队护送着数百辆马车,不仅运载着黄金、白银和丝绸,还有书籍、绘画、器皿以及其他贵重物品和古董。据估计有一万五千名俘虏紧随其后。①

  这几年发生的事件,被时人和后来的史学工作者们称为"靖康之变"(靖康之乱/靖康之耻/靖康之难/靖康之祸)——公元 1126 年,朝廷选择了"靖康"为年号,是希望能够恢复和平,并重建宋朝对其领土的控制。在随后的岁月和数十年里,宋朝廷迁居到南方城市杭州,并达成和议,实际上将原先宋朝的领土一分为二。北方的一半领土,包括以前的都城,现在由女真人建立的金朝统治。随着其衰退,自 12 世纪 20 年代以降,开封这个中古世界上最大的城市之一,再也没有恢复其昔日的辉煌。然而,与女真人的战争并没有导致经济衰退。南北方人口都在恢复(除了某些地区,特别是在新的沿边地区外),并且从南宋政府的财政收入和持续的城市化的出现来判断,泛泛来说,12—13 世纪并不是一个社会经济危机的时代。然而,北方领土的沦陷,给目睹了这些事件的那些人的思想中留下了不可磨灭的印记,并使生活在南方

---

① 伊沛霞(Ebrey)《导论》。

的子孙后代要"雪耻"。从这个意义上说,12—13世纪是危机时期。笔者认为,发生在12世纪20年代的这一事件,与在宋帝国其他地方发生的类似事件,以及随后的长期领土划分,导致了生活在南方的朝廷与帝国精英之间关系结构性转型的稳定。在社会领域和政治沟通领域中的这种转型,反过来对以后中国历史上帝治的维系产生了长期的影响。

背负帝国使命的士人

对帝国使命的清晰表达,是前文概述的12世纪士人文本作品激增的一个重要而又经常被人们忽视的特征。根据明克勒的说法,"所有的帝国,只要存在一段时间,就会选择一项赋予其活动宇宙论或救赎意义的世界性的历史任务或使命,作为他们自我辩护的目标"①。在明克勒对罗马帝国的分析中,这样的使命主要是针对处于帝国中心的政治精英,激励他们超越个人利益,承担只能在长期内实现的职责。在中国早期的历史中,君主重要的宇宙学角色,在文本和仪式实践中被理论化并被证明是合乎情理的。人们用宇宙学的方法,来区分文明的领域和蛮夷社会生活的边界。更普遍的,陆威仪在《早期中国的写作与权威》(1999)一书中指出,在公元前数百年间,一个统一帝国的存在与否,取决于它

---

① 明克勒《帝国:从古罗马到美国的世界统治逻辑》,第84页。本书在着重阐述精英使命时,对图形、历史和档案文本的强调,不同于中国和帝国的比较研究,后者认为意识形态因素在帝国的巩固和维系方面同样重要,但往往将这些因素定义为广泛的文化取向——抽象的传统而不是历史经验。多伊尔《帝国》强调了公众的合法性。曼恩(Mann)《社会权力的来源》认为意识形态是社会权力的关键维度。而对于艾森斯塔特《帝国的政治体系》来说,"文化计划"是解释东西方政体不同历史的一个重要变量。明克勒对于帝国使命的方法,则采用更大的分析和历史特异性。

在经学以及历史、行政、哲学、文学和类书文本中作为一个想象王国的归属。① 设计这一想象王国的学者和进谏者们,证明君主的权威与统一计划合情合理,但是,在定义应该占主导地位的和谐社会政治秩序的范围时,这些解释性精英也为他们自己与追随其脚步的人确定了角色。

在秦、汉、唐帝国的形成岁月中,许多综合性的、历史性的、文学性的文本被编纂成典,从而继续影响宋代以及后世士人的想象力。本书中有多个章节讨论了这些文本中哪些文本特别具有影响力,以及人们如何阅读这些文本的问题,特别是在表现中国的领土、边境与他国等问题的章节中(第三至第五章,第八章),在这些章节中,强调了人们对《书经》中"禹贡"的兴趣。

在本书中,笔者的一个主要论点是,在第二个千年之初,各种各样的信息促成了帝国的概念化。帝国想象不再仅仅依靠经学的一以贯之和持久的知识,以及由历代开国皇帝赞助的大型行政、历史、文学或医学纲要;它不断地被有关宋朝政体的历史和当前信息所强化。在对宋代档案和时事生产与流通变化的考察基础上,笔者在上一节中提到的朝廷立场的相对撤退,带来了精英

---

① 陆威仪的著作将注意力从发现帝国的形式特征(对广阔领土和多民族的军事征服;通过税收、贡赋或征召来剥削被征服的人们;帝国工程;帝国的象征和机构;帝国精英和合作阶层),转移到对帝国进行历史和文化特定概念化,作为其形成的关键因素。最近的学术成果[魏侯玮(Wechsler)《玉帛之奠:唐王朝正统化过程中的仪礼和象征》;麦大维(McMullen)《唐代的政权与学者》]强调了佛教、道教和古典/儒家文本与仪式在隋唐帝国统治合法化,以及在精英之间建构政治和文化共同基础方面的作用。如同麦大维著作中所展现的那样,五经正义和其他朝廷赞助的大型文本项目中注疏的标准化,是创造帝国精英共同文本知识重要性的有力例证。宋朝开国之君同样支持大型文本项目,以努力获得精英的支持,并招募公认的世代业儒之人。

阶层致力于帝国政权的强化,而不是如同人们一直主张的那样,转向背离中央与帝国政府。女真人对宋朝北方半壁江山的持久占领,质疑了宋朝廷和中央官僚机构维持其使命的能力。在这场旷日持久的地缘政治危机中,帝国使命比以往任何时候都受到人们重视,致力于恢复北方的政治网络,从传统上合法的政治行动者(那些仕宦之人)扩展到各地之人,他们渴望朝廷致力于更大的领土统一计划。下层官僚和地方精英不间断地盯着人事变动与政策变化,并对其进行研究。在南宋王朝的大部分时间里,收复北方似乎都不是迫在眉睫的事情,就像12世纪60年代初和13世纪初那些代价高昂的战事一样,人们燃起希望之时,便是其希望破灭之际。① 因此,帝国的使命不能只从直接的精英利益来解释;它要求形成对国家和领土的依恋,这种依恋超越自我、家庭与地区利益。

帝国使命的意义,是否因12—13世纪政治精英的扩大化和地方化过程而发生了变化?通过对第三至第五章中关于失地的奏议及其在广泛的制图和地理工作中表述的考察,笔者认为女真人对北方的持久占领,导致了优先考虑全面恢复中国领土并拥护"规范帝国"。这种理想化政体的特征,是在普遍(宇宙学、地形学和经学)理论基础以及历史先例的基础上确定的。

在都城以及地方精英所致力的事务中,这种对领土问题担忧的凸显,最终也引发了人们对政治文化更广泛变化的质疑。特别是它提出了关于"忠"在宋代士人自我认知与行为中作用的

---

① 江伟爱(Gong Wei Ai)《宋孝宗朝》,第713—720页;戴仁柱(Davis)《宋光宗、宋宁宗朝》,第791—812页。

问题。政治史学工作者与思想史学工作者们注意到,自战国时期哲学家们对君臣之间关系的思考以来,"忠"在中国政治理论中是一种核心美德——在11世纪得到了更为独特的定义。刘子健和史怀梅认为,像欧阳修(1007—1072年)和司马光这样的11世纪政治家的史学著作提供了明确的证据,表明在从8世纪中叶到10世纪末帝国瓦解和国家争斗时期,人们对"忠"的态度正在加强。① 史怀梅进一步论证了历史文本中对"忠"的解释,从个人关系的性质,转变为主体与统治王朝之间的关系。其他人则认为,理学对忠君与王朝尽忠的理想化程度做出了贡献,以至于它成了对明清帝国政治文化的文学和标准特征的试金石——最好的观察是在元明清初甚至民国初年人们拒绝为新主人效劳的忠臣戏中。

另一方面,谢慧贤(Jennifer Jay)已经指出,主要是由于20世纪民族主义史学,导致人们经常夸大"忠"的重要性。② 在本书第8章中,笔者研究了史料中所讨论的"忠"的一些语境与含义。笔者还将在第8章中提出,一种地域意识的帝国感,决定了大多数精英忠于王朝的意义,正如谢慧贤文末所证明的那样,这些精英没有殉道,也没有进行其他激进的效忠王朝的表现。王朝的合法性,以及忠于一朝一姓,在许多人看来,都是建立在王朝致力于恢复祖国的规范尺度的基础之上。

---

① 刘子健《欧阳修》;史怀梅《忠贞不贰?:辽代的越境之举》第2章。
② 谢慧贤《鼎革之际》。

人际网络与沟通的地理维度

关于统治王朝事务的文本创作数量激增的第二个重要特征,是交流并评论这些文本的人际网络的结构与地理范围。人际网络、社会关系结构的流动和动态配置,贯穿了负责沟通都城与地方之间的中央和地方政府机构。体制框架和社会网络之间的相互作用,是这项工作中的一个关键问题,因为获得朝廷新闻和国家文件,取决于与中央官僚机构有机构联系的人员,以及在都城和地方更广泛的人际网络。人际网络在主要国家文件的稿本和刻本,以及在有关它们的次要论述中同样至关重要。随着私刻、坊刻在11世纪,尤其是12世纪的起步,作者和编者在更广泛的社交网络中的嵌入度,或者他们与同仁建立联系的能力,往往决定了其作品能够传播的程度。

因此,对于特定题目出版物所依据的社交网络的批判性考察,可以帮助我们更好地理解接触和出版,但为了更加系统地探索人际网络的结构与动态,我们需要考虑被人们记录和回忆的那些社会关系的类型。书信集和笔记是最适合这一目的的史料,同时也是对精英网络在政治传播中所发挥作用进行历史考察最适合的史料。它们是我们必须阅读的关于宋代史事与时事的个人和集体解读的绝佳史料,也是我们研究国家文献接受史的绝佳史料。从现存记录来看,宋代书信的分享与出版在中国和世界历史上都是空前的。根据最近出版的《全宋文》中所包含的所有已发表的个人信件的标记来计算,祝平次估计宋代总共有611位作者写了17957封信。① 根据笔者对同一系列中更正式体裁的更大

---

① 祝平次《超越个人》。这个数字不包括诸如启、表、奏等咨文类型。

范围的书信体材料的检查,我估计宋代现存的信件总数在 2 万至 2.5 万封之间。相比之下,整个唐朝时期只有不到 1000 封信件存世。同样,辽、金时期的信件只有寥寥数百封存世。① 熊雍(Bernard Gowers)估计,12 世纪西欧现存的书信只有几千封。② 正如本书第六章中将要讨论的那样,笔记的出版也出现了类似的前所未有的数量增长。在这一章中,笔者选择了从一组笔记入手,在这些笔记中,作者定期记录下他选择讨论的书面引文或口头信息的史料。通过对信息提供者的社会、地理分布以及时间坐标的分析(见本书第七章),我们可以开始构建出关于 12—13 世纪士人人际网络的结构与地理范围的假设。

这样的分析引起了人们对理解中华帝国政治沟通普遍模式的质疑。在本书第七章中,我们会进一步讨论施坚雅(William Skinner)的中国地理宏观区域模型中,政治决策从中央传递出来,并沿着严格的行政单元层级链向下移动。在这个链条中,每一个下层单元都被设计成适合于一个且只有一个更高层次的单元,因此,被中心有效地控制。在施坚雅的模型中,政治也发生在标准的中级市场营销城镇,脱离了官僚的指挥系统。在这里,地方政府与地方精英彼此纠结,共同领导着各式各样的地方福利事业。③ 在这样一种模式中,居住在标准市镇、中间市镇或中心市镇的精英居民之间没有沟通与交换的空间,这些市镇在营销城镇中心地点的模型中并不相邻。行政场所官僚层级制度之

---

① 这些估计是根据这些时期的大型文集(及其补编)《全唐文》和《全辽金文》中所收录的信件作出的,估计还包括以《全辽金文》为依据的一些文集。我要感谢朱明金对《全辽金文》估计的帮助。
② 熊雍《12 世纪的中国和西欧的书信文化——一个比较》。
③ 施坚雅《中华帝国晚期的城市》,第 307—346 页。对于宏观区域范式的全面批评,见卡地亚(Carolyn Cartier)《地理观念的起源与演变:中国的宏观区域》。

外的政治沟通则局限于地方市场模式,这些模式受到将中国领土划分为不同地理区域的环境条件的限制。

精英交流的地理情况仍然是一个很大程度上尚未被人们探索的领域,本书只是对此进行初步的分析。至少笔者希望表明,跨地区交流是12—13世纪士人中普遍存在的现象。正如其他人所指出的那样,在施坚雅的著作中,相对忽视跨区域和区际之间的经济交流,政治沟通和政治同样跨越了正式行政组织的各个层级。这一发现,引发了有关信息交换与其他类型关系之间相关性的问题。如果我们承认,1127年之后,精英婚姻模式在地理上受到了更大的限制,并且精英们更多地致力于地方关系和地方利益,那么人际沟通网络是否也有类似的收缩呢?或者反过来,它们是否会有类似的扩张?

本书中人际沟通网络的历史,是通过对社交网络的分析得出的。笔者在其他文章中更细致地表明,我是如何在历史网络分析中,运用网络方法论和不断拓展的文献资料。① 除了社交网络分析之外,本书所基于的研究,结合了传统的语言学和历史学方法,同时也使用了专题数据库、历史地理信息系统、数字文本分析和语料库语言学。鉴于在人文学科中关于数字方法和定量方法的反复争论,笔者在本书中对数字方法的适用性,以及这些方法在文化史和人文科学研究中的总体价值作了单独的拓展解释。②

---

① 魏希德《理解中国历史上空间控制和政治一体化的两个框架》。
② 魏希德《数字解释》和《四库全书还不够吗?对新数字工具对文言文影响的思考》。

最后,笔者阅读过本书中所讨论的笔记,与其说是作为可以从中提取关系数据的史料,不如说是作为有意义的社会关系、对话,以及与有名有姓作者和文本互动的有目的的回忆资料。这意味着政治沟通不是它们唯一的,甚至主要的目的。相反,由于它们所关注的问题丰富多彩,兴趣多样化,这些史料使我们可以更广泛地提出,宋朝士人身份是如何被塑造和重塑的。通过对阅读和对话的记忆,这一时期的作者,引起了人们共同的关注以及政治和文化话语的多样性,并在这一背景下阐明了他们的立场。通过这种方式,笔记作者就具体的社会关系,以及塑造个体精英身份的文化和政治话语发表了意见。本书的目标,并不是在此基础上撰写传记式的叙述——在这方面,只有对个别文本的完整翻译才能对这些史料做出公正的评价。然而,通过对鲜为人知的12—13世纪作者笔记中所记录的回忆的综合分析,笔者可以在形成过程中,开始重写士人身份的文化史。在此基础上,我们也可以质疑这样一种假设,即精英与帝国朝廷的合作,可以通过诸如儒家思想,或者说从12世纪以降的新儒学思想等占主导地位的意识形态中得到最好的理解。

沟通与信息

近年来,官员与人群其他部分之间的政治信息和政治沟通的传播,如何影响国家的形成、帝国的融合与民族认同,这一问题受到了研究现代早期与现代世界各个领域的史学工作者们的广泛关注。下面笔者要澄清我使用的第二套术语,这套术语对于宋代士人来说并不常见。如同最近在其他工作中一样,笔者也将在本书中寻求将政治信息、沟通以及印刷术从与现代民族国家形成有关的叙述中剥离出来。①

"政治沟通"是一个相当具有可塑性的术语。笔者在本书中对它的使用方式,就像菲利波·德维沃(Filippo de Vivo)在其关于15—16世纪威尼斯政治的著作中使用这个术语的广义含义相同:"关于政治制度与事件的信息和思想的传播。"②在这种意义上,政治沟通也被视作是一种政治行为。在菲利波的著作中,沟通是一种有非常具体意义的政治,它是一个竞技场,在16世纪初的军事危机之后,政府试图保守秘密,与各种社会行为者对信息和联盟建设的需求发生了冲突。菲利波还指出,作为政治进程的一部分,对泄密的默许总是受到挑战。尽管政府默许,偶尔也会利用泄密文件和传单,但一旦政治或外交危机过去,它就会重申自己的保密政策。

"政治沟通"(political communication)这一定义的第二个含义,是沟通意味着保密。③ 类似中华帝国这样的国家,在16世纪和17世纪初的威尼斯海上帝国,拥有规模相当庞大的统治阶层,但有严格的界限,界定谁能行使政治权力,保密在某种程度上是一个神话,但这对于维持另一个神话——即行政高层之间的和

---

① 相对于一般的交流以及政治消息的来源和渠道的有限或者不存在的报道,特别是在前工业帝国的比较研究中,从事早期现代世界各地研究的史学工作者们,从社会和政治沟通的角度,最近探讨了国家形成和帝国一体化的动态。特别相关的研究领域,包括社会交流与政治之间的关系[菲利波];"信息"和印刷传播在建立国家意识过程中所起的作用[贝利(Marry Berry),弗兰克尔(Oz Frankel),安德森(Benedict Anderson)];公共话语中的中央集权模式的改编[贝利和弗兰克尔];以及地方和帝国信息系统之间的关系[贝利]。贝利《日本印刷》;菲利波《威尼斯的信息与传播:对早期现代政治的反思》;弗兰克《调查状态:19世纪英国和美国的社会调查和印刷文化》;贝利《帝国与信息:1780—1870年印度的情报收集与社会交流》。
② 菲利波《威尼斯的信息与传播:对早期现代政治的反思》,第2页。
③ 同上。

谐,以及政治决策中的一致性来说,这是一个非常重要的神话。威尼斯城被威尼斯人和其他欧洲人想象成用一种声音发声。

自从为建立秦帝国奠定基础的政治家们,将保密作为政治实践的重要组成部分以来,保密一直是中华帝国体制的一部分。和现代早期威尼斯一样,历代帝国官僚机构都是由帝国精英和外国翻译共同构想出来的,以执行皇帝一人的旨意。从历史上看,军事和(或)外交失败所引发的信任危机,表明保密政策与精英社会和政治需求之间的关系日益紧张。与16世纪初的威尼斯一样,12世纪的中国宋朝,军事和外交失利导致了关于时事的出版物,特别是关于人事以及军事和外交政策的出版物井喷式出版。

科举考试的推行及其广泛的文化影响力,也刺激了人们对当前政治信息的需求。备考和应试的举子人数呈指数级增长,与时事信息在科举考试中所起的证明作用,导致了人们对有关朝代史和朝廷政策信息的需求增加。正如本书每一章中将展现的那样,贾志扬(John Chaffee)估计参加发解试的举子人数增加——从11世纪初的两三万人,一百年后达到79000人,至13世纪中叶的南宋,便有40万人左右,①如此多的举子们,对应着越来越多的档案材料、政府文件和其他类型的时事信息的私人和商业出版物。在每一阶段,人们都更普遍地出版并使用这类材料,这与政府的反对背道而驰,政府宣称,政策文件存在潜在分裂性,如果它们被披露给宋帝国强大的北方邻国,将对国家的安全与统一构成威胁。

沟通再也不能被想象成一种朝廷指导民众的自上而下的事务:官方沟通的类型和渠道成为协商的场所。关于公开的矛盾心

---

① 贾志扬《宋代科举》,第36页。

理始终存在；正如我们将看到的那样，主张支持实行保密政策的人，同时也被发现是泄漏信息或从信息泄漏中受益之人。通过探讨保密与公开之间的紧张关系，本书认为保密性与一致性是值得保留的神话，因为它与统治王朝时事的传播一起，在宋朝历史上的关键时刻，为帝国巩固作出了贡献。

这里的"信息"（information）有双重含义。首先，对信息的理解是片段化的、稍纵即逝的，这在我们生活的世界中已经被认为是理所当然。在诸如控制论、系统论、计算机科学、人工智能，以及最近的信息经济学等学科的影响下，我们开始将信息视为类似于能量的东西：它的特点是不间断的碎片化和稍纵即逝的片段流动。① 尽管这样设想的信息的速度和流动是无与伦比的，但信息的片段化和暂时性并不是20世纪的现象。例如，贝利故意将17世纪的日本参考文献类型称为虚拟信息库。她认为，现代早期的日本图书馆包含稍纵即逝的信息，内容详尽且充满了数字，并且会不断更新。②

"信息"的含义也适用于中国宋朝的语境。我们对这个词的理解，特别适用于其官僚操作。不断运行的报告，是官僚机构的生命线或活力：报告信息通常是暂时的、支离破碎的，对报告添油加醋并加以传播，最终将报告转化为档案资料并将其编入索引以备于将来的检索，这些都是跨官僚机构共享的操作。马克斯·韦伯（Max Weber）将官僚制定义为"基于知识进行控制的行为"，为

---

① 斯科尔（Scholle）《信息是什么？》；农伯格（Nunberg）《图书的未来》。安·布莱尔在《工具书的诞生》一书中，同样把重点放在了对大小类型信息的管理上。
② 贝利《日本印刷》。

人耳闻能详。① 当从官僚世界内部系统地泄漏出来的时候,官样文体和交流实践在士人文本创作与政治沟通中也占据了更重要的地位,这一点同样体现在本书第一部分和第二部分中。

笔者还将使用"信息"的第二重含义,这一含义也更为古老。在上述被提及的学科出现之前,"信息"意味着"学问的传授"。它的含义与我们所说的知识和学问非常接近,具有百科全书式的范围、连贯性与持久性。这种意义上的"信息"也是宋代政治和知识分子生活的一部分,因为历史类书和政书、笔记与散文选集将国家文件和档案材料汇集在一起,供人们短期和长期使用。

笔者在接下来的章节中,讨论了在宋朝,在政治信息传播中大量使用雕版印刷,并提出了一个问题:这些研究结果如何与关于信息和印刷在现代早期以及现代创造民族意识中发挥作用的大量工作有何关系。在贝利对现代早期日本私人档案的解读中,传播和出版是日本民族形成的重要催化剂。② 基于对社会和文化信息来源的广泛考察的基础上(书商的目录和旅行指南;详细描述街道、行业及产品的地图和地名录;当权者名册;自然世界的百科全书等),贝利认为,日本各界人士都可以从这些资料中获得"一种国家意识的基础:一种完整的领土概念,在一个至高无上的国家下建立政治联盟的假设,以及一种关于文化知识和社会交往的普遍共识,这种共识将'我们的人民'联系在一起"③。虽然商业出版在这个虚拟的信息图书馆的创建中发挥了主导作用,但是贝利指出,国家为地籍调查和制图调查提供了模型与框架,为各

---

① 韦伯《经济与社会》卷 1,第 339 页;转引自伯克(Peter Burke)《知识社会史》,第 118—119 页。
② 贝利《日本印刷》。
③ 同上书,第 248 页。

种畅销调查性写作提供了词汇和框架。①

弗兰克尔同样将19世纪英国和美国政府资助的印刷社会调查报告概念化,作为一种印刷档案,其功能不同于早期政府的资料库,因为社会报告可以供公众使用与评论。弗兰克尔还将这类报告和其他议会文件的传播,视为在对话内容和模式中塑造公共话语的一种力量,并指导英国和美国的国家建设工作。②

笔者本人的研究,把印刷出版的政治和身份塑造力量,牢牢地放在帝国历史的背景下。因此,它削弱了在贝利或者弗兰克尔的著作中印刷信息与国家地位之间的联系,或者削弱了在本尼迪克特·安德森的《想象的共同体》中印刷资本主义与民族主义之间的联系。它主要关注的是帝国精英之间政治信息的传播,以及政治沟通在危机时刻巩固帝国使命的作用。③

本书的前三个部分是围绕着与帝国相关的地方类型学朝廷、边界和领地有意构建起来的。此处的列举并非巨细靡遗。都城和地方辖区也与帝国有关。④ 这种朝廷、领土和边境的前景是一

---

① 贝利《日本印刷》,第44页。
② 弗兰克尔《调查状态》,第29页。
③ 一些知识分子和文学史家,在12世纪作者们的排外语言中发现了原始民族主义的萌芽。笔者将在下文中论证,尽管广泛传播的政治和文学体裁中的排外言论是帝国一种言论的一部分,这种言论要求恢复并维护帝国控制的所有中国领土,不接受事实上的多国世界的证据(第8章)。田浩(Tillman)《12世纪中国的原始民族主义?以陈亮为例》。对陆游和刘克庄作品的现代批评,同样将其中的一些爱国基调作为民族主义的早期表现。关于陆游及其诗歌作品,相关例子,见齐治平《陆游传论》、邱鸣皋编《陆游评传》、郭光《陆游传》、朱东润《陆游传》、李致洙《陆游诗研究》。对于叶适作品中关于夷狄话语的批判性解读,见近藤一成《宋代永嘉学派叶适的华夷观》。杨绍云在他最近的论文中重新阐释了唐宋知识分子中关于夷狄的话语,认为这是一种将汉人身份定位于道德之上的方式。杨绍云《改造蛮夷》。
④ 奚如谷(Stephen West)、裴志昂(Christian de Pee)、白睿伟(Benjamin Ridgway)和阿里·莱文(Ari Levine)最近的文章和撰写中的著作将改变我们对宋代城市文化史的理解。关于方志,尤其参见何瞻《宋朝地方志及其在地方志史上的地位》和戴思哲(Dennis)《从地方志的角度看中国早期的印刷术》。

种研究策略的结果,该策略旨在捕捉12—13世纪文本创作中,与同时代及其相关发展的对立面:关于地方信息的扩展和商业化(各级行政区划)。第四部分注意力转向涵盖与帝国相关的,所有地方的口头和书面信息集中到笔记中的方式,1150年和1250年之间,越来越多的士人首次在印刷品中大量传播他们阅读和谈话的日志。鉴于本书前三部分分别考察了朝廷、中国领土和边境信息的产生与传播,第四部分则分析了笔记作为通信网络的文本体现,并探讨了它们在纪念与宋帝国相关地点方面所起的作用。

本书第一部分考察了朝廷在传播时事方面的作用。笔者用两章篇幅探讨了宋朝的档案和朝报开始向更广泛的受众传播的渠道与网络。第一部分的两章都探讨了朝廷实行保密政策的悖论,以及它对档案扩散的默许。

在第一章中,笔者研究了在私刻本和坊刻本中,这些浩如烟海的宋代档案如何以及在何种程度上变得清晰可辨。本章及后续章节将进一步探讨中央集权模式对精英话语的影响。笔者提出,国家文件的发布,加强了从政治和历史写作渗透到社会活动其他领域的官僚主义论证模式。第二章质疑了即使是在朝报中对时间更为敏感的材料的情况下,为何加强保密的措施也没有得到执行,并进一步研究了都城以外的人际网络对朝报的需求。

第二部分探讨了士人如何被教授将宋朝置于目的论的历史和规范的地图上,并论证了宋帝国跨时空维度的构建,是塑造士人帝国使命的一个重要组成部分。第三章分析了在12世纪20年代之后,宋政权如何通过绘图方式加以呈现。通过仔细阅读在12—13世纪为数不多的坊刻本中流传的历史地图集,笔者解释了宋代绘图中古今地名的系统性和富有条理性的叠加,作为帝国使命的一部分,其中将现有的政区,显示为跨历史帝国连续的一部分，而不是作为截断状态的元素或作为地方记忆的载体。

地图在中国历史上，首次成为集体记忆工具的一部分。士人受众被教导如何创造一个规范的中国领土的空间形象，以及阅读它的逻辑。理想地图和现状之间的差异，为帝国使命的发展提供了动力，随着越来越多的学者和富有抱负的官员成为读者，现在可以以印刷形式使用地图的象征力量，而这种力量曾经是将领和君主的特权。

在分析了中国领土作为一个整体的体现形式之后，本书第三部分探讨了日益扩大的边境内部关系和士人之间的跨境关系所起的作用。第四章通过对关于宋朝之前和之后边事的著作，以及对12—13世纪私人藏书中存在此类作品考察的文献比较的基础上，认为边境已成为士人之间的一个主要关注点。本章进一步指出，士人对边事的兴趣，是国家文件出版制度系统化的关键因素。政府关注公开披露跨国信息和军事信息，通常被作为旨在保护机密的政策和立法的理由。

第五章讨论的问题是，关于边事信息的生产和传播增加，是否伴随着边界的重新概念化。通过对8—9世纪唐朝边境的描述，与11世纪中叶和13世纪初对宋朝边境的描绘进行比较，本章展现了如何在混合的模型中加入新的地形模式。通过对1044年《武经总要》中宋朝边境的描述与1127年以后私人调查的比较，本章进一步探讨了早期的地形方法，是否以及如何应用于淮河新的河流边界，以及当边境迁移到中心地带，以何种方式影响了士人对其在边防方面作用的看法。

本书的前三个部分重点关注正式和非正式的沟通网络，通过这些网络传播国家档案文件、朝报、外交报告、军事文本和绘图材料，并通过这些网络维护以及不断强化统一帝国的愿景，其存在取决于精英参与帝国计划。这些部分主要涉及当前政治信息的制作与印刷,并在地图和朝报方面,在较小程度上涉及其接受史。在最后的第四部分中,通过对笔记中士人交流的进一步系统分析,我们不仅更好地理解了朝廷制作的材料或其衍生物的接受,而且更好地理解了下层官场中的横向沟通模式,以及士人在官场边缘的经营。

笔记是一种主要以收集和记录数据方式为特征的书写形式;其作者强调他们的作品是个人收集、记录与评价道听途说和(或)阅读所获得信息的累积结果。作为一种以互文性和对话为基础的体裁,笔记自身特别适合于分析信息交换的社会政治网络,以及通过这种网络塑造关系和身份。第四部分的第一章列出了从11世纪到13世纪期间,不断增加的宋代刻本笔记的印刷时间、地理和专题分布。通过考察这一时期那些被编写并印刷出来的笔记的社会与政治背景变化,笔者进一步探究了宋代笔记现象的社会政治维度。尽管笔者特别关注刻本笔记的流通,但本章通过对王明清《挥麈录》的稿本与刻本所涉及的人际网络事例的研究,阐述了稿本与刻本之间的紧密联系。对这个事例的研究表明,笔记的稿本与刻本是人际网络推动的表现,这种推动总是始于一小群人的人际关系,但始终对整个帝国关系的结合保持开放。

第七章是关于王明清《挥麈录》的个案研究。笔者在这里提出了一个更广泛的问题,即在何种程度上、以何种方式让个人笔记编者参与到帝国范围内的作者和读者网络中。通过对王明清笔记中所引用的口头信息提供者的网络分析的基础上,笔者分析了其信息提供者的人际网络规模、地域多样性以及联系如何紧密。本章也描绘了王明清笔记中所引用的书面资料的时间和主题分布;并进一步考察了作者或书名,作为特定类型材料的权威和规范化的潜在标志的中心性措施。在本章和下一章中,笔者进一步探讨了王明清笔记中所阐述的更为广泛的政治和文化话语,旨在对中华帝国精英身份的文化史提供新的视角。

帝国的概念化是通过有关中国领土的中心、周边与整体的文本和对话,该领域官员的经验以及他们与其他人产生的报告塑造而成的,但帝国感也是由帝国家园以外的其他体现所定义的。在分析王明清笔记的基础上,笔者在第八章中,对于早期中国人以及宋人展现异民族的早期工作进行了拓展。通过对同一系列笔记中另一方不同表现形式的语言考察,我们可以了解到在傅海波(Herbert Franke)、王赓武、赖大卫(David Wright)和其他人作品中①针对士人受众的翻译和讨论外交文本的可用性,以及对蒲慕州和狄宇宙(Nicola Di Cosmo)②所讨论的传统民族主义新意义的理解。我们还深入了解到,异族,特别是女真人,在包括但不限于外交和不直接参与制定政策的士人在内的语境中,是如何讨论自我的。本章的结尾,讨论了士人对帝国使命其他形象的不同表现。

总而言之,本书通过考察并分析由官员和位于官场边缘的学者组成的士人网络对于时事的生产、传播以及在某种程度上的接受,提出了对中国历史上第二个千年帝国延续性问题的新答案。借鉴帝国的历史社会学、帝国和信息的历史,以及书籍的文化史和阅读史,它涉及了诸如传播的政治意义和印刷的使用等问题,以及士人传播网络在帝国使命形成和维持中的作用。这种网络

---

① 傅海波《宋金间和议》;陶晋生《蛮夷或北狄》,第69页;王赓武《小帝国的辞令》;赖大卫《奉使录:11世纪宋朝使节对辽朝的报告》。
② 蒲慕州《文明的敌人》;狄宇宙《古代中国及其强邻》。

在宋代的形成和扩张,在多大程度上构成了后来几个世纪中的文化精英与国家之间的关系(或者这种网络在多大程度上烟消云散),仍有待于通过比较和"长时段"的探索。在许多方面,本书的研究只是一个起点。

第一部分

帝国的当代维度:朝廷

第一章　档案传播与晚期中华帝国档案心态的形成

制作、收集书面文件,并将它们组织成结构化的、持久性的档案,这些都是我们倾向于与官僚机构联系在一起的活动。① 官僚机构的历史表明,这三种运作并不一致。在中世纪的英格兰,书面文件在 12 世纪越来越多地取代了口头证词和附着在实物上的记忆。直到 13 世纪,国王(尤其是他们的首席财政大臣)以及紧随其后的主教、贵族、骑士和农民,才开始掌握与其业务有关的文件。即使到了 13 世纪末,英国皇室的仆人和僧侣们,仍然无法在遍布整个王国的皇家藏宝箱和修道院中找到书面证据,以证明英国人对苏格兰土地的主权。无论是位于政治权力中心的人,还是地方权力持有者,在中央一级轻松地接触到永久性档案,并没有被人们认为是一种优先权。② 尽管从帝制中国官僚体制的理想化角度来看,中世纪英国的情景可能看似超现实,但在中国历史上,制作并收集文件,以及将其组织成可供查阅的朝廷档案并不同时进行。然而,这种情况在 11—12 世纪发生了重大变化,特别是在后一个领域。

---

① 本章改编自魏希德的《帝制中国信息秩序中的小道》。
② 克兰奇(Clanchy)《从记忆到书面记录》,第 152—153 页。

虽然在12世纪英国和西欧其他地区,羊皮纸、墨水和蜡技传播了书写用途,而在中国,纸、墨和雕版印刷提供了媒介,使得包括朝廷档案文件和档案汇编在内的各种文本,送达生活在宋朝都城及地方上的政治精英手中。在同一世纪里,受过教育的精英们的总人数,估计在几万到几十万人之间。除了为皇帝服务的女性宦官和其他皇室女性成员之外,①妇女被排除在书面政治事务的讨论之外。

在公元前3世纪和早期帝国统治下,在中国领土统一之前的几个世纪里,书面记录和藏书,对于官僚机构的运作与政治权威的合法化都是必不可少的。宋朝君臣在建立历史和王朝档案方面,可以依靠几百年来的经验,但是,档案机构的出现,在档案业务扩大和规范化方面与过去有所不同。更重要的是,通过帝国法令或泄漏的方式,它们提供了人们接触到统治王朝记录的途径。在11—12世纪,朝廷以外的精英和地方官僚,接触并使用王朝记录的情况有所增加,这在中国历史和世界历史上都是前所未有的。本章主要关注档案文件及其汇编,如何以及为何在朝廷和官僚机构之外被泄漏并传播的问题,还有,虽然档案记录可能对许多人存在限制,但人们可以接触到档案记录,在哪些方面影响了士人关于历史、政府和其他主题的思考与写作。

朝廷档案与档案运作的制度化

宋朝廷依靠的是一个横跨帝国的信息网络。纵向上,通过乡老和保甲延伸至地方社会的次级行政层,并横向地进入宋朝领土

---

① 邓小南《掩映之间》。

的边境地区,甚至是邻国的领土。来自地方与都城机关的报告和奏议,以及朝廷活动的记录与高层政策辩论,成为宋朝廷中央档案的一部分。依靠宋朝之前的中华帝国的模式,宋朝建起了一个档案国家。在很大程度上,按照标准化的过程存储、排序并检索文件。①

宋初(10世纪末和11世纪)的制度史中,有一种强烈的集权化倾向。这一点显而易见地体现在朝廷与地方行政当局之间信息交流的体制安排中。宋朝建立后不久,进奏院就被纳入中央官僚机构的控制之下。该机构的办事处设在都城,是朝廷和地方政府之间传输文件的中心节点。它负责监督从地方一级向都城各部门及办事处传送奏疏和报告,还负责向地方一级的官僚机构分发朝廷文件。8世纪存在相同的机关,也叫进奏院,它是由对唐帝国大部分地区拥有自主控制权的节镇任命人员来管理的。② 唐代的进奏院,曾作为节镇的情报机关。宋朝第二任皇帝太宗(976—997年在位),建立了都进奏院,③将其正式设置在门下省之下,由朝廷官员负责。因此,该机构的任务改为服务于朝廷对收集、分类和选择性传播信息的兴趣。

进奏院是整个帝国范围内,通信和档案网络的中心传输点。它在信息的上行传递中起着守门人的作用。来自地方官员的报告,以及税簿、会计录和司法档案,都被送到这个机关,然后转交给相应部门或其他中央机构。接收机构审查这些材料,提出进一

---

① 对中央和地方档案以及宋代档案方法与标准的充分探讨,参见王金玉《宋代档案管理研究》。
② 李彬《唐代文明与新闻传播》第1章。
③ 朱传誉《宋代新闻史》,第14页。

步行动的建议,并选择文件作为档案储存。这些文件被储存3到10年之后,被定期剔除。北宋时期,中央档案馆设立机构。朝廷迁至杭州后,建立了两个独立的档案室,一个应对六部,另一个应对三省(中书门下与政府各部门)和枢密院。① 地方与中央文件的保存和整理,支持了中央官僚机构中朝廷官员和吏的工作。诸部大臣及其下属在准备政策讨论时都参考档案,负责编辑档案和撰写国史的学士们也是如此。

此外,进奏院在官方新闻和记录的下达传播中发挥了关键作用。皇帝的诏令通过进奏院下达,并在地方存档,律令与不定期公布的政令和刑律也是如此。根据报告显示,朝报/邸报每十天还会定期分发给各地官员。② 朝报包括诏令和奏议的摘录、官员任免的清单、觐见朝廷的时间表以及与皇室和朝廷活动有关的其他新闻条目。地方档案馆提供了填补中央档案馆空白的材料。它们在编写向朝廷进呈的图经/方志时也很重要。

档案中收集的材料,为一系列史学编纂提供了原材料。将档案记录逐步摘录并重新编写成按照时间顺序或按主题编排的汇编,使储存在书架上的大量资料对于朝廷而言能够清晰明辨。尽管是以一种调和的方式,这些编纂措施,也为那些在之前数百年来被排除在外的人们开放了档案。随着档案摘录过程的推进,这些编辑产品就变成了档案。这些材料,甚至最终编辑成果所依据的早期更大规模的档案汇编都被丢弃了。保存大量原始文件的动机进一步降低,因为当朝廷财产遭遇火灾或其他灾害而损毁时,档案汇编的流出和印本提供了备份复本。

---

① 关于宋代中央档案馆的机构和运作的概述,参见王金玉《宋代档案管理研究》。
② 邸报的刊发频繁更高,间隔时间由每5天发送改为每日发送。每隔10天就会把邸报打包发给地方政府。朱传誉《宋代新闻史》,第19页,第42—45页。

第一章 档案传播与晚期中华帝国档案心态的形成

根据编辑的频率,朝廷档案汇编可分为两种类型:专门编委会和定期出版的档案汇编。朝廷偶尔会委托个别朝廷官员和知名学者参与特定项目。例子之一是在宋真宗(998—1022 年在位)授意下的官方文件大型汇编《册府元龟》(1013)。与本书下文所讨论的那些图书不同,这部文件汇编是跨时代的,大量借用了第二手资料。它基于一种精心设计的分类方案,为皇帝及其辅佐大臣们提供了大量的文本信息,而该书部分来自隋唐时期由朝廷资助的类书编纂。就像这些作品一样,它完成了说教的功能。每一个大标题都包含"示例或者范式,其启发式结合力来自多个具体事例和序言中的分类提纲之间的细致协商"。① 在保存和及时传播宋代档案材料方面更重要的,是由常设机构或定期组建的委员会正在进行的编修档案和历史藏书的工作。图 1.1 展现了将国家文件消化并吸收到这些档案汇编中的过程。

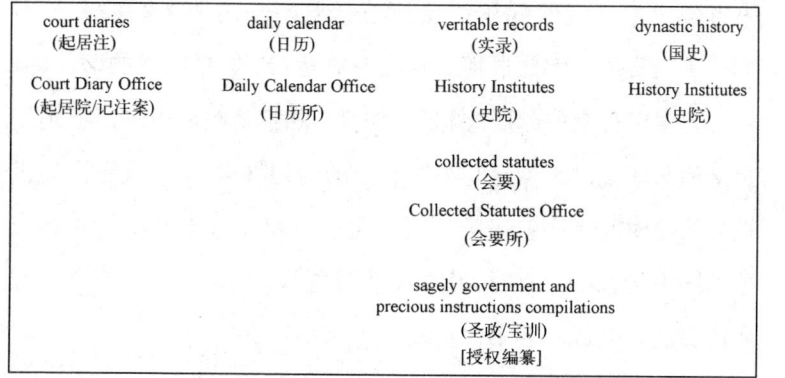

图 1.1 档案形成不同类型档案汇编和历史汇编的过程

起居注是对朝廷活动,以及从地方报告中收集而来的重要事件全面、持续的档案记录。这些起居注的主要资料包括修注官的

---

① 宋家复《龟鉴之间》,第 140—141 页。

记录,他们的工作就是随侍在皇帝左右,并记录下他的活动和交流;皇帝与高级官员之间的谈话记录;以及都城所有机构提交的报告。都城所在机构每五天到每年不等,视机构和所要求的报告类型而定,定期提交它们的报告。起居院(后来称作记注案)是中书门下一个常设机构。依据机构规定,其编修官将逐月的起居注送交史馆进行存档或做进一步处理。他们按照年月日的顺序,将这些逐月记载的起居注排列起来。他们使用1095年首次设定的标准,之后定期变更标准。他们参与了皇帝每天的活动,始于皇帝与六部和枢密院进呈的奏章批阅,终于当日的天文观测等活动。在每个月末或每年年底,都有来自整个宋帝国的祥瑞灾异现象,以及地方习俗和人口统计数字的报告。①

日历属于著作郎、著作佐郎的工作,他们隶属于常设机构日历所。这个机构最初是门下编修院的下辖机构,后来被设置在秘书省国史案。虽然偶尔受到干扰破坏——比如在秦桧专权时期——但日历的编修过程一直在持续运行。② 日历所的著作郎,结合起居院提交的起居注和其他材料,如枢密院和中书门下定期提交的时政记以及朝廷与高级官员的传记材料,整合成更富连贯性的按照时间顺序叙述的材料。这些材料反过来又成为一朝或数朝国史的基础。有时,通常在皇帝驾崩时,著作郎会把草稿性质的日历合并成一套书。

---

① 本段和下文的概述,沿用蔡崇榜《宋代修史制度研究》的记载。关于起居注、时政记和日历的编纂情况,亦可参见王德毅《宋代的起居注与时政记之研究》《宋代的日历和玉牒之研究》。蓝克利的《宋代的税收、公共财产和货币政策》,简要讨论了宋朝国史的编修情况。关于20世纪中国史学对于宋代官修史书类型的概述,参见刘连开《宋代修史制度史研究述评》。
② 起居院在1143年到1155年间没有配备工作人员。见蔡涵墨《一个邪恶形象的塑造:秦桧与道学》,第70页。

实录将皇帝在位期间合并后的日历中收集的资料,摘抄成文字更简洁的纪实历史。它们以私人传记和历史记录补充了朝廷档案材料,包括日历中出现的已故杰出人物的传记,并附录了诸如邻国及其臣民的描述等。除了11世纪短暂的一段时间之外,实录编委会和基于这些实录的国史编委会,没有设置在常设机关内。它们通常依据诏令每隔一段时间组建,并被安置在常设机构下,负责存档和编修档案记录。例如,整个南宋时期,朝廷一直保持着实录院与国史院的存在,并将它们始终置于秘书省和史馆之下。宋朝为从开国之君太祖(960—976年在位)到理宗(1225—1264年在位),总共14位皇帝编修了实录。仅仅是在1265—1279年间的最后4位皇帝的短暂统治时期,没有产生实录。①

　　朝廷在编修国史方面投入的精力较少。这些国史将几朝皇帝的档案记录合而为一,而朝代数并不固定。例如,《两朝国史》是关于宋仁宗(1023—1063年在位)和宋英宗(1064—1067年在位)朝,《中兴四朝国史》《九朝国史》(北宋九朝)等。国史形成了宋室正史的基础材料,并遵循了之前所有正史的相同布局。它们在很大程度上依赖于编年史、传记和每位皇帝在位期间的实录,它们对这些材料加以凝练,并用附加的传记和著作来填补空白之处。就像实录一样,宋理宗朝完成了宋朝的国史。

　　到目前为止,笔者论述的这些体裁,在唐朝及其之前的王朝都有先例,但宋朝廷将档案和史书编修制度化,并将其置于常设部门或定期设立的部门中,这与唐朝的做法完全不同。宋代还编

---

① 关于《钦宗实录》编修的讨论,见蔡涵墨《无奈的史家:孙觌、朱熹与北宋灭亡的历史》。关于宋代实录编修、史料和体裁等内容最近的广泛研究,参见谢贵安《宋实录研究》。因为这部著作是在我完成本书的草稿后才问世的,所以我在本书中没有吸收其研究成果。

修会要。会要按照包括帝系、仪制、礼、选举以及与之相配套的科举、食货、刑法、兵和蕃夷在内的10到20大类的原则,对国家文件进行分类。在每个类别中,节选的文档按照时间顺序排列而成。创建于11世纪初到13世纪之间的这些会要所,监督着直到宋理朝的宋朝历史文献资料的编辑。如同实录院和国史院,会要所在大部分相关时期都隶属于秘书省。①

前文讨论过的五种编修类型(起居注、日历、实录、国史和会要),主要是由朝廷编修的。在这些类型的图书中,极少由私人发起,甚至这些图书都是由与其他朝廷编修项目有关的官员来承担的。例子之一是《国朝会要总类》(1204—1208),②本书是张从祖作为秘书省校书郎、国史院编修官兼实录院检讨官期间编修而成的,虽然编排会要并不是他正式工作任务的一部分。

圣政和宝训的编修,情况略有不同。这些编修通常是朝廷官员的工作,但在一些事例中,有些官员主动从事这些工作,并在图书完成后将其进呈给朝廷。圣政和宝训们是根据枢密院和各部门朝廷高官们保存的时政记以及起居注和日历,精心选编而成。它们涵盖了某朝皇帝一小段在位时期、完整的一朝或者几朝,因而有所不同,作为官方认可的帝国宣言和政策选择的呈现。由于没有设立任何专门机构来编修这些历史汇编,这些图书不经常问世。③

---

① 除了蔡崇榜的《宋代修史制度研究》,还可以参见王金玉《宋代档案管理研究》。
② 蔡崇榜《宋代修史制度研究》,第168—170页。
③ 王德毅《宋代的圣政和宝训之研究》。对于欧阳修和司马光著作中宝训和其他档案编纂的史学特征的比较研究,参见宋家复《龟鉴之间》。

保密的神话

从11世纪开始，宋朝廷颁布了关于上述档案和历史汇编的流通规定，而在随之而来的12世纪，这些流通规定的颁布日益频繁，并且规定越来越明确。① 除了有关圣政和宝训的收藏之外，所有官方档案汇编都被禁止在其各自机关和存放完整抄本的架阁库以外的地方流通。这些禁令几乎没有专门提及起居注或日历，但因为所有基于它们的编修作品都不能传播，也无法在档案馆和史馆以外获取文件，我们可以推断出，禁令也涵盖了这些材料。

直到11世纪晚期，这些法规还适用于档案材料的储存和内部传输、抄写员的动向以及史馆官员的内部通信。它们没有提及朝廷档案和历史汇编的蓄意外流。在1090年颁布的诏令中，首次出现了关于对抄录和刊刻实录、国史与会要的关注，并无证据表明，这两种形式的刊刻本当时都在传播，但正如诏令中所表达的那样，这些年来的特征，是人们担心印刷术会导致在整个宋帝国乃至国外广泛传播机密朝廷文件的焦虑。② 正如我们在1202年前后出版的《庆元条法事类》中所看到的那样，这种焦虑随着时间的推移逐渐减弱。该诏令只提到有关刊刻会要的法规，因为它们是通过印刷品传播的。实录和国史并没有以刻本形式传播，而《条法事类》显然承认了这一事实。但是，抄录、摘抄实录和国史

---

① 关于朝廷档案和历史资料的宋代出版管理规定的编年表，见魏希德《帝制中国信息秩序中的小道》，第155—156页。
② 《宋会要辑稿》刑法2之38。艾朗诺(Ronald Egan)《披沙拣金》；魏希德《苏辙在北方所见：宋朝的出版法律、国家安全与政治文化》。

资料的行为可能会受到惩罚,其受罚程度与出版会要相同。正如下文将要讨论的那样,这可能与这样的事实有关,即当时刊刻的类书和历史教科书中通常都包括了实录和国史的摘抄。

在1122和1201年臣僚进呈的奏疏中,出现了导致国家文件和档案汇编商业化的线索。① 1122年的一篇奏疏中,描述了林虙(活跃于1097年)的《神宗皇帝政绩故实》以《辞场新范》的书名商业化再版,阐明了商业出版在11世纪末和12世纪的增长,与应举的士子人数同时增加之间的历史联系。崇宁年间(1102—1106年),林虙根据叔父林希(活跃于1057年)传给他的资料,编撰了一系列关于神宗朝的笔记。林希参与过《神宗实录》的编修,还编修过《两朝宝训》(涵盖宋仁宗、宋英宗两朝)。林虙把他收集到的所有材料分成一百种门类,据说是模仿前五位宋代皇帝的宝训。除了前文提到的原始书名和商业化的书名,他的编纂成果还以《神宗圣政》《元丰圣政》《神宗宝训》等书名流通。② 林虙将其作品进呈朝廷后,很可能改变了其原先的《神宗皇帝政绩故实》书名。1122年的奏疏中特别提到的另一部书《辞场新范》,表明像林虙这样的压缩版会要,在参加科举考试的士子中广受欢迎,或者至少是书铺瞄准了这一群体。

1201年的奏疏提出,在省试中,考官们理应熟悉国史、会要和实录中所涉及的重大事件和人物。这一要求在整个宋帝国的学校和考场中引起了连锁反应。12—13世纪的科举应试手册中

---

① 《宋会要辑稿》刑法2之87;同书,选举5之25。
② 王应麟《玉海》卷49《艺文》,10b-11a("元丰两朝宝训""元丰圣训");章如愚《群书考索》卷17《正史门·国史类》,14a("神宗圣训录");晁公武《郡斋读书志校证》,第269页("神宗宝训"),第1229页("神宗圣训");《宋史》卷203《艺文志二》,第5107页("林希《两朝宝训》二十一卷");刘兆佑编《宋史艺文志史部佚籍考》,第355页。

包含了国家文件,因此反映了强调士子讨论时事政策问题的能力。① 与此同时,1201 年的奏疏还指出,人们获取国家档案材料仍然很困难:

> 国朝正史与凡实录、会要等书,崇护惟谨,人间私藏,具有法禁。惟公卿子弟或因父兄得以窃窥,而有力之家冒禁传写。至于寒远士子,何缘得知? 而近时乃取本朝故事,藏匿本末,发为策问。是责寒远之士以素所不见之书,欲其通习,无乃不近人情。乞今后策题如系本朝事实,并须明白指问,不得藏匿本末,庶几草茅寒士不至独为所困。②

朝廷高官,诸如学士和在省试中担任考官的高官们,可以随时查阅档案材料,但是,正如奏疏作者所指出的那样,参加省试的举子们的情况并非如此。奏疏要求,对于并非所有举子都能接触到的档案材料的任何问题,考官都要解释清楚,这一要求承认,那些能够接触到档案的人将继续对时事提供线索。这是最接近于承认保密已经成为神话。这个神话很重要。保密体现在秘书省的中文名字中("秘",意味着保密),就像 16 世纪威尼斯的秘书,名义上是为了保护在其控制下的文件的秘密。③ 保密保护了皇帝的神圣,同时也被视为防止朝廷内外朋党政治的关键。通过逐渐了解整个帝国士人信息和人际网络需求,我们可以解释对档案汇编的泄漏与抄录的默契和渐进的适应性。在政治信息领域的朝廷——士人关系的这种务实调整,可能对确保广泛发展的举子精英的继续合作至关重要。

---

① 魏希德《义旨之争:南宋科举规范之折冲》第 4 章、第 6 章。
② 《宋会要辑稿》选举 5 之 25。
③ 菲利波《威尼斯的信息与传播》,第 50—51 页。

文本技术

朝廷对档案汇编泄漏和传播所作的安排，需要在12—13世纪抄录、再造以及通过抄录手稿和商业印刷的进一步传播的大量证据的背景下加以阅读。禁止抄录、拥有和出版档案材料被证明是无效的，因为这些文本技术被用来使统治王朝的记录变得清晰明了，并对士人有用。

不仅是考官，还有成千上万应试的举子，那些教授他们的人，为他们准备教科书的人，以及那些像本书第四章中所讨论的业余地理学者一样，作为独立学者来寻找赞助人，感到有必要就相关时事问题使用原始资料。对于成千上万在中央政府机关工作的官员来说，档案材料汇编也被证明是有用的，这些官员的职位不享有查阅档案的特权，也不享有接触到在外地发布的档案的特权。他们在撰写各种报告时，也会寻找与宋朝皇帝以及臣僚们有关的事件、轶事或者权威引文。

本节——关于文本技术——研究了朝廷档案库中的稿本档案汇编，是如何以一系列的实物形式传递给读者的过程和方法。这里的文本技术不仅包括衍生文本的手稿和印刷品，还包括原件与衍生文本的收藏、分类和摘录。

收 藏

档案业务的集中化和标准化，以及颁布传播朝廷档案记录的禁令，加强了那些控制档案之人的权威。当朝廷对王朝档案的控制受到挑战时，政治权威和控制档案之间的联系变得越发明显。这些挑战主要来自两个方面。首先，在11—12世纪期间，私人藏书家人数增多,他们所拥有的藏书数量增加。因此,笔者首先估算档案汇编在私人藏书中出现的程度,以及在该地区的私人藏书为都城内外士人的可见性和(或)可获得的程度。其次,朝廷档案和秘书省因火灾和盗窃经常遭受损失。在12世纪20年代金人占领开封期间,朝廷财产的散失,进一步造成档案的重大损失。在宋朝廷迁往南方之后的数十年间,恢复宋朝的档案记录成了一项重要任务。恢复档案记录是宋朝廷延续其历史的先决条件,全面追求彻底恢复档案的迹象,表明宋朝廷拒绝遵循王朝循环逻辑,依据王朝循环,胜利者通过占用失败者的档案记录来书写前朝的历史。在本节关于藏书的第二部分中,笔者简要回顾了宋人藏书活动的历史,以确定这些活动是否应被视作档案馆藏集中化的指标,还是作为对分布式档案的承认。

在宋朝,私人藏书家的人数显著增多,其中许多人拥有至少上万卷藏书。最近学者对有文献记录的藏书家的人数估计,范围在500人至700人之间。与此相反,唐朝藏书家的人数在30至100人之间不等。① 我们知道至少有60部宋代私人藏书目录,② 但现存完整的目录只有3部。它们是尤袤(1127—1194年)的《遂初堂书目》(约1190),晁公武(约1104—1183年)的《郡斋读书志》(1151年至13世纪40年代)和陈振孙(约1186—约1262年)的《直斋书录解题》(约1249)。

私人藏书中的国家档案资料,实录和会要的数量蔚为大观。

---

① 魏根深(Endymion Porter Wilkinson)估计,唐代藏书家的人数在20至30人之间。参见其《中国史》,第265页。李玉安、陈传艺《中国藏书家辞典》列举了42名唐代藏书家,149名宋代藏书家。对于唐宋藏书家的更高估计,参见任继愈《中国藏书楼》上册,第698页,第750页;傅璇琮、谢灼华《中国藏书通史》上册,第215页,第227页,第350页。
② 范凤书《中国私家藏书史》,第121—124页。

刚才提到的三位藏书家,都拥有从宋太祖朝到北宋末或南宋初的实录。晁公武的整部书稿完成于宋哲宗朝(1086—1100年在位;书稿完成于约1135年);尤袤的书目则到了宋钦宗朝(1126—1127年在位;书稿完成于1168年);而陈振孙的书目,包括了《高宗实录》(1197,1202)和《孝宗实录》(1202),反映了该目录的完成日期更晚。

藏书家们不仅藏有宋朝历朝的实录,他们还拥有不同版本的实录抄本。尤袤拥有三种版本的《神宗实录》,包括完成于1136年的绍兴本,陈振孙拥有两种《神宗实录》。陈振孙进一步指出,《神宗实录》修订本是在宋哲宗变法派当权下完成的,宋哲宗希望复兴王安石(1021—1086年)的遗产,并将其发扬光大。《神宗实录》的原文用墨笔书写,新增的部分用朱笔书写,删除的部分用黄色笔书写,所以这个版本具有极强的吸引力。①

除了完整的实录,所有的藏书家们还拥有数量丰富的会要。所有这三部书目,都涵盖了从宋太祖到宋高宗或宋孝宗朝(1163—1189年在位)这段时期的会要。晁公武和陈振孙两人都拥有一部包含之前所有版本的会要合订版。晁公武列举了他的藏书中,《嘉定国朝会要》是按主题分类的由前11朝文件组成的合订本。出现在陈振孙目录中的这部著作的续集(与张从祖的作品同名),由著名史学家李心传(1166—1243年)编撰。该书在四川刊刻后,续集又增加了两朝的官方文件,因此获得了另一个书名《十三朝会要》。②

---

① 陈振孙《直斋书录解题》卷4,第129—130页。
② 同上书,卷5,第163页。对这部著作更完整的描述,参见蔡崇榜《宋代修史制度研究》,第167—168页。对张从祖和李心传编撰作品的书名和内容的考察,以及在《宋会要》当前版本中出现的这些文本,参见苗书梅、王云海《宋会要辑稿·崇儒》,第440—459页。

第一章 档案传播与晚期中华帝国档案心态的形成

在这三部书目中,国史也占据了重要地位。单朝的国史经常被合并成合订本。大多数藏书家似乎只能获得合订本国史。因此,晁公武、陈振孙只拥有合订本国史,而尤袤作为史馆编修,却能藏有单个帝王的国史或者这些史书的稿本。尤袤和陈振孙都拥有完整成套的北宋国史。既然这些图书中的最后一部《四朝国史》直到1186年才完成,合订本的南宋国史的第一版,直到13世纪50年代才出版,他们的藏书非常同步。①

起居注和日历的证据较少,但在私人藏书中却并不缺席。从法律记录来看,人们对冗长且未被整理的起居注兴趣不大。在这些图书类型中,因为基于起居注编写的实录尚未被编修出来,藏书家们关注的是获得最新版本的起居注。这三位藏书家都拥有《高宗日历》(宋高宗,1127—1162年在位)的抄本,晁公武和尤袤的人生生涯正好处于宋高宗时期。尤袤拥有五种日历,这很有可能归功于他在秘书省任编修官的那段时间,此外,他还获得了最新版的《孝宗起居注》。

王明清(1127—1214年以后)的笔记中,有关于12世纪宋朝士大夫们搜求会要、实录和最新编纂而成的国史的更多证据。王明清从其家藏书中获益,但他不得不重建大部分藏书。在编写于12世纪60年代到12世纪90年代的系列笔记《挥麈录》中,他提到自己曾"阅"过《会要》,②他还提到了徽宗朝的国史和实录。

《宋史·艺文志》(完成于1345年)是基于宋朝秘书省的藏书完成的,与《宋史·艺文志》中列举的图书相比,很显然,12—13

---

① 蔡崇榜《宋代修史制度研究》,第126—148页。
② 王明清《挥麈录·前录》(中华书局版)卷1,第7条"高宗用人纳言皆有明见",第5页。

世纪私人藏书中收藏的国家档案资料与朝廷文献的制作是同步的。① 吴澄(1249—1333年)在总结亡宋的主要成就时,略显夸张地说:"宋三百年间,锓板成市,板本布满乎天下,而中秘所储,莫不家藏而人有。"②

这些藏书家是谁?他们是如何收集藏书的?私人士人藏书家并不仅局限于官僚机构的高层。迄今为止提到的4位藏书家中,只有尤袤曾在朝廷上任职多年。湖州(今属浙江)当地人陈振孙,其大部分藏书都是他在13世纪二三十年代任地方官时搜集的。1244年,他被任命为国子司业,在中央政府部门工作,最后以宝章阁(收藏宁宗著作,建于1226年)待制致仕。在去世之前,他获得了这个贴职,那时他的藏书已经完成。晁公武的藏书也遵循了同样的模式。在12世纪20年代金朝入侵后,晁公武搬到了嘉州(成都府路),1132年中进士,担任了一系列地方职务。12世纪60年代初,他被任命为侍御史,在都城任职,而在1151年,晁公武已经完成了自己书目的初稿。

这二人形成其藏书的方式,表明了士人之间的交流在藏书建设中的重要性。许多一流藏书家允许别人使用他们的藏书,还为接待访客建造了一些设施,并为感兴趣的学生提供补贴。③ 晁公武从他的上司那里继承了一大批藏书。12世纪40年代初,井度任四川转运使,当时他聘请晁公武为幕僚,在他死前,留给晁公武大批藏书。④ 井度从未在朝廷上任职,他的藏书是地方官员收集

---

① 《艺文志》中私人藏书家的藏书和朝廷藏书的表格,见魏希德《帝制中国信息秩序中的小道》,第160—169页。
② 吴澄《吴文正集》卷34《赠鬻书人杨良甫序》,19a。张秀敏的《中国印刷史》(第58页)则完全没有引用。
③ 张秀敏《中国印刷史》,第204—205页。
④ 潘美月《宋代藏书家考》,第162—164页。

大量藏书的另一个例子。陈振孙除了在地方书肆上购买图书外，还到他任职的地方拜访其他藏书家。一些人让其抄录图书材料，来补充他自己的书房。①

借阅和抄录促进了诸如朝廷档案和史书汇编等大型藏书的传播。1158年颁布的一项法令，禁止朝廷高官将实录私下传给他们的家人，体现了将朝廷编辑的图书转入私人藏书的普遍做法。②一些朝廷高官和其他人的私人藏书，以他们在拥有档案材料方面的实力而闻名。郑樵的亲戚（活跃于1169年）、宁宗朝的军事推官郑寅（卒于1237年）就是这样一个例子。在13世纪30年代中叶，郑寅本人曾担任尚书左司一职。陈振孙在创作自己的著作时，参考了郑寅的作品。③

王明清应该继承了父亲——著名史官王铚（？—约1144年）的大量藏书。由于地方官员利用战争造成的混乱以及据称贪婪的家庭成员的作梗，造成了一系列的藏书损失，王明清转而通过购买、抄录并与其他藏书者交换来重建家庭藏书。王明清提到了30多位藏书家，并在他的笔记中与其他对文字（以及艺术）鉴赏感兴趣的人分享了联系方式。他的联系人从身份地位卑微的吏，到曾在朝廷上任职的进士和前宰相的后人。大多数人都生活在王明清曾经居住或仕宦过的地方。

在其笔记中，王明清展示了他的个人藏书和家庭藏书，以及其他人的藏书。他列出了包括朝廷文件在内的特别感兴趣的条

---

① 乔衍管列出了陈振孙特别提到的他购买或抄录的少量书籍的书名。参见氏著《陈振孙学记》，第33页。
②《宋会要辑稿》刑法18之66；《要录》卷180，第540页。
③ 关于郑寅的藏书和陈振孙对它的描述，见潘美月《宋代藏书家考》，第216—218页。乔衍管《陈振孙学记》，第28页，第33页。

目。通过抄录，他还公布了一些珍贵的档案材料。例如，他列出一份单篇奏议与宋英宗的御批（从同时代人梁才甫处获得）；宋高宗起草的一封信；曾布（1036—1107年）编修的起居注的缩写本；宋真宗朝进呈的一份奏疏。在转录材料中，有徐俯（1075—约1141年）记录的宋高宗的话语，朝廷官员为宋徽宗所作的赞语，以及宋真宗朝的奏疏。这些材料中有许多不一定来自朝廷档案，但可能是原作者及其家人所拥有的抄本。这些条目的吸引力，特别是像曾布《日录》这样的条目，在于它们要么是朝廷档案和史书编修的史料来源，要么可以用来修订这些著作立论的记录。

私人收藏的档案资料，以及士人愿意在目录和笔记中披露他们所拥有的藏书，至少表明朝廷和中央官僚机构无法阻止其档案记录的流动。朝廷与大大小小的藏书家们的关系，进一步暴露出保密的神话性。朝廷官员通常只在犯罪人因更严重的政治指控接受调查时，才对私自抄录和拥有档案材料采取行动。尽管朝廷官员有时会没收被限制接触的材料，并起诉那些非法持有这些材料的人，但负责保护这些材料的机构的做法，为私人藏书家的非法活动提供了理由。秘书省和史馆的官员们，依靠私人藏书家来补充朝廷档案馆的不足。朝廷请求私人捐赠书籍，或敦促私人藏书家献书，让政府小吏进行抄录。在征书活动中所找到的图书中，经常出现档案汇编。①

自从宋朝在10世纪后期建国以来，人们就不断地寻找秘书

---

① 本段和以下段落是基于魏希德的《帝制中国私人和朝廷藏书中的失落话语》，在《帝制中国私人和朝廷藏书中的失落话语》中，笔者更详细地讨论了藏书活动，藏书背后的动机，以及他们所引起的反应。在其对南宋秘书省的研究中，温克尔曼（John Winkelman）讨论了宋高宗时期为恢复皇家藏书所采取的措施。他提到了捐赠国史、实录、会要和宝训的众多例子。见氏著《南宋秘书省》，第28—29页。亦见王金玉《宋代档案管理研究》，第116页。

省中缺失的图书。12世纪三四十年代进行的征书活动,文献记载最为丰富,12世纪20年代末朝廷图书保管机构遭到解散后,复辟政府希望重新获得宋王朝的文献,是这些活动的动机。早期重建宋朝秘书省藏书的努力,主要集中在档案和史书汇编上,如实录、国史、会要和"宝训"的节略汇编。例如,在1131年,位于绍兴的新秘书省收集到了1126年编修的部分以及完整的档案汇编,其中包括实录、国史、会要和宋朝前六朝的宝训。1132年和1133年,临安(杭州)的秘书少监和其他朝廷官员促使皇帝颁布法令,要求特定的藏书机构和藏书家捐献图书。除了一种情况外,所有请求都明确要求提供国史、实录和会要的抄本(附录Ⅰ,表2)。

获取图书的方法,表明朝廷在何种程度上包容了士人精英的藏书行为。在专门针对家庭藏书或私人藏书的法令中,朝廷建议图书拥有者提交图书以供抄录。图书原件将在抄录完毕后归还给图书所有者。对于那些献书的人,皇帝给予奖励。起初,朝廷根据个别情况来制定奖励,不过在1146年,基于早期模板设计出分级奖励标准,印刷出来并广泛传播。宋高宗后来援引了宋朝第二任皇帝太宗时期发展的标准作为模板,但按照中国书籍文化在这150年间所发生的变化,对这一标准进行了修改。它区分了官员和士人。大量献书的官员会得到提拔;大量献书的士人被永久或暂时免除了发解试。他们因此可以直接参加都城一级的三年一届的省试。增加了士人藏书家类别,突出表明了朝廷认识到迅速扩大的举子阶层在文化物品流通中的重要性。

人们对献书呼吁的回应,最初是热情高涨的。十余年来,朝廷接连不断地呼吁献书并抄录图书,但据其工作人员说,秘书省仍然缺乏大量私人藏书中的图书。申请者随后将此举未能成功,归因于私人藏书家不愿意在没有明确的和实质性奖励的情况下献出他们的珍本秘籍。曾经在编纂实录和其他朝廷档案材料部门工作过的徐度(活跃于1150年)同样指出,精英家庭不愿将图书材料借给朝廷。① 王明清证实了献书者的官方名单中同样显而易见的这一点:早期阶段的献书者总人数相对较少(附录Ⅰ,表1和表3)。②

12世纪40年代中叶秦熺(？—1161年)任秘书监时,执行了更严厉的实施措施。除了上述奖励标准之外,秦熺还采取了一些措施,将这项活动的负担从秘书省自身转移到地方官员身上,这些地方官现在被要求定期提交有关他们征集图书工作的报告。③ 根据12世纪80年代中叶秘书省长官莫叔光(活跃于1163年)的叙述,当人们对指责宰相秦桧之子而遭到报复的恐惧逐渐平息之后,秦熺的秘书省领导身份,促进了秘书省藏书的恢复。④ 从附录Ⅰ的表1和表3中,我们也可以看出献书数量的激增。然而,这些结果付出了高昂的代价。秦熺要求秘书省在监督地方长官征书工作中拥有更高的权威,这不仅仅是对一场沉寂的藏书运动的回应;它符合一个共同的努力目标,仔细审查私人藏书,并剔除那些被认为与新政权的和议立场不一致的材料。根据当时的记载,主战人士的家人烧毁了所有的藏书,或者,更常见的,是烧毁信件、奏议和历史文献,这些在地方行政长官或者秘书省官员看来可能是具有颠覆性的材料。在几个事列中,当这些材料的拥有者得知政治盟友遭到迫害时,作为预防措施,他们通常会烧毁这些材料。⑤

---

① 王明清《挥麈录》(中华书局版)后录卷1《史官记事,所因者有四》,第68—69页。
② 同上书,前录卷1《皇朝列圣搜访书籍》,第9—10页。
③ 《宋会要辑稿》崇儒4之27—28。
④ 同上书,崇儒4之31;亦见陈骙《南宋馆阁录·续录》(1178),第174页。
⑤ 关于秦桧和秦熺当权期间对朝廷和私人藏书影响的进一步探讨,参见魏希德《帝制中国私人和朝廷藏书中的失落话语》;蔡涵墨《一个邪恶形象的塑造:秦桧与道学》,第93—94页,第99—102页。

第一章　档案传播与晚期中华帝国档案心态的形成

尽管针对特定政敌进行了有针对性的攻击,但也有证据表明,朝廷坚持了其征书政策。陈振孙也着重强调了朝廷登记簿上的捐书者之一许中(活跃于 1100 年),在会要方面所做出的贡献。正如我们之前所看到的,陈振孙也拥有这一领域的藏书,他指出(并非没有个人利益),《政和重修国朝会要》的一个修订版可能是曾任签书枢密院事的许中家献出的,并允许朝廷抄录许中曾经参与编修的会要早期版本。① 特别值得注意的是,在这个和其他几个例子中,②朝廷"借"私人复本进行抄录,然后将其归还给"拥有"它们的家庭。

前文简要叙述过的王朝档案管理中朝廷与精英之间关系的历史表明,皇帝、档案学家和朝廷官员们都认识到,权威已经开始取决于对分散档案的接受程度。这个分散式档案是不完整的,范围有限,但是通过奖励士人头衔并加官晋爵,即使是宋代政治家中最臭名昭著的独裁者,也在基本层面上确保了宋代档案记录的连续性,从而确保了宋帝国的统治,以及更微妙的是,士人在该事务中的合作。

分类与摘抄

布莱尔在其关于早期现代欧洲文本管理的著作中指出,存储、排序、选择和总结是古今信息管理的四个核心操作。除了存储(收集),排序(分类)和选择(摘抄)也是使档案在 12—13 世纪中国宋代能够让读者读懂的核心技术。私人藏书家将档案类型转变为书目子类型,并在新的子类下列出其他类型的作品。在本

---

① 陈振孙《直斋书录解题》卷 5,第 162 页;亦见《宋会要辑稿》崇儒 4 之 23。
② 温克尔曼《南宋秘书省》,第 29 页。

节中,笔者将首先考察这种挪用中央档案的影响。通过从这些和一系列其他文本中挑选出来的类书文本的摘抄,进一步使档案汇编对士人读者有用。朝廷档案汇编与其他史料的这种混编,既引发了士人读者对官方编纂地位的质疑,也引发了档案运作对士人思考和书写历史以及政府的影响。

私人藏书编目中的分类方法,既反映了朝廷档案体裁对于藏书的重要性,也反映了这些史料被整合到士人学问中的方式。尤袤、晁公武、陈振孙的私人书目,将国史、实录和起居注作为书目的子类。私人藏书家所使用的图书类别,通常包含了无论是源于官方的还是非官方的更广泛的作品,而不是官方朝廷档案和历史体裁所定义的图书类别。尤袤的"正史"部分包括官方的国史、列传、故事、诏令和其他皇室著作以及起居注。朝廷史料和非官方史料在正史部分并置,突显了一个事实,即正史,虽然被人们认为是权威的,但与其他支持、补充或有争议的官方叙述作品并置。

会要被安置在"类书、类事"的标题下,说明了朝廷档案汇编是如何适用于士人读者。朝廷在首部会要出现之前,就推动了官方文件的分类汇编工作。档案模式成为会要的模式,第一部会要是由宋仁宗在1030年授意编修的。① 这部会要于1044年进呈给皇帝,包括了涵盖960至1043年间全部宋朝历史的资料。会要最初只供内部使用。会要的目录下分大约20个主要类别,使皇帝和朝廷高官在迅速积累的档案和图书馆藏书的过程中,随时可以查阅相关的历史文献。

到了12世纪,档案模式和会要被用作学术参考书,并用于朝

---

① 山内正博《册府元龟と宋会要》。

廷之外的教学目的。它们与其他学习和参考工具书,一并出现在私人书目中数量迅速增多的类书部分中。在尤袤的目录和赵希弁在13世纪中叶对晁公武书目的补充中,会要与文学、历史类书和蒙书——例如,著名的商业化类书《事类赋》《事物纪原》《古今事文类聚》——混杂在一起。前两部书出版于12世纪,后一部书出版于13世纪。① 将朝廷藏书与通常被认为是写作指南和学习辅导图书并置在一起,表明人们抄录和购买前者,是为了它们在士人话语中的实际应用。

　　从11世纪到13世纪上半叶的书籍制作和收藏的大背景来看,人们对朝廷档案汇编和历史汇编的兴趣与阅读兴趣的更大变化相吻合。历史资料,特别是同时代作者撰写的那些关于当前王朝的资料,在宋代文化产品中所占的比例,要比早期帝国时期相关资料所占比例大得多。根据刘兆佑的研究,宋人撰写了《宋史・艺文志》史部中90%的图书。② 宋朝书目中史部所占的百分比,远远超过更早的《隋书・经籍志》中著录的那些书所占的比例。③ 无论藏书的规模还是藏书者的背景如何,这种趋势都是成立的。到目前为止,这四部宋代书目中史部图书所占的比例在19.3%到31%之间;而在《隋书・经籍志》中,史部图书只占12.5%。

　　档案汇编传播的另一个步骤,是以零散的方式传播。类书包含了会要、实录、国史、"宝训"以及"圣政"的摘抄,它们在12—13

---

① 潘铭燊(Ming-sun Poon)在《宋代的图书与印刷》(第338页)中列出了有关《事物纪原》的版本。关于这一文本当前版本传承的描述,见高承《事物纪原》(约1078—1085),第1—2页。国家图书馆有《事类赋》的一种版本(1146)。《古今事文类聚》的宋版收录于钱曾《述古堂宋版书目》,6b。
② 刘兆佑编《宋史・艺文志史部佚籍考》,第24页。
③ 魏希德《帝制中国信息秩序中的小道》第169页中,有一个包含藏书数量的表格。

世纪被印刷出来,并被作为科举应试手册或写作辅助图书推向市场。很可能,这样的类书比它们所引用的篇帙浩繁的手稿或原始文本的印刷版受众要多。档案汇编只是多种资料中的一种,这些资料被分解为与特定主题相关的信息片段。笔记采录者通过从知名作家的文学作品集、历代王朝的国史、私人史学著作、政书以及经学和宗教文本中进行挑选,然后根据不同类型和数量的标准,将各个部分组合在一起。

商业类书的编者直接或间接获得档案汇编的范围,在出自《古今合璧事类备要》一个条目的基础上可以得到绝佳的说明。此书由谢维新(大约活跃于13世纪中叶)编纂,大约在1257年前后商业化出版。① 在"副都承旨"条目下,编纂者参考了实录、《四朝志》和《孝宗圣政》。这些史料用于让读者根据简明扼要的原始史料引文,来追溯该职位的历史(以及该职位备选者背景的变化)。②

人们可以在各种情况下使用这些资料摘抄。人们时不时地收集并分享一些信息,用来娱乐并给人留下深刻印象。特定习俗和官僚程序的起源,是受过教育的精英之间经常谈论的话题。王明清与朋友交谈的笔记,以及他读到的文本中有很多这样的琐事。最早的类书之一引用会要,可能就是为了达到这个目的。冠以《事物纪原》的这部类书,编纂并印刷发行于11世纪末(约1078—1085年)。1197的重印被记录在案。人们在这部书里面可以找到各种各样制度和做法的最早实例,而且它现在确实仍然是史学工作者们的参考著作。

---

① 国家图书馆和上海图书馆保存有该书的宋版。
② 谢维新《古今合璧事类备要》后集卷17,1a-b。

例如，它将诸如"混牓"和"印卷"等考试做法，追溯它们最早出现在会要中。宋代类书明代之前版本所提到的"会要"，通常指《国朝会要》，或者特定版本——诸如《乾道续四朝会要》《中兴会要》《孝宗会要》。《事物纪原》现存的明清版本将这些参考书统统改称《宋朝会要》，宋朝从未使用过这一名字的会要，这是一种时代错误的引用。这一改变并没有体现在"放夜"条目中，显示了其原始文本可能的样子。①

除了用于社会交流的资料，档案资料的收集也为士子训练应举提供了教材。漳州（属于福建）教师林駧（活跃于13世纪前十年）提到，他的学生觉得前朝历史冗长乏味，要求讲述宋朝国史。②为了回应这些需要，林駧从实录、会要、国史和宝训中挑选出文本。他的讲稿所产生的类书，还包括其他官方文件体裁的摘抄材料，如奏议集③和李焘（1115—1184年）的北宋政府纪实史《续资治通鉴长编》。《新笺决科古今源流至论》一书完成于13世纪20年代末或30年代初，分三部分出版。最早的刊刻可以追溯到1237年。

从不同类型的资料中混合选择，如我们在林駧和谢维新出版

---

① 高承《事物纪原》卷8《放夜》，第430页。在中华书局版所依据的明本中，明显已经有了这些变化。张志和最近指出，从书中所提到的宋代会要的时代方式来看，《事物纪原》是写作于明代。参见其简短的研究笔记，《〈事物纪原〉成书与明代考》。然而，张志和却未能表明《宋朝会要》是明代对宋代会要的通用名称，同时也忽略了在一些宋代史料（如谢维新的《古今合璧事类备要》前言等）提到《事物纪原》及其作者的记载。
② 林駧《皇鉴笺要》序。原书存于北京大学图书馆。张金吾《爱日精庐藏书志》中（卷26，9a）中也抄录了该序。关于《新笺决科古今源流至论》的文本史，参见魏希德《义旨之争：南宋科举规范之折冲》附录。
③ 奏议可能指赵汝愚编纂于1186年的广泛印刷的《国朝诸臣奏议》。这部奏议集收录了北宋时期245位官员进呈的1627份奏议。亦见白乐日（Balazs）、吴德明（Hervouet）编《宋代书目》，第122—123页。

的作品中所看到的那样,是12—13世纪科举应试手册的典型。相关例子包括《历代制度详说》(12世纪80年代初)、《璧水群英待问会元》(约1245),和《群书会元截江网》(约1250)。它们的编者旁征博引朝廷档案汇编和历史汇编、宋代的私修历史、奏议选集、策问以及应答文章。

手稿与印刷出版

吴澄把以前存放在架阁库里材料的传播,归功于宋代印刷术的广泛影响。王明清注意到,由于12世纪地方政府投资印刷,藏书家人数增多,藏书日益丰富:

> 承平时士大夫家,如南都戚氏、历阳沈氏、庐山李氏、九江陈氏、番阳吴氏,俱有藏书之名,今皆散逸。近年所至郡府多刊文籍,且易得本传录,仕宦稍显者,家必有书数千卷。①

时人因此证明了印刷术对于印刷文本以及相应的稿抄本广泛传播的影响。这是对文本机械复制所带来的焦虑和高期望的另一种表达吗?印刷术在多大程度上,以何种方式用于传播宋代档案资料?

手稿仍然是整个档案汇编制作、泄漏和进一步传播的主要媒介。朝廷档案和历史汇编通常没有被全部刊印。据笔者所知,只有一套完整的会要出版:在四川出版的李心传编修的《国朝会要总类》,是直到宋宁宗朝的全部宋朝会要的合订本。本书的刊刻是政府行为还是商业项目我们尚不清楚。根据陈振孙的记载,该

---

① 王明清《挥麈录》前录卷1《士大夫家藏书,多失于雠校》,第10页。

书的印版后来被转移到杭州的国子监,这可能表明,它们已经被没收了,但是没有记录显示印刷者或者该书作者因为违反《庆元条法事类》中禁止印刷会要的规定而受到惩罚。① 其他史料表明,朝廷命令李心传负责这个项目,甚至把主要材料都交给他。如果事实确实如此,印版的转移将是正常程序。②

诸如"圣政""宝训"等篇幅较小的官方文件汇编,比会要更广泛地通过印刷传播。如同其唐代模型《贞观政要》(约 729),它们最初被认为是用于朝廷经筵和皇帝训示的指南,但也被士人作为行政指南使用。在整个宋朝,宋人选本由朝廷授意编修或者私人进呈。有时候,当它们出现在某一特定朝代起居注的最终版本之前时,它们依据的是负责编修这些起居注的各部门的现行草稿。③ 因此,它们利用了实录和会要中的相同史料,但是,由于圣政、宝训的部头更小、更流行,它们对商业印刷者和学生的吸引力更大。

1020 年,宋真宗批准了一部关于其政府文件和记录的选本《天禧圣政记》。他下令在整个帝国范围内刊刻并发行此书。④ 林虙在 12 世纪前十年向朝廷进呈了他编辑的《神宗皇帝政绩故实》,根据前文所讨论的 1122 年的诏令,它以各种书名商业化

---

① 陈振孙《直斋书录解题》卷 5,第 163 页。张秀敏(《中国印刷史》,第 196 页)将陈振孙的声明解读为一种迹象,即朝廷明令禁止私自和商业性地传播朝廷档案汇编,但这一规定并没有得到人们的严格遵守。
② 蔡崇榜《宋代修史制度研究》,第 168 页)从这个角度阐释了《宋史·李心传传》。亦见贾志扬《宋人传记补编》,第 209 页,第 213 页。苗书梅和王云海《宋会要辑稿·崇儒》,第 455—456 页)关于朝廷对李心传的安排作了更详尽的说明。
③ 例如,见 1020 年的《天禧圣政记》。见王德毅《宋代的圣政和宝训》,第 7 页。然而这一时期的《日历》,直到 1022 年宋仁宗即位才开始编纂。见蔡崇榜《宋代修史制度研究》,第 41 页。
④ 王德毅《宋代的圣政和宝训》,第 7 页。

传播。

陈振孙提到这类史料刊刻和坊刻本的其他几个例子。他看到,在莆田(福建)出售的一套《三朝训鉴图》插图本,是由负责管理国家财政收入的御府刊刻的北宋版。① 其他几部宋代史料中,均提及了这部书。根据郭若虚(约1020—1075年后)的记载,此书共十章,由大约一百个带有插图的事件组成。该书最初配发,仅限于高级官员和皇室成员。②

陈振孙提到一部类似的图书:11世纪印刷出版的《三朝政要》。1138年,该书在官方资助下重新发行。③ 陈振孙还列出了宋高宗和宋孝宗朝宝训的两部坊刻本。④ 第一部题为《高宗孝宗圣政编要》,证明了这些材料流动迅速。根据陈振孙的叙述,这些关于圣政的选本,是在宋孝宗朝的乾道(1165—1173年)、淳熙(1174—1189年)年间编修的。这必然会有稍长一点的时间差,因为商业版本所依据的原始朝廷档案汇编,分别在1166年和1192年完成(换言之,就在淳熙朝结束之后)。⑤ 陈振孙的抄本是这些朝廷档案汇编的摘录,带有大概是宋孝宗和宋光宗撰写的原

---

① 陈振孙《直斋书录解题》卷5,第163页。王明清在《三朝宝训》一书下也提到过这个刻本。《挥麈录》(中华书局版)后录卷1《章献太后命儒臣编书,镂板禁中》,第53页。对于王明清评论的重要评价,参见刘兆佑《宋史艺文志史部佚籍考》,第223—225页。
② 郭若虚《图画见闻志》(约1075)卷6,7a-b。默里(Murray)在《印刷图书中的教化插图》(第428页)中提到过这条材料。陈振孙的书目中包含了这本书,并评论说他在莆田看到过此书的一部待售的抄本,驳斥了默里关于此书没有在朝廷之外流传的结论。
③ 陈振孙《直斋书录解题》卷5,第163—164页。
④ 同上书,卷5,第168—169页。
⑤ 王德毅《宋代的圣政和宝训》,第11—13页。陈振孙可能抄录了宋帝国的书目。《宋代书目》使用了出自《高宗圣政编要》同样的词语,亦见刘兆佑《宋史艺文志史部佚籍考》,第298页,第304—305页;需要注意的是,在中华书局版中,这个书名已经改作《高宗孝宗圣政编要》,《宋史》卷203,第5103页。

始御制序言。根据陈振孙的估计,这个坊刻本是针对应试举子。在陈振孙列举的《孝宗圣政》的另一部坊刻本中,同样针对应试举子,在他看来,两个版本中这个版本内容更全面。然而,我们尚不清楚这两个版本是否刊刻出版。

宋高宗与宋孝宗朝圣政现存的合订本,表明陈振孙的复本可能是坊刻本,也可能是这种版本的抄本。《增入名儒讲义皇宋中兴两朝圣政》在建宁府以小字体刊刻,建宁府所辖建阳县,至少有50家商业书铺。① 正如此书书名所示,"名儒讲义"反映了这本书的教学性质。通过引用权威学者的评论,编者们重现了这种类型的图书编辑所针对的教学环境。1163年,宋孝宗指派陆游(1125—1209年)编修高宗圣政。他离开都城的时候,这项工作才刚开始几个月,陆游就把他开始撰写的稿子凭借记忆抄录了下来,这部书单独流传。陆游所编修的圣政草稿,以及他附加在每个条目上的评论,被选择性地包含在完整的圣政坊刻本的解释部分中。就像指导新皇帝在使用和解释嘉言善政时一样,地方上的读者们也可以从档案记录的只言片语中得到典范性的选择和解释。②

将几位学者的评论意见组合在一起,是针对学生的一系列营销策略的一部分。除了对所选文献提供解释(字面意思是"讲义")之外,为了便于参考,这种版本还在天头空白处插入了主题词,以及在角落里列出朝代和年号的指示标记。它还包括强调符

---

① 参见贾晋珠《谋利而印:11至17世纪福建建阳的商业出版者》,第76页,第279—283页。蔡涵墨在《一个邪恶形象的塑造:秦桧与道学》(第83页)中讨论了这一文本。关于台北"国家图书馆"中保存的此书版本的简要介绍,参见王德毅《宋代的圣政和宝训》,第26页。
② 孔学《陆游及〈高宗圣政草〉》。

号和句读符号,以方便人们阅读。这种版本作为参考工具的价值,在提供的交叉索引中很明显。前面是按时间顺序和分类排列的目录。前者显示了每一章所涵盖的年份[始于建炎元年(1127年),终于淳熙十五年(1188年)]。后者被分为15个主题,每个主题又细分为多个子题。在每个子题下是按时间顺序排列的条目列表,每个条目用短语总结事件。主体文本按时间顺序组织,但页边空白处的主题名称,与内容分类目录中列出的主题相对应。使用这些关键词,对诸如秘书省藏书、军费、台谏运作、将领张俊或者宰相秦桧等各式主题感兴趣的读者,通过将相关主题定位在内容分类目录中,就可以在正文中找到若干段落,查阅条目下提到的年份,然后将条目名称与专门记载该年份的章节中的主题标题相对应。导航标记使读者可以翻到正确的章节,而无须查阅按时间顺序排列的内容目录。① 笔者在本书第4章关于统一问题的讨论中,提供了这一做法如何发挥作用的一个例子。

与现代欧洲早期一样,印刷术的应用,在文本的表现方面几乎没有真正的创新。在11世纪以降印刷术得到广泛应用之前,参考书、笔记、主题词、注释,以及图像、标记和标点符号的使用,均得到了很好的证实。然而,就像16—17世纪的欧洲一样,"印刷术向人数更多的观众和更多样化的观众,传播了对咨询阅读的吸引力"。② 除了与朝廷史馆有关的档案汇编之外,其他类型的

---

① 宋版的一些特点在更流行的版本中被删除了,比如在《宛委别藏》《续修四库全书》重印本)中。《宛委别藏》本有相同的页面布局,但是省略了引导标记(突出主题部分,指出每一页的日期,并将注释与正文分开)和标点符号。《宛委别藏》的文本也略去了对蛮夷的贬损之词。虽然在台北"国家图书馆"的宋版中保留的章节较少,但这所包含的45章,并不包括在更流行的版本中。在分类目录中,有几次提到了淳熙十六年(1189年)和光宗初。然而,我所看到的所有版本,都没有在正文中涵盖淳熙朝的最后一年。没有一个版本包含序跋。
② 布莱尔《工具书的诞生》,第46页。

国家文件汇编也通过印刷传播。一个绝佳的例子是某位作者或一群资深政治家的奏议集，其中多数都是以刻本形式出现。①

总而言之，相比提供了完整档案汇编的访问途径，刻本更有助于使读者熟悉这种摘录格式材料的使用。与大多数科举应试手册一样，所有用于说明上述摘抄做法的类书，都是在12—13世纪印刷出版的。根据所使用的标准（见本书第六章），我们估计笔记在150至500部之间，它们发挥了类似的作用。王明清的系列笔记《挥麈录》（共四部分）至少有6种刻本，从与类书相同的档案汇编中引用资料，通过完整转录单页原件来补充已发表的档案，并展示了这些材料的讨论，如何适应受过教育的精英之间的口头和书面交流（见本书第七章）。

档案心态

在传播有关宋代政府信息的体裁不断扩大的背景下，档案和档案管理（文件选择、分类和整理）发挥着越来越突出的作用。宋代士人开始认为，关于政府的思考、对于政府的书写，以及政府运行，都应该以参考的原始文献为基础（即使是通过二手资料获取的），并且这些文献应该被全面收集和整理，以便于人们使用。士人们对历史和政府的思考，逐渐被一种"档案心态"所塑造。

这种档案心态的发展，是那些不被认为是属于官僚体制一部分的人官僚化的意想不到的结果。《高宗孝宗圣政》现存的商业版本中，"科举"作"儒学"的副标题，从而与"官职"剥离，成为学生

---

① 关于宋代奏议集的印刷和流通更详细的讨论，参见魏希德《帝制中国信息秩序中的小道》，第180—184页。

和士人被正式排除在官场之外的象征。随着11世纪科举考试的应用范围逐渐扩大，产生了一大批有抱负的官员，皇帝和朝廷官员们开启了与地方上的精英共享政府的意识形态工具的进程。正如邓小南所指出的那样，宋朝开国皇帝的先例，是在朝廷上制定政策建议的必要组成部分。① 向朝廷官员赠送此类藏书，然后宋帝国认可它们在整个帝国范围内的流通，无疑是代表宋朝君主和政治家模范政府的有力手段。祖宗之法在士人写作中通常被用来证明论证的合法性。选择最合适的祖宗之法并加以援引，不可避免地将参与这一行动的那些人与政治权力中心联系在一起。

档案收藏的两个方面及其在士人话语中的运用，使中央政府与士人之间的关系产生了矛盾。藏书的过去性，使作为当前行政中心的朝廷与作为最佳实践鲜活记忆的昔日朝廷之间存在着距离。开国皇帝的记忆被证明是最具权威性的。建立统一帝国的宋太祖和宋太宗所留下的遗产，对于整个宋代那些书写历史和政治之人提供了一个强有力的先例。13世纪，在南方恢复了宋朝统治的宋高宗和宋孝宗两位皇帝《圣政》的受欢迎程度，同样也使得宋朝昔日权威模式，在当前决策中得到了重要的应用。

无论是在朝廷上还是在科场以及书房中，祖宗之法的只言片语性质和选择引用简短的原始史料，同样使它们无论在朝廷上，还是在考场和书房的策问中可以被人们灵活使用。尽管在皇帝或者朝廷大臣的决定中，圣政整体上提供了一些随着时间推移的变化感，但在士人写作中，还是以特殊方式使用祖宗之法。在缺乏标准的长期叙述的情况下，这些藏书的使用者可以调整他们的选择，来支持其想要提出的论点。例如，令人印象深刻的是，在陆

---

① 邓小南《祖宗之法：北宋前期政治述略》。

第一章 档案传播与晚期中华帝国档案心态的形成

游从《高宗圣政草》初稿中回忆起来的 20 个条目中,与科举考试有关的一个问题,是高宗决定放弃对举子进行最终排名的特权。援引皇帝的话说:"朕委主司取士,必不错。"陆游称赞高宗皇帝 1128 年的决定,遵守了公平的标准,因为这可以避免其亲随干扰外地官僚的征召,他还利用这一机会批评了宰相在随后数年科举考试中的干预。①

本书第四章用更多细节描述了历史分层的过程,从而强化了证据支离破碎性质的影响。简而言之,那些在朝廷或地方上讨论政策的人,所使用的主要史料证据来自春秋战国(古代)、宋朝以前的朝代(秦朝到五代的历史),以及以一种结构化方式描述的今昔宋朝。通过正反例子,对每个层次的事例进行集合,以支持建议的提案或解释。除了在本书第四章关于和战讨论中所提供的例子之外,13 世纪的科举应试手册中的下述例子,说明了档案心态是如何发挥作用的。

在"通使"的主题下,《璧水群英待问会元(选要)》的编纂者收录了一篇文章,作者在写作时坚决反对通使:

> 策头大将有进而无退,则可以伸中国之威;泛使有拒而无迎,则可以沮夷狄之谋。何则将者我之所倚,以郄敌者也;使者彼之所资,以觇我者也。使吾之将逗遛而不进,彼之使虚喝而复来,则天下之势不止如今日所爱而已。②

反对和议造成危险的理由,是基于分裂时期的两个历史上的例子。为了图谋准备吞并占据东北部的弱小国家燕国(前燕,

---

① 孔学《陆游及〈高宗圣政草〉》,第 37 页。孔学的文章包含了原文的完整抄写,而这些内容只存在于解缙编的《永乐大典》(卷 12929,1a - 6a)的摘录中。
② 刘达可《璧水群英待问会元(选要)》(南京图书馆藏本)卷 75,15a。

337—370年),位于中国西北部的前秦(351—394年)君主苻坚(338—385年)派遣了使节郭辩。类似的,北方政权魏(386—534年)在其开始图谋位于西部的凉(北凉,397—439年)时,派遣李顺作为使节。这些事例的意义是显而易见的:燕和凉是在接受了这些提议后被吞并的。

转到宋代外交史上的近期事件,这篇范文的作者认为,在宋仁宗、宋真宗、宋高宗时期进行的和议,是在与13世纪初写作此文时截然不同的情况下进行的。在过去,只有当宋朝廷发现自己处于相对实力较强的地位时,和议才得以进行。范文举例说明了军事力量突出对敌人的影响。宋太祖因其军事上英武而为契丹使者所钦佩。宋真宗通过展示军事力量,回应了与辽国达成的和平解决方案。宋仁宗时达成的和议,是基于西北地区的军事防御工事。

宋高宗的近期事件可能提出了一个难题,因为人们认为他挽救了宋朝,但他是通过达成一项对北方占领正式化的解决方式来实现这一目标的。文章作者认为,这种和解是可以接受的,因为宋朝廷仍然可以依靠那些拯救了当日的将领们的浴血奋战,他们的声望只会与日俱增:岳飞(1103—1141年)、张俊(1086—1154年)、韩世忠(1089—1151年)和刘锜(1098—1162年)。由此可以推断出的历史真相是,在双方平等的条件下,和议是可以接受的。然而,任何力量的失衡都会使和平成为一种弄巧成拙的策略。由于作者认为存在着严重的失衡,宋朝是弱者一方,因此在作者写作此文时未能达成和议。宋高宗可以作为当前决策的典范,不是因为他最终接受了谈判解决方案,而是因为据说他已经理解了和平可以接受的条件。涵盖宋高宗一朝圣政的相应文字段落因此这样解释:"绍兴八年,虏使到常州,上曰:'纵使和议已成,亦不可弛兵备。'"①

正如这个事例所说明的那样,档案分类汇编先例的传播具有双重作用,一方面加强了官员和精英与王朝的认同,以及与其开国之君有关的统一事业的认同,另一方面,为他们提供了评估当前中央政府表现的工具和激励手段。因此,用来传播王朝档案材料的文本技术,对朝廷和官僚机构之外精英的政治和学术话语产生了革命性的影响。

同样在中国历史上,档案记录的制作、储存和更广泛的社会用途,也是在时间上分离的过程。尽管档案记录的制作和存储可以追溯到前帝国时代,并且它们在朝廷历史中的使用同样早于秦帝国的形成,但直到11—12世纪,朝廷范围之外的士人才能获得并开始利用朝廷档案汇编。随着10—11世纪档案事务的集中化和标准化,档案记录的社会与政治用途,取决于政治精英从都城贵族到地方层级文化精英的社会和文化转变,其地位与科举考试挂钩。士人网络渗透到为组织和控制档案记录而设立的机关中,因此在11、12世纪的过程中,地方上的士人收集档案汇编,对其加以摘抄,并将摘录的内容付梓。获取王朝档案记录,形成了对王朝历史、政府及其他主题的思考和写作。正如我们将在本书第7章中看到的那样,在谈话和社会写作中使用档案记录的能力,也成为宋代士人圈子中有文化之人的一部分意义。朝廷继续成为档案编纂工作的主要生产者,并通过在各地方复制档案,保留了精英政治关注的焦点。档案记录的传播,尽管它可以被地方士人用来表达对当代政府政策的看法,却被证明是王权合法化的一个来源。

---

① 刘达可《璧水群英待问会元(选要)》(南京图书馆藏本)卷75,16b。

第二章　朝报与小报

在朝廷档案材料的语境中，保密与公开之间的紧张关系，经常通过朝廷对泄漏行为的默许来解决。① 回想起来，允许广大读者通过公共渠道获得这些材料的好处，超过了实施禁止这些材料流通的成本。档案汇编的流通，增强了士人对王朝的认同感，并使越来越多的士人与朝廷联系在一起，使朝廷成为帝国管理的中心（见本书第一章）。由于档案材料涵盖了王朝的过往，而且由于档案汇编通常经过了多个编辑阶段，因此其利害关系要小于与时事相关的国家文件。在本章中，笔者探讨了"朝廷公报"（court gazettes）（通常称作"朝报""邸报"）保密和公开之间的紧张关系。朝报是一份朝廷出版物，列出了新的人事任命、罢免、外交使节、诏令和奏议的摘抄，以及臣僚朝见的时间表。笔者想询问的是，是哪些人和哪些机构程序决定了朝报的编辑政策和内容，朝报是如何传播的，朝报的目标读者和实际读者是哪些人，以及在朝报的制作和传播过程中，是否也能看到集中控制的动态与士人网络的干预。

---

① 本章改写自魏希德《朝报与小报》。在核察资料时，我发现英文翻译中有一些不准确的地方（我之前提到过知县，当时的资料只清楚地指出是知州和路级长官）；这些都已经更新。更重要的是，我试图根据该文章一位匿名审稿人提出的建议，重新调整论点。遗憾的是，当时我没有足够的时间进行所需要的更改，并希望文章的新版本有所改进，并更直接地涉及档案流出的重要性。我在此感谢这位匿名审稿人的评论意见。

官僚信息流动

朝报的内容、汇编、编辑和流通都受到诏令的约束。在缺乏朝报原件的情况下,这些规定揭示出朝廷对下级官僚及其所管辖的人民之间与其事务沟通的看法和管理。本节回顾了宋朝统治时期所实施的法规,及其所揭示的政治沟通的官方观点。

首先,朝报的典型设计和内容是什么样子的? 朝报设计的标准定义,是基于宋朝模式。根据1173年进呈的一份奏议所述,朝报涵盖了朝廷政务、书诏章表的摘录、差除注拟、辞见朝谢,以及赏罚。① 作为一种摘录大政方针决定,列举人事决议,以及公布帝国活动时间表的朝廷出版物,朝报的这种表述,与后来人们对这种类型的描述是一致的。②

尽管宋代朝报的原文,甚至宋代朝报的完整复制品都未能留给我们,但我们可以通过阅读这些材料的节选,来窥见它们的报道与所呈现的情况。士大夫们在诗歌和书信中评论朝报上的新闻。从他们的兴趣出发,我们可以收集到诸如任命、降职、致仕以及去世等人事问题。洪迈(1123—1202年)描述的进奏院报状格式中,通常宣布人事动向。朝廷新任命的知州,除目中只记录了谁被差知某州,接替某人。请求致仕的除目,同样简要地指出了某官姓名和致仕的理由(如因病)。③ 读者还评论了侧重于边防事务的政策问题,以及区域和地方行政人员感兴趣的问题,诸如救灾,表明关于这些问题的报告、诏令奏议也被包括在内。

---

① 朱传誉《宋代新闻史》,第24页;《宋会要辑稿》职官2之51。
② 梅嘉乐(Mittler)《中国的报纸?》,第187—207页。
③ 洪迈《容斋随笔·五笔》卷4《近世文物之殊》,第878—879页。

李焘(1115—1184年)的《续资治通鉴长编》是一部较少为人使用但却极富启发性的史料著作,该书可以提供朝报所涵盖的更直接的资料。在他精心撰写但经常被人们所忽视的脚注中,这位研究北宋政府的史学家指出,他在主要叙述中引用了朝报。在文本正文中使用替代性资料时,他还提供了朝报的大段节文作为补充材料。该书通常是按特定的日期(年号/年/月/日)提及朝报。我们通过考察宋哲宗朝所征引的朝报显示,很明显,朝报中抄录了朝廷高官、法令、奏议、任命名单与其他类型如谢表等政府文件。有关人事管理的问题(除上述所提及之外,还包括个别官员之间以及更广泛的党争纠纷的陈词、建议和紧张关系),似乎是这一史料中受人们关注度最高的内容。诸如黄河平原的洪水泛滥等危机,也值得朝报持续报道。李焘的注释进一步表明,在许多情况下,朝报中没有透露言说者/作者的名字。他做了一些有根据的猜测,或者以其他方式指出,他并不清楚是谁提出了正在审议中的提案。①

这一策略很可能是有意为之,地方上的读者也注意到了这一点。例如,朱熹(1130—1200年)提到,有一次他收到了一份朝报,这促使他小心翼翼地放慢最近的工作。朱熹补充说,他无法判断攻击者来自谁。② 这份朝报是在1195—1196年间,在给朱熹的弟子蔡元定(1135—1198年)的信中提到的,蔡元定此时与

---

① 《续资治通鉴长编》(汉籍全文资料库数字版)卷404,第9838—9839页;卷406,第9878—9884页;卷451,第10831—10832页;卷493,第11719页;卷495,第11783—11784页;卷503,第11988—11989页;卷504,第12001页;卷505,第12038—12039页,第12042页;卷507,第12087—12089页;卷510,第12148—12149页;卷514,第12209页,第12232页;卷515,第12246页,第12249—12250页;卷516,第12276—12777页;卷517,第12299—12300页,第12302页,第12314页;卷519,第12346页。
② 《全宋文》卷5597《答蔡季通》,第249册,第330页。

其老师相似,并无官职在身。① 由于受到对朱熹领导的道学运动的攻击,两人当时都居于家中,受到政府的严格审查。不公开发言人和作者,可能是为了限制新闻条目在高度网络化的政治环境中带来的动员效应。朝报影响了朱熹的《太极图说》与类似作品出版计划的时间安排,它为朱熹及其支持者在当前或将来对其始作俑者更直接的反击造成了障碍。

宋代的条例中不仅对朝报的设计,而且对朝报的编制和发行过程都作了明确规定。8—9世纪在唐朝都城设立的进奏院,在宋太宗朝(976—997年在位)则被置于中央官僚机构的控制之下。宋太宗对朝廷与地方政府之间信息交流的制度重组,反映了该中心对信息控制的高度重视。虽然唐朝进奏院曾作为节度使的情报机关,但宋朝进奏院的任务,是为朝廷在收集、整理和选择性传播信息方面的利益服务。②

进奏院发往各地区和地方政府部门的朝报,通常在公布前要接受审查。999年,宋真宗已经为宋代最重要的中央政府机构枢密院进呈的朝报的审查树立了先例。③ 休假时,朝报编辑过程仍然要求附属于中书门下的给事中在传送朝报前予以审查。这一套程序也被认为是士人间的规范。赵升在其《朝野类要》(约

---

① 陈来对这封信的系时和注释,见《朱子书信编年考证》,第414页。
② 对于唐末五代时期进奏院历史的研究,参见福井信昭《五代十国期的进奏院》《唐代进奏院——唐朝后期"藩镇体制"的一个侧面》。他认为,进奏院在整个10世纪都存在。它们的功能在后梁时期不太明显,但在后唐时期它们经历了复兴和重组。他进一步指出,在五代末年,进奏院的分支机构在南方诸国都城作为后晋、后汉、后周三朝的基地尤为重要。亦见王静《朝廷和方镇的联络枢纽:试谈中晚唐的进奏院》。
③ 朱传誉《宋代新闻史》,第18—24页。梅原郁《宋代文书传达制度——以进奏院为中心》,第80—81页。

1236)一书中,概述了朝报的审查过程。① 朱熹在一次谈话中,也提出了类似的建议,即给事中应该能够在消息传出之前检查人事决策。②

内容的标准化和编辑过程的集中化,与朝报传播的规范化同步进行。进奏院的办事人员被分配到所有的州府,以确保朝报传送到宋帝国的所有地方。③ 朝报的发行,法律上规定仅限于在朝廷和地方各级政府任职的官员。进奏院定期刊刻朝报,期间由每五天改为每日刊刻。发布朝报则可能需要更长的时间。根据一份朝报(1048年)的记载,负责运输和递送的枢密院每10天分发最后一份朝报。根据另一份报告(1098年)记载,进奏院的工作人员每3天就会发送朝报。④

我们还不能最终确定,朝报在宋朝是否印刷出版。关注明清朝报历史的史学工作者们通常认为,宋朝的朝报仅以抄报形式流传,直到晚清时期朝报才印刷出版。史学工作者们专门研究了宋代朝报的历史,他们收集了一些证据,表明早在11世纪,宋代朝报就可能已经印刷出版。1071年的一项法令规定,分发朝报的进奏院的预算应该包括每年给钱一千贯,"充镂版纸墨之费"。⑤ 虽然这些钱不是专门用来印刷朝报的,但很可能朝报已经包括在将要发行并送到各路和更低行政级别的通讯中。朝报印刷可能始于11世纪初。后来在1176年进呈的奏议中指出,在1071年

---

① 朱传誉《宋代新闻史》,第18—24页。梅原郁《宋代文书传达制度——以进奏院为中心》,第80—81页。
② 《朱子语类》卷128《本朝二》,第3071页。
③ 在边境州府分发朝报,比在其他州府受到更严格的审查。1167年,宋孝宗颁布了一项法令,禁止在盱眙和其他边境州发行朝报。《宋会要辑稿》职官2之51。
④ 朱传誉《宋代新闻史》,第19页,第42—45页。梅原郁《宋代文书传达制度——以进奏院为中心》,第98页。
⑤ 《宋会要辑稿》职官2之46。

之前,通讯的印刷已经隶属于刑部,要求停止进奏院的印刷业务并将其交还刑部相关部门。① 尽管有这样的努力,在12—13世纪,进奏院的印刷业务以及印刷业务的补贴仍在继续。② 例如,在法律领域,印刷旨在向地方当局分发的其他政府文件,这一事实进一步支持了朝报可能以印刷方式传播的事例。③

　　标准化、集中化、规范化的过程,描述了官方网络和政治沟通的官方观点。官方网络建立在一套规则的基础上,而这些规则构建了信息的流动。官方条例规定了收集、编辑、审查以及传播朝廷新闻的机构和程序。这些规定是官方沟通话语的一部分,规定信息从中心直接、透明地流向公众。公众被想象成为"大众"(audience),字面意思是"民听""众听""群听"。在官方话语中,朝报被视为将新闻首先传递给官方,并通过它传递给广大民众的渠道。朝报所登载的新闻,是为政治指导而分发的;人们应该"听"并接受它,因为它代表了中央政府授权的决策和事件的摘要,供官员们以及通过它们的行政部门来指导民众。朝报摘录的命令,使地方行政官员了解到朝廷的新举措,并要求他们予以配合;它们还规定哪些内容将被张贴出来,以便更广泛地传播。

---

① 《宋会要辑稿》刑法1之10。刑部于1024年被授权负责印刷法令。《续资治通鉴》(汉籍全文资料库版)卷102,第2368页。亦见朱传誉《宋代新闻史》,第39页。
② 关于上述记录和补充证据的进一步讨论,参见梅原郁《宋代文书传达制度——以进奏院为中心》,第83页;朱传誉《宋代新闻史》,第38—42页。久保田和男着重指出,宋代邸报必然以印刷方式传播——这一观点部分基于印刷中其他官方通讯的传播,但这也反映了在构建民族身份时将其视为与现代印刷报纸结构等同的意图。久保田和男《关于宋代中央情报的地方传达——以邸报为中心》;感谢邓小南教授与我分享了久保田和男这篇发表在工作坊的文章。亦见久保田和男《关于宋代制敕的传达——以元丰改制前为中心》。
③ 亦见福井信昭《五代十国期的进奏院》《唐代进奏院——唐朝后期"藩镇体制"的一个侧面》。

泄 漏

笔者已经确定了 30 条禁令,禁止分发朝报并独立发布朝报中所包含的新闻报道(例如,个别法令和奏议),这些禁令表明宋仁宗(1022—1063 年在位)朝,宋朝皇帝和中央政府官员都意识到现有的程序和规范信息流动的规则不断受到侵蚀。① 谁参与了这些违法行为,它们都包括哪些内容?

商业出版人和举子成为官方报告中新闻类型(诸如近期历史、会要和政书等)传播的目标。② 然而,在关于朝报制作和发行的官方报告和条例中,他们却明显缺席。这种缺席并不表示书商对朝报缺乏兴趣;在都城便有书商和小贩售卖朝报。③ 相反,它反映了政府人员在朝报行业中的主导地位。官方说明中特别强调了官府中吏的商业利益。例如,1175 年的禁令,揭露了进奏院官长及其机构在利润动机驱使下参与走私朝报,并通过官方邮政网络发布朝报。④ 1224 年,也有类似的指控。根据一份报告的记载,各机构的吏为了特定州县的兴趣而签订合约来收集信息,并收取 2000—3000 缗的费用。这笔钱足以在大多数州府购置房产

---

① 魏希德《朝报与小报》在线版,第 199 页,表 1。
② 魏希德《苏辙在北方所见》《帝制中国信息秩序中的小道》。关于科举策论和手稿,参见贾晋珠《谋利而印:11 至 17 世纪福建建阳的商业出版者》,第 121—123 页;刘祥光《印刷与考试》《印刷与科举考试》。关于在对科举考试标准定义的竞争背景下讨论 12—13 世纪的规章制度,参见魏希德《义旨之争:南宋科举规范之折冲》,尤其是第 5 章。
③ 现存的记录显示,1127 年在都城叫卖朝报。黄卓明《中国古代报纸探源》,第 63—65 页。周密指出,南宋都城杭州也叫卖朝报。朱传誉《宋代新闻史》,第 83 页;周密《武林旧事》卷 6,15a。
④ 《宋会要辑稿》刑法 2 之 118。

（或者差不多能够购置房产）。① 当时印书的价格约为 150—300 文(1000 文等于 1 缗)。②

遍布整个帝国的官方邮政网络的存在,有助于解释商业出版人在都城以外地区明显没有发行朝报(尤其是它们的衍生品,小报)的原因。现有史料无法验证朝报分配流程和支付方式的细节,然而,在官方指控中,进奏院办公人员处于核心地位,表明他们在该业务中发挥了关键作用。进奏院办公人员最终负责将这些材料——诸如官方的朝报和诏令打包,从朝廷送交各地的政府机关。同样,他们拆解开从各地寄回来的材料。虽然枢密院办公人员和士兵负责邮件的实际运输,但进奏院办公人员,很可能在邮件中包含非官方文件,并且也有机会通过邮政网络管理付款。邮政网络的运行,以及它将小报的生产者与现有的读者群(已经是官方报纸读者的地方行政人员)联系起来,从而避免了平行商业发行网络的发展。

进奏院办公人员在官方话语报告的流通和修改中占据着中心地位,表达了一些中央政府代表的双重焦虑。人们对朝报内容的早期发布和可靠性有具体的担忧,但也对官方发行渠道本身的可信度有更大的担忧。针对后一项问题,朝廷已提出了针对进奏院工作人员的措施,并加以执行。可行的措施包括:对那些揭发过失责任人的奖励制度;连带制度,让吏对其他所有人可能犯下的任何不当行为负责;以及对违反正当程序者的严厉惩罚

---

① 《宋会要辑稿》刑法 2 之 145。梅原郁《宋代文书传达制度——以进奏院为中心》,第 77 页。梅原郁将嘉定 17.2.9 作为日期,这应该读为嘉定十七年四月九日。
② 程民生《宋代物价研究》,第 2 章、第 8 章、第 13 章,尤其是第 374 页。

制度。①

泄漏不仅仅是进奏院办公人员的生意。在宋高宗朝廷重建过程中,据称,会议场所缺乏安全保障,以至于各色人等都能从官衙中获取信息,并且信息私自传递。② 私人间谍在中央政府机关活动,从都城的各个机关收集并抄录信息。根据大约1193年进行的一项官方调查显示,有名小吏定期潜入内殿,收集政府部门泄漏的报告,接收传闻,并对所有这些证据补充以"己意",以此谋生。③ 与其他和朝廷事务有关的体裁相比,朝报的新闻价值和市场价值要高得多。朝报在公开场所"街市"售卖,④新闻的传播速度,可能比通过官方发行渠道更快。都城开封和临安出现了大量的交流场所,正在进行的朝廷事务有望进入这些空间,尤其是在它们正式发布之前,有时会导致人们对谣言传播的担忧升级。

谣言的力量是首次记录在案的小报的核心,"小报"一词很快被人们广泛使用,指的是未经授权的记载与朝报相同信息的报纸。1156年4月16日,宋高宗颁布诏令,旨在辟谣即将修改与金帝国的和议政策。宋高宗宣称:

> 朕惟偃兵息民,帝王之盛德;讲信修睦,古今之大利;是以断自朕志,决讲和之策。故相秦桧,但能赞朕而已,岂以其存亡而有渝定议耶!近者无知之辈,遂以为尽出于桧,不知

---

① 参见魏希德《朝报与小报》在线版,第199页,表1所列出的法令。例如1098,1110,1135,1189和1193的法令。
② 《宋会要辑稿》刑法2之148。
③ 同上书,刑法2之125—126。(根据史料原文"访闻有一使臣及阁门院子,专以探报此等事为生。或得于省院之漏泄,或得于街市之剽闻,又或意见之撰造,日书一纸,以出局之后,省部、寺监、知杂司及进奏官悉皆传授,坐获不赀之利,以先得者为功"。——译者注)
④ 汪藻《靖康要录》卷9,第180页;《靖康要录笺注》卷9,第970页。亦参见《宋会要辑稿》刑法2之125。

> 悉由朕衷,乃鼓唱浮言以惑众听,至有伪造诏命,召用旧臣,献章公车,妄议边事,朕实骇之。仰惟章圣皇帝子育黎元,兼爱南北,肇修邻好,二百余年,戴白之老,不识兵革。朕奉祖宗之明谟,守信睦之长策,自讲好以来,聘使往来,边邮绥静,嘉与宇内共底和宁。内外大小之臣,其咸体朕意,恪遵成绩,以永治安;如敢妄议,当置重典!①

在这个事例中,关于伪造法令的指控与党争有关。备受争议的宋金和议的设计者秦桧去世后大约五个月,皇帝颁布了这一诏令。秦桧亡故的消息,为那些反对其政策的人打开了希望之门。在他长达20余年的专权期间,这些人被赶出朝廷,安置在各地。反对派利用新闻报道来彻底改革官僚机构的高层,并动员他们在各地的成员,让其发出呼声,要求修改关乎边事的朝廷政策。

宋高宗的讲话,引发了对政治谣言传播渠道的进一步调查。其中朝廷太学录兼秘书省校勘周麟之(1118—1164年)声称:

> 方陛下颁诏旨,布命令,雷厉风飞之时,不无小人诪张之说,眩惑群听。如前日所谓**召用旧臣**者,②浮言胥动,莫知从来。臣尝究其然矣,此皆私得之小报。小报者,出于进奏院,盖邸吏辈为之也。比年事有疑似,中外未知,邸吏必竞以小纸书之飞报,远近谓之小报,如曰今日某人被召,某人被召罢去,某人迁除,往往以虚为实,以无为有。③

这份报告,以及其他当时的证词,描述了"小报"的出现是最近的现象。禁令的时间表,表明即使此前有类似的出版物(禁止

---

① 毕沅《续资治通鉴》(中国古籍版)卷131,第3470页。
② 这是对前文所英译的宋高宗诏令的直接提及。粗体字是笔者所加。
③ 周麟之《海陵集》卷3《论禁小报》,2b-3b。

发行单独的新闻报道,以及伪造和非法印制新闻报道的规定,可以分别回溯到1031年和1070年),直到12世纪下半叶,新闻报道的销售才成为一项既定的业务。小报在都城很畅销,因为它们比朝报更快捷地报道朝廷新闻,而且还包括尚未接受中书或枢密院编修官编辑审查的新闻项目。周麟之补充说,在他写作这篇文章的时候,朝廷官员和州府官员阅读官方报告并加以评论已是司空见惯:"小报已到矣!"

在周麟之的报告中,小报的生产者和消费者都位于官方范围内。在他看来,在官僚机构内违反适当程序会产生更大的影响。未经授权的有关人事变动和政策的消息,挑战了中央和各地之间直接和单方面沟通的官方观点。只有朝廷建立起奖惩机制,以消除发布小报的现象,官方的通讯秩序才能占据上风:"使朝廷命令播之天下,天下可得而闻,不可得而测,可得而信,不可得而诈,则国体尊而民听一。"①

朝报与士人人际网络

对于那些接收并索取官方和半官方性质朝报的那些人来说,这种泄漏行为显然很难归咎于在中央政府机构工作的吏和杂役。士大夫们购买朝报以及小报,阅读并加以分享。官方发行的朝报及其衍生品是各种时事材料的一部分,在宋代,人们对这些材料的需求量与日俱增。人们是如何共享并通过何种关系分享朝报?士人对哪些议题做出回应?在周麟之的奏议中,共享朝报是否挑战了政治上的统一?

---

① 周麟之《海陵集》卷3《论禁小报》,3b。

私人藏书中档案汇编的存在,是泄漏和传播过程的尾声,我们只能部分跟踪这一过程。尽管有特殊的例外,由于它们篇幅更为简短的性质,朝报没有出现在图书目录中。一些士大夫家庭长期拥有朝报,并将其用于政治辩论,宋敏求(1019—1079年)的例子便是明证。1069年,宋敏求引用了一则1036年的朝报,并在其家藏书中找到了这个先例,从而平息了朝廷的争论,为宋神宗(1068—1085年在位)关于郊祀拟议日期的忧虑排忧解难。根据这一证据,他能够证明,在之前,该月的十五日曾经举行郊祀,而晦日应该被认为并不适宜举行郊祀。吴曾早在12世纪50年代,便收集记录各种朝廷行为和制度起源值得注意的轶事,我们从这个故事可以推断出,宋敏求家庭藏书中,收录了从宋初到宋敏求进呈奏议期间的朝报,从而解决了这场争论。① 这个事例立竿见影地证明了11世纪朝廷争论中档案证据的说服力,以及一个世纪后在士人夫们中有效运用档案技巧的颂扬。

宋敏求以这种方式解决争论的能力,在11世纪的最后数十年间可能是不寻常的举动,但到了12世纪,人们有了一种感觉,即要想与当下齐头并进且与时事不脱节,就必须接触朝报。我们可以看到,州府层面的地方官员与熟人们分享朝报,并且在信函和诗歌中,人们称赞他们这种做法。方岳(1199—1262年)写过一首题作《县送邸报》的诗,在诗中,他建议地方行政长官与致仕的名宦们分享邸报。② 当被驱逐出朝廷的昔日官员或在家待阙的候补官员无法收到朝报时,他们也依赖其他地方的联系人转发朝报。例如,胡安国(1074—1138年)感谢"吕公"将五个月前的

---

① 吴曾《能改斋漫录》卷2,第18页。转引自曾我部静雄《支那政治习俗论考》,第353—354页(曾我部静雄提供的引文略有不同)。
② 方岳《秋崖集》卷11《县送邸报》,8b。

邸报发给他,并要求他继续寄送邸报。① 朱熹有时会抱怨邸报送达的速度太慢。他期望邸报作为新信息的来源,会促使读者作出进一步的反应,这一点尤其见于他偶尔抱怨最近的邸报中没有包含任何特别的内容。② 对于其他像孙应时(活跃于1175年)这样的人来说,邸报新闻具有吸引力,吸引他们写信给消息灵通的熟人,了解更多关于都城的消息和熟人动向的信息。③

从12世纪开始,在私人通信(即,这些信函与官场事务无关,甚至士大夫们可以分享这类信件)中,日益频繁地提及朝报和小报。在同样的几个世纪里,致力于反映"读邸/朝报"的一种诗歌子类型得到了发展。这种"邸报诗"和私人信件,不仅是重建朝报内容及其接收的主要史料,它们还形成了二手新闻类型,士人对朝报中报道的新闻交流情感和意见。

朱熹曾经一度为官,但更多的时候是赋闲(大部分情况下是他自愿赋闲),在朱熹的通信中,我们可以观察到官方和半官方性质的报告中所附带的鼓动力。这些信件中出现的朝报,是观察高层政治气候的重要史料。朝报中所报道的人事决定和为广泛传播而选择的法令与奏议,导致人们进一步猜测人际网络活动和谋划策略。在其与刘光祖(1142—1222年)的书信来往中,朱熹透露,邸报让他在刘光祖身上发现了一位盟友,这位政治人物曾在邸报上发布的奏议中透露出他愿意明辨是非。④ 与朱熹的道学运动同一阵线,使刘光祖蒙受损失;刘光祖对倡导道学人士的支

---

① 朱熹《朱熹集》第7册,卷81《跋方伯谟家藏胡文定公帖》,第4165页。叶翰(Van Ess)《从程颐到朱熹》,第139—140页。正如叶翰所指出的(同前),"吕公"可能指吕好问(约1064—1131年)。
② 《全宋文》卷5608《与刘智夫》,第250册,第108页。
③ 孙应时《烛湖集》卷7《又答吕寺丞书》,14b。
④ 《全宋文》卷5607《与刘德修》,第250册,第92—93页。

持,以及他对道学反对者的弹劾,导致他在 12 世纪 90 年代末遭到朝廷罢黜。① 当刘光祖被逐出朝廷时,朱熹与其保持通信,对邸报报道中他接连不断地遭到罢黜表达同情之意。②

通过散发朝报,党争在遍布都城和各地的精英网络中蔓延。有关官员新上任和最近致仕的枯燥通知被视为人事晴雨表,显示出各地盟友们面临的机遇和危险。朱熹在 1186 年向他的弟子兼学术合作者蔡元定报告了朋友詹体仁(1143—1206 年)被任官的好消息,但在 1193,他给另一名弟子、福州州学教授黄榦(1152—1221 年)写信时,则发出了警告讯息。③ 在与后者的书信交流中,朱熹隐晦地指出,这在很大程度上取决于更高层的关系。他在 1199 年向另一个熟人吐露,自从政治上失意后,阅读邸报使他焦虑不安且心情沮丧。在那些年里,那些为广泛传播而选择的法令和报告的花言巧语,让他想知道朝廷上的批评者会阻止什么。他从邸报中收到的信号非常强烈,以至于朱熹提醒他的通信人,不要要求他写任何文字,以免日后发生麻烦。④

朝报新闻引发的社交网络,导致了政治行动。通过撰写朝报新闻来调动人际网络,在某些情况下,可以与可确定的政治目标直接联系在一起。大约在 1193 年,彭龟年(1142—1206 年)读到小报,称姜特立(1125—?)即将返回光宗朝廷(1190—1194 年在

---

① 余英时论述了朱熹努力在离任期间跟进最新动态,以及他与刘光祖的通信。参见余英时《朱熹的历史世界:宋代士大夫政治文化的研究》第 2 册,第 248—260 页,第 288—300 页。
② 《全宋文》卷 5607《与刘德修》,第 250 册,第 92—93 页;卷 5505《与刘德修》,第 246 册,第 28 页。
③ 同上书,卷 5595《答黄直卿》,第 249 册,第 286 页;卷 5598《答蔡季通》,第 249 册,第 337 页。
④ 同上书,卷 5579《答折子明》,第 249 册,第 17 页。

位)后,他写信给宰相留正(1129—1206年)。① 宰相留正在1189年策划了姜特立被免知阁门事。姜特立是皇帝的佞幸,他们的关系是建立在皇帝在储宫期间的基础之上。在他的信中,彭龟年写道,这一通告在他阅读小报后的第二天就被证明是虚假的,但他辩称,这一通告的出现,是一个确凿的信号,表明姜特立的支持者正在为他重返朝廷做准备。他补充说,他调查了人们对这一通告的反应:几乎没有人对此表示担忧,很多人在消息公布时显得很兴奋。他建议宰相对此事公开展开调查,起诉那些负责分发小报的人,并利用这个机会把志同道合的人引入朝廷,赶走姜特立的支持者。他的结论是,如果不采取这些行动,小报所宣称的消息肯定会在不久的将来变成现实。

人们还通过诗歌唱和对近期的报道发表评论,来维持政治网络。人们使用诗歌来赞颂朋友和熟人们的政绩,从而与处于上升期之人重新建立联系。"朝报/邸报诗"也表达了对那些遭到驱逐、贬黜或者只是过世的朋友的同情与凝聚力。戴复古(1167—?)在写给巩丰(1148—1217年)的诗中,开头便写道:"几度观朝报,差除不到君。"②戴复古接着安慰他的朋友说,他的文学作品会让后人记住其名字。他将巩丰比作知名作家杨雄(公元前53—18年)和孟郊(751—814年),他们都在经历了仕途蹭蹬后,为自己建立了不朽的名声。戴复古也对赵蕃(1143—1229年)表达了深切的同情:"时于邸报上,屡见得祠官。祠官禄不多,

---

① 彭龟年《止堂集》卷12《上丞相论虚传姜特立召命书》,5a - 8a。亦见余英时《朱熹的历史世界:宋代士大夫政治文化的研究》,第2册,第518—519页;谢康伦(Schirokauer)《留正》,收入傅海波主编《宋人传记》,第626页。
② 戴复古《石屏诗集》(四库全书全本)卷2《寄栗斋巩仲至》,5a;(四部丛刊初编本)卷2《寄栗斋巩仲至》,5b。

一贫其奈何。采芝亦可食,当作采芝歌。"①戴复古对致仕生活的建议(这就是"采芝"和撰写一首关于它的诗歌的理由),是基于赵蕃写了一首支持礼部侍郎李埴(1161—1238年)的诗,李埴最近刚从朝廷上被罢免。戴复古的诗不仅表达了对朋友官职卑微的同情,同时也警告他,现在反对李埴的运动正在进行中,要他注意保持低调。

戴复古的信息清楚地表明了朋党政治,它既影响了朝报的制作,也影响了朝报的接收。士人对朝廷新闻的解读和评论所使用的语言,再现了自11世纪以来,特别是在党争激烈时期,朝廷政治的党争辞令。② 通过将朋党政治的分析扩展到南宋时期,余英时、沈松勤为17世纪历史学家、哲学家王夫之(1619—1692年)的观察提供了支持,他写道,朋党政治成为南宋初的士人模式。③虽然党争是历朝历代朝廷政治的特征,宋代士人和后来的史学工作者主要基于几个涉及官僚和朝廷参与者的臭名昭著的党争实例,认为党争就是如此,④但王夫之的观察却捕捉到了帝国政治的转型,在这种政治转型中,党争成为官僚体制的常规特征,并构建起整个帝国士人的政治生活。"朝报诗"和私人书信进一步表明,在帝制中国,朝报的发行,在扩大并巩固党争政治网络方面发挥了重要作用。

阅读朝报并在诗歌和书信中全文收录或者摘抄其内容,是与朝廷政治保持同步,表达反对政敌并寻求政治盟友的方式,尤其

---

① 戴复古《石屏诗集》,(四库全书本)卷1《寄章泉先生赵昌父》,22a;(四部丛刊初编本)卷1《寄章泉先生赵昌父》,21a。
② 关于11世纪党争的语言,参见李瑞(Levine)《理一分殊》;蔡涵墨《〈理一分殊〉书评》。
③ 王夫之《宋论》卷10《高宗》,第201页;沈松勤《南宋文人与党争》,第7页。
④ 李瑞《理一分殊》第2章。

是那些在各地被边缘化的人。在《忆我》诗中,方回(1227—1307年)捕捉到了那些对权势有艳羡之心的寒士的想法:"相与读邸报,愤闷填中肠。"①根据方回的说法,他们的愤怒针对的是那些有权制定并审查国家政策的人:"台评或非是,庙论有不臧。"刘克庄(1187—1269年)用更具对抗性的语言表达了他对朝廷政策的看法。在读"邸报诗"系列的其中一首,他写道:

> 欲取汉清议,
> 尽投唐浊流。
> 鬼车鸣甚恶,
> 猛虎死方羞。
> 芳臭须臾判,
> 哀哉不善谋。②

将政敌隐喻为鸟兽,是宋代党争话语的一个特征,用历史类比来确定流芳百世和遗臭万年也是如此。将士大夫阶层划分为香、臭之人,强调了他将内外敌划为一类。传统上,人们一直以类似方式描述统治中国北方地区的异族政治精英,但在其一系列读朝报诗歌中,刘克庄将注意力转移到内在敌人,以及内在敌人的统治与北方蒙古人权力之间的联系。刘克庄在1238年完成这首诗,当时蒙古人已经开始成功地占领宋朝疆域,而宋朝的朝廷官员们陷入了和战政策的争论之中。刘克庄与王迈(这首诗是写给他的)一起,在1237年因对已故宰相史弥远(1164—1233年)的

---

① 方回《桐江续集》卷5《忆我》,26b。
② 刘克庄《后村集》卷11《和实之读邸报四首》,15a;刘克庄《后村先生大全集》卷11《和实之读邸报四首》,8b。

批评而被逐出朝廷。1238年，刘克庄被任命提举宫观，尚未致仕。① 在他看来，那些依附于史弥远的人是这次罢黜的幕后主使。

刘克庄与王迈（1185—1248年）分享了他对朝报的阅读。王迈以类似的方式和诗一首：

和刘编修潜夫读近报蒋岘被逐

读报欣然共赋诗，
古来忠佞各殊岐。
彼犹愧见蒋颖叔，
君盍自期刘器之。
恶草剪除虽一快，
芳兰销歇已多时。
怀哉康节先生语，
作事莫教人绉眉。②

蒋岘撰写奏议，导致王迈和刘克庄被免职，王迈读到有关蒋岘被免职的消息，将其作为希望的象征。尽管事实上王迈的盟友仍处于政治权力的边缘，朝报还是证明了邵雍关于成就和坚忍不拔之间联系的格言是正确的，而且朝报本身就是不断使各地士大夫们维系希望的媒介。

这些关于分享阅读和评论朝报的例子，表明朋党政治与维持沟通渠道之间存在着相互促进的关系，朝报和子新闻类型通过这些渠道得以传播。地方士人依赖于在朝廷或地方政府机关从事朝报工作的盟友。通过在谈话和通信中传播新闻，它们还有助于

---

① 程章灿《刘克庄年谱》，第156—169页。
② 王迈《臞轩集》卷16《和刘编修潜夫读近报蒋岘被逐》，8b。

建立对政治事件的支持。在《郑宁示边报走笔戏赠》一诗中,刘克庄承认他的消息来源,并利用报告中的信息嘲笑宋朝对蒙古人的政策。① 1234年,金朝末代皇帝退位。宋军向北挺进,但在蒙古军队到达后宋军又撤退回南方。大约在这个时候,无官在身的郑宁与刘克庄分享了一份朝报,朝报称蒙古大军正在调动部队,向与宋朝接壤的淮河进发。在对郑宁的回复中,刘克庄揭露了统治集团不愿看到这些迹象,并与蒙古军队交战。刘克庄作为一个鹰派人物而声名远扬,他创作了大量政治诗歌,倡导在宋朝的统治下恢复统一帝国(见本书第三章)。很可能是出于类似政治信念的驱使,郑宁与他分享了关于蒙古活动的边报。

朝报巩固了那些已经紧密联系在一起、命运彼此息息相关的人们之间的联系。其他证据表明,它们也引发了关于超越既定人际网络直接利益问题的讨论,并以这种方式为士人提供了创造新联系的可能。从诗歌和信件中读者的反应来看,有关和、战的决定仅次于人事变动。有关战、和的新闻成了庆祝的基础,成为用过去的记忆来描绘当前政治局势的另一种选择的基础,甚至是直接动员反对派的基础。毫不奇怪,读"朝报诗"的人往往对朝廷政策持批评态度,并主张对宋帝国的邻国采取更加强硬的立场:

二月阅邸报

闻道边头数万兵,
倒戈归我我遗民。
处降失策国非国,
清野无粮人食人。

---

① 刘克庄《后村集》卷10《郑宁示边报走笔戏赠》,3a-b;程章灿《刘克庄年谱》,第129—136页。

关外数州城不猎,

山阳孤戍草无春。

书生忧愤空头白,

自有经纶社稷臣。①

虽然诗歌捕捉到作者的沮丧、愤怒和批评之情,信件却显示出士大夫们如何将他们对朝报和小报中新闻的反应转化为政治行动。他们给都城同情他们的政治家写信,或者向皇帝进呈奏议。例如,王之望(1103—1170年)回应了邸报中摘录的浙东路洪水和饥荒情况的奏议。他进呈给皇帝的提案,包括按照法律要求进行的调查程序和支持措施的摘要,在这种情况下应该遵循这些程序和措施。② 在朱熹通信中有关邸报新闻的书信中,有一小部分涉及地方治理或更广泛的政治意义的问题。书信评论了最近的邸报,内容涉及地方长官倾向于优先考虑平衡地方预算而不是公共福利,③质疑关于对宋孝宗合适丧服的基本规定,④或抗议要求让某些将领致仕的建议,从朱熹的角度来看,这些问题都应该被关注,从而在地方官与其士人对话者之间进一步展开对话。⑤

有关人事变动的新闻不一定总是与党争有关,这在下文例子中很明显。12 世纪 90 年代,朱熹与一位同僚曾多次讨论过朝报新闻,认为朝报新闻对那些活跃在该领域之人而非相关人士具有潜在影响,这是朱熹与他分享了自己反对这一要求的主要原因。

---

① 王迈《臞轩集》卷 14《二月阅邸报》,22a-b。
② 王之望《汉滨集》卷 7《条奏温州水灾后措置事件奏议》,25a-26b。转引自游彪《宋朝的邸报与时政》,第 109 页。
③《全宋文》卷 5606《与刘德华》,第 250 册,第 76 页;卷 5474《答詹帅书》,第 244 册,第 346—347 页。
④ 同上书,卷 5478《与临江王倅书》,第 245 册,第 13 页。
⑤ 同上书,卷 5608《与刘智夫》,第 250 册,第 112 页。

朝报中有关撤兵和官员致仕的要求,成为公众广泛关注的问题。关于朱熹屡次拒绝任职的报道也证明了这一点。这种拒绝任职的行为被其政敌用来作为对朱熹不利的证据,并被认为是他企图垄断官场的迹象。朱熹抱怨他一再拒绝朋友和同事的请求。(有趣的是,他注意到,在信使带着官方回复返回之前,他收到了小报的回复。)在给宰相的信中,他进一步评论了最近对休假和致仕规定的限制,这些规定似乎是按照他的一项要求而实施的,并已在邸报中宣布。① 虽然朝报并没有直接作为中央政府和地方政治精英之间对话的平台运作,但分享和评论其他类型朝报新闻的做法,为士大夫们提供了讨论更大范围政府和文化问题的渠道。从朱熹被拒绝休假要求的个人经历可以看出,这些次要的沟通渠道,也使得士人生活中个人层面与社会政治层面之间建立联系和明确协商成为可能。

关于朝报新闻中次要话语的个人和情感层面,一目了然地说明了官方话语和更大范围的士人话语关于朝报讨论上的分歧。② 诗歌和信件中所涉及的主题(人事变动、和战问题,以及与特定行

---

① 《全宋文》卷5466《与宰执札子》,第244册,第224页;卷5607《与刘德夫》,第250册,第98页。
② 我区分了"官方话语"和"士人话语",因为这些宽泛的术语使我们能够系统地解释同一群人,甚至同一个人对传播和讨论朝廷新闻的不同反应。仕宦于朝廷的官员,或者响应中央指令的地方官员,所诉诸的一套概念和评价工具(官方话语),与仕宦于地方且与同僚朝夕相处的官员,离开朝廷的官员,或者与官场有关系,并对朝廷事务感兴趣的地方士人所使用的概念和评价工具(士人话语)截然不同。同一个人对朝廷新闻的传播持有不同的观点,这取决于他当下的立场、目标受众以及他表达自己观点的言说或者书写类型。作为宰相,周必大(1126—1204年)在1188年起草了一份关于小报的禁令,但当他在1174年任知州的时候,他阅读了收录在小报中的法令,并在给朋友的信中引用了该法令,使其进一步传播。周纶《周益国文忠公年谱》,第5879页;周必大《文忠集》卷192《又(杨廷秀宝学)》,14b;卷151《禁小报御笔》,1b;《宋会要辑稿》刑法2之123。

政决策相关的法规），与官方描述的类型中所概述的主题相重叠，但是在诗歌和信件中所捕获的阅读信息，偏离了在官僚主义体裁的官方话语中被设想为共识的规范性的接受。有关人事变动的消息，不仅是让个别官员朝着预期方向前进的直接指令，也不仅仅是向官方通报高层变动情况；在士人话语中，它成为关乎家庭成员、朋友和同事当前去向，以及对他们官僚命运庆祝或表达沮丧的一个有价值的信息来源。在他们的阅读中，朝报中人事变动的名单，失去了作为官僚登记的初始形式；个别新闻条目，被转换到个人和政治网络的语境中。在个人和政治关系的语境中，士人赋予了个别新闻意义，并在回应中表达了各种情感和意见。

在读"邸报诗"中，士人对直接或间接受到人事变动影响的家庭成员表达了同情和担忧。例如，当程公许（活跃于 1211 年）在邸报上读到一位新节帅被派往四川时，他有感而发写下一首长诗。① 程公许的两个侄子曾在四川沿边地区服役多年。他们近期的一封来信中描述了其艰辛生活，以及当地居民遭受军事袭击和征收附加税的苦难遭遇。任命一位新节帅的消息让程公许看到了一线希望，但也让程公许想起侄子们长期以来的艰辛与不确定的未来。

邸报还被视为对昔日友谊的提醒，也是维持友谊关系的资源。高翥（大约活跃于 12 世纪中叶）致仕时，写道："邸报频看念故人。"② 1111 年，晁说之（1059—1129 年）在参加上元夜聚会时，

---

① 程公许《沧州尘缶编》卷 5《去岁重阳日，得彦威信，附六月间二小侄及从弟侄所寄书，自蜀阃递中附至。历言去冬今春所遭兵祸，及有司督迫科调之苦。喜其存全，哀其窘蹙，洒涕如霰。寄讯邀其下峡，而边事又告急，未知其达与否也。会杪冬见邸报，宣谕使者余公侍郎改命授钺，尽护蜀师，意欲以此事归控骨肉会聚，兹事其谐矣，喜极涕零，遂成长篇》，6b-8a。
② 高翥《菊磵集·小楼》，34b-35a。

在邸报上读到朋友知嘉州(成都府路)的消息。① 这距离1082年晁说之和朋友科举中第已经大约二十余年。晁说之为朋友赋诗一首,回忆起两人昔日共度的欢乐时光,并开玩笑地劝他不要让灯笼照在白发上。

关于个人对朝报新闻反应的书写和出版表明,朝报的广泛交流功能已为人们所认可。对于士人精英来说,最晚12世纪,朝报已经成了一个以阶级为基础构建帝国范围内想象共同体的场所。对朝报的兴趣,在12—13世纪士人中表现在对时事更普遍的兴趣。他们出于个人原因阅读它们,并与同事和朋友通过官方沟通网络的垂直层级建立联系。诸如彭龟年进呈的信件中所展现的那样,朝廷新闻在朝报和小报中的传播,如何使士大夫们能够重塑他们在与中央的沟通中所扮演的角色,从而在政治体制上发挥作用。与在官方话语中分配给他们的中央指令的接受者和地方信息传递者的角色不同,较低级别的官员表达了他们对邸报中宣布的各种政策的看法。论说文的大量出现,尤其是关于行政问题的争论,长期以来一直被认为是宋代知识分子生活的特征。② 一些学者,如永嘉学者,开始将下级官员和学者的参与理论化,并对儒家政治理论进行了新的阐释。到11世纪初,政治体制高层的协商(即皇帝和朝廷官员之间的协商)已经成为标准的政治信条。③ 行政审议和政策审查的参与者人数扩大,其中包括地方官员、致仕官员、贬官和学者在内的想法,代表了帝国政体的新视野。④

---

① 晁说之《景迂生集》卷6,7a-b。
② 包弼德《南宋婺州阅读苏轼》,第2页。
③ 唐代政府经典《贞观政要》(约729)体现了这一信条。
④ 魏希德《义旨之争:南宋科举规范之折冲》,第134—136页。

在朝报新闻传播的士人话语中,这种扩大的政治体制视野能在多大程度上得到证实?朝报和小报的实际读者群超出了官方话语中合法的读者群。尽管关于朝报的现存绝大多数宋代文本都是由曾经为官之人(通常是高级官员)撰写的,但非仕宦之人撰写的诗歌和信件表明,他们也阅读并评论朝报。例如,陈淳(1159—1223年),①他在晚年被任命官职,但在上任前就去世了。陈淳在一封写给朋友的信中表示,他通过邸报一直关注人事变动。② 此外,无功名在身的士人和士子,通过为官之人和致仕官员发给他们的摘抄和评论来阅读二手朝报。朱熹的弟子蔡元定从未通过科举考试,也从未入仕,他通过与朱熹的通信了解人事变动和朝廷政策。③

朝报的起源可以不同地追溯到汉、唐和宋朝。这场历史性争论目前是在一个目的论的框架下进行的,其形式在于将国家日报的出现与帝国历史联系起来的愿望。④ 然而,朝报产生和传播的背景表明,朝报和大众媒体之间没有直接联系,至少不是以全国性日报的形式。邸报并非作为公众参与的论坛,也不关心除朝廷和官场以外的任何其他代表性事务。然而,它们的接受史有力地强调了,泄漏、复制、捏造和分享朝廷新闻是如何适应帝国信息秩序的更大变革。通过分享朝廷新闻以及与特定网络或更广泛的士大夫阶层有关的事务,官场内外之人创造并维持了使他们彼此

---

① 我采用了佐藤隆则《陈淳的学问和思想——跟随朱熹学习之前》中给出的生卒年。围绕陈淳生卒年争议的讨论,见该文第49页,注释1。
② 陈淳《北溪大全集》卷24《与赵司直季仁四》,5b。
③ 朱熹《朱熹集·续集》第9册,卷2,第5177页。陈来将这封信系于1192年。《朱子书信编年考证》,第357页。
④ 魏希德《朝报与小报》,第168—169页。

相连，也与朝廷相连的横向网络联系。朝廷仍然是宋代士人政治身份的核心，而且它作为帝国行政中心的地位，看得见，摸得着，在整个帝国中具有政治野心的人看来，朝廷显得更为重要。

朝报在10—11世纪的标准化、集中化和规范化首先是人们努力协调的一部分，旨在改变沟通流动的方向，并确保对区域权力拥有者进行更有效的中央控制。这些努力标志着帝国政治文化的重大转变，不仅因为它们成功地建立了一个帝国范围的新闻发布系统，而且随着时间的推移，朝报的定期供应，以及诸如方志和行政地图等其他官僚体裁的传播，使帝国对帝国内最重要的利益相关者清晰可见。阅读和评论朝报为何在11世纪成为士人的普遍活动，以及为何小报在12世纪中叶成为一种商业活动，都有充分的理由。这两种趋势都出现在一个被定义为"地方主义转向"，或者是士人策略从都城转向其地方共同体的时期。这可能表明，有关朝廷事件和地方决策的新闻越来越多，促进了地方主义的转变。正如他们在阅读朝报时所表现的那样，士人对朝廷政策，特别是人事决定以及在其阅读朝报中所呈现出来的对和战问题上所保持的浓厚兴趣。朝报和其他时事新闻的传播，消除了在都城维持存在或个人人际网络（如与高级官员的婚姻关系）的必要性，并促进了在其家乡对帝国政治和福利管理/文化创业的双重追求。正如他们在阅读中所建议的那样，士人阅读了朝报，以跟进更广泛的政治和行政问题。他们还通过阅读这些资料，跨越了遥远的距离，跨越了士人之间的鸿沟，以便了解家庭、友谊和职业关系。

与档案汇编相比，传阅朝报更清楚地表明，社会和政治网络的压力，使人们对朝廷信息的需求居高不下。尽管人们认为，有关新任命和目前决策的信息广泛传播所带来的风险更为紧迫，但精英网络的性质,减轻了人们对全面实施旨在加强安全措施的担忧。朝报的发行,显示了它们如何成为官僚关系各异之人组成的网络中交流的催化剂,这些官僚包括那些被降职或被驱离之人、待阙之人、致仕之人、寻求赞助的有抱负的候选人,以及没有取得功名或官职的地方精英。尽管官方立场,否定了将朝报发送给目前仕宦之人的预期受众之外的合法性,但个别政治行为者在其职业生涯的不同阶段,必然依赖朝报及其衍生品。与此同时,朝报作为一种网络工具,证实了朝廷的核心地位,并将其置于相互竞争的士人网络的中心。

王鸿泰在关于16—17世纪的邸报、小说和戏剧中传播政治新闻的研究中,表明在邸报中曝光的个人和党争纠纷也蔓延到其他媒体。① 他认为,就像在明清时期邸报中所呈现出来的朝廷可闻可见一样,小说和戏剧创造了一个舞台,在这个舞台上,各种社会背景的观众和读者,都可以参与朝廷政治和帝国社会中来。宋代的证据,也许还有晚明和清代更为丰富的证据,表明媒体之间的差异,对他们可以维持的身份类型具有重要意义。朝报的共享依赖于士人网络,这些网络通过大量有关朝廷和帝国管理的新闻不断强化。戏剧和小说往往侧重于与私人恩怨有关的特定事件,有力地强调了朝报作为谣言来源的作用。尽管我们可能会与明清批评者一起接受戏剧和小说的力量,形成一种社会想象,让观众认同社会或模仿政治,朝报在政治上更具有重要意义,因为它作为一种媒介,通过定期与不间断地接触和参与,将朝廷和帝国精英联系在一起,并且在整个帝国中以同样的方式持续建立网络。

---

① 王鸿泰《明清时期的信息媒介、社会想象和公共社会》。

第二部分

帝国的跨历史维度:中国领土

第三章　舆地图中的帝国重建

当宋代士人为他们自己制定了帝国使命时，宋朝廷及其国史仍然是中心焦点。正如本书第一部分所示，即便这些图书类型在12—13世纪为士人读者和编者所掌握，在涵盖王朝历史和朝报的档案汇编中，宋朝的大厦及其朝廷继续被视为政治活动的中心。帝国的使命不仅建立在王朝的今昔之上，它的合法性是基于一种普遍的主张，即把宋朝的统治置于历史悠久的文明起源之上，并建立在一幅历代的地图上，这幅地图的空间维度，是由历史上中国国家所认定的固有特征来定义的。本章考察了南宋士人自身所认定的帝国政体的历代特征。"舆地图"（empire maps）是整个中国领土的图形表示，我们通过讨论舆地图的制作和阅读，来实现这一目标。

地图是一系列工具的一部分，历史上各国都用地图来掌握和加强对复杂社会现实的控制。① 早期中国国家也不例外。除了丈量土地、统计人口和各式各样的报告之外，第一个建立统一帝国的中国建设者，使用地图既出于实际目的，还作为权力和权威的象征表达。在秦始皇陵中修建的统一领土的大型立体地图，以及汉朝皇帝在整合区域权力中心的类似尝试中所使用的地图，掀

---

① 斯科特（Scott）《国家的视角》，第77—83页。

起了一个持续不断的绘图项目传统,这些绘图项目,旨在展示并实现在公元前两千年和公元前一千年期间所形成的国家及其周边国家所占领土地的统一。这种简化和控制工具,并没有重新成为朝廷政治和军事精英的专属领域。

在本章中,通过对其社会生产和用途的历史考察,笔者分析了地图,将其作为帝国核心(朝廷和中央官僚机构)和地方利益相关者之间不断变化的关系的反映。笔者首先追溯了舆地图从朝廷到士人制作、发行和改造的转变,然后探究了地图制作中所使用的不同媒介,考察了诸如雕版印刷等媒介的使用,在多大程度上是由于生产和阅读的社会改变造成的。笔者还质疑了诸如石碑、拓片或刊刻抄本等不同媒介的使用,是否以及如何与地图的新解释和使用有关。①

从这里出发,我们转向了地图读者如何看待宋帝国的空间维度,并界定了其在中国历史上的地位。笔者认为,对永恒的"中华帝国"空间特征的定义和坚持,标志着精英政治想象和身份认同历史的重大转变。在12世纪,雄心勃勃的中央项目绘制了帝国每个角落的土地、人口和资源,这些项目逐渐萎缩,不仅仅是因为技术限制和前现代国家的能力有限,也是因为士人的共同努力,使得绘图成为施加权力和定义士人身份工具的一部分。舆地图并不是政治精英们所接触并尝试过的唯一类型。引用各种类型的舆地图,包括水利图、军事防御地图、商业税收图、赈灾图和建筑图,暗示了地图技术应用目标范围更为广泛——与中世纪世界其他地方的地图相比,分辨率更高。② 然而,与地方政府地图项

---

① 本章基于魏希德的《地图与记忆》《地图阅读的文化逻辑》写就。
② 潘晟《宋代地理学的观念、体系与知识兴趣》,第123—136页。

目更集中的管理目标相比,舆地图具有更广泛的意识形态目的。正如我们将看到的那样,在他们将地图作为一种区分华夷的技术时,宋朝和晚期帝国的中国精英与其欧洲同行很相似。对他们来说,绘制地图是关于自我定义,对大英帝国的建设者来说也是如此。①

11世纪的朝廷地图绘制

地图具有政治意义,自从中国历史记录中首次记载地图以来,人们就理解了这一点。开国之君展读舆地图的缩影,象征着地图的政治意义,最早是在公元一千年的前几百年中被人们提出的。它还有力地强调了这样一个事实,即地图赋予了使用地图的早期历史中,解释地图之人专有的权威。出于同样的原因,接触行政地图也受限于其流通的条条框框。② 帝国的地图主要是为皇帝、朝廷谋议之臣和将领读者群制作的,在12世纪之前,很少有人在朝廷背景之外发表评论。它们有限的读者群和发行量,有助于解释为何地图原件和复制品都没有保存下来。

---

① 在不列颠的情况下,测量殖民地领土不仅(不一定)实现了通过精确定位使领土更清晰、更容易被利用的实际目标,而且还将测量者定义为在非理性世界中构建理性帝国的科学人。埃德尼(Matthew Edney)《绘制舆地图》,尤其是第9—10章。
② 尽管从事中国地图学的史学工作者之间似乎心照不宣地认为,地图的流通受到法律的限制,但在整个宋代,似乎很少有证据表明关于地图的法律禁令。唐宋法典中有对机密图表的禁止,但并没有专门特指地图。当涉及外国使节时,地图的传播似乎已经引起了人们的关注。沈括(1031—1095年)讲述了一名朝廷官员将高丽使节沿途从当地政府部门索取的地方地图汇集起来,随后将其焚毁。沈括将故事追溯到熙宁朝(1068—1077年)。可能是这次事件的结果,宋神宗批准禁止向旅行者提供当地地图。沈括《梦溪笔谈校证》(上海古籍出版社,1987)卷13,第467—468页;《宋会要辑稿》职官22之9。人们经常引用沈括的故事,作为限制地图使用的保密政策的一个例子。例如,李琪《我国宋代地图档案工作的方法与管理制度》,第64页。

秦朝(公元前221—前206年)、西汉(公元前206—25年)和西晋(265—316年)的开国之君,都与大型绘图项目有关;后来的统一者也同样被描绘成以地图作为帝国权力的工具和象征。早在公元前2世纪,人们就将帝国的版图与宇宙王权联系在一起。舆地图只供皇帝一人御览。制图控制使人们能够立即调查所有的领土,这是对帝国主权的隐喻。根据司马迁(约公元前145—约前86年)的记述。秦始皇(公元前221—前210年)陵中有一幅不朽的地图。根据记载,这幅立体地图由天然材料和金属制成,描绘了主要的山川和河流。① 通过使用与山川和河流相关联的自然资源,地图以转喻的方式代表了整个王国的自然特征。反过来,地图上的河流和山川,作为疆域内所谓的不可改变的自然基础层,代表着整个帝国。秦始皇的立体地图是独一无二的,被封闭在陵墓里,根据司马迁的描述,我们了解到,陵墓里有弓箭手的机械复制品,可以向入侵者射击。它从来没有被复制。在这幅地图中,我们可以看到帝国命令首次戏剧性的表达,使领土清晰可辨,并与帝国的控制不可分割。它至今仍未被命名,仍被封存在秦始皇陵中,因此从未成为舆地图类型的原型。

在宋代学者的叙述中,帝国绘图史始于帝国管理中最早被证实的地图使用。公元前117年,汉武帝(公元前141—前187年在位)根据舆地图(maps of the earth)确定了三个诸侯王封地的规模。② 一百多年后,当汉室的一位宗属试图恢复汉朝统治时,他也提到了"舆地图"。公元26年,在与其侍臣邓禹(2—58年)的谈话中,新称帝的光武帝(25—57年在位)展开舆地图,并指出:

---

① 关于纪念性地图,参见雅格(Christian Jacob)《主权地图》,第39—46页;关于秦始皇陵的描述,参见余定国(Yee)《政治文化中的中国地图》,第78页。
② 司马迁《史记》卷60《三王世家》,第2110页。

"天下郡国如是,今始乃得其一。子前言以吾虑天下不足定,何也?"①舆地图以及九域图和对领土关注之间的联系,两者在后来的帝国史上引起了人们共鸣。光武帝所指出的"郡国",是地图最明显的特征。这一术语,抓住了行政组织在构建帝国中的首要地位,还变成了舆地图的通用名称。②

光武帝的轶事将皇帝阅读舆地图与恢复统一世界的政治抱负联系起来,因此对于生活在 12—13 世纪的士人精英而言尤其重要。吕祖谦(1137—1181 年)的《汉舆地图》,是一部经常被人们引用的文学作品,③它是为了纪念一位皇帝的帝国雄心壮志,他最终成功地恢复了属于其王朝祖先的所有领土的中央权威:"若夫光武恢复之志,则一披《舆地图》而三万里之幅员皆入于灵府。岂尝得一邑而始思得一州,得一州而始思得一部哉!"④

帝国绘图不仅限于舆地图的创建。笔者将"帝国的地图"(imperial map)与"舆地图"(empire map)加以区分,前者为在帝国统治下(舆地图的主题)⑤生成的各种地图的集合名词,后者用来指所绘制的物理区域范围定义的类型。舆地图涵盖了皇权所宣称的地区的全部范围,因此,从汉朝开始,舆地图就成为中国历史上的一种类型。宋朝皇帝在 10 世纪和 12 世纪实行或倡导大

---

① 范晔《后汉书》卷 16《邓禹列传》,第 600 页。
② 在一份 12 世纪的舆地图《历代地理指掌图》(1989 年影印本)中,早期中华帝国的行政地图被称为"郡国图"。见下文。
③ 祝穆《古今事文类聚》前集卷 13《地理部·地·汉舆地图序》,7b-10a;谢维新《古今合璧事类备要》前集卷 5《地理门·地·汉舆地图序》,2b;《十先生奥论注》续集卷 8《时政论·汉舆地图序》,1a-4b。
④ 这个模拟序言是提交给博学宏词科考试的一组文本的一部分。吕祖谦《东莱集》外集卷 4《汉舆地图序》,23b;吕祖谦《吕祖谦全集》(浙江古籍出版社)第 1 册《东莱吕太史外集》卷 4,第 676 页。
⑤ 在整个卷中隐含地使用这个定义。埃德尼《帝国绘图的反讽》中做了最生动的描述。

一统统治,就像汉朝的汉武帝和光武帝一样,被描绘成舆地图的读者。据说,宋太祖(960—976年在位)利用舆地图计划进军四川地区。① 宋孝宗早年雄心勃勃地准备发动战事,重新夺回陷没于金朝手中北方领土的缩影,体现在一方漆屏之上。这方漆屏一侧绘制着他的疆场规划,另一侧绘制着"华夷图"——两种最常见的舆地图类型之一(见下文)。如同关于光武帝的轶事一样,宋孝宗事例中的地图,是作为一个未完成使命的提醒;根据记载,他还建议将它的复制品分享给朝廷公卿大臣们(见本书第四章)。②

在宋孝宗时代,皇帝在其屏风上绘制的地图(《华夷图》)类型,不仅对朝廷高官们——他将这幅地图推荐给他们,而且对各地众多士人来说,都变得愈发常见。宋孝宗的早期统治以及诸如前文所提到的那一段轶事,在晚宋的精英阶层中被人们津津乐道,因为南宋第二任皇帝对舆地图的回应,与他们对舆地图的感受相吻合。

然而,直到11世纪末,浏览舆地图或多或少都是皇帝和朝廷的特权。第一代宋朝皇帝,继续并扩大了隋唐朝廷的绘图举措。③ 地方和路需要定期提交图经和登记簿,一起发送版籍和闰年图(即每隔几年),它包含了人口数量、家庭财产、税收、官府工作人员以及政区变化等方面的汇总数据。④ 朝报负责收集朝廷感兴趣的数据,也会被派送,这些数据诸如人口数、地方风物、与邻近地区的相对距离、地方衙署和基础设施、文化和宗教机构、地

---

① 度正《性善堂稿》卷6《条奏便民五事》,1b。
② 相关段落和参考文献的英译,见本书第193页和第126页注释②。
③ 隋朝廷要求来自地方管辖区的地图;在唐的统治下,这些地图将按照三到五年的常规日程递送。潘晟《宋代地理学的观念、体系与知识兴趣》,第56页,第66—69页;辛德勇《唐代的地理学》。
④ 潘晟《宋代地理学的观念、体系与知识兴趣》,第63—64页。

方风俗、自然和战略特征以及地方名人等。最初，它们是以不定期的间隔发送的，可能不符合标准安排，但到了 11 世纪的前十年，朝廷要求它们以与图经和登记簿相同的间隔期发送，并符合标准安排。①

地方图是绘图工作人员在朝廷上绘制舆地图的基础。第一张这样的地图完成于 993 年，象征着在宋朝统治下疆域的统一；这是一件用一百条丝线制成的不朽作品，它被存放在秘书省里。② 类似的项目一直延续到 11 世纪 70 年代，当时博学多才的政治家沈括（1031—1095 年）领导了一个绘图项目，结果绘制了两幅帝国的测绘地图（一幅大地图，一幅可能是缩小版的小地图）和 18 幅详细地图，每一路一幅地图。路是宋朝地方行政管理最高级别的层级，其官长定期负责编制区域地图。③

沈括的项目是宋代政府在大规模绘图方面的最后一次投入。他的地图绘制活动开启了地图制作的历史性转变。据称，测绘地图不仅被复制和传播，而且沈括还在笔记《梦溪笔谈》中讨论了制作和复制地图的技术。在 12 世纪，地图绘制和关于地图的讨论不再仅仅针对技术型人员，像沈括以及在其工作中帮助他的测绘人员；越来越多的士人阅读并讨论各种类型的地图，而那些不太熟悉数学和制图技术的人，也尝试着用他们的双手在图形中来展现帝国的地理（见本书第四章）。

其他历史学家最近同样强调，在其他类型地理知识生产方面也有类似的转变。当地方官员求助于学者来编纂方志，或者学识

---

① 潘晟《宋代地理学的观念、体系与知识兴趣》，第 69—73 页；马瑞诗《分土而治：宋帝国的空间架构》，尤其是第 90—99 页。
② 潘晟《宋代地理学的观念、体系与知识兴趣》，第 109 页。
③ 同上书，第 112—115 页。

不足的学者自行承担这一任务时，方志逐渐从简要的官僚名单变成了内容丰富的作品，同时也补充了士大夫的成就和文学作品。在传统主题下，来自当地作家或歌颂当地的作品满篇皆是，并且还添加了一些以某种方式与该地区有关的诗歌、散文、碑铭和文献的选编。① 被改造过的方志，现在越来越多地被称为"志"而不是"经"，在对以当地为主题的出版物感兴趣的精英之中，复制、印刷、交易方志并收集它们。② 因为学术、行政和娱乐的原因，人们阅读和引用方志，并以此作为地方自豪感和社会地位的载体。因为它们位于连接那些较低和更高行政层面的方志信息网络，以及专注于特定机构或地形特征的"专门志"的综合调查，并且由于士人收集并将其解读为涵盖帝国范围的虚拟图书馆中的图书，因此方志也属于一系列信息类型，这些类型在士人意识中牢牢地将地方与帝国联系在一起（见本书第四章）。同样，从12世纪以降，士人的兴趣在帝国范围内私人编纂的方志中得到了类似更好的体现。这些列有政区、距离远近、特征和基本统计的等级化列表，为大量收集有关地点与特征的碑刻和文学文本提供了空间。③ 尽管如此，早期地方志的行政逻辑，是围绕着官方布局和不同地方的测量而构建的，这在士人对地方志和舆地图官僚风格的使用上留下了深刻的印记。

---

① 关于这些趋势的相关例子，参见范成大《吴郡志》（1192）和赵不悔《新安志》（1175）。何瞻用更多细节描述了这些变化：何瞻《宋朝地方志及其在地方志史上的地位》；包弼德比较了地方描述汇编与以本地为重点的其他类型出版物的变化。参见氏著《地方史的兴起》；笔者的《区域描述》（第124—129页），加以改编。
② 关于地方志的印刷，参见戴思哲《从地方志的角度看中国早期的印刷术》。
③ 郭声波《唐宋地理总志》。

南宋舆地图

如同局限一地的方志和整个帝国范围的方志一样，舆地图也变得愈发突出，并开始在12世纪中国社会中扮演着更重要的角色。现存最早的覆盖中华帝国版图的地图例子，同样可以追溯到12—13世纪。这些例子使我们能够更详细地研究舆地图是什么样子，以及它们如何出版与为何出版。在对这些问题进行全面探讨之后，本节还将讨论舆地图的传播，如何影响士人知识分子与政治文化。

在12世纪首次公开发行的"中华帝国"地图主要基于两种模式："禹贡图"（"禹迹图"）和"华夷图"。

第一组地图提到了出自五经之一《书经》中的《禹贡》一章里面有关帝国的神话之旅。[1] 在汉朝时，收集这些文本成为文化精英教育的标准组成部分，从而获得了一种权威，这种权威不仅赋予了它永恒的真理，而且赋予其政治意义。作为经典文本，《禹贡》（在秦汉统一时期，这一文本大多数情况下属于附于《书经》中的一组文本）被认为是"经"，并被视作是理解世界秩序所不可或缺的，而且在实际意义上，是帝国空间组织的指南。[2]《禹贡》中所描述的中国领土的九个主要区域，通过"九州"成为代表帝国的典范。[3]

---

[1]《禹贡》章节的英译，见于理雅各（Legge）《东方圣经》第3册，第1部分《书经》，第63—76页。对于这一文本的近期讨论，参见陆威仪《早期中国的洪水神话》，第30—33页。

[2] 陆威仪《早期中国的写作与权威》，第297—300页；戴梅可（Nylan）《五经》，第3章。

[3] 关于这一子类型的宋代之前作品更详细的描述，参见笔者的《地图与记忆》。

《禹贡图》和《九州图》成为舆地图的通用名称。通过与儒家经学的联系,这些地图在人们所认定的中华文明原始条件下确立了领土统一的目标。然而,在宋朝之前的文献中,并没有使用《禹迹图》的名字,在两宋时期,有几幅地图的样例流传至今。这些地图被刻在巨大的石碑上,然后以拓片传播;它们也通过印刷出版发行。当时,它们与同样的领土收复论联系在一起,而这种领土收复论又激起了人们对光武帝批阅舆地图的兴趣。"禹迹"指的是要求收复失地的一段话:"复禹之绩……不失旧物!"出自《左传》(约公元前4世纪)。① 关于《禹迹图》,在其神话般的帝国之旅中,禹所涵盖的所有的领土都被宋朝和外国地名所覆盖。它们以这样一种方式被绘制出来,是为了验证宋朝对失陷于其北方邻国(首先是辽朝,后来是金朝)的领土主张是正确的,宋朝与外夷的所在显示了它们本应在的地方,而不是它们在南宋时的位置。

《华夷图》成为唐宋之际舆地图的另一个常用名称。这第二组地图通过指出大量位于帝国边缘的蛮疆和夷狄(范围从几十到数百不同的地图),扩展了禹的帝国行政区划模式,将帝国置于更广阔的地理环境中。这一类型的第一个里程碑是贾耽(729—805年)的《海内华夷图》。②

---

① 孔颖达《春秋左传正义》,收入《十三经注疏》(2000),哀公元年,第157页,第991页;杨伯峻《春秋左传注》,第4册,哀公元年,第1606页;理雅各《东方圣经》第5册《春秋左传》,第792页,第794页。
② 关于贾耽地图更详细的分析,参见笔者的《地图与记忆》。在《地图与记忆》完成后,我偶然发现了辛德勇对贾耽地图性质的重新解读。传统上人们普遍认为,他的地图上既有过去的地名,也有现在的地名,这是一种旧有的方式,但他采用了颜色来区分它们,改进了舆地图的传统模式。红色是现代地名,黑色是旧地名。辛德勇对贾耽的传记和这些史料的传统解读的最近分析表明,古今地名之间的区别只出现在附注中,而没有出现在地图上。辛德勇《说阜昌石刻〈禹迹图〉与〈华夷图〉》,第7—12页。我并没有发现辛德勇的证据确凿,但它表明可能颜色区分并不适用于地图本身。

第三章　舆地图中的帝国重建

虽然这两种类型的地图在对周围的蛮夷国家及其人民的关注上存在差异，但它们都展现了同一幅持久文明的形象，尽管在历史现实中，它们已经发生了变化，但其地理坐标还是普遍固定的。它们由此展现出一幅"中华帝国"的形象：一个土地共同体的理想形象，这个共同体自古以来就被定义为九州，这些地区被认为是不可侵犯的，并且蛮夷政权也向这些地区进贡。①

现存的地图要么出现在公共空间的大型石碑上，要么出现在各种类型的印刷书籍中。在这些媒体中，官方、私人和商业印刷复制了这些地图。从12世纪以降，帝国的地图宣传，标志着中国地图学史上的一次转变，并且是政治文化更大发展一部分的转变。

在12世纪以前，舆地图是绘制在丝帛或木牍上，或者是用诸如泥土、金属和木头等实物材料制成。有形地图，比如在秦始皇陵里的舆地图，或者据说在5世纪制造的帝国的木制模型，往往都固定在一个特定的地方。大型的丝帛地图似乎可以随身携带，但所使用的材料和技术限制了它们的流通。这些地图是独一无二的，由手工制造，绘制在昂贵的丝帛上。人工制作使得精确复制几乎是不可能的，而且任何形式的复制都难以实现。没有手绘的丝制舆地图流传下来，但是在12世纪20年代到13世纪40年代之间的一些石碑，可以让我们捕捉到单体的大型地图的样子。

在北宋后期，已经存在石碑上绘制的详细的舆地图。1121年，荣县知县资助了一通题为"九域守令图"（130厘米×100厘米）的竖碑，它标识出1400多个直到县级层面的政区，因此，据我

---

① 在《禹贡》阐述的世界模式的五服的分化中，朝贡在世界组织中的中心地位已经很明显。陆威仪《早期中国的洪水神话》，第31—32页。

们所知，这是现存最早的基于县级层面的综合性地图。他承认，在官方舆地图上绘制的类似地图正在流通，但这张地图已经更新，以反映行政组织的频繁变化；人们承认，地图中并不能完全体现所有最近的政区变化。①

从北宋后期以降，人们越来越多地引用位于朝廷以外的舆地图。此外，在石碑上制作舆地图，很可能是借鉴了长安地区的石碑制作传统，这种传统可以追溯到唐末。② 然而，毫无疑问的是，随着宋政权在北方垮台，地方资助石碑地图的现象逐渐增多，并成为一种普遍的现象。金朝入侵并占领之后的宋代石制舆地图的著名例子，包括 1136 年的《禹迹图》、1142 年的《禹迹图》和 1136 年的《华夷图》。③ 1136 年的地图每幅尺寸约为 80 厘米 × 80 厘米，被刻在一块石板的两侧，这可能是因为它们主要是用来复制拓片的。④ 随着宋政权在北方解体，在宣布脱离宋朝独立，并与女真合作的刘豫（1073—1143 年）政权统治之下，这块石板被截成两段。⑤ 有关参与该地图绘制的那些人动机的证据仍然匮乏，但将该项目视作证明无论在北方还是南方，刻在石头上的舆地图都保留着一个统一帝国记忆的证据，这似乎是合情合理的。

地图作为帝国使命象征的力量，最直接地体现在由王致远资助的 1247 年的石刻《坠理图》上。黄裳绘制了一套表格和地图，

---

① 郑锡煌《"九域守令图"研究》，第 35—40 页。
② 这是辛德勇的主要论点之一。辛德勇《说阜昌石刻〈禹迹图〉与〈华夷图〉》。
③ 在曹婉如《中国古代地图集》（图 54-66，图 70-72，图 82-83）中，复制了这些地图和下文中提到的那些地图，并对它们加以简要地描述。
④ 这一论述是根据曹婉如《中国古代地图集》（第 41 页）做出的，但辛德勇提出质疑。见氏著《说阜昌石刻〈禹迹图〉与〈华夷图〉》，第 36 页。
⑤ 杜希德（Twitchett）、史乐民（Smith）《剑桥中国史》第 5 卷，第 1 部分，第 657—659 页。

并在1190年将它们进呈给未来的宋宁宗,王致远从黄裳的家人那里得到了这幅地图。① 位于这一大型石碑(约197厘米×101厘米)底部的文本,指出在中国历史上分裂时期比统一时代更为普遍,并提醒读者,宋朝开国之君认为,直到(从未实现过的)收复将中国与其北方邻国之间分离开的长城沿线的燕云十六州,他们的使命才算完成。只要皇帝和为其效劳之人致力于国内改革,并在此基础上恢复北方,那么这项任务仍然可以完成。

另一个罕见的存世例子是《舆地图》(约1265—1274),它证明了1127年之前的宋帝国在13世纪地图上的持续流行。这幅地图通过(损坏的)拓本(207厘米×196厘米)保存下来,很有可能是由一块巨大的石制行政地图绘制而成的。它不仅展示了县级以上的所有行政单位,还展示了进士解额、山口、族群和周边政体。发现于京都东福寺(栗棘庵)藏品中的这幅地图,包括了从明州(源于与日本海上交往而闻名的港口城市)出发的陆路,尤其是海上运输路线。②

地方上对具有政治意义地图的资助,明显见于1154年的《鲁国之图》(171.5厘米×88.4厘米)中。这幅地图描绘了孔子故国的城墙、宫殿、寺庙、河流和山川、树木和鸟类,这种地图很可能是地方官学演礼中的重要物品。尽管它也回归到北宋的模式,但它在12世纪50年代被转到石头上,这表明当孔子故居现在的位置陷没于金国统治之下,它变得更加重要。这幅地图长期保存在武

---

① 这被记录在石碑地图下方被切割的跋中。钱正、姚世英《坠理图碑》,第46—47页;潘晟似乎表明,这些地图是呈现给宋光宗的。潘晟《宋代地理学的观念、体系与知识兴趣》,第118页。然而,在引用的史料中,似乎未能支持这一点。《宋史》卷393《黄裳传》,第12000—12001页。
② 黄盛璋《宋刻舆地图综考》,特别是第57页。

昌兴国府学中。① 13世纪时，谢翱（1249—1295年）在定海（明州）县学绘制了一幅同名地图。② 地方官学和地方政府工作人员，在这些地图刻石以及印刷的扩散中发挥了重要作用。例如，1142年，一位名叫俞篪的州学教授对《禹迹图》修订并加以删减。

随着朝廷与其大批臣民撤退到南方，舆地图的扩散在12—13世纪的印刷材料中愈发明显。12世纪，帝国的印制地图出现在各式主题的图书中。在经学注疏和作为教学工具的作品中，包含着带有古今地名为特色的地图，提供了对经的解释和记忆的指导。相关例子包括《六经图》和唐仲友（1136—1188年）的《帝王经世图谱》。前者包含地图、图表、表格和插图，以图格形式翻译与合成经学作品。《六经图》的第一个雕刻本可以追溯到1165年，但现存最早的复本是在南宋时期后来印刷的袖珍版。③《帝王经世图谱》有时被认为是一部类书，类似由地图、表格和表组成，阐明经学文本，并综合了与先秦行政系统有关的数据。唐仲友在12世纪下半叶将其编撰出来，但仍然存世的初印本则见于1201年。

舆地图也见于佛教文本中。《佛祖统纪》是一部以国史类型为蓝本的佛教通史，涵盖了从公元前981年到1265年之间的时间段，书中有三幅地图，其中一幅是宋帝国的行政地图，描绘了大约公元1121年划定的路并显示了州府。第一个印刷版本地图出现在宋朝末年。一些史学著作，诸如吕祖谦（1137—1181年）的《五代史详节》（其《十七史详节》中的一部分）中，也包含地图。④

---

① 曹婉如《中国古代地图集》第4页，图51。
② 潘晟《宋代地理学的观念、体系与知识兴趣》，第142—143页。
③ 关于这篇文章的石刻本和刻本的研究，参见任金城《木刻六经图初考》。
④ 曹婉如《中国古代地图集》，第12页，图163。

这部著作的宋版上有一幅10世纪占领汉人领土的国家地图,是其特色;该地图顶部一层显示北宋帝国诸路(最大的行政分区)的地图,将以前的独立政权与宋帝国的行政分区彼此关联。

地图的出版以及士人读者可以获得地图,促进了人们对作为学术话语对象的地图产生更大的兴趣。这一趋势见于地图集的出版和出版地图的学术研究中。1181年版的程大昌(1123—1195年)的《禹贡山川地理图》中包括一幅舆地图。在12世纪30年代和13世纪70年代之间刊印的《历代地理指掌图》的少数几种版本,①是包含40多幅地图的地图集,在本书接下来的章节中,对于这部图书会有更详细的介绍。其他地图集包括《混一内外疆域图》,该书大约在13世纪中叶由私人刊印,但现今已不存。② 这些出版物证明了克里斯蒂安·雅格提出的印刷技术与地图集类型出现之间有所关联的看法。③

正如爱森斯坦(Elizabeth Eisenstein)确立了印刷出版与更广泛的知识活动之间具有相关性一样,④雅格还推测,木版和铜版地图的复制,强化了地理学的学术话语。由于大批量的相同印刷复本(与稿抄本相比)虽然远隔千山万水都能唾手可得,而且可以在类似卷数和地域传播的后续版本中加以订正和增补,这一前景促进了士人参与学术活动与出版。虽然印刷术经常作为保存

---

① 我对书名的英译有点偏离"指掌"的字面意思。这个词的意思是"可以在手掌中展现的",因此很容易理解并清楚其意思。"Handy"捕捉了其原始隐喻,意思是"方便"和"触手可及",我这里的使用,对它的语义场有所延伸,以包含"在容易理解的范围内"的含义。
② 姚勉《雪坡舍人集》卷38《混一内外疆域图序》,1a-2b;潘晟《宋代地理学的观念、体系与知识兴趣》,第139页。潘晟用了另外一个书名《混一华夷疆域图》。
③ 雅格《主权地图》,第66—76页。
④ 爱森斯坦也将这一更普遍的论点应用于印刷对制图学的影响(《印刷革命》,第200页)。对其论点进行更深入的论述,可参见她《作为变革动因的印刷机》。

和恢复旧地图与制图技术的媒介,但它却激发了日益蓬勃发展的读者群,有助于讨论和修正过时的模型,并增加新模型。①

在12世纪的中国宋代,各种媒介(石碑、木制模型、手稿和印本)中地图的出版,与关于地图制作和阅读更广泛的业余话语密切相关。一个绝佳的例子,是朱熹(1130—1200年)关于前文中提到的程大昌地图集的通信。朱熹首先写信给他的几个朋友,让他们送他一份带有文字和地图的地图集[当知名藏书家尤袤(1127—1194年)先送给他一幅没有文字和地图的图册时,他强调了对后者的要求],因为他在一开始知道此书的时候,没有能力购买印本。他在泉州州学最终获得了一份印本后,他给作者本人写了一封信,在信中他提出了几个关于地图的问题。朱熹在这些评论中指出,地图集中对南康特点的描写,与他本人对其任职地的山川河流的观察并不相符。与其同时代的许多人一样,朱熹创作了自己的地图,并与其弟子和同仁们讨论地图制作(见本书第四章)。对他而言,如同对程大昌来说,②对经典中提到的地理特征的讨论,并不是狭义建构的语言学练习。根据当前的地形特征(河流和山川走势),对经中地图进行仔细和重要的重构,是帝国划定华夷之间合理边界的重要组成部分。③

最后,科举考试对士人学习的影响越来越大,必须承认这是激发人们对地图和地图集产生兴趣的一个因素。12世纪的中国

---

① 雅格《主权地图》,第67页。
② 例如,程大昌向朝廷进呈其作品的奏议,被重印在泉州州学刊刻的《禹贡论》的现存抄本中。国家图书馆查阅微缩胶卷。
③ 潘晟《宋代地理学的观念、体系与知识兴趣》,第219—222页。关于朱熹致程大昌的信,见《全宋文》卷5501《答程泰之》,第245册,第382—383页。朱熹对其他地图也有类似的批评,他还评论道,当他知南康军时,有人送给他的当地地图的质量很差。参见笔者《区域描述》,第131—132页。葛兆光在《宋代"中国"意识的凸显》一文中注意到,向普通精英阶层的转变,强调了汉人和夷狄之间的明显区别。

地图集是有参考价值的教学工具。它们的出现恰逢各种各样的从行政类书、历史类书到散文选集和文体手册等教学与科举用书的编纂和印刷。① 这类作品的对象是准备应举的学子,其人数在几十万人之间,据估计有40万人参加了13世纪中叶最低层次的发解试。②

一位当时的见证人费衮(约1192年)总结道,《历史地理指掌图》正是这样的著作,它针对的是举子和为科举考试而学习的孩童与成人。他写道,地图集中的地图将用于那些准备参加科举考试策问的人,在这些考试中,举子应根据收集的古今证据,来回答有关当前行政和文化相关的问题。③ 从涉及边事的一系列问题(见本书第四章)和舆地图中所使用的模型和技术中可以看出,关于地图集的广告并非毫无根据。④ 著名的元代教育工作者程端礼(1271—1345年)在其《读书分年日程》(14世纪10年代)中列举了《历史地理指掌图》和《禹迹图》这两部书,将其作为必读书,从而强调了其教学价值。⑤

科举考试导致了阅读公众的扩大;这种扩大与商业印刷的发展彼此互相推动促进。毫无疑问,在其他类型的作品中,印刷地图集以及添加地图都是商业投资,因为会有大量读者从而变得可行。这种情况可以从早期出版的《指掌图》历史,第一本印刷的历史地图集和本章接下来两部分来重点说明。

---

① 笔者的《义旨之争:南宋科举规范之折冲》和《作为文本的类书》。
② 贾志扬《宋代科举》,第35页。
③ 费衮《梁溪漫志》卷6,9a。在《义旨之争:南宋科举规范之折冲》中,笔者讨论了12—13世纪用于准备策问考试而使用的指南。
④ 潘晟对唐代僧人一行的南北边界线模式的适宜性提出了一些小疑问。下文讨论了这个模型。潘晟《宋代地理学的观念、体系与知识兴趣》,第177页。该书也提供了其他一些例子,第216—217页。
⑤ 程端礼《读书分年日程》卷2,5b。

在宋朝统治期间,这本地图集至少出现了五六种版本;不同的印刷者出版过这部地图集,更新了地图上的信息,改变了作者的身份属性,并添加了新的序言。该地图的原始地图可以追溯到 12 世纪之交,税安礼去世之前,在某些版本和在同时代叙述中,他被认为是该地图集的作者。该书唯一存世的宋本,可以上溯至 12 世纪 30 年代,①知名学者、作家、政治家苏轼(1037—1101 年)被列为编者。12 世纪的读者中,包括新儒家领袖朱熹,已经对这一说法提出异议,②而如今,它被看作只是一种噱头。

在历史地图集中定义帝国空间

地图可以赋予我们秩序感。③

12—13 世纪的人们如何阅读地图?什么定义了石质地图与纸质地图上所描绘的帝国空间维度?仔细阅读《历史地理指掌图》中所包含的一组说明,就能为这些问题提供一些答案。在本节中,笔者提出,地图集以及袖珍印本地图,通常更有助于形成和传播一套阅读舆地图的规则。

读者须知

作为一本由 44 幅舆地图组成,涵盖了整个中国历史的地图

---

① 关于唯一现存的宋版地图年代的讨论,参见曹婉如《中国古代地图集》前言,第 3 页。
② 朱熹《朱子语类》卷 138,第 3278 页。
③ 哈蒙《你在这里》,第 18 页。

集，在笔者撰写本书时，经常想象《历史地理指掌图》。① 它帮助初学的读者以两种方式浏览中国空间历史：第一，按照从一般到特定以及时间顺序的方式组织地图；第二，在地图上标出一个循序渐进的轨迹。

它的组织展示了许多正式的特征，我们已经把它们与地图集联系起来。地图顺序的基础是双重的编辑方案。首先，一览图放在特定时间的地图前面。前两幅地图是通用的，旨在概述历史上最重要的行政区划，以及对主要地形特征（山川、河流和湖泊）的定位。随后的地图将重点放在中国历史上的特定时期。这种一般——特殊的组织原则在地图集的篇末重复出现，其中4幅一览图放置在一系列覆盖了宋朝时期的地图前面。这4幅地图覆盖了帝国与星象以及从古代到宋代都城的相关性，最后一幅地图显示了由山川和河流形成的南北边界，根据僧人一行（683—727年）的说法，它们是把"中华帝国"与周边民族和国家划界的自然基础。② 在每一种情况下，一览图的位置都会影响接下来地图的阅读。它们提供了阅读特定时间地图的框架。这种策略是教育性的，不仅在形式上从抽象到具体，或者从介绍性的调查转向更深入的研究，而且还将特定时间更具意识形态的方式，引回到帝国领土的普遍概念。

第二，将特定时间的地图按照时间顺序排列，系统涵盖了中国领土政治历史上所有重大变迁。这本地图集带领读者进行了一次中国地理的历史之旅，始于文化英雄帝喾统治下神秘的九

---

① 下面的讨论将基于现存的宋代版本。这个版本和两个明版之间有一些细微差别。
② 在一些宋代地图集中，一行所定义的边界线被添加到地图的底层，但也有人讨论过这一模式在界定"中华帝国"自然边界方面的有效性。潘晟《宋代地理学的观念、体系与知识兴趣》，第175—178页。

州,历经了先秦时期和所有朝代直到宋朝。因此,地图集成为一个内容全面与组织良好的地理和历史档案。

在早期印刷的地图集中,以另一种方式强调了教育的必要性。附于《古今华夷区域总要图》中第一幅地图的,是一套叫作"笺注"的说明。① 在地图后面的两页上重现了这些解释。正如笔者在其他地方所展示的那样,②这些解释源自注释,而这些注释则可能追溯到《华夷图》类型的早期抄本。但是,将文本块从大篇幅的单张地图转移到较小尺寸的印刷页面,导致了文本块被附加到地图上的特定位置,并分散在地图表面。编辑把文本信息汇编成一个连贯的地图指南。在地图集中,转录的文本块被排列成一个层次化的序列,每个文本块被一个大字体标题标记出来。标题列出读者应注意的地图上的主要方面和特点:

1. 辨古今州郡区域
2. 古今地理广狭
3. 辨长城
4. 辨北狄
5. 辨契丹
6. 辨西域
7. 西羌盛衰
8. 辨辽东
9. 辨东夷
10. 西南夷

---

① 两页文本在目录中称为"笺注";《历代地理指掌图》,第5页。
② 魏希德《地图阅读的文化逻辑》。

11. 辨夏国

12. 甘凉五州

13. 辨日南

14. 辨五岭

15. 辨天竺

16. 溪洞蛮

17. 海南国名

18. 西域国名

19. 辨四渎

插入大字号标题和命令式语气,会将前一页的地图转换为要分析的对象。[笔者已在数字地图上标记出大部分要素,这是地理信息系统(GIS)数据和手工标记叠加在地图集中第一张地图复制品上的结果。]① 读者可以在地图上找到要"标记"(marked)的要素。汉语词"辨",笔者在这里将其英译为"mark",字面意思是"区分"。宋代士人中,"辨"承载着一种鉴赏能力。② 人们致力于将那些古代评估对象从大量的对象中剥离出来,加以分类,并定义它们的基本特征(辨古)。同样地,通过按照顺序在地图上标记特征,观众们对地图分层阅读,并学会欣赏地图制作者的特征与其构造地图的地理传统,这在帝国的定义中是必不可少的。

如上述列举所总结的说明,首先是对帝国规模的一般描述。行政区划定义了帝国。中国空间的历史始于古代九州的划分。九州代表有序空间,经由划分而统一,从而成为未来所有行政区

---

① 魏希德《阅读中华帝国早期印刷地图的说明》。
② 这个词出现在有关鉴赏能力的标题中,例如《晏氏辨古图》。此书尤袤曾经提及,见《遂初堂书目》,68a。

划单位的参照点。即便这些注释中揭示了行政单位的类型和数量在历史上成倍增长,但所有这些行政单位都可以追溯到中国空间最初的划分。指南明确指出,要在地图上标注的行政单位包括23个宋朝的路和所有宋朝的州府。它们还强调了九州的持续相关性,以及它们通过列举了其下宋代的州府,对空间管理施加规范。

二级标题附加到一级标题上,使人们关注到帝国的规模。它的规模有两种衡量方式:中国空间的维度、长度以及夷狄的位置。注释承认,已经删除了大多数在贾耽9世纪地图上列出的许多夷狄和异族政权。注释告知读者,只有那些表现出挑战的人们才值得被注释。

从行政区划和规模的总体情况来看,说明转移到了长城上。它对读者的重要性,是通过在一览图上突出的视觉象征意义来强调的。它也是地图集中出现在每一幅地理图上的唯一特征。阿瑟·沃尔德伦(Arthur Waldron)提出绵延不断的长城是建立在欧洲东方主义想象之上的20世纪神话,与其说法相反,[1]所有地图上的这一内容都表明,长城在宋代被人们视为帝国的象征,是帝国主义对其南部领土的主张。这些注释承认长城是人类的建筑,并引用了与沃尔德伦一致的证据表明,在12世纪,没有任何连续性的实体城墙存在。然而,从它在整个地图集中的存在和突出地位,连同下文要讨论的自然特征,我们可以推断出,长城已经成为帝国永恒基层的一部分。始于公元前1世纪的一系列实体城墙,它已经被概念化地转变为连续的人工屏障,并进一步成为

---

[1] 沃尔德伦《长城》。谭凯《长城和北宋边界的概念化》指出在宋代确实存在长城,并在定义边界上发挥着重要作用。

划分帝国的一个自然特征。

在观察了长城的范围后,读者被引导去考察帝国的整体环境。正如长城的重要性所彰显的那样,首先值得关注的是生活在中国领土北方的人们。作为北宋时期最严峻的挑战,契丹被认为是北方最主要的威胁。尽管在辽太祖(907—926年在位)统治下他们建立的辽帝国占领了想象中的长城以南的领土,但在地图上,他们只被标记在长城以北的地方。然后,说明将读者带到西方。注释列出了西部各政权,其中在地图上特别指出了几个政权。"西羌盛衰"追溯了中国领土西部所面临的历史悠久的挑战,并向读者介绍了帝国西部缘边的地理位置。① 根据说明,读者应该穿越中国的中心地带到达东方。在辽东,在通往朝鲜半岛的道路上,辽河以东的领土被划成跨越万里长城的楔子,读者将关注到两股历史上重要的政治力量:高丽和金国。该地图最初是在12世纪20年代女真人入侵之前绘制的,仍然把女真人列为生活在东北地区的各种民族之一;注释仍然描述他们是未曾接受宋朝主权之人。在辽东以南,地图提醒读者"东夷"的存在;在这些国家中,日本作为目前唯一派遣使者的国家被甄选出来。同样被注出来还有生活在帝国西南地区的人,但和生活在东部的人们一样,他们被认为比生活在北方和西部地区的人们威胁要小。尽管从秦朝到宋朝,历代王朝都试图将其纳入"中华帝国",但似乎都承认毫无成效,但这些注释强调,在10世纪60年代,他们都宣称依附于宋政权。

在让读者了解帝国的整体环境后,说明列出了沿着帝国的西方、西南方和南方边陲一系列更具体的地理区域,包括夏国

---

① 关于北宋对吐蕃地区的政策,参见史乐民《作为政治资本的民族统一主义》。

(1032—1227年)、甘肃走廊(河西走廊)、日南、天竺,以及在延伸到今日的湖南、江西、广东、广西各省广大地区无君主状态的未在籍人口。这一部分以两个地名列表作为结尾:"西域国名"和"海南国名"。这些地名表似乎是从旧地图上复制而来的,仅供进一步参考;这些名字许多没有出现在地图上。

最后,说明转向了大陆一系列自然特征,这些特征在帝国定义中具有特殊意义。主要行政地图附带的说明只提到四渎:黄河、长江、淮河、济水。就像九州一样,这些河流也是一系列空间特征的一部分,这些特征最迟在帝国时代初期就已经定义了整个中国领土。《历代地理指掌图》中第二幅一览图所附的标题,通过添加其他几条河流,黄河的源头和五岳[中岳嵩山、东岳泰山、南岳衡山、北岳常山、西岳华山(恒山)]来完成总纲。[1] 这些特征出现在前面的一览图和整个地图集中的大部分其他地图上。如数字化重构所示,三条河流沿东西轴线延伸,五岳沿南北走向。这些自然特征因此强化了这样一个事实,即显示中国领土完整程度的地图,不仅仅是人为产物和政治意愿。

在地图说明中突出的特点,组合在一起塑造了帝国永久的基础层面。这一基础层面以观众为导向,展现了中国领土的轮廓,定义了其特征,并保存了帝国永恒的和规范的形式。舆地图在其基本层面上,包括行政网、长城、河流和山川的网络分布,以及周边民族和国家组成,其模糊的身份,定义了帝国的稳固性。对于宋朝制图者来说,舆地图定义了宋朝的领土。从语言学的证据中

---

[1]《历代地理指掌图》,第11页。石碑也包括这一段。曹婉如《中国古代地图集》,第44页,第17幅地图;亦见沙畹《中国最古老的两个地图样本》,第229—230页。常山指北岳恒山。在章如愚《群书考索》前集卷59《地理门》,15a中,文本相应做了调整。

可以明显看出,观看者们都认同这种地图等同领土的概念:正如在短语"还旧地图"中,"地图"也被用于"领土"的意义。①

解读帝国的文化逻辑传播

正如前文所述,《历代地理指掌图》的编者(们)定义了一套阅读地图集中所包含的舆地图的规则。在12—13世纪的地图阅读和对宋帝国空间维度的解读中,这些规则在多大程度上得到了复制?作为回答这个问题的第一步,我在本章结尾处继续讨论地图的接受史之前,笔者将研究这套规则如何开始在刻本地图集范围之外传播。

诸多同时期的作品中引用了《历代地理指掌图》,而地图集的一些当时用途让我们得以窥见其接受史。在13世纪最著名的类书之一——章如愚(活跃在1196年)的《群书考索》中——复制了《历代地理指掌图》,表明随着地图集的出版历史,《历代地理指掌图》取代了关于中国疆域地理的早先著作。

章如愚一生大部分时间都在家里教书。② 他的类书是其毕生研究和教学的成果。《群书考索》最早的版本是13世纪上半叶,由曹氏中隐书院刊刻的,这极有可能是金华府一家书铺的名字。1248年,这个版本被另一位印刷者发现,他声称第一版的印刷成本很低,但是版面太过拥挤;这个版本的目的是让人们更容

---

① 程公许《沧州尘缶编》卷9《广漠亭二首和陈宪益之旧韵》,18a。
② 后来的传记记录提到,章如愚作为一名教育工作者,在太学任教多年,并在朝廷任侍讲,但是,正如包弼德所指出的,这些描述不能被证实,而且很可能是被添加到类书的新版本中,以提高其编者的知名度。包弼德《章如愚》,第645—650页。

易获得材料。① 章如愚的类书可能很受举子欢迎；14世纪初，一种简写本流传开来，据说是"便于举子业者"。② 和其他同类作品一样，章如愚的作品也涉及包罗万象的主题，范围从经、史到财政、刑法、官制、礼、军事、边事、天文和地理。③

《群书考索》的地理门包括七卷（章）。章如愚将其划分为州郡、风俗、要害、户口、版籍、舆地图、田制和水利。"州郡"是其中篇幅最大的部分，专门有两章加以讨论。尽管没有大部分的地图，但基于对《历代地理指掌图》的虚拟复制，它提供了对帝国空间秩序及其空间组织历史的广泛描述。④

与税安礼一样，章如愚首先向读者介绍了帝国的共同基础层。他把一览图的所有内容都放在前面，从而稍微重新组织了总览的顺序。他从政区与星象的相关性入手，复制了包含在《历代地理指掌图》其中的28个星象的图表。然后是其他一览图的文本。章如愚转载了附加在《古今华夷区域总要图》上的说明以及随后的地图，列出了读者要在舆地图上"辨"的河流、山川和行政地名。在地图集中，说明的顺序遵循了这一原则，但与帝国外围有关的所有说明都被删除了。这种遗漏可能是因为人们知道，在"夷狄门"主题下类书的其他地方，关于缘边之人和国家有更详细

---

① 包弼德《章如愚》，第646—647页。
② 吴师道《敬乡录》卷13《章如愚》，5a；转引自笔者的《宋代知识生活面面观》，第5—6页。（这个简写本名《卓约》，20卷。——译者注）
③ 包弼德追溯了类书的编纂和出版史，并表示在后来的版本中，类书的篇幅不断扩大。这里讨论的地理门出现在《群书考索》的第一部分，很可能是该类书最早的一部分；它出现在1248年的宋版中。对于1248年及以后版本的比较表，参见包弼德《章如愚》，第659—660页。
④ 章如愚只提到过一次《历代地理指掌图》，这与他在同一主题下整理《群书考索》各种史料的目标相符合，他将其文本与不同史料的文本进行比较；《群书考索》前集卷59《地理门》，18a。在这一类书后来的增补中，地理主题下添加的信息未从地图集中获得；《群书考索》续集卷49—52《舆地门》。

的讨论。①

　　章如愚采用了《历代地理指掌图》中的阅读说明，表明他认为相比诸如国史中的地理专著或帝国的总志等早期替代品，它们是对帝国地理更好的介绍。他还复制了贯穿帝国领土的历史地图集的时间顺序之旅。章如愚的作品对所有主要朝代的空间范围和历史书面概述的标题，与《历代地理指掌图》中的地图标题完全一致。通过细微的修改和添加，文本与解释性文本（有时是表格）相对应，附在地图集地图上。

　　除了星象图，《群书考索》似乎并未复制舆地图。地图比大多数其他类型的图形更难复制；它们的复制需要投入更多的时间和精力，并导致更高的成本。除了考虑到成本之外，帝国地形表现形式的缺失，也可能表明读者可以在其他环境中看到舆地图，而类书编纂者和印刷者们更重要的任务，是教授他们如何解读这种类型的地图。一旦记住，这些说明也可以作为助记符，帮助学生们在没有实物的情况下，直观地重构地图。

　　地图阅读说明和解释性文字的再现，保存并促进了一种想象和解释舆地图的文化逻辑。"古今州郡区域"下的注释，将宋朝行政分区对应着古代的九州，从而在帝国的宋朝地图中再现了古今的重叠。地图集从一览图到具体时间地图的按顺序保存，同样加强了这样一种逻辑，即帝国领土在不断变化的背景下，阅读行政区划的变化。《群书考索》中的行政地理划分只涉及《历代地理指掌图》。从这本私人类书中广泛采用地图集来看，这个概念在 12 到 13 世纪间流行开来，即在帝国的历史

---

① 《群书考索》别集卷 22《夷狄门》。

地理中,读者可以发现一种永恒的空间秩序,以及这种秩序消失与恢复的历史轨迹。

阅读说明中所蕴含的文化逻辑,其特征不仅具有要注意的特征和需要想象的层次,而且还在于文本中未提到的和地图上未标记的内容。① 即使在 12—13 世纪,在公共领域可以得到大量舆地图的印刷品、石刻碑铭和拓片,但据笔者所知,没有一幅地图体现了宋帝国的实际范围,也没有一幅地图体现了两个帝国——北方的金朝和南方宋朝的共存。② 辽、金帝国的地图是分开发行的,③那些帝国的地理知识,远远超出了流通中的舆地图所代表的地理知识。展现北宋行政区划的地图的持续流通,并不仅仅是因为商业印刷者的保守主义或成本意识;更确切地说,这是基于这样一种假设,即宋帝国的地图应该代表帝国本来的样子,并激发读者对宋朝开国之君能够恢复的空间秩序的渴望——尽管燕云十六州除外。

---

① 关于阅读日本地图上的沉默,参见米本(Yonemoto)《没有保密的沉默?》。
② 一个可能的例外,是陈振孙在《直斋书录解题》(卷 8,第 266 页)中列举的《六合指掌图》。根据陈振孙的说法,这部地图集包括 40 幅地图,始于《禹迹图》,终于描绘"北地"疆界的地图。这表明,它可能包括了舆地图,也包括了在独立统治下描绘"北地"的地图。这部地图集已不复存在,其他地方也并未提及过。
③ 叶隆礼(活跃于 1247 年)的《契丹国志》包括两幅辽朝地图。曹婉如《中国古代地图集:战国—元》(图片 112,113)中复制了这两幅地图,并在该书第 26—27 页予以讨论。亦见黄盛璋、汪前进《最早的一幅西夏地图——〈西夏地形图〉新探》;胡玉冰《汉文西夏地图文献述要》。从一位私人藏书家对《金国承安须知》一书的描述中可以清楚地看出,金国的地图也在流通。他指出,除了有关金朝的官僚制度的信息外,还包括一幅或多幅地理地图。晁公武《郡斋读书志校证》附录,第 1132—1133 页。

绘制时间

> 理会《禹贡》，不如理会如今地理。
>
> ——朱熹①

到目前为止，笔者主要关注宋代地图制作者们如何绘制空间。在其44幅地图中，大多数地图在标题中都提到了中国历史上的特定时期，《历代地理指掌图》也与制图时间有关。按顺序绘制时间（以时间片表示），并通过同一地图上不同时间层的叠加进行绘制。这两种看似矛盾的处理时间的方式，是宋代行政思维的基本特征，并且与早期的论点相左，它不是前现代前历史思维的证据，而是"时间思维"的证据，这是一种历史思维，它致力于不断地将古（理想化和历史化）今联系在一起。

《历代地理指掌图》是第一本历史地图集吗？在史学工作者看来，本章前一节中所探讨的自然和文化特征的永恒基础层，似乎与历史地图集的概念本身相左。的确，研究历史地图集的著名历史学家杰里米·布莱克（Jeremy Black）得出结论："中国并非历史地图集发展的中心。"②布莱克的结论是基于这样一种观察，即在它们的现代化身中，历史地图"是有意识的历史陈述，依赖于过去作为一个独立领域的感觉，这个领域是一个相关的，可以查询的，但仍然是独立的"。③

---

① 朱熹《朱子语类》卷79，第2025页。转引自辛德勇《说阜昌石刻〈禹迹图〉与〈华夷图〉》，第32页。参见潘晟在当代地学特征的语境下关于朱熹对程大昌《禹贡》的论述，见潘晟《宋代地理学的观念、体系与知识兴趣》，第219—220页。
② 布莱克《地图与历史》，第4页。
③ 同上书，第8页；以及第6页。

然而,永恒的基础层和不同时期的地图之间的矛盾,并没有导致宋代地图中古今的混淆。古今之间的分离是相对的(就像它仍然停留在后现代的现在中一样),但是地图绘制者明显地以两种方式区分了古今。

首先,如上文所述,地图集包括一系列特定时期的地图,这些地图按照时间顺序排在少数一览图之后。在特定时期的地图中,编者描述了在各个时间点上的空间组织,是如何接近或(更经常地)偏离一览图中所描绘的理想顺序。两幅宋代地图便是例证。其中第一幅地图《太祖皇帝肇造之图》,展现了宋太祖从前朝后周(951—960年)那里取得的领土。他的政权被辽、吴(908—978年)、北汉(951—979年)①、南唐(937—975年)、南汉(917—971年)、蜀(934—965年)以及由周保权(952—995年)所控制领土的竞争国家包围着。第二幅宋代地图《圣朝元丰(1078—1085)九域图》,展现了宋朝开国之君征伐的结果。与另一张地图上少数几个相对较大规模的政权不同,这张地图显示了一个由23个行政辖区组成的统一帝国。这些路构成了一个原子化的世界;每个路都被描绘成帝国海洋中的一座岛屿。它们出现在同一平面上;没有着重强调任何一个政区。在黑体字中,竞争已经转移到北部和西部缘边,契丹辽朝和党项夏政权在那里定义了统一世界的界限。这幅地图显示,尽管辽帝国在长城一线之下的扩张仍然是一个历史问题,元丰时期(1078—1085年),宋朝政府已经接近恢复帝国行政的规范网格("九州")。按照地图集中第一幅一览图《古今华夷区域总要图》中所载行政分区的规范顺序(图3.1),当时在契丹统治下的燕云十六州被显示为中国领土,而自从10世纪开始就突破了假想的长城线的契丹,则被移到了长城以北的一个地方。

---

① 北汉,英文版误作东汉。——译者注

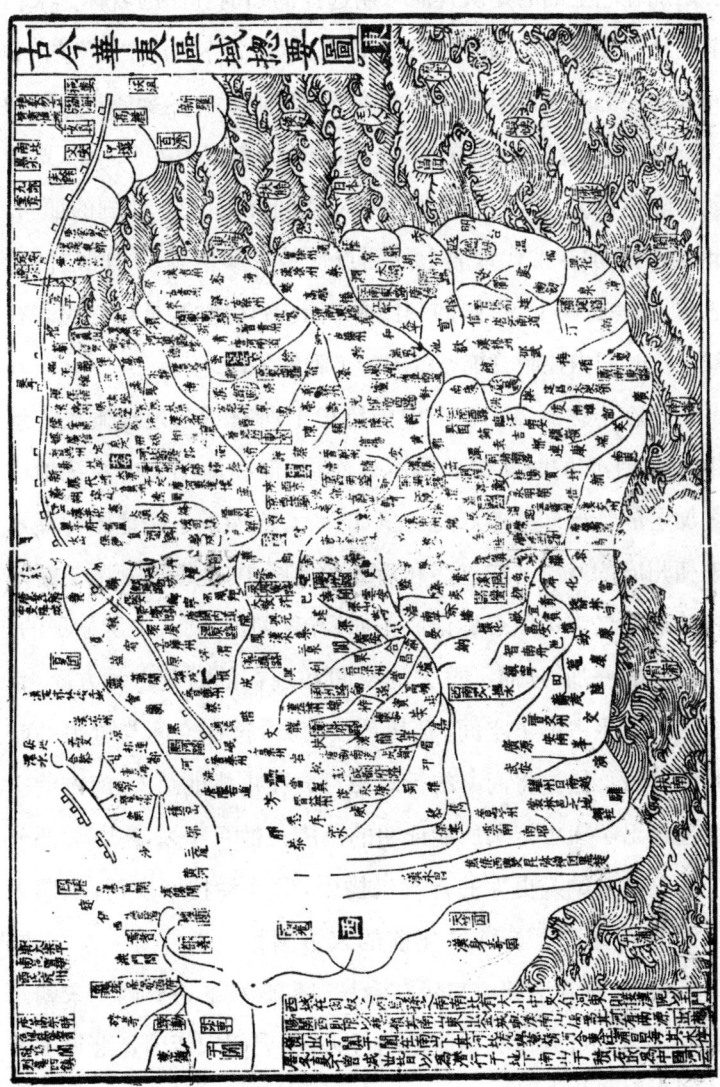

图 3.1 《古今华夷区域总要图》,出自《历代地理指掌图》(图片来源:东洋文库,东京)

时间也通过叠加的过程被绘制出来。这一点在《古今华夷区域总要图》中体现得最为明显。基层包括所有宋朝路和州府的名称。附加在它上面的是从其他时期选择的州府和路的名称。宋朝之前的地名顶部有小圆圈标识,上面有诸如"先秦""汉""晋""唐"等时间说明。圆圈很可能是对旧手稿技术印刷媒介的翻译。我们知道,裴秀(224—271年)和贾耽的早期舆地图表现了古今名字,贾耽可能用颜色来区分它们。在宋朝统治期间,没有彩色印刷的证明;因此,使用叠加在古代地名上的圆点代替了颜色码。时间层的选择表明,在一览图上,帝国的制图师们最感兴趣的,是绘制代表在很长一段时间内控制着统一帝国的王朝的地图。

虽然在声称涵盖了整个中国历史上所有行政地理概貌的地图中,绘制不同的时间层显得不言而喻,但在地图集中系统地应用叠加层的情况却并非如此。例如,所有先秦的7幅地图都显示了宋朝州府的基层。在这些和后续的地图中,地图标题中与时间段相关的地名都用黑点标记。正如《春秋列国之图》中所显示的,古今地名的叠加,延伸了过去的空间和现在的时间。一方面,目前的州府似乎占据了空间,尤其是在南方,这些空间与过去的政区并无关联。通过将南方的行政条目放在古代地图上,南方的空间远远超出了历史记录所能证明的范围。数百年来,南方大部分地区都没有被纳入更大的行政机构中,但这种技术表明,早期中国国家的范围可以与1127年前的宋帝国相媲美。另一方面,同样位于南方,现在的州府显示在春秋时期政权的边界内。宋朝州府的存在因此可以追溯到遥远的过去,这表明宋帝国是继承了昔日的前帝国时代。

在宋代历史地图学中,古今地名与政区的叠加是系统的、有条理的。因为许多刊印的历史地图,包括《六经图》《帝王经世图谱》《禹贡山川地理图》《禹贡说断》《春秋分纪》以及《五代史详节》中的那些地图,把一层昔日的地方叠加在一层宋代地名上,所以它是系统化的。因为各层被明显地区分开来,并且过去的特征是基于它们与地图主题的相关性以及它们在当前历史记忆中的重要性而选择的,所以富有条理。因此,古今被绘制成既独立又共存。这里没有把古今现实混为一谈,而是承认现在是过去分层的一部分,过去的经历贯穿现在。

宋代地图上古今地名之间的共存和协商,是更广泛的空间无序感的文化策略的一部分。这是一种策略,通过各种表达方式为行政思维和实践提供信息。政策建议,无论是以官员进呈的奏议形式,还是应试举子撰写的策论文章形式,也包括不同时间层次的集合(见本书第四章)。作者们通常在讨论当前问题,与回顾过去和最近的时刻之间徘徊。想象和重建空间以及政治秩序,需要不断地重新配置过去和现在。

行政思维的这种命令性,刺激了可以检索过去的场所的生产。在12世纪,印刷档案成为发现过去的特权场所。编辑和商业印刷者们正在进行一场持续进行的制作和复制档案汇编的竞争,这些汇编曾一度覆盖了帝国的过去和现在的宋朝,并使访问的读者可以方便地接触到它(见本书第一章)。历史地图集同样被认为是一个内容全面的档案。它通过为中国历史上的每个王朝统治时期制作至少一幅地图来旨在覆盖整个过去,但它也声称使当代读者能够轻易地了解昔日地理的具体时刻和地点。它允许按时间顺序阅读,也允许对古今层次进行协商和组合。

编者们通过增加以文本和表格形式绘制的每个王朝的政治历史和空间组织的简要概述,增强了地图集的参考价值。正如在《元魏北国图》(图3.2)中所显示的那样,地图集采用了井井有条的

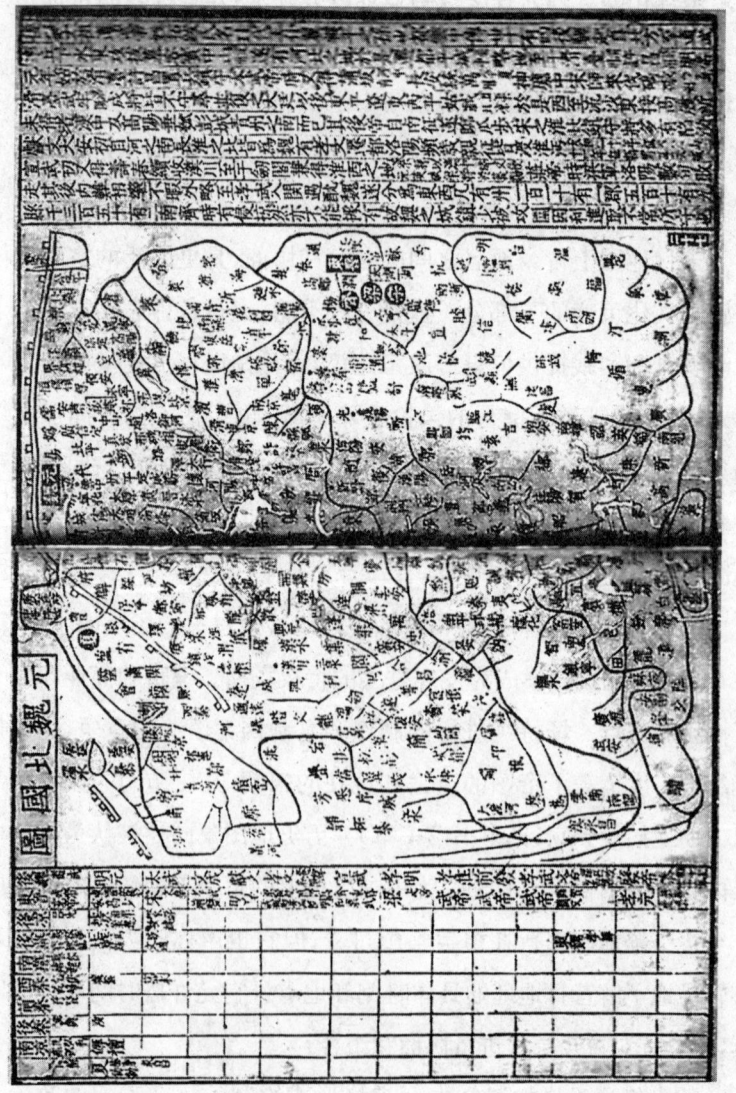

图 3.2 《元魏北国图》，出自《历代地理指掌图》（图片来源：东洋文库，东京）

多媒体地理档案形式呈现出来。右栏总结了北魏王朝(386—534年)的历史,估算了它的连续世系,解释了其行政组织,并以军事冲突结束了其统治作结。左栏是一个比较年代表,把北魏君主的统治与当时统治中国其他地区的其他王朝统治者并置在一起。因此,时间是通过在地图上叠加古今层,并通过显示过去层的属性表来同时绘制的。时间和空间是共同延伸的:叙事和表格中的政治历史有助于解释空间组织;相反,地图显示了政治历史的空间形式。不过,这幅地图还表明,在《历代地理指掌图》中,政治历史的空间形态总是绘制在"中华帝国"的底层,因此总是涉及有序和无序的问题。

记忆与命运:对帝国制图学的回应

读者对地图有何反应?他们是否遵循了与前文讨论过的在地图集和类书的阅读说明中所指出的那些特征相似的轨迹或特征?地图解读在宋朝历史过程中是否发生了变化?一旦更多士人对其加以关注,舆地图的象征价值是否会随之发生改变?

在过去,撷取并翻译地图对读者的影响是一项艰巨的任务。地图的接受史仍然未知,主要是由于任务固有的困难:"地图被使用的方式可能是最困难的一个方面,因为当人们看地图时,他们自己在地图上没有留下任何可见的标记。他们的视野是我们看不见的。"①然而,这段历史是至关重要的,因为无论地图的用途是什么——在每次观看和阅读中,观察者和被绘制的地方之间都建立了一种关系。正如马修·埃德尼所写:"通过地图对领土施

---

① 雅格《走向地图学的文化史》,第192页。

加智力和辅助力量是一种强化自我的行为,这种行为引发了情感上的回应:骄傲、满足、归属感、情感和快乐,但也可能是恐惧与焦虑。正是在这种情感记录中,我们终于能够认识到对'舆地图'本质的理解。"①

尽管存在固有的困难,但笔者会根据人们在观看舆地图时所写的一系列诗歌近距离阅读的基础上,转向有关接受地图以及其中情感的相关性问题,我们能够找到这些绝佳的史料,来阐释士人对舆地图上的设定、解读和情感。

阅读舆地图(约 800—1000 年)

观看舆地图时所产生的数量不多的文人诗作,可以追溯到晚唐时期。很少有记载说贾耽的地图给观看之人留下了深刻的印象;少有的例外包括 9 世纪和 10 世纪的两首题为《观华夷图》的诗。这些是作者偶然为之的诗,在诗中,作者反映了地图的全貌,描述了地图进入其视野的条件,并清楚地表达了地图在他们自己或其他人心中激起的反应。

第一首诗出自曹松之手,他主要是作为一位 9 世纪的诗人而为人们所熟知,但他还因为属于在唐朝末年一群通过科举考试的古稀老人中的一员而出名。第二首诗出自伍乔之手,他曾在公元 907 年唐朝灭亡后出现的一个短命王朝中仕宦,这个王朝可以追溯到 10 世纪。这些诗歌,是在观看地图的场合或回忆时写下来的,表达了读者对中国领土重要性和连贯性的肯定。

---

① 埃德尼《帝国绘图的反讽》,第 32 页。

观华夷图

落笔胜缩地，
展图当晏宁。
中华属贵分，
远裔占何星。
分寸辨诸岳，
斗升观四溟。
长疑未到处，
一一似曾经。①

观华夷图

别手应难及此精，
须知攒簇自心灵。
始于毫末分诸国，
渐见图中列四溟。
关路欲伸通楚势，
蜀山俄耸入秦青。
笔端尽现寰区事，
堪把长悬在户庭。②

两首诗都是用一种平和的语气写成。在第一首诗中，曹松表达了一种自信，这种自信来自想象空间的能力，从而获得了对空间的控制。他写这首诗的时候，因为节度使控制了这片领土的大部分地区，唐帝国正在分裂，但他成功地撷取了这幅地图所描绘

---

① 曹寅编《全唐诗》卷 716，no. 19；http://www.guoxue.com/qts/qts_0716/。
② 同上书，卷 744，no. 14；http://www.guoxue.com/qts/qts_0744.htm。

的和平时刻,更具体地说,是在脑海中想象出来地展开地图动作所带来的和平时刻。他的第二首诗,将地图所唤起的和平感归因于中国领土的中心地位。

在曹松的诗中,诗人的角色被塑造成一个读者,通过修辞手法否定后者在宇宙中的固定位置,来区分汉人领土在地图上的突出地位与夷狄的边缘化。虽然中国的每一个政区传统上都对应着一个星象,但诗人在这里暗示,夷狄所占据的缘边地区不可能以这种方式永久固定在地图上。① 于是,曹松避开了夷狄领土的剧烈变化,用他的诗描绘了一幅自己熟悉的地方的个人地图。读者讲述了他首先注意到的山峰有何特征,这些山峰指的是经学中神话地理中的五岳,五岳决定了中原地貌或中国中心地带的地形。② 读者从山上前往其他地方,这些地方的名字人们耳熟能详,但只有在地图上访问过它们后,才能知道它们在帝国中的地位:"长疑未到处,一一似曾经。"

在第二首诗中,伍乔重构了一个类似的发现过程。他的目光首先停留在缘边的各个政权,然后才被吸引到核心。对伍乔来说,天下视野也把他引向了位于中央的帝国,在那里他可以在熟悉的地方之间追寻轨迹,重建帝国最近因节度使崛起而分裂的各地区之间的联系。伍乔的诗把舆地图描绘成一种治疗效果,类似于曹松所唤起的平静与安宁。伍乔诗歌的最后一句,化解了在诗

---

① 几种汉代文本证实了将星象与政区联系起来的做法。关于这种做法的早期历史,参见亨德森(Henderson)《中国宇宙志的思想》,第 208—210 页;李约瑟(Needham)、王玲(Wang Ling)《中国科学技术史》第 3 册,第 544—545 页。狄宇宙在分析司马迁关于异族书写一书中,认为这位汉代史学家将匈奴(有时也译为胡人)的位置与特定的星象联系起来,从而将它们融入汉人领土的历史和宇宙学之中。狄宇宙《古代中国及其强邻》,第 304—306 页。
②《周礼》和其他汉代文本列举了五岳与四方和中央的联系。五岳的名字各不相同,但它们在界定中国领土方面的作用,是这些和后来的名单中常见的假设。

开头几行中暴露出来的紧张气氛,因为对分离的恐惧,在一幅反映领土连续性的地图上被永久地展现出来了。

这些受地图启发灵感的诗歌的早期例子不仅仅是地理描述,而且还对地图传达给地图读者一种美学和情感欣赏的慰藉。曹松、伍乔的诗歌在地图上再现了帝国的规范形象。地图的规范性也赋予了其预测能力。同时代的诗人司空图(837—908年)在贾耽的地图上写下一篇短文,对司空图而言,这幅地图也带来了宁静。在他目睹周围的废墟中,贾耽的地图是唯一值得关注的东西。在司空图的阅读中,地图包含了恢复帝国统一所需的信息。在他看来,"披图校验,成败可知",这张地图所描绘的地方之间的关系,激发了他的战略思考。① 司空图思考并发现了地图的战略价值之美;在9世纪,舆地图还不是政治行动的象征,而在12—13世纪,它已经成为文化精英政治行动的象征。②

阅读舆地图(约1100—1300年)

> 到尽粤南并蓟北,始知前古是来今。
> ——薛季宣(1134—1173年,关于舆地图的书写)③

在宋朝,士人精英中越来越频繁地提到地图。关于地图的诗歌写作数量也增多了。下面笔者首先回顾一下士人在诗歌中提

---

① 司空图《司空表圣文集》卷4《华夷图》,5a。对中唐时期的地图、诗歌和政治更广泛的探索,参见王敖(Wang Ao)《真实和想象的地图》。
② 关于战国时期(约公元前500年至前221年)战略写作中的地图讨论,参见余定国《政治文化中的中国地图》,第72—73页。
③ 薛季宣《浪语集》卷8《州图次元修韵三首》,9a-b。潘晟《宋代地理学的观念、体系与知识兴趣》,第140页,同样予以讨论。对于薛季宣制图工作的进一步语境化,见本书第4章。

到的那些地图,在诗歌中,他们在哪些场景下遇到了地图,以及他们在遇到舆地图时一般会产生什么样的情感。然后,笔者转向哪些地理特征吸引了他们注意力的问题。通过把重点放在用来描述这些特征的隐喻上,我还旨在捕捉这些诗歌可能对其读者产生的影响。

"泪证。"在宋诗中,舆地图出现的频率更高。在宋代,人们不仅通过写作诗歌来纪念这一特定时刻;在其他场合所写的诗歌(比如欢送会、生日庆典和拜访朋友)中,也记录了观察者看到地图时的印象。因此,观看地图的情境也有所不同。个人置身于漆黑一片的房间里,室内的灯光照亮了地图上的图像;他们的朋友和同事也会一起观看地图。

题目的相似性表明,至少在南宋诗歌中呈现的那些地图,与见诸税安礼的《历代地理指掌图》中的地图相似。下文陆游诗中提到的《祥符九域图(1008—1016)》,便是绝佳的例子。

149
书　叹

> 书生有泪无挥处,
> 寻见祥符九域图。①

对于税安礼的《历代地理指掌图》版本而言,使用了时间稍晚一些的九域图版本。然而,除了对一些行政地名的修正之外,我们可能会认为陆游拥有的地图与行政文字原件具有相同的内容,在陆游另一首诗的标题中提到《九域志》:

---

① 傅璇琮主编《全宋诗》第41册,卷2236,第25696页。

九月二十八日五鼓起坐抽架上书得九域志泫然有感

行年七十初心在，

偶展舆图泪自倾。①

宋朝廷在 11 世纪前十年初，同时要求制作地图和志书，两者都是作为补充性文件。税安礼地图集中的地图是根据 1080 年完成的志书修订而成的。这幅地图应该是陆游从其书架上取下来的修订本，因为从当时类书中经常出现的摘录和私人收藏的复本数量来看，这个版本似乎在陆游时代很容易找到。②《九域志》本身不包含任何地图，但陆游显然很熟悉地图，也熟悉志书的文本，可以很容易地把这本书想象成一幅地图，在他眼前徐徐展开。

在南宋的最后几十年里，方岳（1199—1262 年）提到了税安礼地图集中的另一幅地图。虽然这幅地图的原本并没有出现在记录中，但这幅由山川和河流组成南北边界线的地图是由僧人一行设计的。一行的地图是另一种舆地图：画在上面的南北走向的山川网络代表了一行及其后世阐释者的看法，即把"中华帝国"与周边民族和国家划界的自然基础。方岳在一封写给他所效力的官员的信中，引用了这种类型的舆地图来表达他的挫败感，因为地图上显示的自然边界现在已经超出了宋朝的控制范围："抚山河两戒之舆图，可为痛哭。"③

僧人文珦（1210—1280 年后）写过一首诗，展现了收录在

---

① 傅璇琮主编《全宋诗》第 40 册，卷 2188，第 24948 页。
② 所有三部宋朝私人目录中均列举了该志书；建康府学的御书阁中同样收藏了该书。陈振孙《直斋书录解题》卷 8《元丰九域志》，第 239—240 页；晁公武《郡斋读书志校证》卷 8《九域志》，第 344 页；尤袤《遂初堂书目》，40a；周应合《景定建康志》卷 33《九域志》，10a。南宋政府出于不言而喻的内政和外交上的原因，没有出版更新的版本，1080 年的帝国志书仍在广泛流通。
③ 方岳《秋崖集》卷 23《代回史都相》，27a。

《历代地理指掌图》中的另一种类型的舆地图，唤起了类似的失落感：

观禹贡九州历代帝王国都地理图

万里江山几废兴！
览图直合拊吾膺。①
三王二帝皆难问。
两汉六朝何所称！
此日中原全拱北，
异时深谷或为陵。
看来今古皆如梦，
梦境虚无岂足凭。②

虽然僧人文珦的结论，是地图和现实之间的差距凸显了佛教的一个基本真理（万法皆空），但这首诗表明，对他来说，这幅地图同样是一个令人痛苦的提醒，提醒他在写作此诗时，地图与南北之间的差距并不对应。

1127 年之后写作的诗歌，更普遍地证明了舆地图在其读者心中唤起的泪水。这类诗作反映了规范的舆地图与其读者所看到的 1141 年签署的和议带来的空间失序之间的脱节。例如，张元幹（1067—1143 年）在其《建炎（1127—1130）感事》诗中若有所思地说：

检校舆地图，
宁复见施设。③

-----

① 一些版本将"直"读作"真"（"really"）。文祥《潜山集》卷 10,4b。
② 傅璇琮主编《全宋诗》第 63 册，卷 3324，第 39634 页。
③ 傅璇琮主编《全宋诗》第 31 册，卷 1784，第 19895 页。

地图本身已成为失地强有力的提醒。对于 12 世纪最杰出的诗人之一陆游(1125—1210 年)来说,地图也让他流泪:

夜观秦蜀地图

灯前此图忽到眼,
白首流落悲涂穷。①

夜观子虚所得淮上地图

泪尽灯前看地图。②

比陆游晚两代人的刘克庄(1187—1269 年),证明了眼泪作为北方领土长期沦陷所造成的创伤的象征所具有的持续力量。

感 昔

蝼蚁小臣孤愤意,
夜窗和泪看舆图。③

"以国为家"的焦虑感,与相对的归属感或者至少是一种归属的渴望感紧密地交织在一起。12—13 世纪关于舆地图的诗歌中的这一特征,被概括为对家园的反复隐喻。

在马修·埃德尼看来,大不列颠的"舆地图"与其他国家地图的不同之处在于,它们通过排斥而发挥力量:这些殖民地并不是为其居民而绘制的,而是为帝国的代理人而绘制的,因为帝国与土著居民的关系本质上是对立的。④ 相比之下,与民族国家有关

---

① 傅璇琮主编《全宋诗》第 39 册,卷 2167,第 24564 页。
② 同上书,第 40 册,卷 2189,第 24964 页。
③ 同上书,第 58 册,卷 3035,第 36175 页。
④ 埃德尼《帝国绘图的反讽》,特别是第 40 页。

的地图绘制项目,则产生了将居民与国家联系在一起的意义和情感。① 12世纪宋代中国读者的反应介于这两个世界之间。南宋诗人所写的北方领土,现在是女真人的家园,还有已经接受了他们统治的汉人,不管他们离核心有多远,这些领土上之人都被认为是典型的中国人。他们以不同方式描述了失地的创伤,这表明他们的身份认同比燕云十六州或北方领地自身更大。在表达对舆地图回应所产生的焦虑感和归属感的诗歌中,精英阶层在其中颂扬了对普遍的"中华帝国"的认同。

下面引用的12—13世纪诗人中,大部分人都没有亲身经历过12世纪20年代的战乱与流离失所。然而,他们在话语中参与了此事,在这种话语中,尽管帝国处于危机之中,但它在其规范的最大范围内被呈现为"家园"。人们通过无家可归的形象,表达了对领土丧失的挫败感。失地和无家可归的记忆与舆地图的存在联系在一起。与此同时,舆地图的主要特征,为人们回忆起那些具有特殊意义的帝国部分开辟了道路。就像家园是通过那些曾经给其居民留下最深刻印象的地方而被人们记住一样,当帝国丧失领土时,也会通过那些在文本传统中被颂扬并在舆地图上被强调的特征而为人们所记住。对于南宋的读者来说,将这些特征整合成一个连贯统一的帝国的舆地图,也包含着逐渐恢复其组成部分及其最终重建的希望。

出生于宋朝南迁后许久的陈应龙(活跃于1223年),写过一首诗,明确地把对失去北方的挫折感与对失去家园的怀念相提并论:

呈徐宪应特

弱冠弄笔砚,

---

① 威尼差恭(Winichakul)《图绘暹罗》,特别是第138页。

> 耻为章句儒。
> 夜半剑气发，
> 精光射天衢。
> 欲分天子忧，
> 张灯阅地图。
> 七闽山水秀，
> 我亦思故庐。①

此处的家，就像在中国诗歌和世界文学中的其他地方一样，从定义上来说，是"故"。它提供了一个休息的地方，就帝国士大夫而言，还提供了一个逃避与学习、科举考试或与仕宦有关的身体运动的地方。家存在于人类生命之初，并且仍然是人类生命的中心。"故庐"是诗人想要回到的地方。正如段义孚（Yi-Fu Tuan）对故土心理的思考所表现的那样，理想中的家与安全可靠的过去联系在一起。②

与家园或失去家园相关的情感，被投射到一个更大的层面上，并允许形成和传播对规范帝国的依恋之情。地图让读者想起了 12 世纪 20 年代北方沦陷的领土，激起了人们的无家可归之感。像陆游、刘克庄的诗一样，陈应龙诗歌的主人公是在黑夜中孤独的学者。在《书愤》一诗中，陆游把主人公安置在一艘孤独的小船上，小船在黑暗的雨夜和秋天的悲凉声中飘荡。在这些诗中，一个叫作"家"的地方，只有在照亮古老舆地图的灯笼的照耀下才能出现。

---

① 傅璇琮主编《全宋诗》第 51 册，卷 2737，第 32233 页。我使用了《全宋诗》的版本；其他版本，用"吴"代替"呈"。这首诗的原始出处《嘉靖宁德县志》，澄清了这首诗确实是徐宪所写。同上书(1990)，卷 4《人物·文苑》，13a。
② 段义孚《经验透视中的空间与地方》，第 128—148 页。

因此,地图既是失地的标志,同时也是对家的现实提醒,使人们对回归的渴望得以延续。在另一首诗《建炎感事》中,张元幹问道:

> 何处置我家,
> 患在建午月。
> 故山盍早归,
> 岂忧践霜雪。①

在这段文字中,张元幹瓦解了个人和帝国地理。在这首诗前面的诗句中(笔者已经引用过),他已经在舆地图上标出了王朝的命运("检校舆地图,宁复见施设");在这里,他致力于重建其在旧山中的故居。正如我们在《历代地理指掌图》的阅读说明中看到的那样,五岳构成了帝国的基础,其中四岳位于北方。家是这样一个地方,让旅行者忘记到达那里的痛苦。由此类推,对家园渴望的力量,能够克服任何对完全恢复帝国所涉及艰辛的考虑。

通过反映个人的孤独和流离失所者的居无定所,地图也创造了个人和帝国地理的崩溃感。张元幹继续写道:

> 三吴素轻浮,
> 伤弓更心折。
> 四顾皆惊波,
> 苍黄共鸣咽。②

对晁公溯(活跃于 1130—1160 年)来说,地面上的地理环境是一种迷失方向的感觉。他的诗《得东南书报乱后东都故居犹存

---

① 傅璇琮主编《全宋诗》第 31 册,卷 1784,第 19895 页。
② 同上书,第 31 册,卷 1784,第 19895 页。

而州北松槚亦无毁者》,说到四面八方的波浪,北方都城传来的宫廷音乐声,也无法触及并安慰流动的人口。晁公溯写道:

> 遗民相对向天泣,
> 耳冷不闻长乐钟。
> ……
> 世人宁有金石坚,
> 定恐不见全盛年。
> 出门恍惚忘南北,
> 故国何在山连天。①

当失去了中心的家园,也失去了世界本身的定位,晁公溯的诗性人格失去了一切方向感。一旦再也无法区分最基本的南北方向(即构成皇帝面南的政治世界的方向),所有的方向感都会消失。构建自己周围世界的能力,首先取决于"故国"的恢复。正如前述张元幹的诗,以及方岳信中的《山水两界图》,这里的家园是由巨大而永恒的山脉所界定的,这些山脉将中国世界与缘边夷狄分隔开来。

山脉并不是帝国的唯一象征。像家一样,帝国通过一系列特征而为人们所铭记。段义孚列出了一些与现代家居形象相结合的符号:"阁楼和地下室,壁炉和飘窗,隐藏的角落、凳子、镀金的镜子、破碎的贝壳。"②虽然中华帝制时代的士人之家与段义孚所列举的家有相当大的差异,但它也是通过其组成部分来加以想象的:它的大门、庭院、女性的闺闱、周围的植被。

通过对重要部分的描述,同样创造了一种帝国感和对帝国昔

---

① 傅璇琮主编《全宋诗》第 35 册,卷 1997,第 22395 页。
② 段义孚《经验透视中的空间与地方》,第 144 页。

日形象的感觉。在有关舆地图的南宋诗歌中,宫廷基址和都城在帝国想象中有着特殊的意义。正如前文晁公溯的诗中所体现出来的,金军夺取宋朝廷的乐器和乐工,象征着帝国的灭亡,宫廷音乐的消亡也导致了流离失所者的无家可归。①

将近一个世纪后,生活在宋朝最后数十年间、声名不显的作家胡仲弓(活跃于13世纪50年代),当他看到一幅中原地图时,思绪也被带回了位于北方前都城的宫殿和陵墓:

观中原指掌图

月明空照八陵碑,
玉馆琼楼失旧基。
故国不堪回首处,
西风满地黍离离。②

胡仲弓用被毁坏的宫殿,被废弃的宫殿遗址等诗意的比喻,描述了帝国的衰落。③ 从前的家和故土现在只是"美好回忆和辉煌成就的档案",这些地方的实际面貌(年久失修和破败不堪)并不重要,因为随着时间的推移,人们对它们产生了眷恋之情。④ 另一方面,失去的家园,受到了日益衰败的影响;西风代表着来自周边的入侵和对故土特征的漠不关心。

意象中所传达出来的无家可归与家园所代表的内容相左:迷失方向、漂泊不定、错位和毁灭。相反,舆地图的恢复,必须从与

---

① 关于12世纪初宫廷音乐的政治意义,参见林萃青(Lam)《宋徽宗的大晟乐》,第395—452页。
② 傅璇琮主编《全宋诗》第63册,卷3336,第39835页。
③ 前文引诗的最后一句暗指出自《诗经》中的"黍离"。在这首诗中,周朝的一位官员悲叹了传统上被解释为"镐"的旧都的衰落,并描述了旧宫殿建筑的破败。该诗的英文翻译,见理雅各《诗经》,《东方圣经》第3册,第439页。
④ 段义孚《经验透视中的空间与地方》,第154页。

之最密切相关的那些部分的恢复开始。张元幹的一位朋友被召为朝廷大臣,在写给此人的诗中,张元幹确认了那些作为都城的内容:

> 书尝手校舆地图,
> 上下千载铅黄朱。
> 斯人魁磊岂假此,
> 愿见克复东西都。①

东都是宋都开封,但其他所有位于长江和淮河以北的每个主要方向的都城,均处于沦陷区。

在《历代地理指掌图》中,四都均是帝国行政基础的永久性特征,因此对维持空间秩序是必不可少的。被破坏的宫殿场地和都城杂乱不堪的图像让读者回到了地图上,地图为被洗劫的家园重建提供了设计。这张地图显示了诗人记忆中重现的都城和山脉。

除了都城和朝廷,帝国的其他部分也成了它的转喻。胡仲弓的《中原指掌图》中可能还包括了燕云十六州,这是自960年宋朝建立以来,宋朝皇帝一直试图通过武力或谈判,收复但没有成功的地方。金政权在北方建立之前,燕云十六州对辽朝经济至关重要。辽朝廷坚决拒绝让它们回到宋朝的控制之下。②

在地图上看到沦陷的燕云十六州的名字,不断提醒人们宋朝

---

① 傅璇琮主编《全宋诗》第 31 册,卷 1784,第 19900 页。
② 在中国史学中,短命的后晋王朝(936—946 年)开国之君石敬瑭(936—942 年在位),通常因为丧失燕云十六州而受到人们谴责。公元 938 年,石敬瑭承认辽朝控制这些地区。在《历代指掌图》中,这一事件的意义也被标示出来。契丹人首先展现了突破长城想象的分界线,控制了在地图上显示的金朝统治期间中国领土的燕云十六州。《石晋及七国图》,收录在《历代地理指掌图》,第 74—75 页。对这一事件的现代制图解释,参见傅海波、杜希德《剑桥中国史》第 6 卷,第 71 页。

管理结构的不完整。《历代地理指掌图》中的一览图展示，燕云十六州在"中华帝国"内；特定时间的地图，显示了契丹辽朝在938年如何成为这些地区公认的统治者，并且在11世纪80年代，当地图集中收录的宋朝地图被绘制出来时，这些地区仍然在他们的控制之下。①

在《本朝化外州郡图》中，这些州必争之地的地位得到了最生动的说明。与西部和西南边陲的其他州一样，燕云十六州被特别标记为化外州，在这些化外州里，"虽贡赋，版籍不上户部"。② 地图集的编者承认，这些化外州已落入辽朝的控制之下，但他表示，这些化外州仍处于宋帝国的影响之下，以此来反驳这一事实。

燕云十六州——甚至在整个北方沦陷之前——代表着作为整体的帝国。对于这张地图的观看者来说，它们是收复失地计划中的一个焦点。张元幹在诗歌最后提醒读者：

> 胸中远略指诸掌，
> 表里挂腹撑肠书。
> 深知祸起取幽蓟，
> 颇觉气王吞青徐。③

诗歌倒数第二句所提到的地方幽州和蓟州，便是燕云十六州中的两个州，自宋朝在10世纪建立以来，"取幽蓟"一直是收复燕

---

① 《历代地理指掌图》，第94页。
② 同上书，第94页。
③ 傅璇琮主编《全宋诗》第31册，卷1784《奉送李叔易博士被召赴行在所》，第19900页。

云十六州的口号。① 尽管张元幹与其他批评者一样,对12世纪前几十年统治朝廷的改革派政府不满,他们将北方的沦陷归咎于与女真人联合起来,寻求收回燕云十六州的拙劣计划,但收复失地的理想依然存在。然而,在研究了舆地图后,张元幹指出,宋朝军队现在必须通过青州和徐州来实现这一理想,而这两个州都位于燕云十六州以南。

张元幹的诗以及此处引用的那些其他诗人的诗歌,揭示出在12—13世纪的中国,地图以及地图书写如何为怀柔主义批评者提供了空间。陆游一再通过表现主义的画面来描述他对政治现状的失望之情:在黑暗、空旷的空间里,一个孤独的人在白光照亮下,对着地图或书本沉思。地图象征着持久的挫败感。与此同时,这也是宋代士人渴望行动的一种表现。正如陆游所说:"行年七十初心在。"

在中国宋朝,那些着重描写他们观看舆地图经历之人,把地图和那些准备行动的勇士联系在了一起。他们的泪水和愤怒的表达,他们想象在深夜里抽出宝剑,他们对书生气的学者和夸夸其谈的政客们的谴责,以及他们对回家之旅的浪漫憧憬,都是由观看舆地图带来的情绪释放出来的。这些人直接回应了理想舆地图中的指令,在后来的诗歌读者眼中,他们成为了爱国英雄。②

---

① 邵伯温(1057—1134年)在《邵氏闻见录》(卷6,8b,四库全书本)中,简要回顾了关于收复十六州的讨论。我们注意到在中华书局版中,"幽冀"作"幽燕",它也常被用来指燕云十六州。邵伯温《邵氏闻见录》(中华书局版)卷6,第53页。

② 陆游和刘克庄属于同一群诗人,他们因其鹰派政治和诗歌中的民族统一的发声而被世人铭记。陆游的现代传记不胜枚举,把他塑造成民族英雄。现代对陆游和刘克庄作品的批评,同样也把其中一些作品的爱国主义基调解读为民族主义的早期表现。关于陆游及其诗歌作品,例如,齐治平《陆游传论》;邱鸣皋《陆游评传》;郭光《陆游传》;朱东润《陆游传》;李致洙《陆游诗研究》。在刘克庄词注释版的导言中,欧阳代发、王兆鹏《刘克庄词新释辑评》,第1—2页)强调了诗人在诗歌创作中延续了"民族主义传统",这可以追溯到另一位南宋诗人辛弃疾(1140—1207年)。

事实上，12—13世纪的数十幅舆地图仍然存在，而在此之前绘制的地图都没有保存下来，这并非巧合。从宫廷产品到文人产品的转变，以及使用印刷媒介传播舆地图，有助于解释在其他情况下，可能会出现的纯粹的保存偏见。尽管其中许多人可能已经大大简化了地图制作技术，士人地图绘制者和地图读者将他们的作品放在官方地图制作的传统中，并没有声称已经显著改变了舆地图。这种简化是经过深思熟虑的，因为绘制和注释地图，以传达"中华帝国"的规范空间维度，并将个人政治置于超越历史的时代。阅读舆地图的文化逻辑不仅体现在地图本身上，还在诸如类书文本和再现地图解释的诗歌等次要体裁上得到加强。

在舆地图的传播中使用印刷技术，改变了其被阅读的方式。在商业出版的书籍中插入舆地图，最能说明它们的商品化：它们从帝国权威的独特载体，转变为在地图集、经学注疏、政治史和佛教史学中复制的帝国的标准化形象，并在诸如《群书考索》等类书中被转化为印刷文本。印刷术不仅使帝国的地图更广泛地被人们所使用，它还将地图以易于操作的形式呈现出来，允许人们把地图放在桌子上或拿在手中，从而使它们可供查阅。从《历代地理指掌图》的书名可以看出，包括"可以在掌心展示"的舆地图——这个术语在当时也适用于其他印刷地图。出版人因此声称他们制作的地图提供了关于帝国便捷、清晰和可靠的信息。地图被添加到印刷书籍中，作为研究历史和经学注疏的辅助工具。地图集将来自异类史料的信息存储到诸如地图和表格之类的格式中，以便对空间和时间的基本标记进行可视化和集成操作。

"指掌图"也向其读者脑海中灌输了帝国的形象。宋代作者们将舆地图的制作放在一个连续的历史中。他们追溯了当前舆地图的起源，回溯到前帝制时代和早期帝制时代发展起来的地理分析和地图绘制模型。宋代地图的名称直接参照了《禹迹图》和《华夷图》的模型,并围绕这些模型,它们构建起舆地图的历史。这些地图的标题证实了宋代史学家的观点,即坊刻本中包含的地图再现了自(中国)文明开始以来,一直是规范标准的帝国形象。

12—13世纪坊刻领域中的教学推动,确保了首次使用地图的读者将学习如何重建和保存该图像。在《历代地理指掌图》中,阅读说明伴随地图的图形部分,在坊刻的类书诸如《群书考索》中进一步传播。除了最初在意义深远的稿本地图中发展出来的早期模型的简化之外,印刷是否显著改变了帝国的形象是值得怀疑的;舆地图仍然是政治统一、行政组织和"中央王国"中心地位的象征。不仅是制作了说明与复制它们的类书的地图集,还包括了有关地图的诗歌,这有助于形成一种文化逻辑来解读并回应帝国的地图。诸如陆游、刘克庄等比较受欢迎的诗人的诗歌,不仅仅是对偶尔观看地图的情感反应。它们也是次要的说明,加强了印刷地图集中给出的说明,并向读者建议如何对他们可能遇到的地图的特定方面和特征作出反应。

虽然在《历代地理指掌图》坊刻本中出现的地图是在北方领土沦陷之前绘制的,但只有当它们成为帝国过去且应该被恢复的象征时,它们的流通才会被首次记录下来。地图现在与记忆和命运联系在一起,而不是与地面上的现实联系在一起。在诸如陆游、刘克庄等鹰派学者诗人的笔下,在家中的私密空间里,与舆地图的亲密对峙是对政治行动的呼唤,这要么是如同在宋孝宗朝初年,为了支持帝国立即收复北方领土的愿望,要么是为了挑战一个致力于谈判和平的政府。正如关于地图阅读以及其他类型的诗歌写作中所阐述的那样,这一号召给政治增加了一种紧迫感:帝国的恢复需要保持完整的家园,这成为评估政策的标准。从这个意义上说,它相当于是一种不能轻易被推翻的最后通牒,因为它是建立在对何为帝国根深蒂固的信念的基础上的,而这些信念在地图上自然和行政特征的规范基础层中均有所体现。

第三部分
沿边、边境和边疆

第四章 战略话语：在公共领域中构建边疆

关于边境(Borders)及其在政府、安全和军事战略以及在历史方面作用的知识领域的研究，成为许多宋代士人的当务之急。本章探讨了士人对边事持续感兴趣的内容。笔者首先展现了政治家和教师如何利用科举考试来促进人们对诸如历史地理、军事地理和边事等领域的兴趣。其次，通过揭示12—13世纪业余地图制作者的工作，笔者表明这些领域在士人学问中的结合，已经超出了科举考试的范围。其中一些人所声称的专业知识，表明了地图和方志从朝廷制作到士人制作的转变，只是一小群学者的现象。为了评估他们工作的影响及其士人对边事更广泛的兴趣，我们将讨论与边事有关的资料（地图、使节报告、方志、民族志著作）在士人藏书中占有什么样的位置，以及记录在笔记和信件中所讨论的问题。

到目前为止，12世纪政治传播结构性转型的命题，是在国家文件传播和士人对国家文件公开化的广泛支持的基础上建立起来的。在本章中，笔者从两个方面对国家文件社会文化生产的这种转变进行了分析。首先，笔者的问题是，相对于编辑和重新包装泄漏文件，士人是否以及在何种程度上参与了关于边事的原创文本、自创文本的制作。这个问题将通过本章对地图的社会制作,以及第五章中对军事论文的考察来予以实现。其次,笔者讨论了官僚体裁和中央集权框架对士人关于边事话语的文化影响。通过考察士人对中央集权主义框架的适应,我们找到了关于本书中心悖论的进一步解释:中央政府坚持对朝廷事务(尤其是边境政策)保密,同时也坚持对同一主题的出版物和藏书的控制。

军事研究中的边事

在宋朝统治期间,战争研究获得了新的动力。在宋朝统治的三百年里,被归类为"兵书"的作品的数量,大致与过去15个世纪中已知被编辑的作品数量持平。① 在对中国古代战争艺术的早期研究中,卜弼德(Peter Boodberg)对宋朝情况曾写道:

> 进呈皇帝的奏疏、对改革的劝谏、兵书、对古代经学的新注疏,以及关于"誓死守卫"的勇气如何灌输到日益衰弱的中国军团方法的文章,开始从这个庞大帝国的每一个角落涌入都城。朝廷任命枢密院编辑军事著作之后,在寻找有关军事艺术和枢密院的搜寻中,图书馆被搜罗一空。②

尽管卜弼德稍微夸大了枢密院编修在整个宋朝统治时期的活动,但毫无疑问,士人们在编撰新书以及编辑和发行早期军事文本方面投入大量精力。

正是在宋神宗的主持下,七部军事著作被封为经,不仅在武举考试中成为标准,而且在文学精英的战略思想中也成为标准。

---

① 刘申宁编《中国兵书总目》列出了428部宋代兵书和483部在960年前创作的兵书。后者的许多书名都是军事经典的变体。
② 卜弼德《中国古代兵法》,第1页。

在定期举行的进士考试中提出了有关军事经典的问题,表明它们也被认为是文官必备的阅读材料。《武经七书》的单行本和合订版在市场上很畅销,并与现在一样,以不同版本出售。私人藏书家列出了这些作品的多种版本。事实上,现存的三部私人藏书目录中都列出了所有的书名,其中许多竞争性版本都带有越来越多的评论人士的批注,这表明,军事经典已成为私人藏书家的基本收藏。[1]

人们对军事事务日益增长的兴趣,也反映在军事知识的专门化和军事经典中没有充分涵盖领域的增长。边防和边境地区的地理情况就是如此。根据中华人民共和国之前最完整的军事书籍参考书目统计,宋人出版了18部关于军事防御的著作,而在宋代之前的8世纪之交和9世纪前后,出版的相关著作分别只有两本。基于这一史料,唐宋之间边防图书的出版数量增长(900%),远远超过了军事体裁著作(约480%)的总增长。同样,这个书目的编写者列出了关于边境地区地理的4部宋代著作,而在12世纪之前,这一领域中并没有专门的作品。尽管由于多种原因,这些统计数据存在问题,但它们表明了一个明确无误的趋势。[2]

军事经典中很少描述边境,而且边境也没有被列为值得集中分析的话题。与之相反,如何捍卫并拓展宋朝边疆的首要问题,导致人们重燃了对10至13世纪之间军事理论与分析的兴趣。除了出版专门的书籍之外,书铺还出售类书和普通的军事策论,

---

[1] 晁公武《郡斋读书志校证》卷14《兵家类》,第631—646页;陈振孙《直斋书录解题》卷12《兵书类》,第359—363页;尤袤《遂初堂书目·兵书类》,56a-57a。

[2] 讨论边境战略但不限于此主题的作品不包括在内。这个数字因此低估了涉及这一主题的文本的产量,例如军事类书或综合性军事论文。在许多情况下,我们只有书名,这使得分类很容易出错。

其中包括关于边防和边境地区地理的篇章,以及包括关于相同主题的策问、策论和奏议的散文汇编。

唐宋法律的转型

在继续讨论一般军事研究与特别是边事著作出版数量增加的意义,以及这些出版物的来源之前,我们有必要简单回顾一下政府对出版物的规定历史。这些规定的历史,大致遵循了在之前章节中概述过的整个宋朝时期对档案汇编、朝报和新闻报道传播进行监管的轨迹。然而,边事是一个特别敏感的领域;因此,朝廷与士人之间,以及保密与宣传之间的紧张关系,在这一领域中表现得愈发明显。

一方面,宋初律典《(宋)刑统》(963)中,大力复制了737年的《唐律》(唐代法典,原名《律疏》,或者称作《律典》和《疏议》);另一方面,与大约1202年的《庆元条法事类》以及后来宋代法律声明之间出版规定的变化,表明在法律领域以及在被中央政府视为敏感材料的生产方面发生了多大的变化。《唐律》禁止私人拥有占星著作、军事论文、秘传材料、非官方日历和一些占卜手册。① 它还规定,当与外国使节分享信息时,对传播机密(定义为有关军事和大政方针)与敏感信息(定义为机密,但对国家安全不那么重要,诸如对异象的观察等)会加重惩罚。② 因此,《唐律》禁止拥有

---

① 在之前一篇关于《唐律》出版规范的讨论文章中,我将地图包括在这个列表中。在重读这篇文章后,我得出的结论是,在这种情况下,地图不应该包括在"图"中,而应该是指图表(charts),而不是地图。参见笔者的《苏辙在北方所见》,第494页。
② 约翰逊(Wallace Johnson)《唐律疏议》2,第77—79页。亦见仁井田升《〈庆元条法事类〉与宋代出版法》,第446—448页。

自帝制以来一直被认为有害于社会政治秩序的各种材料。① 但没有明确针对与当时朝廷政策和外交事务有关的官方文件和其他文献。在国外传播这类新闻是一个令人关注的问题,但由于没有通过印刷品传播,因此人们关注的焦点集中在访问朝廷和都城长安的外国使节身上,而朝廷与长安是此类信息集中的所在。《唐律》没有区分敏感信息的口头传播、书写传播或印刷传播之间的不同。

与《唐律》政务一节对出版法规的有限讨论形成鲜明对比的是,《庆元条法事类》增加了一个关于官方文件的单独章节,其中除其他外,规定了刊刻涉及外交事务的政论文章和与边事有关的所有官方文件的处罚。② 这些规定是近两个世纪来不断立法禁止未经授权出版关于边事材料的结果。

笔者在其他地方已经更详细地展示过了,③推动这一立法的主要因素,是不断扩大的国内对宋朝廷政策的讨论,这些政策涉及与北方邻国的和战问题。朝廷高官们提议对从 11 世纪以来有关边事材料的出版进行管制,他们的理由是这些材料可能会在国外传播,但无论是他们还是其他史料中都没有提供证据,证明向辽朝、西夏或后来的金朝大量输出敏感材料。宋朝安全问题的核心,在于涉及与当前政务有关的商业出版,以满足不断增加的举子人数。

除了科举考试之外,政治文化也发生了更广泛的变化,这加

---

① 在西晋时期的 267 年,禁止使用星象和术数。在 4 世纪至 6 世纪之间,针对这些材料,朝廷颁布更多的禁令。参见安平秋、章培恒主编《中国禁书大观》,第 13—26 页。陈学霖写道,《唐律》还禁止"官令"和"国史"的抄写和分发,但没有引用相关证据。陈学霖《古今中国的出版控制》,第 2 页。
② 《庆元条法事类》卷 8《漏泄传报》,第 145—148 页,卷 16—17,第 333—379 页,尤其是第 146 页,第 364—365 页。
③ 为了更广泛地讨论这些禁令,按照朝代顺序将其列表,参见笔者的《苏辙在北方所见》。

剧了朝廷对保密的需求与士人对边境地区,尤其是那些被认为是宋帝国一部分的关于北方地区新闻关注之间的紧张关系。提到北方,宋朝总是充满了模棱两可。在11世纪,宋朝廷承认辽朝占领燕云十六州,而这些地区在行政和文化上被认为是中国领土的一部分。在12世纪40年代,它承认女真占领淮河以北的全部领土。北方的含义是矛盾的。对士人来说,它是历史记忆的载体和渴望的对象。对朝廷来说,它同样证明了其存在的潜在威胁。总而言之,关于北方家园的士人话语,既为宋代出版法规的系统化提供了推动力,也为其有限效果背后提供了原因。

危机、考验与大战略

宋朝官员们声称,在都城和其他地方的学生,可以接触到最近的边事材料。在序言中,商业出版者也让大家知道,他们的地图集和文章选本对学生应对科举考试特别有帮助。笔者在之前的研究中认为,关于历史地图集对举子们备考具有实用性的说法很可能是一种噱头。下面我将重新审视地理知识在应对科举考试中是否以及如何起作用的问题。考官或那些以非官方身份撰写策问的人,是否会提出有关历史和军事地理的问题?学生们是否有能力应答此类问题?在考虑了问题的类型和所测试的地理知识的类型之后,笔者转向质疑在科举文学中所讨论的历史和军事地理文本以及外交史有多大影响。

策　问

由于宋朝皇帝决定将科举考试变成通往官场最主要和最负

盛名的途径,并且从 11 世纪中叶开始,将策问作为科举考试中的决定性因素,因此,关于边事图书的数量激增以及政府对这些图书的禁令,在某种程度上是一个直接而又略带讽刺的结果。由于策问旨在涵盖最具当代意义的问题,因此有关边事和备战的问题在策问议题中占据特别突出的地位,特别是在形势高度紧张时期。

在为一所私塾学生所出的问题中,魏了翁(1178—1237 年)写道:

> 问:厥今试士于有司,其有先于疆事乎?夷狄相攻,中国之福,昔人有是言矣,其于今也,福乎祸乎?或曰建炎以来百年之一时,不可失也;或曰绍兴以来屡和之成效,固可恃也;或曰开禧以来轻举之当鉴,不可再也;或曰按甲毋动,缓币毋遣,以委之于事势之所趋,而姑名以守斯可矣;或曰残虏垂亡,新寇角立,决非可和之时;或曰纵虏未亡而以和款我,亦有宣、靖以来之事可鉴;或曰寓战于守也,或曰款敌以和也,或曰姑安之以待群寇之自相吞噬也。是数说者恶乎长?①

魏了翁极有可能是在 1215 年到 1235 年之间草拟了这个问题,当时女真和蒙古人在宋朝廷昔日的北方领土上彼此征战不休。蒙古人作为一个新竞争者的出现引发了一些问题,这些问题与女真人在 12 世纪初挺进契丹辽朝领土时那些朝廷公卿大臣们所面临的问题并无二致。与女真人通力合作对抗契丹人的决定,后来被人们认为是事与愿违,因为女真人转而攻击他们昔日的盟

---

① 魏了翁《鹤山集》卷 93《家塾试策问一道》,9a-b;《全宋文》卷 7092,第 310 册,第 231 页。英译文中的粗体字是我加的。

友,在公元 1126—1127 年占领了宋朝的都城开封,并占领了宋帝国的北方半壁江山。

魏了翁的问题,体现了宋代作者作品中所保存的关于边事的科举考试问题的两个特点。① 首先,这类问题经常涉及当前的挑战或机遇。除了女真与蒙古冲突对宋朝政策的影响外,问题还包括几个方面:11 世纪中叶宋与西夏的关系和边境地区的战略政策,②以及对于 1212—1225 年前后西夏与金朝冲突恰如其分的回应,③宋金之间于 1164 年达成和议后的边境冲突(因此很有可能指的是 13 世纪初重新出现的紧张局势),④对金朝军队作战胜利以及 1234 年宋军暂时收复开封后的战略规划,金帝国灭亡后针对蒙古人的最佳战略规划。⑤ 其他问题没有明确提及具体事件,而是涉及与军事规划直接相关的问题,诸如军事地理或财政以及义军的组建。

公元 12 世纪 30 年代之后,情况尤其如此,当时经常出现有关军事地理的问题。所有这些问题都是关于长江、淮河和沿海新边疆地区的地理问题。人们的兴趣从北部和西部的军事地理,转

---

① 以下的观察,是基于对二十余位作者作品中所保存的相关问题的阅读。这个列表并非巨细靡遗。它是基于《四库全书》分类索引中考题一节所列的边事问题提出的(《四库全书文集篇目分类索引》学术文之部,第 2338—2360 页)。
② 弗兰克(Paulo Frank)《北宋国家安全》,第 32 页;杜希德、史乐民主编《剑桥中国史》第 5 卷第一部分,第 300—316 页;郑獬《郧溪集》卷 13《问平西羌策》,12a‑13a,《全宋文》卷 1471,第 68 册,第 34 页;张方平《乐全集》卷 34《武成王庙试举人策问三道》,12a‑b,《全宋文》卷 804,第 38 册,第 16 页。
③ 傅海波、杜希德主编《剑桥中国史》第 6 卷,第 207—210 页,第 259—261 页;吴泳《鹤林集》卷 33《蜀师与夏人夹攻金人策问》,14b‑16b;《全宋文》卷 7254,第 316 册,第 343—344 页。
④ 袁燮《絜斋集》卷 6《边备》,10a‑11b。简要概述,参见杜希德、史乐民主编《剑桥中国史》第 5 卷第一部分,第 793—796 页。
⑤ 杜希德、史乐民主编《剑桥中国史》第 5 卷第一部分,第 855—872 页;吴泳《鹤林集》卷 33《四京守御策问》,11b‑14b;《全宋文》卷 7254,第 316 册,第 341—343 页。

移到曾经的宋帝国的核心地区,这种转移甚至在南宋的科举应试手册中有着更明显的痕记。在《璧水群英待问会元》(约1245)一书中,唯一的战略地点包括蜀、襄、江、淮、海在内;北部和西部边境不再作为人们直接关注的话题出现。①

即使考官对军事组织和战略提出更大范围的问题或者确定历史案例时,学生们仍然会被提醒要以古观今,就像吴泳提出的关于军队分布和轮换的问题:

> 诸君俱自学古,试为我溯源寻流,穷天运之始,观风气之宜,览汉晋三国之地势,稽国朝诸大将之战功,究今日襄、蜀、江淮之兵力,参之于古而可信,用之于今而可行,详著于篇,毋谓经生学士不知兵略。②

一些考官在其最后的说明中增加了紧迫感,并向举子们强调,在扭转人们所认为的军事安全危机方面,切实可行的解决方案居于首要地位:"若有司以空谈问,诸君以空谈对,今世所少非文也。请推我朝所以有弱势无战功者何由,与今日所以投实剂者救急证者何先,其尽言毋略。"③

除了强调当前的情况("世用""便于时"),关于边事的问题总的来说有一个特点,即提出这些问题的场合相对比较广泛。尽管我们缺乏关于科举考试水平的信息,许多现存的问题都是为此而设置的(为印刷出版物准备草稿的编者们可能对此负有部分责任),小样本包括为私塾考试、州县试、别头试、太学内部试和进士

---

① 刘达可《璧水群英待问会元》(南京图书馆藏本)卷73《武事门》。
② 吴泳《鹤林集》卷33《江淮兵策问》,11b;《全宋文》卷7254,第316册,第341页。
③ 方大琮《铁庵集》卷27《策问用兵》,16a;《全宋文》卷7402,第322册,第281页。

试、类省别试、殿试、馆阁试起草的试题。① 这表明,魏了翁在向私塾学生提问时的开场白,很可能对各级考官都适用。军务在考官的议题中与在都城参加科举考试的学生们的议题中占据重要位置,这一点也可见于科举应试手册中对该议题的广泛覆盖,而应试手册是根据在太学或部门考试中所编写的引领潮流的策论。

有关军事行政和边事主题的策问,可以分成关于安全规划的几组不同但领域相关的一系列问题:

1. 魏了翁的问题就是大战略类型问题的一个例子,在这个问题中,举子被要求评估战、守(要求强化自身和被占领地区的防卫)和三个政策选项的利弊。

2. 军事组织也是一个广受人们关注的领域。它包括关于成功所需的军队类型,以及中央政府和战地将领之间权力分配的问题。宋军主要由驻扎在京城,以及在宋神宗朝以后,宋帝国各地人数越来越多的募兵组成。举子们应该根据他们对帝国军队的记录和之前历朝历代兵役制使用情况的了解,来评估募兵的利弊;他们还被要求考虑是否以及在何种程度上,当地的义军和民兵、金国占领下的忠义军或来自北方的难民能够融入宋军。宋太祖限制为中国领土统一做出贡献的将领们的权力,并将军事力量集中在朝廷上做法的决定(后来的南宋高宗重复了这些做法),在被问及战地将领应在何种程度上负责军事决策,以及在危机时刻

---

① 田锡《咸平集》卷 22《试进士策第一道》,13a;胡宿《文恭集》卷 29《御试武举策题》,3a—5a;张方平《乐全集》卷 34《省试策题第五首》,11a—12b;杨万里《诚斋集》卷 97《庚戌殿试武举策御题》,15a—16a;程珌《洺水集》卷 5《试阁职策问》,9b—11b(《全宋文》卷 6787,第 298 册,第 29—30 页);魏了翁《鹤山集》卷 93《类省别试所策问第一道》,4a—14b;洪咨夔《平斋集》卷 9《武举殿试策》,3b—5a;吴泳《鹤林集》卷 33《召试馆职策问》,1a—3b,《四京守御策问》,11b—14b;许应龙《东涧集》卷 10《召试馆职策》,2b—6b,《省试策问》,14a—18a;阳枋《字溪集》卷 8《策问》,28a—31a;《策学绳尺》,文 1A,1B。

何种权力分配将带来最佳结果时,这些问题被提出来予以重新考虑。13世纪的朝廷上,同样激烈地讨论了这个问题,并在宋朝统治的最后数十年间,朝廷采取了对军事指挥官实行更大自治权的政策;然而,与宋初的先例一样,从未实行唐朝的节度使制度。①

3. 钱财是一个关键问题,它反映了军需供应对帝国预算的真正压力。

4. 地理因素在战略规划中的作用,长期以来一直是中国军事思想家和政治家们关注的一个理论问题,并继续成为理论界和实践界关注的话题。在后一类型中,边境地区在防御和进攻规划中的相对重要性以及关系的问题特别令人感兴趣。例如,前文引述的吴泳的结论,鼓励举子对南宋政权最受关注的四个地区(蜀、襄、江、淮地区)的相对军事实力进行比较。并非所有人都对新边疆地区加以关注,一些考官指出,考虑到北宋全盛以来,开封成为数十万士兵的家园,都城防御逐步降级,应重新考虑都城在军事规划中的作用。②

5. 最后,对考官而言,在更广泛的东亚区域内的多政权之间的交互关系,也被认为是一个公平竞争的题目。这类问题的重点,集中在其他国家(如夏金、辽金)以及其他民族(蒙古和女真)之间的冲突,是否可以通过宋朝与其中一方或另一方之间的合作来加以利用,从而获得更好的签约条件、领土收益或更好的安全保障。有时,这样的问题也会深入到情报在作出这种决定时的可靠性这一难题上。

一位13世纪的教师曾坚,在商业印刷中心建安印刷出版的

---

① 黄宽重《晚宋朝臣对国是的争议》,第110—112页。
② 刘达可《璧水群英待问会元》(南京图书馆藏本)卷73《武事门·形势》,7a-b。

《答策秘诀》中,与广泛的阅读大众分享了他的考试技巧,在他看来,科举考试问题不仅属于明显可区分的学科范畴,而且也有共同的提问策略。在他所回顾的12世纪末、13世纪初的科举考试材料中,关于军事地理和战略规划的问题通常指的是春秋、三国和六朝时期的事件。① 这种对南北方国家之间分裂时期军事历史的强调,恰好与宋代学者对这些主题更广泛的研究兴趣相吻合(见本书第五章),这是由于当时的情况与1141年宋、金朝之间达成和议后,南北分裂之后的情况类似。曾坚的评论进一步表明,有关军事规划的问题,最好能够参照历史地理来回答。虽然他建议学生们回顾一个长期存在的事实,即成功的统一运动始于山东或关中,这两个地区都位于北方,但到了12—13世纪,对南方新边疆地区的考察,以及它们所证明的、当前攻防计划的潜力,似乎已经成为对南宋士人们更具吸引力的前景。

军事地理

公共领域中地理知识的作品数量不断增多,传播日益广泛,在策问和策论中得到了人们更多的关注。诸如县学图书馆中的《历代地理指掌图》等历史地图集的存在,以及它的一篇序言中的说法,表明这对于举子来说是必要的阅读,可能乍一看似乎令人费解;没有证据表明,在科举考试中测试过举子们的制图技能。尽管举子们没有被要求在一张盲图上绘制地图或者标出地点,但在女真占领北方后撰写的策问和策论表明,缺乏对帝国基本地理

---

① 曾坚《答策秘诀·形势》。关于这部著作的进一步分析,参见笔者的《义旨之争:南宋科举规范之折冲》,第79—80页,第391—392页,第422—424页。

第四章 战略话语：在公共领域中构建边疆

知识的了解，可能会让举子付出沉重的代价。笔者在下文将探讨如何在策问和策论中解决边境地区的地理位置以及内陆地区的军事地理问题。

地理问题往往集中在长江和淮河沿岸的新边疆（frontier）地区。这种兴趣是战略性的：它诞生于承认宋朝所占据的领土没有达到标准的"中华帝国"的边界（boundaries）。领土已成为"中华帝国"定义的核心要素：

> 且祖宗之北边，自燕而北也，今也自淮而北。祖宗之西边，自夏而西，今也自汉而西。祖宗之边可以边言，今日之边，不可以边言！①

人们需要更详细地了解新边疆地区的地理情况，以便制定防御和恢复计划。估量古今之间的差异，讨论战略地点的层次结构，并规划可能的前进路线，这些都是关于帝国地理更广泛话语的各个方面。例如，在一个质疑传统观念的问题中，即在军事规划中，总是优先考虑自然特征的固有战略优势，魏了翁要求他的学生们思考，南宋朝廷是否可以继续依靠河界提供的自然优势，还是应该制定一个收复失地的计划：

> 自翠华南狩，舆地之登于职方者，东薄明粤，南斥琼崖，西尽岷嶓，北极淮汉，盖仅当舜十二州之三，汉十三部之四，晋十九州之七。为国若此，亦廪廪矣。而说者曰：仇耻所当雪也，分义所当明也，然而以强弱利害言，则动必有悔，其信然乎？陆有重关，水有长江，自江以北又为淮若汉，皆天所以限南北也，今释是不守，而与群寇角逐于两河之间，则胜负未

---

① 刘达可《璧水群英待问会元》（南京图书馆藏本）卷72《武事门·边防》，3a—b。

可知。古人论事,亦专以地利言乎?

比年以来,虏尝越我濠、梁,践我江北,窥我汉南,又尝夺我西和、成、凤、梁、洋、大安之险矣,尚地利之足恃乎?①

除了划分南宋版图的州府、河流和山脉之外,魏了翁还含蓄地表达了希望了解一些受蒙古人在西部入侵影响的边境州县。他的问题进一步表明,敌人入侵的基本路线也属于军事地理知识的一部分,这类知识是那些低级军官应该掌握的,广而言之,也是士人应该掌握的知识:

出淮、蔡可以睨陈,出海道可以捣青、齐,出襄、陕可以袭许,出汝可以通洛,出嵩、虢可以震河东,出商於、秦凤可以图陕西,此虽武夫小人亦能按图言之。然中兴以来,固尝得河南而复失矣,得陕西十三州而旋弃之矣。②

魏了翁暗示,除了军事地理规划之外,还有其他一些问题需要解决,以确保任何战事都能取得更持久的成功。然而,值得注意的是,他所绘制的州府对整个地区的战略重要性,这是宋人地理思想的一个普遍共同特点。唯一一个独自绘制舆地图的学者倪朴,在给宋高宗的上书中,同样描绘了敌人可能的入侵路线。③在本书第三章中讨论过的石碑和印本舆地图的读者们,可以在他们的地图上找到这样的路线,因为那些地图同样依赖于帝国的州府模式。

---

① 魏了翁《鹤山集》卷 93《家塾策问一道》,13a-b;《全宋文》卷 7092,第 310 册,第 233—234 页。12 世纪 30 年代的宋蒙关系,参见杜希德、史乐民主编《剑桥中国史》第 5 卷第一部分,第 863—867 页。
② 魏了翁《鹤山集》卷 93《家塾策问一道》,14a;《全宋文》卷 7092,第 310 册,第 234 页。
③ 倪朴《倪石陵书·拟上高宗皇帝书》,6a-8b;《全宋文》卷 5406,第 242 册,第 79—80 页。

第四章 战略话语:在公共领域中构建边疆

边疆地区不仅是前政治家魏了翁在学校中的分析对象,而且诸如《当今献策》等商业版科举考试手册中也广泛记载了这些内容。其编者通过对边疆地区在12—13世纪通常被细分为五个分区的每一个分区的考察,来研究宋帝国的军事地理。策论和其他主要史料,对各区域之间的相对重要性和相互关系的问题提供了不同的答案。一些人绘制了更详细的文本地图,并讨论了每个分区内各个地点的战略层次。

五个分区分别为四川、长江中游、长江下游、淮河地区和沿海地区。

每个地区都被认为在南宋边事中发挥着独特的作用。有些人把长江中游视为宋帝国延续的关键;另一些人认为此地很重要,但对于保护位于东南部的宋政权的核心地位,尤其是位于长江下游地区的都城并不那么重要。① 淮河地区通常被认为是允许或者阻止通向长江主要河流轴线的屏障。科举应试手册中所包含的范文的作者们,争论将资源用于这第一道防线还是用于长江提供的主要的第二道防线。其他举子们认为,尽管其他地区具有内在的战略重要性,但海上航线已变得越来越重要。"通州一变,不惟维扬当虑,而真、泰亦震矣。真、泰震则苏、常辅郡俱将荷担矣?"② 通州位于长江口;此处所引用的撰写这段文章的举子观察到,如果北方军队通过通州,这条通往长江下游及长江以南重要经济中心的路线将会是完全敞开的,因为那些地区在军事力量强大地区中排名并不靠前。这一威胁是真实存在的,因为金国的

---

① 刘达可《璧水群英待问会元》(南京图书馆藏本)卷73《军事门》,11a-b。对这三个区域的简要描述和13世纪初对其争论的分析,参见黄宽重《晚宋朝臣对国是的争议》第3章。
② 刘达可《璧水群英待问会元》(南京图书馆藏本)卷72《武事门·边防》,8b。

使团已开始走海上航线,并且文章作者指出他们在12世纪入侵沿海地区。①

再往西,四川在边疆地区中同样具有高度重要性。有人指出,11世纪宋帝国的统一和巩固,有赖于四川地区的和平:

> 今之地势所宜备者孰急?故愚敢以蜀为急。祖宗安蜀甚深,每遣一世人望为之经理。张咏使蜀者再,真宗曰得卿治蜀,无西顾忧。赵抃使蜀者三,神宗曰:"闻卿入蜀一琴一鹤自随,为政简易,亦若是耶?"此为蜀择咏,非为咏择蜀也;此为蜀择抃,非为抃择蜀也。今日又当以祖宗之重蜀者为心,则地势固矣。②

这篇文章的作者不仅证明了更为偏远的四川边境地区的重要性,而且还强调,在军事规划中,领土考虑应该超越诸如将领和高级官员个人偏好等其他因素。他认为,在早期的诸位皇帝们看来,像四川这样相对孤立的地区,需要才能出众与个性鲜明的人来应对其特殊的领土挑战。

因此,关于哪些地区值得优先关注,以及在防御工事和部队方面重点投入的问题,随着时间的推移,人们的意见出现了分歧和转变。尽管重点不同,但许多人认为整个边疆地区是一个相互联系的结构。特定区域的重要性通常是基于它们与其他区域的关系。在一些人看来,沿海地区与长江下游地区和两浙经济最发达地区的直接联系,提高了它的重要性。③ 洪咨夔(1176—1236年)在回答诏试馆职的问题中,既强调荆襄(长江中游)地区的中心地位,又强调其对四川和淮河地区的依赖:"天下大势,首蜀尾

---

① 刘达可《璧水群英待问会元》(南京图书馆藏本)卷74《武事门·形势三》,10a-b。
② 同上书,卷72《武事门·边防》,9a。
③ 同上书,卷74《武事门·形势三》,10a-b。

淮,而腰膂荆襄。"①"腰膂"隐喻地代表着对复合整体连贯性最重要的区域。整个区域被称为"三边",正如一位未具名的举子所指出的那样,没有一个区域可以被认为与其他区域相排斥;这三个边境地区在宋政权安全上的相互关联,从这个角度来看,这也是为何六朝军事史和地理学对宋朝政治家的有用性而言是值得怀疑的原因。② 由于六朝中没有一个朝代曾统治过南宋所控制的疆土范围,因此,对其统治精英们所做出的战略选择进行批判性分析收效甚微。

新边疆的地理位置中没有都城。新都城临安(今杭州)在战略布局上的相对不重要构成了一个重大转变。开封之所以被选为新都城,部分原因在于它在 10 世纪拥有庞大的军事人口;随着第一代宋朝诸位皇帝们在都城集中精力施行军事中央集权化,其军队人数进一步增加。即使在 11 世纪下半叶,宋神宗减少了在这个城市的军事驻扎人数之后,开封及其陪都在保卫帝国政治核心方面的重要作用仍然是人们所公认的原则。到了 13 世纪,都城在军事防御中的作用很明显已经急剧下降。一些举子们试图

---

① 洪咨夔《平斋集》卷 9《召试馆职策》,3b;《全宋文》卷 7010,第 307 册,第 195 页。对于这一观点以及在四川地区南宋边境工作的进一步讨论。参见何玉红《经世意识与南宋川陕边防史地类文献》,尤其是第 30—31 页。

在荆襄一节所引用的材料中,《璧水群英待问会元(选要)》的编者进一步向其读者解释,主张这一地区在边疆防御中重要性(而并非首要地位)的论点,是在"脉络"下确立其地位的;另一方面,强调保护荆襄安全足以保障宋帝国的论点,是建立在其固有的"形势"之上的。关于前者的例子之一,他们引用了武官刘子羽(1096—1146 年)的看法,他在南宋初曾提出过长江中游地区的重要性,它提供了通往西部的四川和陕西的通道(在 11 世纪,这构成了宋朝的边境地区,见本书第 5 章),汉江和沔水(流入北方领土,也因此成为南北交通的中心动脉),以及东部的都城地区。刘达可《璧水群英待问会元(选要)》(南京图书馆藏本)卷 73《武事门·形势》,11a-13b。

② 刘达可《璧水群英待问会元(选要)》(南京图书馆藏本)卷 73《武事门·形势》,6a-b。

扭转这一趋势,他们指出尽管边境地区具有重要的战略意义,但都城构成了帝国的根基。它的防御能力受到用帝国军队填充边境和清空内陆政策的不利影响。①

正如边境地区被认为是一个更大实体中相互联系的部分一样,每个地区内的自然特征、州府和驻军也被划分为相互关联的战略层次。例如,一名举子认为,在军事准备方面,应该优先考虑长江上游和长江下游/淮河地区。如果按照下面的模式分配资源(图 4.1),这些区域则可以得到最好的防务。② 每条河流的次要

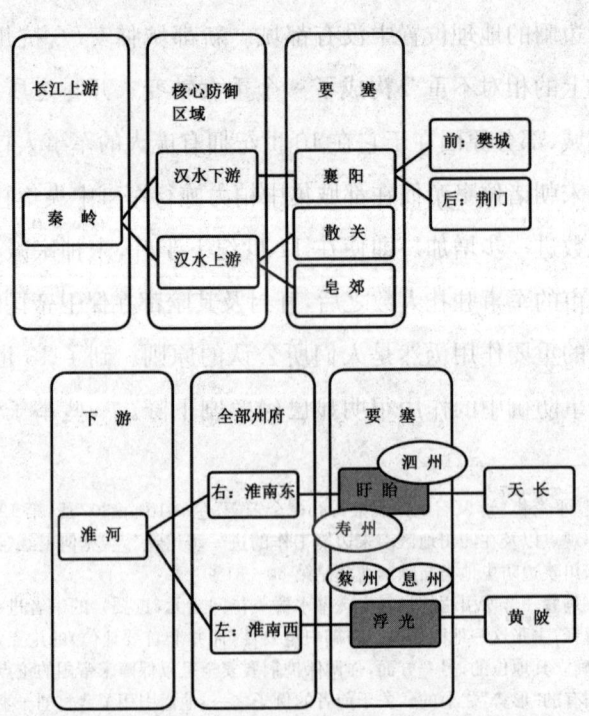

图 4.1 长江上游和淮河地区战略要地的层次结构

---

① 刘达可《璧水群英待问会元(选要)》卷 73《武事门·形势》,7a-b。关于开封军事重要性的讨论,参见久保田和男《宋代开封研究》,尤其是该书第 1—3 章、第 8 章。
② 同上书,卷 73《武事门·形势》,4a-5a。

第四章 战略话语:在公共领域中构建边疆

区域都被设想为一个边界地带,有一个或两个主要的据点(通道、驻军城镇、县或军州),可以得到同一分区域内一两个附属据点的支持,并为后者提供保护。这样就形成了一个相对分散的据点网络,由于跨越山区和河流边界之间的连通性不足,这也可能使边界变得疏离。宋代士人之间的军事战略思想,主要体现在驻军城镇、县、州府以及它们彼此之间在防御网络中的等级关系上,与下一章中将要讨论的华岳等军事专家著作中所提出的高瞻远瞩的解决办法形成对比。

不论讨论边疆地区的决议有何不同,关于边疆军事地理的文章,都一致坚持领土统一的最终目标。选择自然特征不仅是因为它们在对抗女真和蒙古人的军事防御中所扮演的角色,还因为它们有能力将宋朝的力量投射到北方地区。因此,在前文所举的例子和之前引用的魏了翁的问题中,重点放在了秦岭、汉江和淮河边境。

综上所述,在12—13世纪,对标准的"中华帝国"身份的全面认同,已经成为士人身份认同的普遍特征。宋、金对中国领土的共同控制,让所有人都感到羞愧,并意图洗雪耻辱。将军事地理和边事纳入科举考试课程,与朝廷坚持对这些事项保密的做法相左,但也符合各级士人认为有必要更好地了解南宋国家核心领土问题的需要:

> 独(那些只专注于驻守和捍卫淮河与长江中游地区的人)不曰齐(西北)之疆,皆吾之疆乎!周(中原地区)之版,皆吾之版乎!……不以今日之边为边;以祖宗之边为边。则规模必宏,制度必广,而后备御之策全矣。①

---

① 刘达可《璧水群英待问会元(选要)》(南京图书馆藏本)卷72《武事门·边防》,3b。

历史推理

> 我们的课不是历史课,所以我们要向读者重申,本书不是历史书。事实上,它甚至不是关于它讲述的故事。它是关于在决定今天如何应对明天前景的过程中如何利用经验——无论是许久之前的还是最近的。①

对宋代士人而言,南宋边境的新地理,是与其所处地区的军事和政治历史紧密相连的。他们接受的训练,是通过历史推理来解决政策问题。外交和战略问题也不例外。过去的经验如何被用来讨论当代的地缘政治问题? 南宋的情况是否与过去的地缘政治危机类似?

在 12—13 世纪的科举应试手册中所描述的过去的用法,使人想起在《及时思考》中昔日建模的用法之一。这本书(本节的题词摘录了该书的前言),是由约翰·肯尼迪政府学院(John F. Kennedy School of Government)为未来政治实践者们开设的一门训练使用历史的课程发展而来。写作这本书是为了回应美国政客们自 20 世纪 70 年代以来仍然存在的一种相关感觉:他们变成了一群"不知道任何历史,也不知道任何苦难的人,他们认为这个世界是新的,所有的问题都是新的"。② 它的使命是让未来的管理者们对历史进行分析和重新想象,以达到实际的目的,这与 11 世纪至 13 世纪帝制中国历史和行政教科书的使命是一致的。及时思考是帝制中国中官方政治话语的前提,也是那些正在接受训练的人在科举程文中掌握并展示自己对其掌握程度的前提。科举

---

① 纽斯塔特(Neustadt)、梅(May)《及时思考》,xxii。
② 纽斯塔特、梅《及时思考》,xi。

文化影响远远超出了考场,及时思考同时也成了一种文化技能,与带着同样动机的精英们在社会交往中得到实践(见本书第七章)。

宋代学生们在学习撰写科举考试中所要求的策论同时,也要求掌握历史推理的技能。典型的策论是围绕前帝制时代和历朝历代历史、宋代自身的历史以及同时代作者们的相关情况进行讨论,以构建一个与所提出的问题相关的建议。此外,除了范文外,在每个标题下,科举应试手册还有一节关于主要史料的内容。主要史料的选择,是根据策论所要求的证据结构来组织的,范围从《经传格言》《历代事实》到《皇朝典章》《先正论建》《文集菁华》。这些增加的文章表明,除了官方记录之外,政治素养也使人们熟悉关于行政问题的最近话语。①

在遵守这些规则的政治话语中,使用过去有何用处?已故的郝若贝教授在广泛接触科举文章和分类史学选本的基础上,区分了宋代政治话语中对于过去的不同态度。而古典主义(模仿过去的模型)和道德启蒙主义(基于道德标准评价事件和人格)则是传统框架,可以在其中提出政策建议,历史类比法(作为当代政策指导的"相似历史现象的比较研究")已经成为一种普遍的模式组织并解释过去。② 在郝若贝的分析中,收集并分析与当前条件类似的历史事件至少有三个目的。过去的事件,提供了成功和失败的直接模型。在比较分析的层次上,过去的事实和事件可以定量地加以汇总,以确定长期的趋势。最后,对不同事件中模式的重复

---

① 这一描述是基于刘达可《璧水群英待问会元(选要)》(南京图书馆藏本)中的范文和主要史料的呈现。根据一部13世纪科举应试手册记载,典型的策论应该展现以下结构:(1)立意发端;(2)稽古伟议;(3)法祖嘉猷;(4)时文警段;(5)绮语骈珠;(6)当今献策;(7)生意收结。
② 郝若贝《11—12世纪中国的历史类比、公共政策和社会科学》,第694页。

观察,可以用来建立各种现象类别之间的函数关系。① 这种历史与行政管理分析模式的核心原则,是对历史与行政的一般原则及其在特定情况下修改的双重考虑。

郝若贝认为这种历史分析所具有的特点,很容易在12—13世纪科举应试手册中关于边事的文章和档案材料中找到。作为使用定量数据的一个例子,帝国军队规模的跨朝代和王朝趋势,被用来质疑衡量有效军事力量的标准。②

以策问和策论形式鼓励评论历史事例,也促使人们发现更普遍的原则及其对当前政策问题的应用。在一篇回顾12世纪20年代、40年代和13世纪和议的文章中,作者根据每种情况下的不同结果得出结论,只有在谈判各方势均力敌(无论强弱)的情况下,才能实现和平。③ 宋高宗统治期间与金国签订的条约带来了短期利益,然后双方都从实力角度追求和平。同样,在举子的阅读中,13世纪初宋朝侵入金国领土后签订的条约也以短时间的稳定告终,双方在相对弱势的立场上进行谈判。与之相反,宋朝在1126—1127年军事和外交史上的溃败,是由于宋朝在面对一个势力强大得多的敌人时,愿意和解的意愿。如果和平要求谈判大国之间实现权力平衡这一原则是正确的,作者警告说,在他看来,估计现在的政府既不像12世纪40年代那么强大,也不像13世纪那么脆弱,应该谨记1126—1127年的教训,不要满足于和平(大概是指与蒙古人谈判,因为这篇文章很可能写于13世纪三四十年

---

① 郝若贝《11—12世纪中国的历史类比、公共政策和社会科学》,第719—722页。
② 例如,吴泳《鹤林集》卷33《召试馆职策问》,2b;《全宋文》卷7254,第316册,第335页;魏希德《义旨之争:南宋科举规范之折冲》,第101页,第145—148页。
③ 刘达可《璧水群英待问会元(选要)》(南京图书馆藏本)卷75《武事门·待夷狄》,15a—16b。

代)。在这个基础上,他认为不应该派遣使节,而应该动员军队。

这篇文章令人印象深刻地说明,如何使用一系列的事例来引导多国政权之间关系的一般原则,并直接适用于当前的政策问题:是否应该派遣使节前往蒙古?作者对道德说教范式非常克制,在这种情况下,很容易运用这一范式。1141年宋金和议巩固了金国对北方领土的控制,在这一条约的缔造者秦桧死后,他的寡廉鲜耻和苛待功勋卓著将领们的态度,都被人们普遍谴责为导致宋朝失去北方的原因。秦桧在这里并没有被描绘成一个恶棍,作者含蓄地表示,他在12世纪30年代末、40年代初选择谈判是审时度势的。①

在基本层面上,策问举出事例,作为不同政策选择的例子,并征求举子们解释失败或成功背后的原因。在"大战略"类型的策问中,比如询问与金和战的利弊,袁燮要求举子们考虑那些看起来很难调和的情况:为什么公元4世纪的东晋从来没有接受过来自北魏的任何提议,并极端化地将后者的提议付之一炬?另一方面,为何军事技能受到人们高度评价的唐太宗,能够卑躬屈膝,并与突厥人和平相处?1005年的澶渊之盟是如何达成的?这是否是宋朝不愿自我放低姿态与辽国开战的结果?签署条约是否是为了保护北方人民?相反,1141年缔结的和约,是否是宰相秦桧丧失北方的一个错误?宋孝宗之前曾许愿要为宋朝在其父统治下所遭受的耻辱复仇,但后来在1164年,为何又回到了两国之间的使节交流中去了?这一选择最终不是怀柔政策有效性的明确证据吗?读者们被要求根据考官所认为的古代华夷之间关系的指导原则来考察这些例子:不互动。他们最终面临着一个紧迫的

---

① 关于宋代史料中秦桧形象的呈现,参见蔡涵墨《一个邪恶形象的塑造:秦桧与道学》,以及蔡涵墨、李卓颖《新近面世之秦桧碑记及其在宋代道学史中的意义》。

问题,即面对来自北方的入侵,宋朝廷是应该诉诸和平,还是应该走向战争。它是接受不断升级的条约要求,还是集中资源发动战争?它是否可以利用和平作为权宜之计,从而赢得强化自我的时间?并如何在不引起敌人怀疑的情况下采取强化自我的措施?①

关于边事的策问因此反映了朝廷上的争论。即使考官的问题倾向于提出他更喜欢的论点(在袁燮的例子中,极有可能是在备战中强化自我力量),②准备这些问题,也需要熟悉不同的观点和各方所使用的案例。历史和档案材料的手册与注释汇编,旨在满足这一需要。

从这些例子中可以明显看出,帝制中国政治话语中的过去是分层的。我们要从中国历史上明显不同的历史时期抽取案例。正如在本书第3章中所讨论过的永恒的舆地图,以及在袁燮的问题中一样,每条信息都位于上古或王朝时代。第一种是作为构建规范框架的知识基础,之后的王朝和宋代案例则提供了制定当代政策的现实世界的经验。历史和行政推理的分层值得我们关注,这不仅是因为它与帝制中国对过去使用"前现代"的假设相左,因此假定古今之间的趋同,也因为它使我们看到过去可以被用来产生多重影响。

从不同的时间层抽取的例子,可以在整个论证中发挥不同的作用。宋帝国之前历史的原始资料可以提供与当代经验的类比或者对比,而从上古的文本遗产或时间更近的宋代昔日的基础时期提取的材料,可以为论点增加论证的合法性。一些例子说明这一点。正如曾坚所指出的,在南宋边防问题中,六朝事件往往被用来作进一步的分析。5—6世纪的政权林立体系,以及南朝的地理位置,使这一时期成为宋代史学家和政策制定者们最喜欢研

---

① 袁燮《絜斋集》卷6《边备》,10a—11b。
② 黄宽重《晚宋朝臣对国是的争议》,第16页,第79页。

究的对象,他们发现自己所面对的由北方夷狄精英统治的帝国与南朝的情况何其相似。① 人们仔细研究这一时期以及六朝时期军事史和外交史关于战略和军事地理学的争论,因为与宋朝的类比可能会使这段历史具有高度的预测性。

尽管如此,许多策问和策论都质疑了两者相提并论的实用性。人们经常引用六朝的例子,来确定宋政权现状的独特性。在《当今献策》编选的一篇科举程文中,有人认为,从孙权(181—252年)依靠淮南地区能够在六朝时期率先建国可以看出,淮南地区适宜作为宋朝的抗战重心是不成立的。② 孙权在 222 年到 252 年间统治着独立的吴国。作者认为,当前的地方条件应该决定宋朝军力的重点,而不是过去或与特定地域相关的理论特征。这两者之间的相似之处也不合适,因为比较的适当基础应该是处于鼎盛时期的帝国,而不是处于悲惨境况的小国。另一些人同样认为,这两个时期之间的差异有天壤之别,以至于这一遗产在宋朝制定政策中几乎没有帮助。另一名未具名的举子认为,南方的宋朝资源比几个世纪前的那些政权能够获得的资源优越得多;它的边境战略因此不能受到同样的限制。③

与前代经验的混合效用相比,宋朝过去的某些部分已成为标准的参照点。这一点在宋朝早期的皇帝们(宋太祖和宋太宗)以

---

① 关于此类图书的简表,参见何玉红《经世意识与南宋川陕边防史地类文献》,第 38—39 页,第 42—43 页。亦参见陈爱平《南宋对六朝南北军事对峙经验的理论研究》。
② 刘达可《璧水群英待问会元(选要)》(南京图书馆藏本)卷 73《武事门·形势》,5b-7a。在另一个问题中,程珌指出,在确定淮河和长江沿岸的战略位置时,由于缺乏必要的细节,所以在使用六朝的讨论时要格外小心。程珌《洺水集》卷 5《问江淮形势》,27b-29a;《全宋文》卷 6788,第 298 册,第 41—42 页。
③ 刘达可《璧水群英待问会元(选要)》(南京图书馆藏本)卷 73《武事门·形势》,2b-3a。不同的例子,见同书,卷 72《武事门·边防》,6a-7a。

及在南方都城临安(杭州)主政的前两位皇帝身上表现得尤为明显。作为宋室的缔造者和复兴者,他们为以后的政策制定了基本的参数;有效利用开国之君的先例,使政策建议合法化。在一篇呼吁对蒙古人采取坚决和一以贯之政策的程文中,作者在文章中引用了下文南宋初的先例,作为相关的原始资料:

> 宋高宗曰:"虏已退遁,须当渐图恢复。"
>
> 上(宋孝宗)曰:"士大夫讳言恢复,不知其家自有田百亩,内五十亩为人抢占,亦投牒索否?"①

为宋朝在南方延续奠定基础的两位皇帝的这些声明,在13世纪被人们组织整理起来,以支持对北方采取更积极的政策。尤其是宋孝宗的这番言论,是对那些未能视宋帝国为其家园(见本书第三章),并反抗占领的士人的强烈控诉。

编者引用了这两段引语出处的史料,让我们能够追踪这些材料可能是如何被选择的,以及它们在历史分层过程中是如何被改变的。写在文字行间的注释,表明这两个段落都来自《中兴两朝圣政》(图 4.2)。圣政是朝廷档案的简写本,这也是宋朝政治记录的理想捷径(见本书第一章)。正如在建宁印刷出版的,现存带有注释的坊刻本《增入名儒讲义皇宋中兴两朝圣政》,表明在13世纪,收集南宋前两朝皇帝统治时期的重要政治事件,似乎是人们特别感兴趣的事情。图 4.2 中标注的两个段落确实可以追溯到这个版本(图 4.3);其中一个段落无法落实,很有可能是因为它所在年份的相关卷次没有被保存下来。②

---

① 刘达可《璧水群英待问会元(选要)》(南京图书馆藏本)卷 75《武事门·待夷狄》,14a – 15a。
② 所引用的宋孝宗隆兴元年(1163 年)声明(卷 42—43)的章节没有保存下来,但是,在相关的"恢复"标题下,包含了这一年的一些参考资料。

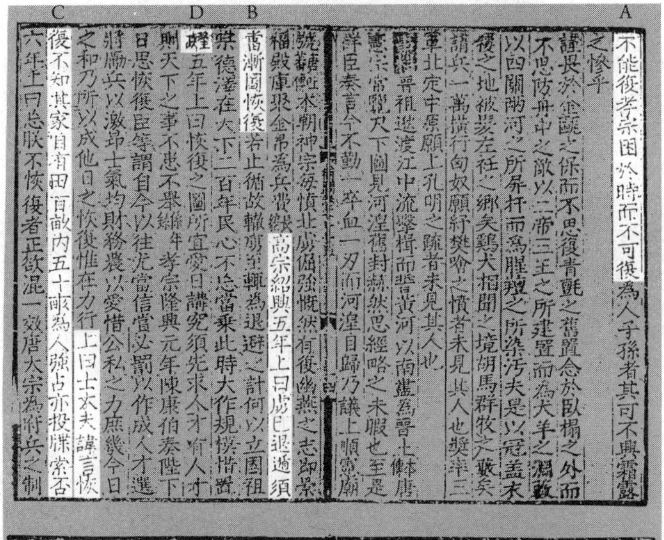

图 4.2 A–B 刘达可《璧水群英》中"待夷狄"主题下的"恢复"小标题。段落末(A)强的部分是一篇科举程文中关于宋高宗、宋孝宗对恢复北方的兴趣。史料包括《两朝圣政》(B 和 C)中节选的引文（见《增入名儒讲义皇宋中兴两朝圣政》）和文字中间的史料引用(D) [刘达可《璧水群英》(南京图书馆藏本)卷75, 14a–15a]

> 恢不
> 復忘

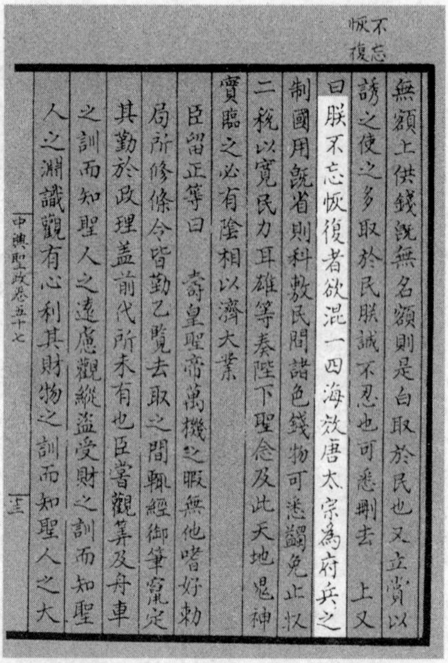

無額上供錢既無名額則是白取於民朕誠不忍也可悉蠲去上又
誇之使之多取於民朕誠不忍也可悉蠲去上又
曰朕不忘恢復者欲混一四海效唐太宗為府兵之
制國用既省則科斂民間諸色錢物可悉蠲免止以
二稅以寬民力耳雖等奏陛下聖念及此天地鬼神
實臨之必有陰相以濟大業
臣留正等曰寄皇聖帝萬機之暇無他嗜好勒
局所修條令皆勤乙覽去取之間靸經御筆究定
其勤於政理益前代所未有也臣嘗觀筭及舟車
之訓而知聖人之遠慮觀縱盜受財之訓而知聖
人之淵識觀有心利其財物之剖而知聖人之大

中興聖政卷五十七
三

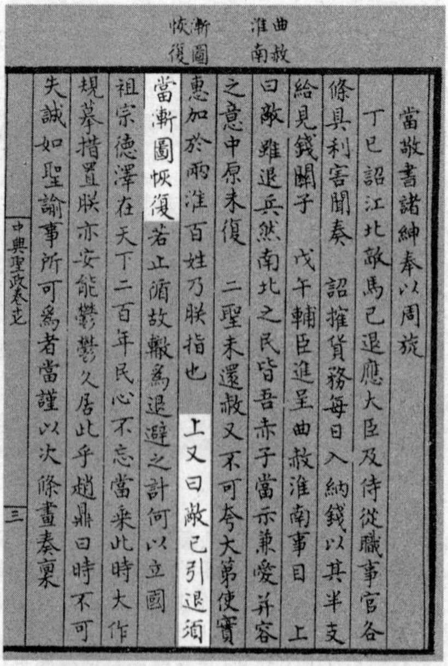

> 漸淮曲
> 圖救
> 恢 南
> 復

當敵書諸紳奉以周旋
丁巳詔江北敵馬已退應大臣及侍從藏事官各
條具利害聞奏詔摧貨務每日入納錢以其半支
給見錢關子戊午輔臣進呈曲赦淮南事目上
曰敵雖退兵然南北之民皆吾赤子當示兼愛并存
之意中原未復二聖未還敕又不可誇大第使寶
當漸圖恢復若止循故轍為退避之計何以立國
惠加於兩淮百姓乃朕指也上又曰敵已引退酒
祖宗德澤在天下二百年民心不忘當乘此時大作
規摹措置朕亦安能鬱鬱久居此乎趙鼎曰時不可
失誠如聖諭事所可為者當謹以次除畫奏稟

中興聖政卷三
三

图 4.3 A–B 《两朝圣政》中与《璧水群英》所引用的那些相对应的段落。出自《增入名儒讲义皇宋中兴两朝圣政》（台北"中央图书馆"藏本）卷 17,3a; 卷 57,13a

与"收复"或"恢复"主题相关的段落,程文小标题的分类相对直接。如图 4.4 所示,《两朝圣政》采用了按照时间顺序检索,读者可以参考每一章所涵盖的年月[始于建炎元年(1127),终于淳熙十五年(1188)],在每个主标题下列出的条目的简要标题下面所标注的一个主题索引,可以在主文本中找到相应的年份。为了进一步帮助读者找到相应章节的相关段落,出版商在上面空白处提供了在分类目录中所列出的条目标题相对应的黑体标题。这个过程如图 4.4 所示。

措辞上有一些细微的变化,原文段落稍长一些,但总的来说,科举应举手册的编者可能拥有《两朝圣政》的这个版本或类似版本。在《当今献策》中反复提及这本书,以及在 13 世纪策问中对宋高宗、宋孝宗朝的类似引用,有助于解释《两朝圣政》注释版在 13 世纪的商业生产背景。到了 13 世纪之交,南宋前两位皇帝的统治已经成为学生和政治家们的标准参照点,就像北宋时期早期的几位君主在 11 世纪已经成为典范一样。①

然而,在分类档案材料的表现方面,档案收集与科举应举手册和政书中的档案部分之间存在显著不同。它们在从原始档案中选择材料时,科举应举手册减少了原始档案的多样性和矛盾性。在查询《两朝圣政》分类索引中的"恢复"部分时,读者可以在这个问题上找到内容广泛的相关事件和帝国宣言。考虑到条目的时间顺序安排,读者还可以发现皇帝与其谋议之臣的位置,随时间的推移而发生变化。科举应举类书中的相应章节,集中在那些支持对北方政体采取更强硬立场的段落上。对整个王朝的态度或综合评价的改变,通常不能从现有的原始史料选本中得到。

---

① 邓小南《祖宗之法——北宋前期政治述略》。

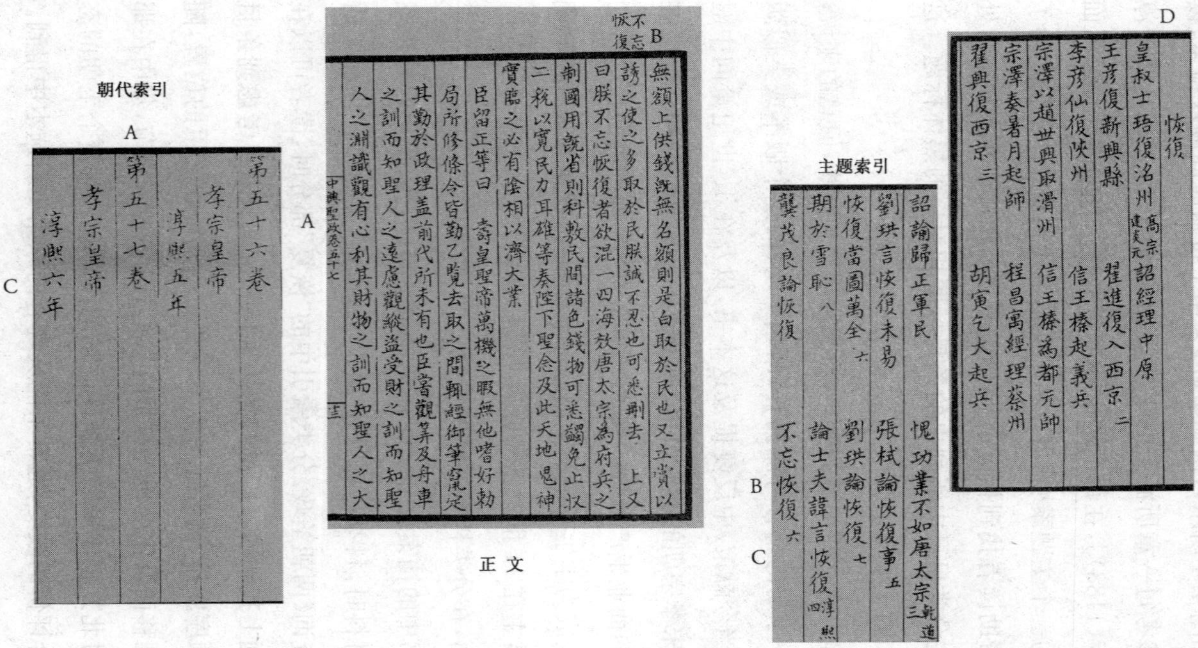

200

图 4.4 《两朝圣政》中正文与朝代索引和主题索引之间的关系。主题索引"恢复"(D)下的"不忘恢复"(B)条,位于正文顶部空白处,主题索引条目下的"六"(C)指的是孝熙六年(在朝代索引中也有标注);相对应的卷数(A)可以在朝代索引中找到,并通过使用在正文中出现的页面边缘处的标题条目迅速找到位置,出自《增入名儒讲义皇宋中兴两朝圣政》

这表明,在历史分层的过程中,事例服务于模式和趋势分析之外的其他目标。强调诸如宋高宗、宋孝宗等开国之君的统治,不仅体现了在宋代学生和政治家中间对宋朝近期历史的兴趣,还体现在使用开国皇帝的宣言和决定,使他们在其策论和奏议中所倡导的建议合法化。

总而言之,在策论写作中,士人被训练将历史推理运用到关于边事的当代策问中。学生们被教授通过引用和分析出自中国历史上不同时期的原始资料,包括不久之前和同时代官方圈子或私人圈子中的策论来思考和建构论点。根据不同的标准来选择事例。其中之一就是与现状的可比性,这可以从13世纪的策问和策论中作者对分裂时期军事史的偏爱中看出来。前文回顾了有关军事和边事的策问以及策论中所引用的事例,这表明除了对普遍原则的检验和对历史趋势的分析之外,事例也被用来区分古今,并通过对过去权威层次的选择性解释,来合法地区分现在的政策选择。在宋代政治话语中运用历史分层,保证了可以将个案或一组个案归纳为多重效应。

中国宋代12—13世纪的制图

12世纪的士人,不仅在模拟和真实的科举考题中回答关于历史和军事地理的问题;私人学者也致力于编辑地理数据并绘制他们自己的地图。这些私人学者是谁?他们为什么要亲自编辑历史和军事地理地图,以及诸如此类工作如何适应他们的职业与其他兴趣?如何将他们的目标和方法与过去垄断这项工作的那些朝廷编者加以比较?

这些业余制图师中有几位是"布衣"平民,他们既无功名,也没有官职。那些人发现资助者对其作品感兴趣并愿意将其进呈给朝廷,有时会被授予荣誉头衔。其他人虽然科举中第,但由于个人原因或缺乏必要的推荐,其仕途停滞不前。

关于这个群体中文献记载比较丰富的是倪朴,但资料仍然比较匮乏。学者吴师道(1283—1344年)对于在他看来有能力为社会服务之人很感兴趣,根据他为倪朴所写的传记记载,倪朴有志于功名,精力集中在经世之学上。① 在倪朴看来,对于刚刚建立的南宋来说,关于中国疆域的地理学,属于最有价值的经世之学。

对于倪朴和其他许多在12—13世纪学过地理和制图学的人来说,这些知识领域对宋政权的维护以及实现与北方统一的更大目标具有极为有用的规划意义。倪朴对后一项事业的执着,可能早于他对地理的潜心研究。作为一介平民,他在12世纪50年代末或者60年代初,上书宋高宗,勾画出立即着手恢复活动的原因和必要的准备工作。② 当这项政策建议没有产生预期效果时,他开始着手《舆地会元志》的工作,这本编著最终达到40卷。此书现已不存,据记载,它是"以天下山川险阻、户口多寡,用兵者所当知,乃遍考群书"编辑而成。③ 根据倪朴自己的说法,这项工作是其多年来查阅历史记录的结果,并试图系统全面地追溯行政术语的变化以及不同时间内行政地点的位置,同时还注意到诸如通道、要塞、作战地点和缔结条约的地点以及其他历史遗迹等特征。

---

① 吴师道《敬乡录》卷6,1a-b。
② 倪朴《倪石陵书·拟上高宗皇帝书》,1a-20a。倪朴在上书中写道,旧都(中原)1141年的和议已经过去三十年了。既然开封在1127年沦陷,人们可能会得出这样的结论:这篇上书撰写于12世纪50年代末或60年代初(同上书,18a)。在其他地方,他写道,宋金之间达成和平协议已经二三十年了(同上书,5b)。如果这个指1141的和议,那么1160年是这篇上书最有可能的期限。《全宋文》卷5406,第242册,第76—87页。
③ 宋濂《浦阳人物记》下《倪朴》,特别是10a-13a,尤其是11a。

第四章 战略话语:在公共领域中构建边疆

与其他同类性质的作品一样,此书中所有的历史地点都与现在的地名相互关联,并提供了记录所有结论的原始史料。①

这一研究也是倪朴绘制舆地图的基础,通过这份地图,他寻求家乡婺州杰出学者的赞助,婺州是一个以事功学术而闻名的地区,主要以制度史和行政理论的形式出现。舆地图也成了倪朴在婺州之外寻求支持的工具。郑伯雄大约在1175—1176年间曾知婺州,在一封寻求郑伯雄(活跃于1145年)资助的信中,倪朴写道,他已经编制了一份古今华夷图,长宽超过了一丈(约三四米)。据说,它的长度使所有特征都比宋帝国类似勘测地图上的内容更加清晰可见。他补充说,这项工作已经得到了当地潘氏家族的支持——最有可能的是潘景宪(1134—1190年)及其父亲潘好古(1101—1170年),潘景宪把倪朴的大地图转移到帐上,以便于观览。倪朴将这张地图借给郑伯雄看,希望它能"庶知其用心""不为无用之学也。"②郑伯雄是一位来自温州的负有声望的学者,温州和婺州一样,也是知识分子活动的中心。他的政治关系和知识分子人脉关系,对雄心勃勃的倪朴来说是非常有用的。

倪朴表示,他的作品与那些接受过普通教育之人所拥有的地理知识类型有着本质的不同。他的信是对专门知识的公开辩护。他写道,多年来他一直致力于这项工作,直到写这封信之时已有十余年,这让他已成为这方面的专家。他曾试图与同行分享其工作,但没有成功;他说,大多数人都在追求应对科举考试和一般行

---

① 倪朴《倪石陵书·上太守郑敷文书》,20a-22b,尤其是21a-b;《全宋文》卷5407,第242册,第88—90页。
② 倪朴《倪石陵书·上太守郑敷文书》,22b;《全宋文》卷5407,第242册,第90页。更多关于温州和郑伯雄的信息,参见魏希德《义旨之争:南宋科举规范之折冲》,第46—50页,第113页,第168页;王宇《永嘉学派与温州区域文化》,尤其是第144—149页。

政管理所需要的通用知识,而那些懂得他工作价值的人没有时间从事这项工作。倪朴声称专门知识自古以来就是文明社会的基础,试图借此来说服那些他寻求支持的人。在过去,例如羿、御和历等对于政府和捍卫文明社会必不可少的知识,都是源于诸如羿、王良、羲和等"业一艺"的文化英雄的专业化。在倪朴看来,历史地理和军事地理的专业化,在12世纪中叶文明社会的维护中占有相似的地位。他本人对中华帝国地理方面的工作是长期专业化的结果,并将成为战略规划的基础。

这种知识是人们终生积累而得,通常在家庭中父子传承。根据宋濂的说法,倪朴是一个很难相处且性格固执的人,成年后仍然单身,相反,他提出了更现代的传播途径。通过将自己的工作介绍给诸如郑伯雄、知婺州(1160—1162年)的周葵(1098—1174年)等地方官长,以及诸如陈亮(1143—1194年)、潘景宪等以对应用史学和地理学研究感兴趣而闻名的学者,倪朴都希望他们为其完成和出版地图提供支持。

有人声称其作品独具匠心,但人们对他的作品普遍缺乏兴趣,这在倪朴寻求官员们的赞助和(或)推荐的信件中很可能并不罕见。倪朴的元明传记作者们,都热衷于把他变成一个罕见的范例,即他寻求有用的知识来维护并统一中国的领土,却被自满的朝廷和谄媚的同时代人所误解,因此按照字面意思解读了倪朴的主张。通过在其传记中描述倪朴在自己的工作室里"图张之屋壁,手指心计,何地可战,何城可守",宋濂使倪朴的作品栩栩如生。①

然而,倪朴对中华帝国完整历史地理的探索以及他对地图绘

---

① 宋濂《浦阳人物记》下,11b。

制的兴趣,同样体现在许多学者中。《历代地理指掌图》的编者税安礼,这个我们几乎对其一无所知的人,可能也有类似的动机。12世纪40年代中叶,抚州布衣吴澥,进呈了他的《宇内辨历代疆域志》。大约在同时,1146年,余嚞按照宋朝州县名称沿革,进呈了一份宋帝国的山川风物、古今守备之处的作品。① 此人可能就是1184年中进士第的余嚞,他在担任县学教授时期因上书请求处决朱熹(1130—1200年)而声名狼藉。如果果真如此的话,这本书的进呈早在作者中进士第之前,是余嚞在诸如历史地理学、天文学、经学注疏和宋代制度史等领域的大量学术成果的一部分。

其他例子,包括被陈振孙誉为"地理学之详明者,无以过此矣"的王希先与父亲王珆的《皇朝方域志》。② 这部著作始于王珆,并由其移居到婺州(倪朴一直活跃于婺州)的儿子完成。根据陈振孙的说法,这部著作分为两部分:"谱"概括前代的"事实",以及相应的当代地名;"志"提供了对当代行政组织的描述,但将它们与过去的空间划分联系起来。

我们没有关于这一史料的进一步资料,但陈振孙的简短描述,表明通过这些列表,可以把重大的政治和军事事件或分类事实放在当代地图上,③因为王氏父子已经为它们提供了目前的坐标。在陈振孙的估计中,这提供了一个最有用的安排。在一统志

---

① 王应麟《玉海》卷15,45a。(余嚞进呈的著作名称是《圣域记》二十五卷。——译者注)
② 陈振孙《直斋书录解题》卷8,第241页。
③ 这种解释在一定程度上,是基于在历史地理数据的呈现中使用可比较的划分。在《帝王经世图谱》中,唐仲友提供了图谱来分析历史地理信息。谱由图表组成,其中所有区域都是基于一组主题进行描述的,这些主题从相对于其他区域的地理位置、地形(山川)、与都城的沟通、土壤类型到税收贡献。

的空间配置中,我们可以看到按照朝代顺序列出的事实,它提供了古今行政组织的分层地图。正如本书第三章中所见,时间分层是舆地图和历史地图集的标准特征。在那些希望突出南宋情况异常的人手中,这是一个强有力的工具,但它也是政治家和学者们的研究工具,他们相信历史教训对于规划未来至关重要。在12—13世纪的情况下,过去的政治和军事历史,特别是南方政权与北方政权对峙的历史,只有在过去地区的空间坐标能够与现在的地点相互关联时才会变得有用。

在宋代,地理知识和地图绘制不仅是像倪朴这样的孤家寡人的追求,也是诸如王氏等家族的追求。人们分享地图,并在私人谈话中讨论地图制作技术。朱熹似乎经常遇到有关地图和制图技术的问题。由于缺乏实物本身或者更广泛的技术论述,很难解释笔记中记录的这类谈话。然而,下面这段话,表明朱熹与其谈话对象既熟悉舆地图,又相信任何学者都有能力绘制它们:

> 要作地理图三个样子:一写州名,一写县名,一写山川名。仍作图时,须用逐州正斜、长短、阔狭如其地形,糊纸叶子以剪。①

在关于业余制图的其他同时代评论的语境中,后一句话的意义变得更加清晰。朱熹及其弟子的潜在灵感来源之一,是薛季宣(1134—1173年)的制图作品。尽管薛季宣的地图绘制工作从未以完成的形式出版过,但朱熹似乎已经看到过该地图的草图。在回答另一名弟子关于薛季宣《九域图》的问题时,朱熹评论道,薛

---

① 《朱子语类》卷2《理气下·天地下》,第30页。英译文中的蹩脚措辞与原文是一致的。

季宣的《九域图》文字细碎。① 朱熹阅读地图的方法,符合他阅读其他文本材料的规则,这些材料侧重于文本的基本原理和凝聚力,并提醒我们不要拘泥于细枝末节。地图的布局应该引导读者注意主要的特征,诸如三条主要河流(黄河、长江、淮河等),以及地图上位置和特征的总体衔接。薛季宣地图的高解析度模糊了原始自然地貌(如大江大河等)基础层的意义,并使得取决于这些主要地貌地征而形成的舆地图的凝聚力难以达到。

薛季宣也与其他人分享了他的地图。在写给陈傅良(1137—1203年)的信中,薛季宣描述了他在绘制宋舆地图上取得的进展,他透露,这张地图最初是由构成宋帝国的广大地区的独立地图组成的:

> 《州图》纳去荆州、南交二纸,抄毕蚤希寄示。杨、冀草具未补,梁州和夷未曾释地,幽、雍都未下手。②

薛季宣的遗作中有一部题名为《九州图志》的未完成草稿。③ 根据他写给陈傅良的信中所描述的,这部著作很可能是这个未完成项目的一部分。

薛季宣的著作及其对《州图》的个人思考,说明这个词不一定是指州府地图(即某个州府的地图),在宋代也被用来指舆地图。这种舆地图是行政地图,被认为是中国领土在古代被划分为九州的星图,以及(或)中国领土在宋代管辖布局的地图。在庆贺《州图》的一组诗(三首)中,薛季宣写道:"到尽粤南并蓟北,始知前古

---

① 同上书,卷2《理气下·天地下》,第31页;卷79《尚书二·禹贡》,第8页。
② 薛季宣《浪语集》卷24《答君举书》,15b;《全宋文》卷5786,第257册,第273—275页,尤其是第275页。英译文中的粗体字是我加上的。
③ 薛季宣《浪语集》卷35《宋右奉议郎新改差常州借紫薛公行状》,37b;同卷《宋右奉议郎新改差常州借紫薛公墓志铭》,49b。

是来今。"①尽管有些人将薛季宣的作品解读为是宋朝倾向于地方地图的证据,②但他的工作和思考更广泛的背景表明,即使他的地图是基于对当地更详细的描绘(正如朱熹所言),作为州府地图的"州图"被理解为组成帝国"州图"或州府地图的一个更大拼图的片段。正如通常用来命名当地地名的术语[(州)志]以及它的子类标准化术语,反映了它属于方志网络中的一员(理论上涵盖了整个帝国),因此根据其定义,州图是整个帝国范围内州府地图的一部分。

薛季宣在其草图中为行政分区使用古名,这在他的诗作中得到了呼应。在草图中,用古时的简称来指代长江中下游和四川的南宋边疆地区(扬州、荆州、凉州),并将它们置于类似的北方(幽州和雍州)和南方(南交)分区背景下;在他对地图的反思中,很明显,舆地图的这种呈现,使得读者可以将过去的政区视为常态,并接受将来恢复目前处于夷狄统治下州府的需要。

像倪朴、吴澥、王希先等平民的地理学,他们试图让官方和朝廷认可其作品(吴澥和王希先的例子中取得了成功),以及对舆地图和地图绘制的广泛讨论,表明在宋朝受过教育的精英阶层对地理和地图知识的重要性与日俱增。越来越多的舆地图石碑的建造进一步表明,地理知识被认为是宋代学者形成的必要条件。正如辛德勇对12—13世纪这种石碑的数量不断增加的评论中所说的那样,县学在地图石碑的创建和保存中发挥了重要作用。③ 正如辛德勇所强调的那样,学校教师之所以主动将这些地图刻在石

---

① 同上书,卷8《州图次元修韵三首》,9a-b。
② 相关例子,参见潘晟《从宋代诗文看幽思与胜览思想对宋代地图学发展的影响》,第75页。
③ 辛德勇《说阜昌石刻〈禹迹图〉与〈华夷图〉》,尤其是第23—27页。

头上,是因为它们在分析诸如《禹贡》等经学文本时具有价值。这种与经学无可争议的联系,是否意味着将《禹迹图》这样的地图解读为历史地图是不合时宜的,然而,这一点值得怀疑。①

从诸如《历代地理指掌图》等刻本地图集以及上述地理作品来看,它们的创作者对历史和军事地理学表现出了浓厚的兴趣。学者们对当代军事战略的参与,在一定程度上可以解释人们对《禹贡》解读和图释的兴趣。前述所有这些作品都包含了目前的辖区,并且部分原因是为了让宋朝学者更容易理解之前王朝的军事史。正如我们在本章前一节中看到的那样,考官和学生们可以利用这些知识和战略地点的划分,以及人口数字和物理特征的相关标识,来回答有关军事战略的问题。地理学者、地图绘制和军事研究之间的关系,从几位从事地理学研究的人们的研究概况中可以得到进一步证实。例如,倪朴因上书宋高宗而为人所知,在上书中,他概述了对金朝立即采取军事行动的好处,以及确保拟议的军事行动取得成功所必需的程序。薛季宣曾经与之讨论地图的陈傅良,是《历代兵制》的作者。王玲可能是《两汉兵制》的作者。②

这些作品证明了军事规划中的利益关系,表明它们的创作者与那些读过朝报、地图和方志的读者们共同承担了帝国的使命。对于像倪朴这样最坚定的支持者来说,更为激进的统一诉求虽然富有争议,但对于这些提倡者来说,宋朝的模范皇帝仍是他们追求的焦点。13世纪时,人们认为宋孝宗是宋代诸位皇帝中最富进取精神的一位。就像东汉和北宋的开国皇帝一样,人们将其描绘成手握舆地图,规划着中国全部领土的统一:

---

① 辛德勇《说阜昌石刻〈禹迹图〉与〈华夷图〉》,第16页。
② 基于陈振孙《直斋书录解题》卷12,第362页。(《两汉兵制》,英文版误作《西汉兵制》,据陈振孙《直斋书录解题》原文改。——译者注)

（乾道元年七月）癸丑晚。御选德殿。御坐后有金漆大屏，分画诸道，各列监司、郡守为两行，以黄签标识居官省职位、姓名。上指示洪适等曰："朕新作此屏，其皆是华夷图，甚便观览。卿等于都堂，亦可依此。"①

　　因此，宋孝宗一面掌管着其治下的土地，但与此同时，他目光坚定地盯着那些目前不在其治下的领土。他还为其公卿大臣们提出了统一的愿景，让他们把地图作为参照物。在皇帝去世后的数十年间，另一些人回忆起宋孝宗的行政，认为"孝宗有恢复之志"，体现在建立"恢复局"以及他观览《华夷图》。②

　　这种对一位活跃皇帝的描写与私人地理项目相吻合，这些项目将中国领土构建成一个以州府为中心的行政区域。这位激进的皇帝形象的意义受到了人们质疑。一些人，如资深政治家吴泳（活跃于1208年），对其13世纪同时代人中对宋孝宗朝的理想化提出了警告，并指出了包括朱熹和张栻（1133—1180年）等人所倡导的渐进方式，这些人后来被视作主战立场的主要体现者。他们还指出，13世纪初韩侂胄对抗女真人活动的结果，是我们可以从后来的失败历史中吸取教训。也许是因为皇帝手持舆地图的形象已经成为人们关注和赞颂的话题，一些士人开始不仅把他们自己描绘成舆地图的读者，还把自己描绘成舆地图的创作者和传播者。通过对南北方地区的持续记录和研究，证实了他们致力于帝国使命。

　　综上所述，12—13世纪私人编纂的主导地位，标志着宋朝前

---

① 《宋史全文》卷24下《宋孝宗》，10a。
② 刘时举《续宋编年资治通鉴》卷9《宋孝宗二》，5a；吴泳《鹤林集》卷19《论今日未及于孝宗者六事札子》，15a；亦参见辛德勇《说阜昌石刻〈禹迹图〉与〈华夷图〉》，第34页。

半段朝廷授权编修方志的统治地位明显改变。作者身份的转变,伴随着对综合性方志体裁的一些修改,如更注重地理特征的文学表现。① 这种变化是文学体裁的副产品,这种体裁最初旨在根据共同指标的标准清单,对所有政区进行概述。地方志的行政逻辑,在私修地理图书和私人地图上留下了印记。正如朱熹所说,政区的配置,特别是州府层级的配置,是地理思维的基本原则。这一行政分区原则,也是印在《历代地理指掌图》序言页上的第一个阅读说明(参见本书第三章)。帝国的私人地图绘制者,并没有试图推翻迄今为止朝廷地图所依据的范例。朝廷赞助的方志与私修方志之间的连续性,反映在他们其中的一些作者获得朝廷的认可,并被授予官衔。当帝国范式似乎受到了威胁时,私修方志和地图是士人捍卫帝国范式的强有力证据。

如果有证据表明重建中华帝国地理与宋朝廷地理之间存在紧张关系,这主要是由于私人地图制作者及其读者们的坚持,即宋朝廷立即采取行动,要么通过调动部队(如倪朴的例子中),要么通过财政和军事恢复计划,这将导致一场协同的宋朝攻势(如本书第五章中所讨论的华岳情况)。地图和地图绘制是士人对宋朝恢复全部中国领土控制的效忠象征。

在家中收集边疆信息

边事研究包括军事和历史地理学、军事研究、外交史和宋朝周边民族的民族志等一系列领域和体裁。笔者已经证明,前者与

---

① 郭声波《唐宋地理总志》。

应举的学生们直接相关。我们也看到,前者已经成为在官场之外许多学者们的专门领域。这些领域和其他国家的民族志是否引起了更广泛的士人兴趣?如同在本书第一章中所讨论过的朝廷档案材料的流通情况,私人藏书家的目录在这里提供了一扇窗口,让我们了解宋代士人拥有的资料范围和卷数,资料内容涉及宋朝领土的范围和组织,宋朝周边政体的地理、社会政治和文化特征,以及宋朝廷与其北方竞争对手的关系。附录Ⅰ中的表5—表7列出了这些目录中所记载的藏书,包括直到每位收藏家有生之年的使节报告、方志以及宋朝在北方的主要竞争对手的历史。下面,笔者首先评估宋人对周边政体信息的获取情况,并质疑了关于异族他者的知识如何与对宋政权和社会的了解相比较。接下来,笔者将考察士人所拥有的地方志对其领土利益有何启示。正如人们所透露出来的那样,地方志是否是地方自豪感和当地精英身份的标志?还是说,无论是对士人,还是对国家来说,它们都符合整个帝国范围内当地情况的数据库?

私人藏书中的辽金记录

笔者在附录Ⅰ的表5-7中,考察了所有藏书家书目中都保存的出使辽、金的宋朝使臣的报告,并将其记录下来。他们还出资收集整理并摘录使节报告和描述外国政体的报告。在这个领域,流通和细节也很重要。这些表格包含一些重复的条目,特别是在尤袤(1127—1194年)的目录中(那些条目是根据它们在表格中的分组位置来划分的)。同一条目的多种抄本,部分反映了同一条目在抄本中使用不同的标题,但藏书家也有意获得不同的抄本。陈振孙称,他拥有的一份富弼报告的抄本,附带了一份附录,里面有两国间所有信件的复本。① 晁公武的评论表明,这些抄本可能是针对更大范围外交史感兴趣的人,他的1030年《生辰国信语录》抄本中载有一份附录,列出了过去25年来使臣及其助手的名字,以及对各种外交礼仪的描述。②

在宋金关系紧张的背景下,人们对来自北方的第一手报道和情报的需求很高。补充材料增强了它们的吸引力,这些材料迎合了公共阅读中人们对边境消息的兴趣。陈振孙《二杨归朝录》的抄本中包含一个附录,里面包含了"探报金事数十条"。③ 科举考试题目要求考生评估来自北方的情报的可靠性,由此可以明显看出此类信息的潜在用途。④ 一部商业类书中收录了一篇文章,声称情报是关于蒙古人的信息来源,这也证明了举子们能够接触到这些材料并对其进行广泛的讨论。⑤

总的来说,尤袤和晁公武藏书中关于金国朝廷使节报告所占的比重相对较小。尤袤和晁公武的藏书目中包含了宋朝记录和政府信件的摘录,以及其他关于女真人的政治、地理和风俗的其他类型的记录(附录I,表6),这些都将弥补这一明显的差距。例如,晁公武拥有徐梦莘的《三朝北盟会编》抄本,可以让他接触到宋高宗朝宋金关系的军事和外交史上的绝佳史料。在晁公武和陈振孙的书目中,列举了该书的补编《北盟集补》,不过此书已经散佚不存。和其他两位藏书家一样,尤袤广泛收集了12世纪二

---

① 陈振孙《直斋书录解题》卷7《奉使别录》,第203页。
② 晁公武《郡斋读书志校证》卷7《生辰国信语录》,第282—283页。
③ 陈振孙《直斋书录解题》卷7《二杨归朝录》,第217页。
④ 魏了翁《鹤山集》卷93《家塾试策问一道》,9a-11a;《全宋文》卷7092,第310册,第231—232页。
⑤ 刘达可《璧水群英待问会元(选要)》(南京图书馆藏本)卷75《武事门·待夷狄》,18a。

三十年代之间宋金关系动荡时期的历史，并获得了一些关于金廷族谱和习俗的书。此外，直到他去世前不久，他似乎一直在收集使节报告，其书目中出现了一份12世纪90年代初的有关郑汝谐使节的报告，可以证明这一点。①

这些书大多已不复存在。几个世纪以来，一些现存的文本都经过了人们大量的编辑。尽管如此，从目录描述和偶尔的现代参考与摘录中，我们仍然可以瞥见表中列出的一些文本的特征。正如蓝克利所言，宋朝对北方领土的描绘，不同于早期对中国北方人民和政治实体的描述，因为它们在文化和行政上既有相同之处，也有不同之处。宋人作者们在其行政机构方面，对辽、金领土做了类似宋朝领土的描述。他们仍然运用了一些关于北方民族的文化刻板印象（例如，非中国民族作为蛮夷），但是总的来说，对北方社会的描述更多地是基于对宋朝图经、方志描述中所采用的文化范畴，而不是那些以前用于夷狄民族志描述的文化范畴。②人们在宋朝和夷狄领土的描述中使用相似的类型，传达了一种文化连续性的感觉，这种传统的感觉体现在"北方"的概念上，一方面既包括辽、金领土，另一方面也表达了宋人对同一领土的眷恋。③

宋朝一览志和地方志以及辽、宋社会的描述，都有一种官僚政治逻辑。陈振孙和晁公武对其关于辽、金社会书籍的简要描述和归纳特点，表明它们主要处理皇室、宫廷礼仪，官僚机构，区域饮食和风俗习惯，以及辽金领土的行政区划和自然特征。就像宋朝朝报中的情况一样，一些图书中也收录了地图。苏颂编撰的书

---

① 尤袤《遂初堂书目》，46a。
② 蒲慕州在《文明的敌人》（第83—84页）中讨论了作为夷狄的异族体现。
③ 蓝克利《从陌生到差异：使辽宋使臣的故事》，第109页。

中包含了一份地图《驿程地图》。① 陈振孙的《燕北杂录》抄本中包含了一幅《西征寨地图》。② 晁公武提到《金国承安（1196—1200）须知》中也有一幅《地理图》。③ 地理信息也很可能以非地理文本的形式提供，例如在《匈奴须知》中，根据晁公武的记载，"地理"和"官制"是大标题。④ 虽然该书全文已不复存在，但出自该书的引文与《金人疆域图》中的引文相类似，表明这些史料的主要关注点是地点之间的位置和距离。⑤ 宋人可能会得到单张的北方政权的地图，并加以收集。尤袤和陈振孙列举了《契丹疆宇图》的抄本，后者将它描述为"录契丹诸夷地及中国所失地"。⑥

　　这些藏书家的藏书在多大程度上代表了当时学者的兴趣，我们无从判断。然而，他们并不特殊。在笔记和类书中，引用并摘录了关于北方政体的使节报告和其他记录，例如王明清（1127—1214年以后）的《挥麈录》、吴曾（活跃于1127—1160年）的《能改斋漫录》、周密（1232—1308年）的《齐东野语》、岳珂（1183—1234年）的《桯史》、程大昌（1123—1195年）的《演繁露》、曾慥（活跃于1136—1147年）的《类说》、谢维新（活跃于1257年）的《古今合璧事类备要》。黄震（1213—1280年）的《黄氏日抄》、岳珂的《愧郯录》⑦和胡仔（活跃于1147—1167年）的《苕溪渔隐丛话》节选了

---

① 王应麟《玉海》卷58《艺文·元丰华戎鲁卫信录》，42a-b。全文的前言包含在编者的文集中，这里也提到了地图：苏颂《苏魏公文集》卷66《华戎鲁卫信录总序》，2a。
② 陈振孙《直斋书录解题》卷5《燕北杂录》，第139页。
③ 晁公武《郡斋读书志校证·读书附志》，第1133页。（《金国承安须知》，《郡斋读书志校证》作《金虏承安须知》——译者注）
④ 同上书，第284—285页。
⑤ 潘晟在对司马光的《资治通鉴》的评论中引用了这些资料。潘晟《宋代地理学的观念、体系与知识兴趣》，第194—196页。
⑥ 陈振孙《直斋书录解题》卷8，第267页。
⑦ 在其序言中，岳轲解释说，他认为郯氏的领导人有能力回答孔子关于其行政历史的问题，这是古今文人难以企及的标准。《愧郯录·序》。

1170 年的报告《揽辔录》。节选内容涵盖了关于历史事实轨迹的信息(例如,对金主名字的讨论),以及笔记中感兴趣的其他一些常规话题。这些节选是为了给鉴赏者们提供娱乐,内容包括诸如交流方式、动植物、当地风俗和砚台等主题。① 在笔记、类书和选本中,关于北方琐事的报道至少表明,它们的编者将其看作是有教养的学者应该能够绘制出的史料的一部分。分享这样的信息并不罕见,因为偶尔会有人抱怨某些藏书家小气。陈渊(卒于 1145 年)称,他得到的另一本关于边事的著作是富弼的《河北安边策》,是得自地方官喻子才手中。他将喻子才传播这类作品的努力,解读为他对自己这代人福祉的更广泛关注,并表示有意从喻子才的藏书中借阅并抄录更多的作品。②

对许多士人来说,和地图一样,使节报告也属于提醒人们帝国使命的一系列文本和实物。本书第三章中曾讨论过陆游阅读舆地图的诗歌,除此之外,陆游还写过他对阅读范成大《揽辔录》的思考:"夜读范至能《揽辔录》,言中原父老见使者多挥涕,感其事,作绝句。"③在这首诗中,作者进一步表达了对像岳飞(1103—1141 年)这样勇敢的战士不再被选拔为宋军统领,以及对统一北方的支持并没有在南方得到执行的痛惜之情。

宋帝国的方志与地图

私人藏家有什么途径,可以获得更广泛的关于宋朝和中国领土空间组织的出版物?所有这三位私人藏书家,都拥有历史地图

---

① 例如吴曾《能改斋漫录》(1979)卷 2,第 31 页;周密《齐东野语》卷 16,第 298—299 页;曾慥《类说》(国家图书馆藏本)卷 13,37a—39a。
② 陈渊《默堂集》卷 22《题富郑公河北安边策》,5b。
③ 陆游《剑南诗稿》卷 25,24a。

第四章 战略话语:在公共领域中构建边疆

和多部地图集。除了税安礼的《历代地理指掌图》,陈振孙还有另外一本题为《六合掌运图》的地图集。如同《历代地理指掌图》,此书由大约四十幅地图组成,始于《禹贡》中描述的行政分区。然而,与其他现存的历史地图集不同的是,陈振孙指出,这部佚名作品关注的是南北方的地理。在这张历史地图的后面是"中兴后南北三境"的地图。① 这很可能是指金国、夏国和南宋政权的地图。在地图集的最后部分,进一步阐述了开篇时的舆地图的战略解读,它划定了"诸边关阨险要以及虏地疆界"。尤袤拥有三种更为著名的历史地图集的抄本:唐仲友(1136—1188 年)的《帝王经世图谱》《六经图》《历代地理指掌图》。

宋帝国的疆域图和一览志,也是宋代士人的兴趣所在。陈振孙列举了两幅唐帝国与北宋帝国的疆域图。建康县学在其地图收藏中有一幅唐帝国的地图。交通图可能已经成为旅行学者的基本必备。根据李东有的《古杭杂记》记载,沿着西湖以南的官道中转处出售《朝京里程图》,该图在访问都城的人们当中很受欢迎。在审视了该图的涵盖范围后,其中一名旅客在驿站的墙上留下了以下几行文字:"白塔桥边卖地经,长亭短驿最分明。如何只说临安路,不较中原有几程?"②这种地图只是偶尔才被登记为财产,比如尤袤拥有的一幅通往北方都城(最有可能是前辽代都城)的驿站中转地图以及建康府学图书馆的《江行图》抄本。③

从现存的目录来看,一览志根据国家的行政等级特点,对帝

---

① 陈振孙《直斋书录解题》卷 8《六合掌运图》,第 266 页。
② 李东有《古杭杂记》(全本不存),厉鹗《宋诗纪事》(卷 96,第 2312 页)中引用。亦见田汝成《西湖游览志馀》卷 2《帝王都会》,5b。
③ 陈振孙《直斋书录解题》卷 8《唐十道图》,同卷《舆地图》,第 239 页,第 241 页;周应合《景定建康志》卷 33,10a(《元和郡县图》);尤袤《遂初堂书目》,52a(《北都驿程图》)。

国所有辖区的基本数据进行汇总，是必须拥有，或者至少是必须查阅的目录。宋朝政府出资编修的方志，通常会列出地名、面积或政区数量的变化、它们之间的距离、它们的主要自然特征，如山川、水域、人口数量，以及土贡。正如图表 8（附录Ⅰ）中所显示的那样，所有的藏书家都拥有《元丰九域志》的抄本。所有个人藏书家均持有多部其他唐宋一览志的抄本。此外，除了北宋朝廷支持的方志汇编之外，所有的藏书家都致力于收集 12—13 世纪由宋代平民编撰的数量同样庞大的书籍。前文讨论过的王希先和吴澥，属于一群未能取得功名或没有官职的文化精英，他们致力于地理和制图研究，并通过强调其在边事讨论中的地位，向潜在的顾客推销其作品。人们对其工作感兴趣，表明读者接受了他们的观点，即需要进行新的地理研究。即使舆地图并不一定描绘出自北宋全盛时期以来宋政权的轮廓发生了怎样的变化，战略防御和进攻的规划，需要对长江和淮河沿岸那些地区进行重新考察，而这些地区已经从核心地区变成了边疆区域。

在中央王国的宋朝想象中，空间上的转向也体现在人们对方志的兴趣上。12 世纪前"图经"的转变，其布局主要取决于中央政府对上述一览志编纂所需基本数据的兴趣，地方志对地方文学和当地文化生活有了更大规模的报道，地方精英在参与并致力于地方志的编修上也投入更多的精力，这些都被视为地方主义转向的标志。当都城不再是精英人际网络的唯一焦点时，地方主义的转向捕捉住了宋朝和帝制历史上的一个重要时刻。对许多精英家庭来说，家乡或居住地成为社会、政治和文化生活的另一个并且是主要的焦点。尽管如此，对这一类型图书及其在私人藏书中存在的考察，表明方志通常只是行政场所按等级组织的藏书中的

第四章 战略话语：在公共领域中构建边疆

一部分。方志通过使地方变得更加明显，从而使帝国变得触目 *221*
可及。

其中包含了保存在南宋私人藏书中的州县方志概况的地图。它代表了由尤袤(51部)、陈振孙(89部)和晁公武(33部)所拥有的州县方志中所涵盖州县的大致地理分布。除了现在和以前的都城(长安和开封)与一些边境州府外，北方地区的方志数量非常少。然而，对南方的重视不仅仅反映了东南沿海或一些内陆地区(诸如成都平原)更好的社会经济和文化条件。方志对淮南、荆湖州府的大量覆盖表明，周边地区与社会经济和文化核心的利益同等重要。淮南和荆湖部分地区在开封沦陷后成为南宋政权新的北部边疆，而且，正如我们将在本章和下一章中看到的，淮河和汉水以北的疆土，因此成为战略分析和政治争论的对象。

没有被标出大量的州县，并不一定意味着在宋代没有为它们编纂志书(这些藏书目中没有包括几十种已知的图书)；图书的缺席也反映了部分藏书家们缺乏兴趣，或者缺乏接触渠道。藏书家们努力从宋帝国各地大量获取方志，表明对他们来说，这些方志是一个虚拟的一览志的一部分，它们以更高的分辨率描绘了宋帝国，而这一分辨率高于宋帝国的总志。

综上所述，士人的藏书和笔记表明，宋代士人期望熟悉中国疆域和外国政权的大致情况。宋代士人搜集了有关外国政权的地方描述和相关信息。他们通过调整官僚体制，将地方描述融入一个更大的帝国范围内的整体，并将其他地方的描述与宋朝管辖的描述相匹配来实现这一目标。宋代考官和地图绘制者的工作， *223*
证明了人们在边事和地理方面的投入，似乎在宋代士人中引起了更广泛的共鸣。

203

政务报告与官僚政治想象

　　国家的语言、逻辑及其官僚机构，塑造了地方志、使节报告、行政和军事地图、策问和策论等所有的体裁。这些材料通过官方、私人和商业出版传播，使对边事政策的讨论，超出了官场内外的预期读者范围。在传播过程中，这些体裁的惯例加剧了中国社会文化的官僚化，官样形式和分类为解释中国领土和边境地区的地理以及宋朝与边境政体的关系奠定了基调。这一过程的一个特别恰当的例子是"须知"的历史或"人们需要知道什么"的体裁。这种鲜为人知的体裁在私人藏书家的目录中一再出现，促使笔者在下文对之详细介绍，以探讨其起源及其与相关的边事图书的流行。士人中关于边境领土和国家的知识已经趋于规范化。在本章的结尾，笔者将回到对朝廷——士人关系的影响。

　　从一些目录来看，在图书的标题中最早使用"须知"，可以追溯到公元3—4世纪，当时据说许逊编写了一部名为《太上净明院补奏职局太玄都省须知》的书。然而，更有可能的是，这部著作是由12世纪或13世纪净明道的追随者编纂的，将其归功于早期的道家圣人，大概是为了把它放在一个历史更悠久和权威的世系中。许逊已成为宋元净明修习者们的偶像人物。[1] 撇开真实性的问题不谈，这部道教著作表明，官僚政治报告和吸收信息的模式已变得多么具有影响力。中国宗教学者（主要是道教，但在某种程度上也有印度佛教和中国佛教）在道教叙事和仪式实践中，较为细致地探讨了神祇的官僚组织以及神祇之间、神人之间的官

---

[1] 孔丽维（Kohn）《道教手册》，第417—418页，第421页，第448页。

僚交流方式。《太上净明院补奏职局太玄都省须知》进一步证明了道教纲要中官僚政治式报告的适应性。它在另一个世界的官僚机构中概括性列出了文武机构和官阶,解释了不同级别的官员们之间术语的差异,并提供了撰写诸如奏疏、表文、榜文、状文、关引和印等官僚文件类型的模板。道教仪式中常用官僚头衔名称;人们还认为,关于另一个世界的行政组织和交流实践的知识,也有助于信徒获得有价值的头衔。①

对道家神权政体文武组织的这种概述,可能是受到各级政府例行公事的启发。曹璠的《须知国镜》是第一本可靠的"须知"书。该书现已不存,仅在现存文献中有少量提及。根据王应麟的说法,曹璠居于都城,任左武卫,②在这部书中,他提出了有关赋税、户额(家庭)、物产、俸禄、自然环境和人口构成等方面的基本数据。根据这篇唯一提供给我们的评论,这本书给读者的印象是,有关这些行政领域的所有基本资料都已包括在内。③

从 11 世纪开始,"须知"在记录中出现的频率越来越高。在宋代,书名格式(带有"须知"的书名)变得标准化,表明这类记录已经具备了一种体裁的特征。这些特征是什么很难确定,我们只能通过对书目条目的回顾、详细的描述和一些残存的例子来估计。官僚"须知"涵盖了行政层级的所有层次,例子涉及广泛的行政领域,从赋税管理和政策,到仪式和处理法律案件。州县政府部门保留《须知》,其中很可能包括对他们控制的各种组织(如常平仓)的指导,对衙门日常生活的描述,也许还有关于户口和赋税的基本数据。陈耆卿(1180—1236 年)编撰于 13 世纪 20 年代初

---

① 相关例子,参见孙丽维(kohn)《道教手册》,第 278—279 页,第 313 页。
② 贺凯(Hucker)《中国古代官名辞典》,第 574 页。
③ 王应麟《玉海》卷 15《唐须知国镜》,35a。

的台州地方志《赤城志》,在描述赤城附属县临海县的城墙时,提到了县"须知"。① 大约在同一时期,建康府知府修筑了粮仓,以更好地管理因基本主食价格上涨而受到冲击的地区的大米价格时,它的责任和操作规则被刻在"须知"中。粮仓的运作规则不仅被送到朝廷,还成为建康府档案的一部分(在这个例子中,"须知"是以碑刻的形式出现的),并被抄录到府志中。②《池州永丰钱监须知》极有可能涉及一个工业县的运营,该县属于池州地区管辖,负责铸造铜钱。③

　　有时,路级长官也被要求提交报告,其中包含关于分配给他们的特定任务的总结信息。1042年,西、北所有边境路都被要求清点武器并向三司报告。这些报告将成为关于沿边州军总军事能力的定期实况报道的基础;这一要求可能会在几年内扩展到所有路。④ 宋人目录书和书目进一步证明了存在着类似的路级报告,这些报告记录了具体活动和专门委员会的工作。例如,《至和发运茶盐须知》似乎是关于1054年到1056年间编制的关于茶和盐的禁榷,而《两浙转运须知》,则是关于两浙征收(稻米)税的总结。⑤ 路不是正式的政区,有常设工作人员负责整个区域的管理。这些报告的主题,重点反映了分配给那些受委托监督路级办事处的行政领域。除了有关政府垄断的信息,这些报告可能还包括如何协调整个地区政策工作的建议,如在尤袤的私人藏书中,

---

① 陈耆卿《赤城志》卷2《地理门·临海》,5a。
② 周应合《景定建康志》卷23《城阙志四·诸仓》,3b-5b;卷33《文籍一·石刻》,23b。
③ 亦参见汪青《北宋池州"永丰监"监址考》。
④ 笔者根据王应麟《玉海》卷151《兵制》,54a)的看法,理解为"诸路",而不是"天下"[《续资治通鉴》(四库全书本)卷157,14b;卷157,(汉籍全文资料库)第3807页]。这两个版本结合在一起,表明这一要求最初只针对与宋政权关系紧张的政体,后来大约在1045年,扩展到所有的路分。
⑤ 尤袤《遂初堂书目》,26b;嵇曾筠《浙江通志》卷254,6b;郑樵《通志》卷65,37b。

将《福建盗贼须知》列入其中。①

在朝廷上,"须知"报告被用于有关政策优先考虑的辩论。这些总结是基于下级政区提交的报告,以及由不同的中央政府部门编制的那些报告。后者保存了适用于它们的朝廷规章、内部准则和基本数据的记录,在当时的史学著作和书目著作中偶尔提到它们证明了这一点。在宋徽宗朝(1100—1126年在位),陈瓘(1057—1122年)进呈了一份题为《国用须知》的报告供大家讨论。陈瓘表示,当时国家的绝大部分资源都被用于西部边境的军事建设,他认为这一发展不利于国家的财政健康。② 正如受命督导此事的刘承珪在1012年提交的《内藏库须知》所言,此类报告可能已经成为宋朝统治前几十年间中央会计实践的一部分。③ 同时代的人注意到,刘承珪所编纂的著作包括了自内藏库成立以来所有与财政有关的条例,以及在其控制下的所有情况的记录。④ 朝廷官署也同样跟踪与其工作和内部事务有关的法律声明。郑樵的书目主要以别人的目录为基础,他在其书目中列出了诸如《内衣库须知》⑤《染院须知》⑥《司天监须知》《景灵宫须知》《仁宗山陵须知》等图书。其他"须知"似乎提供了有关朝廷或诸如《朝堂须知》《治狱须知》等特定行政领域的一般信息。⑦

---

① 尤袤《遂初堂书目》,29a。
② 岳珂《桯史》卷14,第158—159页。
③ 贺凯《中国古代官名辞典》,第353页。《会计录》的编纂贯穿整个宋代,也见于私人藏书中。关于这些记录的讨论,参见傅元国(Fu)《中国政府会计研究》,尤其是第299—332页。
④ 《宋会要辑稿》食货51之2;《续资治通鉴》卷79,第1805页。
⑤ 贺凯《中国古代官名辞典》,第346页。这个由殿中省和内侍管理的官库储存了精美的丝绸和其他材料,用于赠送给皇室成员、外国使节等。
⑥ 同上书,第271页。这是少府监下属的一个作坊。
⑦ 郑樵《通志》卷64《艺文略第二》,17a,18b-19b,卷68《艺文略第六》,16a;《宋史》卷205《艺文志四》,第5212页。

官僚"须知"似乎主要包括内部指令、相关法律和政策法规，以及对特定办事机构的运作或特定业务开展至关重要的基本信息。有些是源自单独的文件，如常平仓指示，但大多数是作为篇幅更大的资料采集中的一部分，因为它们被送到各级行政场所和中央政府决策机构。它们是正在使用中的资料集合，经常被吸收到更正式的论点和文本中，而且很少被编辑成可出版的格式。这些概述官署例行程序和行政惯例的做法，可能对官员有实际的用途。它们可以为那些仕宦之人或在某一特定职位轮值工作的人提供记忆帮助，并作为上级决策部门用于复查目的的一览表。

基于表9A—9B（附录Ⅰ）中所汇编的有限数据，我们可以推断出，官僚化的"须知"（那些与宋代行政运行有关的"须知"）是多元化类型中最大的子范畴。以一份简要分项报告的格式提炼基本信息是一项活动，但是，这项活动不仅适用于特定机关的具体问题，而且士人应用报告技术的主题范围，扩展到包括学术活动（历史和经学学习）、家庭管理（启蒙教育和食物）、医学和宗教实践等领域。报告类型的主题范围，与11世纪至13世纪之间在同一主题领域内的教科书、类书和手册的市场扩张相一致。与可能最接近的"指南"教育类型相比，通过更先进的专业知识和实践知识（诸如写作）来引导读者，"须知"通常仅限于指导新手的一套基本指令。正如官僚报告将规则和基本数据汇集在一起，以促进监督和决策制定一样，在每个领域列出的"须知"只不过是普通读者"需要知道"的基本原则，或有助于决策的基本数据。

现存最早的一个"须知"例子，是吕夏卿（活跃于1042年）的《唐书新例须知》，其主题与行政没有直接联系。作为对唐朝历史大部头著作的补充，在这篇短文中，吕夏卿对《新唐书》进行了剖析，列出了皇帝、大臣、文武官员、司法部门、赋税、货币供应、大赦和藏书,并计算了它包含的不同类型的传记数量。① 《读易须知》在三十多个条目中类似地提供了《易》的主要特性和主题概述。在数量相对较少的条目(至少与行政类书或分类文集相比)中逐项列出内容,似乎是"须知"的一个显著特征。陈振孙对其拥有或过目的图书特点表现出了更大的兴趣,超过现代评论性目录学家通常对他的看法,他提到《房庭须知》,列举了21个条目,以及《西夏须知》,仅有15个条目,就提供了对西夏的概述。② 表9A所列书名的绝大部分只是一个分册,这一事实进一步表明,对关键指标的简要考察是这一类型的显著特点和吸引力。③

在中国,官方报告的流通和报告模板,适应更广泛的社会和文化利益的信息,就像在英国、美国或日本一样,都是现代性指标。它们的流通表明,公民有权获取信息,但政府对公民生活兴趣扩大的同时,也显示了民族国家的监管权力。不考虑古今图书、重复和编目错误在其数据库中的不完全性,World Cat 中关于中国"须知"的记载,显示了这一类型在20世纪呈指数增长。World Cat 是世界上最大的联合目录,其中出版日期在1000年至1800年之间只有26本"须知";1800年至1899年之间,记录有47本"须知";1900年至1999年之间,记录有1696本"须知"。类似但更明显的趋势也适用于"指南",根据未经处理的World Cat

---

① 关于这部著作在《新唐书》评论中的地位,参见白乐日、吴德明《宋代书录》,第67页。
② 陈振孙《直斋书录解题》卷5,第140页。
③ 从表9A(附录Ⅰ)可以看出,有一个例外,十卷本的《剑南须知》。这部作品已不复存在,它是作者本人收集的关于南方的旧史料(1—6卷)和新史料的汇编。出自该书的有一条关于11世纪六七十年代马政的条目,受到了宋代以及后来的历史学工作者的一致称赞,认为这些材料不见于正史中。我们对于该书作者宋如愚的情况了解甚少,除了知道他是四川当地人,曾经应举但没有成功。《文献通考》卷205《经籍考三十二·史部·地理》,11b。

的研究结果,在相同的时间间隔内,"指南"数量从62本增加到73本,然后增加到15788本。① 20世纪的出版商依然涵盖了摘要报告,作为帝制时代的信息共享提供了模板。行政、医疗、宗教和教育仍然是核心问题,正如在这些题为《为官须知》(2003)、《临床用药须知》(2001,2005)、《缁素必备佛教仪式须知》(1976)、《学校选用课本及学习材料须知》(2002)等出版中所呈现出来的。《非美国公民申请生活补助金须知》(1996)、《权利与辩护:犯罪嫌疑人暨家属须知》(2005)、《最新台湾外销货品目录及出口贸易须知》(1972)、《女性须知》(2006)所说明的那样。11世纪以降,中国的案例报道类型和报道程序已经成为帝国精英文化的一部分。

关于边境政策和人民的"须知",在私人藏书"须知"中所占比例最高(附录Ⅰ,表9C)。这强调了这种关注在文化精英中的中心地位。遗憾的是,这些书现均已不存,但前文所描述的《匈奴须知》,表明在这些书中,夷狄政体是按照已经成为著录的中国标准类别(如行政地理和行政组织)来书写的。这些书因此将北方政体作为王朝国家,纳入到具有中国王朝属性的新认识中。宋政权北方竞争对手的这种表现,强调了需要仔细审查现有的外交政策选择。正如重新审视六朝军事和政治历史所表明的那样,这些不再是仅仅基于中原汉人政权和北方游牧民族联盟关系之间的历史,而是现在可以讨论的,基于中国领土自身的多国关系的历史。这些和类似讨论宋朝边事的体裁在12—13世纪的传播,至少确保了这一点,即士人和中央政府一样了解敌人的本质,尽管仍然反对怀柔政策,但仍需要进行适当的规划。

---

① 对于"须知""指南"的进一步研究,限于上文所述的时段及语言(中文),见2011年3月12日,http://www.worldcat.org/。

第四章 战略话语:在公共领域中构建边疆

11世纪到13世纪之间,宋政府产生了大量关于边事的信息,这些信息将宋朝领土与北方和西方的政治实体分隔开来。官员们就边境地区、周边政治实体和宋朝边境政策等问题展开了广泛的讨论。中央行政档案包括地图、使节报告、外交信件和文武官员们的政策建议。有时,这些信息会被系统地组织起来并编成大型的档案汇编。朝廷继承了法家的观点,即在官场之外分享具有战略价值的信息会危及帝国的权威,对这些材料采取了保密政策。在整个宋朝统治期间,它通过颁布禁令,禁止在更大范围内传播和商业出版关于边事和时事的宋朝文献,来捍卫并加强这种保密政策。限制流通的清单与同样有据可查的官方历史形成对比,默认在私人藏书中存在这种敏感材料,在各级学校和各级科举考试中使用这些敏感材料,以及在为准备参加应举策论的学生编写的手册中使用。这种悖论从未得到解决。坚持保密可以对敏感材料定期监督。但泄漏材料的泛滥和基于中央集权模式的新材料的编写,也为士人参与边事创造了空间。在这一过程中,一种归属于"中华帝国"的意识已经成为士人身份的一部分,而"中华帝国"的边界是无法通过外交谈判来界定的。

232

第五章 前现代边境的多重性

在本书第四章中，尽管朝廷立法禁止出版这些资料，但笔者展示了关于边事的官方文件、地理资料和科举考试资料，是如何以及为什么在12—13世纪的士人精英中以越来越快的速度制作和传播。在本章中，笔者将研究宋人对边事日益浓厚的兴趣，是否与对周边国家不断变化的看法和分析相一致。

这一考察并非巨细靡遗，因为根据政策取向并依靠边境地区的地形，边境政策和士人对边境地区的看法和相互作用会随着时间的推移而有所不同。[①] 更确切地说，在8世纪至13世纪之间完成的三部军事纲要和类书的基础上，本章说明宋朝的边境和人们对它们的理解是多种多样的。在宋代关于边事著作的大量出版和流通中，我们发现了新边境建构的痕迹与建构新边境的方式，同时也发现对早期模型的复制。尽管没有证据表明宋人对边境的理解有一个线性的变化，但问题仍然存在：在宋政府的有效控制下，边境地区的收缩是如何影响人们对边境的描绘和概念化的。最近的学术研究，记录了地方精英和地方政府的授权，本章

[①] 关于宋朝的对外关系，特别是关于宋夏、宋辽、宋金、宋蒙等方面的关系，相关学术研究成果数量庞大且不断增加。对这些文献的一些有用介绍，可见于罗茂锐（Rossabi）《中国棋逢对手》和杜希德、史乐民《剑桥中国辽西夏金元史》第5卷，第1部分。

继续跟进,在章节末审视了地方知识在帝国边境建设中的价值,以及其中所反映的中央集权和地方化倾向之间的关系。

缘边:民族文学写作

军事经典中很少出现边境,也没有将其挑出来作为一个值得集中分析的话题。在晚唐档案体制中,出现了作为一个门类的"边防",并且其地位在宋朝政书和兵书中日益显著,这为边防以及边境提供了阐释的窗口。《通典》是一部帝国政书式的大部头史学著作,时间涵盖了从古代到当时唐朝,在《通典》中,杜佑(725—812 年)用了总共 16 卷的篇幅,讲述了到 8 世纪中叶,"边防"成了唐朝廷的主要关注点。在现代汉语中,"边防"这个词可能第一次成为中国政书中的一个高级概念。

这一概念在 9 世纪之交出现,当然并不意味着在 801 年之前,当《通典》完成时,关于边防的问题并没有被单独挑出来加以特别思考。杜佑的边防史可以追溯到周代,他对汉朝关于边防问题的争论表现出了浓厚的兴趣。在关于中国与蛮夷政权之间关系的早期记录中,它们之间的边境是根据不同的标准来定义的。狄宇宙从基于战国时期的战略标准、汉帝国初年的外交,到中华文明第一部综合性史学著作司马迁的《史记》中的文化生态差异出发,追溯了在边境想象和使用上描绘的轨迹。[①] 这些解释国家边境的不同方式,以及后来秦汉帝国与基于地形和行政合理性的模式,共存于宋朝的政治文化中。

杜佑《通典》的"边防"卷,主要考察了汉语记录的整个历史上

---

① 狄宇宙《古代中国及其强邻》。

出现的人民和政权。杜佑将非汉人分为四种类型(东夷、南蛮、西戎和北狄),这些条目简要描述了每个民族的谱系、部落的划分、语言、饮食偏好、社会习俗、死亡仪式、政治组织、气质、大致地理位置和运动轨迹,以及与周围的夷狄和中国历代王朝的关系。在后一类中,杜佑特别注意到他们与中国军队的冲突和入侵中国领土。在下文英译的回纥人的例子中,每个例子中所呈现的信息类型和信息数量各不相同:①

> 回纥在薛延陀北境,居延婆陵水,②去长安万六千九百里,胜兵五万人。先属突厥,初有时健俟斤,死,子菩萨立。大唐贞观初,与薛延陀俱叛突厥颉利可汗,③侵其北边。颉利遣骑讨之,战于天山,大破之,俘其部众。回纥由是率其众附于薛延陀,号为活颉利发,仍遣使朝贡。

> 其地沙卤,有大羊,而足长五寸。及薛延陀之败,其大酋胡禄俟利发吐迷度率其部诣阙,请同编户。自突厥衰灭,其国渐盛,国主亦号可汗。开元十五年,使大臣梅禄啜来朝,献名马焉。④

杜佑对待边境的方法可能叫作民族百科。在中国的情况下,

---

① 杜佑《通典》卷 200《边防典·边防十六》,第 5491—5492 页。
② 依据吴玉贵《〈通典〉"边防典"证误》所提建议的校正。
③ 魏侯玮《唐政权的巩固者唐太宗》,第 221—222 页,第 230—231 页;迈克尔《唐代中国与回鹘帝国的崩溃》,第 20—21 页;潘怡宏(Yihong Pan)《天子和天可汗》,第 171—179 页。
④ 在一篇关于《通典》边防中所出现的问题的文章中,吴玉贵根据其他唐代历史文献或后来基于唐代文献的文本,论证了杜佑认为向官方进呈马匹的是回纥人而不是突厥人的观点很可能是错误的(《〈通典〉"边防典"证误》)。在原文中,杜佑增加了一个脚注,提醒读者注意他阅读的史料和他尚未披露的史料之间的差异,所有这些都使梅禄成为一个突厥行政头衔。亦请参见潘怡宏《天子和天可汗》,第 287—292 页。

根据一套民族志因素,尽可能全面地盘点夷狄的个性特征。杜佑列举出了一百九十多个民族和政权。这份清单完整列出了在有史以来的历史进程中,中华帝国周边出现和消失的民族。杜佑以各种史料为基础的简要描述,特别是在信息匮乏的情况下,对蛮族的典型进行描述,这种描述广泛地应用于种族划分,如"食肉衣皮",形成了一幅不同世界的图画。①

差异在两个层面上发挥作用。首先,它针对汉人和异族。这个区别体现在"华夷"这个短语中。杜佑在《边防典》这一卷的开头,详细地对比了生活在已知世界核心的人民"华人"和那些生活在边缘地带的夷。《边防典》开篇确立了中国疆域的中心地位:"覆载之内,日月所临,华夏居土中,生物受气正。"②汉人在地理上的中心地位,以及人们所认为的自然利益,为这个民族的智慧和自然道德,其所居住的土地产物,以及其政治组织的优越性提供了依据。汉人的团结一致,以及他的定居和历史的延续性,都与夷狄的多样性,他们的运动性,以及个别民族历史的不连续性形成对比。因此,差异不仅体现了汉人与夷狄的对立,也抓住了夷狄之间偏离规范的多重路径,相比之下,这些路径似乎使中华文明具有同质性。

在面对异族他者时,王朝统治史的不连续性,核心领土的割裂,以及汉人和夷狄的共居,都取代了华夏民族的单一历史。杜佑对世界的描绘,通过缘边民族的混沌,为处于核心的汉人提供了一个引人高度关注的视角。他的民族思想,是《华夷图》中传统的一部分,而《华夷图》是舆地图的两种类型之一,其制图历史和

---

① 像《通典》这样的王朝历史和类书式作品,系统阐述了种族刻板印象,关于这种作品的类似描述,参见班茂燊(Marc Abramson)《唐代中国的族群认同》,第41页。
② 杜佑《通典》卷185《边防典·边防一》,第4978页。

实践都是在宋代构建而成的(见本书第三章)。

在杜佑的处理下,通过与在中国世界缘边的其他人打交道的共同经历,汉人的历史变得单一化。因此,民族思想与边境政策的讨论密切相关。8世纪的军事专著,是杜佑对中国边境政策历史解读的主要史料。在构建百科全书式的民族名单的结语中,杜佑详细引用了刘贶(? —759年)的《武指》,这是一部简明扼要的文本,回顾并评价了古今"议边者"。

回顾边防史,刘贶得出的结论是:严格的华夷之辨,应是边防事务中的基本原则;未能遵守这一原则,是汉人政策史的特征。作为一种外交原则的分离主义,可能会与世界主义和多元文化主义相左,而这两种主义已经与唐帝国联系在一起,班茂燊在探讨唐代社会中的种族焦虑和多元文化冲突时指出,即便是在唐朝统治的前一百年内,对民族同化的强烈支持,也应该在民族刻板印象和种族隔离的更大背景下加以解读:"作为一项规则,国家的行动常常掩盖其同化主义的论调,从而得出这样的结论,即这种论调往往在分裂主义民族政策的更大范围内为特定的目标服务。"①

采用严格分治作为衡量边境政策制定和实施的标准,这促使刘贶修改了边境政策的历史。他将自己的阅读与汉朝政治家的观点进行了对比,他认为汉朝政治家们的观点,是早期边防史上最可靠的指南。王莽(8—23年在位)的谋臣之一严尤,指责周朝政策的错误在于未能维护并执行华夷之间的等级关系(以主仆之间的等级关系为模式)。他指责秦朝的政策未能排斥夷狄,反而在其试图这样做时,让国家陷入灾难;他指责汉朝统治前二百年

---

① 班茂燊《唐代中国的族群认同》,第142页。

的政策,首先是在汉武帝(公元前141—87年在位)的统治下耗尽国家的力量,后来又诉诸怀柔政策,而这些政策是建立在汉朝与匈奴社会之间共同点的错误假设之上。①

刘贶修改了严尤的评判:

> 荒服之外,声教所远,其叛也不为之劳师,其降也不为之释备,严其守御,险其走集,犯塞则有执讯之捷,深入则有殚戎之勋,俾其欲为寇而不能,愿臣妾而不得。②

刘贶将所谓的周朝未能在华夷之间建立起等级关系的说法,变成了他们能够遵守边境政策首要规则(即通过军事准备实现出色的隔离)的一个例证。在刘贶看来,周朝的政策是第一流的。建造长城使得秦朝比严尤提出的方法更高级,因为城墙是用来阻挡野蛮人的屏障。对于备受诟病的秦朝政策,刘贶改变了对其的看法,并表示秦始皇修建长城,是为了执行经典《易经》中的指示:"王公设险以守其国。"③长城是按照经的指示建造的,在刘贶的阅读中,它们有效地阻止了匈奴携带其牲畜南下进入秦国。

刘贶对汉朝统治下提出并实施的军备政策表示不屑。除了批评汉武帝错误的侵略政策外,他还斥责汉朝将公主嫁给匈奴单于,给予匈奴部落首领头衔,并接受在汉朝领土内的匈奴定居者的政策。后一种政策表明,历代汉朝政权未能认识到华夷之间的根本区别。汉人公主出嫁和亲,希望藉此产生的家庭纽带可以防

---

① 关于严尤观点的简单描述,参见杨联陞《从历史看中国的世界秩序》,第23页,第29页。
② 杜佑《通典》卷200《边防典·边防十六》,第5499页。
③ 《易经》坎、彖;亦见理雅各《易经》,第532页。

止匈奴入侵,这是基于汉朝社会所培养的道德推理。刘贶认为,匈奴的历史,尤其是冒顿(公元前209—174年称汗)在公元前209年刺杀自己父亲的臭名昭著的事件,证明了这种推理与匈奴心理格格不入。

政治家们不仅未能认识到汉朝与匈奴社会之间的差异世界,而且还"弃同即异"。① 沿边的弛备是建立在接受一个多元文化世界的基础之上。接受差异,是对周朝圣君们边境政策首要原则的逆转:绝对差异应该将夷狄排除在中国世界构建关系的规范和实践之外。将构成家庭等级和政治阶层的社会规则运用到汉人身上,将其身份定义为文明的中国人。把这些规则延伸到夷狄身上则导致了爆炸性的混合,因为他们好斗的天性和成为汉人的愿望结合在一起。这种杂糅,而非蛮夷社会的固有特征,才是造成异族占领的原因。杂糅对汉人产生了相左的影响。他们被夷狄的风尚和习俗所腐化,失去了保护文明的动力。唐王朝的其他代表也有同样的看法,认为周边地区会对都城中心产生消极和不稳定的影响。②

刘贶在分析早期帝国边境政策历史的基础上,在《军指》中提出了这一论题。杜佑阐述了它的当代理论基础和含义:

> 我国家开元(713—741)、天宝(742—756)之际,宇内谧如,边将邀宠,竞图勋伐。西陲青海之戍,东北天门之师,碛西怛逻之战,云南渡泸之役,没于异域数十万人。③

该文所附注释澄清,造成这些灾难性损失的,是那些具有异族血统的将领以及与其相关的人:突厥将领哥舒翰(? —756年)据说让两

---

① 杜佑《通典》卷200《边防典·边防十六》,第5501页。
② 班茂燊《唐代中国的族群认同》,第171—178页。
③ 杜佑《通典》卷185《边防典·边防一》,第4980—4981页。

万部队葬身吐蕃;有突厥血统的安禄山(? —757年)在东北与契丹、奚人交战中损失十万军队;高丽人高仙芝(? —756年)在751年著名的怛逻斯川之战中,造成七万人陷没;杨国忠(? —756年)因为与杨贵妃(719—756年)的裙带关系,飞黄腾达,并占了她与安禄山关系的便利,造成了在南方十余万人全部陷没的巨大损失。

8世纪中叶的这种巨大损失的经验,使中国史学工作者和诸如刘贶、杜佑等官员们重新考虑唐朝的边境战略与其汉朝模式。刘贶还推翻了对班固(32—92年)的论断,他将班固挑选为汉朝讨论边境战略次要的、可替代的代表。不像其他汉族政治家和将领,他们以在中亚的战事[如霍去病(公元前140—前117年)]或倡导谈判和平[如刘敬(约公元前200年)]而闻名,班固对整个公元1世纪的汉朝边境政策给予了严厉评论。他把关于这个话题的讨论分为两种策略:(1)朝廷高官普遍提倡的,通过和亲和货物交换谈判来实现和平;(2)通常受到军事部门支持的,通过军事行动进入外国领土。他认为这两种策略都是无效的,因为前者导致匈奴对汉人资源的剥削和对边境控制的弱化,后者导致汉人的损失并加剧了来自北方的入侵。

这两位8世纪的史学工作者都同意班固的评价,但也指出,像严尤一样,他没有抓住更重要的一点。班固曾提出,对待异族的正确方式是守礼,实行与统治中国社会相同的公正标准和社会等级制度。对于刘贶和杜佑来说,礼并没有到达彼岸。以孔子权威为基础的对礼实践的普遍性信念,不得不被华夷社会实践的格格不入的信念所取代——刘贶还是寻求了周朝的先例,尽管现存的记录在这方面产生了矛盾的结果。①

---

① 狄宇宙《古代中国及其强邻》。

与在汉代和后来的朝贡活动中所展示的财富以及慷慨馈赠相比,刘贶想象,在任何场合,当夷狄出现在朝廷上时,文明的仪式都是倒置的:

> 故夷狄来朝,坐之门外,使舌人体委以食之,若禽兽然,不使知馨香嘉味也。获其声,不列于庭庙。受其贡,不过楛矢兽皮,不为贽币,不为财货。利既小矣,酬亦宜然。①

最后,刘贶和杜佑设想了一个无须朝见的世界。《武指》提出,最佳的边境战略是严格的种族隔离政策:

> 华人,步卒也,利险阻;房人,骑兵也,利平地。彼利驰突,我则坚守,无与追奔,无与竞逐。来则杜险使无进,去则闭险使无还。冲以长戟,临以强弩,非求胜之也,创之而已。……如是,何礼让之接,何曲直之争哉!②

边境:行政区划

12世纪初的商业地图集《历代地理指掌图》中所收录的地图,说明了边境民族传播模式与基于边境地区行政区划的模式共存。不过,前一种模式出现在中国历代疆域图上,后一种模式则隐含在《圣朝元丰(1078—1085)九域图》(图5.1)中。在这幅图中,中国辖区的边境清楚地划定。宋帝国被描绘成有23个路,路是最高的行政区划。行政单位构成了一个原子化的世界;每个行政单位都被描绘成帝国海洋中的一座岛屿。相互竞争的国家和

---

① 杜佑《通典》卷200《边防典·边防十六》,第5502页。
② 同上。另一个英译本,基于欧阳修《新唐书》中时代稍晚的版本,参见赖大卫《北方边境》,第57页。

民族，以粗体字显示，出现在北部和西部缘边的契丹辽政权和党项西夏政权，没有地理位置，以此确定了统一世界的界限。

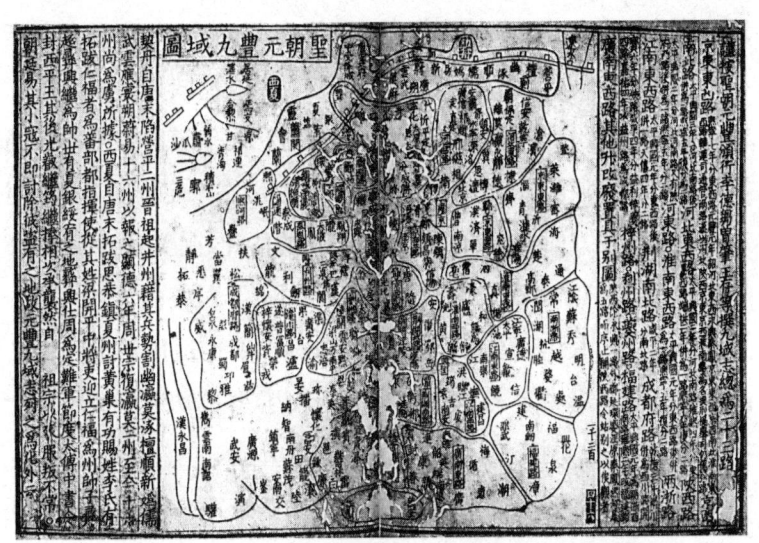

图 5.1 《圣朝元丰（1078—1085）九域图》，出自《历代地理指掌图》
（图片来源：东洋文库，东京）

作为个别行政区划的边界，边境同样出现在 11 世纪中叶的军事论著《武经总要》（1044 年的军事典籍总论）中。"边防"一章包括与非宋民族和政权接壤的路的行政地理。在每个路的下面都列出了州府、隶属的县或者军监，按等级和规模大小顺序排列：城、寨、堡。边境区域是由这些单元相对于彼此的位置和距离，以及与党项和契丹谈判达成的边境来界定的，水流走向或者长城是这两个边境的划分线。行政单位之间的联系，见于对连接它们的道路宽度的描述中，在烽火台的分布中，在对每个辖区的邮政和哨所的系统调查中，详细描述了驻扎在那里的步兵的数量、在东南西北四个方向上距离最近的节点的距离和位置，以及偶尔也描述它们的主要功能，特别是当这些任务仅限于对游商的检查时。

根据在《武经总要》中每个州府所提到的寨的分布图显示(这些细分最明显),军事防御据点,集中在北方地区路的北部和西南地区路的西南部分。如果将每个地区的寨和寨铺位置与数量包括在内,这种模式就会更加明显。① 在北方,寨以及城和堡都是在11世纪中叶前后出现的,当时宋朝廷开始建立起一道防线来对抗西夏政权。第一波防御工事(约1040—1060年)在一定程度上是应对边境地区西夏方面类似的努力。据宋朝的估计,在1038年到1048年之间,西夏统治者完成了一个防御工事网络,最终由大约三百个据点组成。② 除了其防御功能,这些防御工事也适用于进攻性的战争计划。一些西夏的寨建在宋朝领土内,并成功地保持了数十年,作为宋夏关系持续不断小规模冲突的基地。

11世纪80年代中叶,在宋朝第二次修筑军事防御据点浪潮结束时,宋朝在黄土高原地区(大致覆盖了山西、宁夏、陕西、甘肃、内蒙古、青海等省的部分地区),已大致赶上了西夏的步伐(表5.1)。这张图表还显示了在11世纪修筑的大部分防御工事都是在这个地区建立的(值得注意的是,西北路尤其是秦凤路的优势)。宋夏边境地区密集的防御工事网络的出现,标志着宋朝防御工事的重点从北方转向了西北。因为在宋辽争夺的地区,谈判往往会使边境更稳定。宋朝的防御工事在11世纪90年代末和12世纪初持续出现在西北地区,在元祐时期较为保守的政权统治之下,经历了短暂的缓和期后,又建成了84个军事据点。到目前为止,考古调查证实了西北路防御工事和通讯网络的密度。

---

① 魏希德《信息、领域和网络——额外的材料》,地图5.2a-e。
② 孙伟《北宋时期黄土高原地区城寨堡体系演变研究》,第10页。以下描述主要基于孙伟的硕士学位论文。

表 5.1 黄土高原上按类型划分的强化定居点数量

	路	城	堡	寨	总数
北宋	河东路	0	8	37	45
	永兴路	2	7	32	41
	秦凤路	5	115	43	163
	熙河路	1	24	9	34
	小计	8	154	121	284（原文）
西夏		(9)	(35)	(37)	300＋（原文）

史料：信息摘录自孙伟《北宋时期黄土高原地区城寨堡体系演变研究》第 27 页，图表 5。

最近的调查也提供了宋夏军事据点的规模和特点。根据孙伟的计算，在陕西北部发现的 117 个据点的平均周长，寨城的外墙（52 个）周长 1762 米，那些寨（55 个）周长 1019 米，而那些堡（10 个）的规模稍微小一点儿，周围长有 1002 米。位于青海东部的 28 个军事据点的周长分别为 1287 米（18 个）、1180 米（1 个）和 466（9 个）米。① 与这一地区县城墙的平均长度相比，那些寨城的城墙要长三分之一，而那些寨的城墙尺寸则差不多。考古调查显示，所有的防御工事都是由墙壁围起来的。墙主要是用夯土建成，但也使用石板，或是作为唯一的材料，或者与夯土结合使用。墙的残存长度表明，其高可达 2—8 米，宽可达 1.5—6 米。只有少数加固的据点拥有双层或三重围墙，但许多寨墙都使用了墙壁加厚以增加保护。②

---

① 孙伟《北宋时期黄土高原地区城寨堡体系演变研究》，第 7 页，表 1；亦见第 35 页、第 41 页。孙伟的数据是基于国家文物局《中国文物地图集——陕西分册》《中国文物地图集——青海分册》。
② 墙壁延伸是更普遍的带有城墙的城市的一部分。相关例子，参见夏南悉《中国皇城规划》，第 6—8 页；王才强（Kiang）《贵族官僚城市》，第 144—149 页。

军事据点的规模和布局表明,它们不仅仅是加固过的军事营地。考古工作者们提出,这些边境定居点复制了中国中型城市的标准特征:少数城门正对着主干道,将城市分成不同的部分。临羌(位于今宁夏的海原县)是保存较好的寨的样例之一,它原本是西夏的一个据点,但在1098年落入宋军手中。① 残存的遗迹表明,这座寨被划分为至少四个功能区:行政区、宗教区、商业区和手工业区。从这些军事分区的税收配额来看,我们可以进一步推断出,这些定居点,特别是较大的定居点,是自给自足的,并已成为具有军事和民事功能的拓边边境网络的一部分。寨镇的混合性质在其军事力量的构成中也很明显。除了常规的宋军(禁军)(人数从数百人到几千人),这些定居点是当地民兵组织的基础,这些民兵由移民和当地的蕃落组织组成,他们被招募来开垦土地,在需要的时候协助宋军作战。②

从11世纪中叶以降,宋与西夏政权系统地努力在黄土高原上建立起密集的防御工事和通讯网络,使得边境出现在《武经总要》中。边境勘界距离和网络节点之间距离的规定表明,对该网络的开发和维护进行了一定程度的测量。③ 尽管宋、夏边境可能没有宋辽边境那么稳定,但宋朝在宋、夏边境地区坚持不懈地进行边境勘定和屯垦设防,这在几个方面与宋朝与辽国在边境谈判中所采取的政策是一致的。宋政权试图在11世纪70年代中叶修复河东地区的线性边境,谈判人员系统地使用诸如地图等地理工具,并在多个方向测量边境特征之间的距离,④ 这与军事管辖

---

① 孙伟《北宋时期黄土高原地区城寨堡体系演变研究》,第44—45页。
② 迈克尔《北宋的军事与行政区划》,第183—184页。
③ 关于宋代测绘方法的简要概述,参见吴承园《宋代测绘史考》。
④ 蓝克利《地理与政治》;马瑞诗《把握世界》,第154—156页。

地区密集的边境网络的发展相一致,而军事管辖地区的当地边境被理解为与国家边境相一致。

然而,这个网络并没有被人们想象成一个永久的自然特征集。这是宋朝廷扩张主义政客们所采取的帝国战略的一部分,在条件允许的情况下,他们将边境向北或向西移动。就其本身而言,这一网络具有拓荒者的某些特征,如早期现代欧洲人所认为的加强政治边境,以及美国人所认为的扩大文明定居点。① 然而,成功是有限的,帝国主义的野心一次又一次地被朝廷上更为保守的势力所制约。然而,作为征服起点的军事化边境的概念,作为宋朝战略思想的遗产保留下来,并在1127年,宋朝廷在北方领土沦陷于女真人势力之后,以不同的形式重新出现。

没有长城的边疆?

> 近日书肆有《北征谠议》《治安药石》等书,乃龚日章、华岳投进书札,所言间涉边机。②

这篇奏议(本段文字的出处),导致了1213年《北征谠议》《治安药石》的被禁。③ 所有的抄本和木版应该都被销毁,但是就像

---

① 关于这两种分析边界模型的讨论,参见丹尼尔(Power)、斯坦顿(Standen)《有争议的边界》导论。
② 《宋会要辑稿》刑法2之138。
③ 长期以来,人们一直认为华岳的《治安药石》已经失传,但在18世纪末或19世纪初,人们重新发现了一部包含这一书名的元代抄本。这一抄本(现藏国家图书馆)题为《北征录》,而另一个元抄本(现藏南京图书馆)是在1993年出版的其现存作品合辑中标本(《翠微南征录北征录合集》)的底本。这一版包括华岳的简短传记,两本书的文本历史,以及序言和其他书目资料的抄录。关于华岳及其这部著作的进一步讨论,参见李传印《论华岳》,第63—69页;王联斌《宋代兵书及其军事伦理思想》,第173—175页。

其他宋代著作一样,它们通过合并在篇幅更大的图书汇编中或者以其他书名传播而幸存下来。与本书第四章中讨论过的其他关于边事和军事地理的著作不同,部分由于其商业上的成功,华岳的《治安药石》得以保存至今。

这两部被禁的著作,体现了宋人读者间对战略话语的兴趣,反映了12—13世纪军事战略著作的创作变化。《通典》和《武经总要》主要根据国家的档案记录,由朝廷高官编纂而成,是大部头的类书,流通不广。而这些著作是由两位并无显赫仕宦生涯的人编写的。它们由关于边境政策和军务的文章与简短条目构成,如同要求提供政策咨询的惯例一样,进呈给皇帝——他是可以采纳它们并在帝国范围予以实施的独一无二的权威。

在序言中,华岳上奏宋宁宗(1195—1224年在位),要求皇帝将他的边防计划分发给包括三省、枢密院、执政、台谏、侍从在内的朝廷高官。他还进一步建议,如果在中央一级获得认可,本书也将转交给地方长官。① 正如其出版史所表明的那样,华岳在《治安药石》中提出的战略,远远超出了最高政治和军事领导人的圈子。到13世纪,印刷发行已成为一种策略,那些政策建议被有权势的高官或朝廷派系所阻挠的人诉诸于此。②

在华岳之前,有人主张制定一套新的政策,来管理淮河和长江沿岸的新边境,而华岳的建议与他们不同。③ 通过对《翠微南征录北征录合集》文本历史的简要讨论,我们将转向作者对同时代边境政策的批判,以及作者在其著作中提出的策略和方法。

---

① 华岳《翠微北征录浅说》,第148页。
② 另外一个例子,参见笔者在《义旨之争:南宋科举规范之折冲》第211页中所讨论的真德秀刊刻落第文章。
③ 关于南宋朝廷对新边疆管理的讨论,参见马瑞诗《从战场到州县》。

《翠微南征录北征录合集》的文本史

华岳在 13 世纪初享有盛名。1205 年,当时他还是都城的一名武学生,他在信中批评平章事韩侂胄(？—1207 年)贸然发动战争,并要求罢免韩侂胄及其党羽。韩侂胄对这个学生激进主义的例子作出了回应,先是将华岳囚禁在大理寺,后来又将华岳囚禁在建宁府。宋军战败,韩侂胄遭到诛杀后,华岳回到武学,并以武举登第。他以殿前司属官身份,曾经短暂为官,但是,正如 1213 年的禁令所透露出来的,他很快就与政府发生了冲突。尽管他在《宋史》中被誉为忠臣,但除了其官方传记中的简短评论,提到他在另一位因作风专权独断而受到人们抨击的宰相史弥远(1164—1233 年)当政时被公开处决外,关于他生命最后几年的传记细节却几乎没有留下来。

更鲜为人知的是,1213 年报告中提到的第二个人龚日章。252 根据一部后世的福建方志记载,来自莆田县的龚日章大约在 1196 年前后进入官学,后来成为一名府学教师。① 前文所引用的文章片段显示,《北征谠议》是龚日章的作品,《治安药石》是华岳的作品,这是后来阐释者们阅读这篇文章的方式。② 然而,一则当时的史料,将《北征谠议》归于华岳,这篇文章和《平戎十策》中的一篇文章完全相同,而《平戎十策》收录在华岳关于边事的著作合集中。③ 这一合订本,冠名《北征录》,并不见于宋代的目录中,而是存在于元代的抄本中。

---

① 谢道承《福建通志》(1737)卷 35,3a。
② 相关例子,参见杨国宜《南宋禁书:北征谠议、治安药石》,第 120 页。
③ 谢维新《古今合璧事类备要》别集卷 4。相关文本亦见于华岳《翠微北征录》,收入《中国经典兵书》第 2 册,第 1921—1924 页。

笔者将《治安药石》和《北征谠议》都作为华岳的作品,由于这一归属,也因为《治安药石》中的文本与《翠微北征录》中直接引用的一篇文章之间有重叠之处。后一篇文章与《平戎十策》中的那些文字之间的对应关系进一步证明,《北征谠议》和《平戎十策》是同一篇文章的不同题目。

在这两本合集的出版过程中,龚日章一定参与了其中一些工作,因为在《宋史·艺文志》中,他被列为《翠微北征录》的作者,不过名字被错误地写成龚日华。① 笔者推测,像其他学生和州学老师一样,龚日章来自福建的某个县,离华岳的放逐地和他撰写关于边事文章的地方距离比较近,参与了这一商业出版物的准备工作。而华岳被官方拘押的所在地建宁府,也是12—13世纪知名的商业印刷出版中心。②

这些图书被挑选出来,很可能是因为作者批评韩侂胄在1206年对金朝的军事行动,以及对朝廷的军事政策更广泛的批评。考虑到记载华岳晚年生涯的资料匮乏,这种特殊情况是无法追溯的。然而,由于华岳作品的知名度和商业上的成功,为了解宋朝士大夫的战略话语及其边境概念提供了一扇独特的窗口。

12—13世纪,人们提出一套主张战、守、和的策论并将其加以传播,也许并非罕见的事情。在《北征录》的第一部分《平戎十策》中,作者采用了一种在12—13世纪关于边事写作中似乎很普遍的设计。其他十篇关于这个主题的文章,包括李舜臣(活跃于12世纪六七十年代)的《江东十鉴》、李道传(1170—1217年)的《江东十考》,以及托名辛弃疾(1140—1207年)或者黄兑(活跃于

---

① 《宋史》卷208《艺文志》,第5380页。
② 贾晋珠《谋利而印:11至17世纪福建建阳的商业出版者》。

1172年)的《美芹十论》。数字"十"带有一种完整或彻底的感觉。李舜臣和李道传父子,他们的文章分别集中在中国南方领土成功战争的历史事例,以及南方政权在中国历史上成功的防御策略上。《美芹十论》的作者简明扼要地叙述了一项反战计划,并讨论了南宋朝廷的政策制定者们应优先考虑的边境政策领域,以实现收复北方,华岳赞同他的观点。

《平戎十策》的开篇是两篇关于取士和招军的文章。这一安排是经过深思熟虑的。要求人事变动是朝廷政治的重要组成部分,同时代政客们倾向于使用党争的道德辞令来构建这种要求,与他们不同的是,华岳敦促皇帝使用"英雄豪杰"来取代书生学士,"英雄豪杰"们深入了解南方的地形和淮河沿岸的战略要地,拥有个人经验。这些人受过传统军事思想的训练,熟悉同时代人的技术和战略思想,他们将引领北方领土的最终恢复和帝国的重新统一。在给宋宁宗的上书中(上书在他的文章之前),他用家庭和世系的比喻描述了统一:"合天下而为一家,合夷夏而为一统。"①这种语言强调了一个共同的假设,即南北方自然归属于一个更大的宗法共同体。

其他文章两篇分为一组,讨论了四个更大的主题。第二组文章论述了金军骑兵的问题,这是金军提出的一项关键的军事挑战,并解释了如何对付和困住骑兵。第三组文章集中论述了宋代军队努力的目标,即如何收复失地,如何不放弃。最后两组文章涉及加强军事能力(对胜负的奖惩以及军事机密的保护)和军事努力最重要且更广泛的政策领域(财政政策与负责向军队供应马匹的马政)的行政程序。

如果我们依据"序"的日期,华岳在《平戎十策》后不久,完成

---

① 华岳《翠微北征录浅说》,第23页。

了《治安药石》。而后者则是一篇关于重大策问的连贯论述,前者读起来就像一本涵盖了边防和军事管理41个方面的类书式列表。与其他当时的政书一样,这些条目是在大标题下被组织起来的,总共有9个标题,包括军国大计、边防要务、破敌长技、将帅小数、器用小节、采探之法、戒饬将帅之道、守边待敌之策、足兵便民之策。

与其他行政性质的商业出版物一样,这些军事论文证明了人们对宋代政治和战略话语中当前信息的兴趣,以及有文化的精英们更容易获得这些信息。华岳写道,尽管他本人被流放到建宁府,但他编写这本书是为了回应每天从边境传来的令人沮丧的消息。① 华岳身在福建山区,却能够定期收到边境地区的报告,这说明官员和非仕宦之人都有能力接收到时事信息。许多文武官员和有文化的精英们都深信,对邻国的军事和政治战略的讨论,应以最新的信息为基础。

战略和平与领土扩张

然而,致力于维持并恢复宋帝国的标准规模,并不意味着主战立场。华岳认为和议并承认金朝对北方领土的主权,这种谈判是13世纪初宋朝廷不可避免的政策选择。在《治安药石》中,他明确指出"和议"是"军国大计"——所引用的短语是《治安药石》第一卷的标题和小节标题。如果把华岳的反战立场与在该书其他地方所唤起的统一观念并置,可能会显得自相矛盾。

华岳使用同时代鹰派人物所共有的语言和意象,表达了他致力于恢复北方领土:

> 臣闻故乡之歌,帝王不能免;怀土之念,小人不能忘。彼

---

① 华岳《翠微北征录浅说》,第22页,亦见第147—148页。

其丘墓之营,非一祖一宗之积;田园之乐,非一朝一夕之故。一旦装束以迁,襁负而去,吾之产庐皆贼人之营寨,吾之马牛皆贼人之脍炙。遗弃之敖仓米粟,反有以资贼人之粮食;遗弃之金宝财帛,反有以资贼人之裹囊。吾之父老皆颠隮于道路,吾之幼稚皆遗掷于沟壑。见父老之颠隮,则弟子无心于战斗;见幼稚之弃掷,则父兄无心于守御。①

正如陆游(1125—1210 年)、陈应龙(活跃于 1223 年)或者张元幹(1067—1143 年)等人诗中所表现的那样,②华岳对故土的记忆在这里给读者留下了深刻的印象:世代土地所有权或宗族定居而带来的对领土的历史要求,在沿途被遗弃的亲人的形象,和对家庭财产的掠夺中所捕捉到的无家可归的感觉。他将宋帝国想象成自己的家园,同时也唤起了夺回北方领土的愿望,他引用了帝王和圣人关于故土的权威说法。

在上述这段被引用文字的第一行,他偶然提到了汉朝开国之君汉高祖(公元前 256—前 195 年)创作的一首诗歌。据说汉高祖在公元前 195 年的宴会上创作了这首诗歌。这是在汉朝建立后不久,当新建立的帝国面临挑战时,统一帝国的形象与人们更熟悉的独立统治王国的形象形成了对比。汉高祖从镇压叛乱的战事中返回,经过家乡沛县(今江苏沛县),据说这一经历激发出以下内容:"大风起兮云飞扬,威加海内兮归故乡,安得猛士兮守四方!"③

这些诗句因其收录在诸如《汉书》《文选》等重要文献中而闻名于世。正如汉高祖回到家乡寻找那些对故土依恋的人,这种人

---

① 华岳《翠微北征录浅说》,第 76 页。
② 参见魏希德《地图阅读的文化逻辑》。
③ 英译文采用华兹生(Watson)《中国古代诗歌》,第 68 页。

能够以类似的意愿在"四方"保卫帝国。华岳唤起了人们对家的印象,既有永远留下印记的理想的家园,也有其形象生动的、被洗劫一空的家。读者们因此被说服要"守地",这篇文章的主题以上述几行文字开篇。

华岳还创造性地解释了孔子的说法,根据《论语》的记载,孔子曾说过:"小人怀土。"① 在这段文字的原始语境中,小人安土重迁与关心美德的道德正直之人相比是负面的。华岳放弃了贬义,将伦理层面的论述转到了人类心理学的领域:就像过去的圣君一样,普通人不能不对自己的故土产生眷恋之情。正如我们将在下面看到的那样,在华岳的解读中,对家园和故土的自然依恋之情,从普通人的乡土主义迹象,转变为领土战略的合法基础。

因此,华岳在 13 世纪初似乎为重建与北方家园的情感纽带增加了动力,然而他的论述是为怀柔主义辩护。他指出,怀柔政策在官场和文化精英中引发了更广泛的异议。他把同时代舆论对怀柔政策的强烈反对,归咎于一种共同的羞耻感。被囚死于金国境内的北宋最后两位皇帝的遗体尚未归还,以及领土的沦陷,成了士大夫们的一种困扰。他们相信,这给宋王朝带来的耻辱,只能通过战斗至死的决心来洗雪。

华岳描述了一个庞大的统一反对派,他的描述夸大其辞,并作为他捍卫该政策的陪衬。他以华丽的辞藻开场,宣称对领土丧失和未被归还的先皇遗体感到羞耻,这不应该成为政治议程的核心。更为紧迫的是一些显而易见的现象,如将领和士兵的亡故、边境地区人口的饥饿,以及平民中的男性亲属承受着不惜一切代价寻找战场的压力。华岳认为死亡人数和绝望的迹象,是进攻战

---

① 《论语》第 4 篇,第 11 条。

略失败的标志。他反驳了采取更激进措施的主要原因（夷狄政权固有的不可靠性，以及和议对军事领导人士气与军事准备的恶劣影响），他呼吁读者不要理会由官员、失业学者和勇士般的将领们组成的联盟所发出的声音。在他看来，恼羞成怒不是制定政策和发动战争的安全指南。他把宋政权的状态比作陷入困境的赌徒，他唯一的生存机会和找回失去的财富的机会，就是紧紧抓住他所剩无几的那点东西，为将来的赌博做准备。

然而，即便对于华岳这样的和议倡导者来说，和议是一种策略，其最终将被以恢复帝国正常领土范围的军事进攻所取代。不像其他主张暂时和议之人，为了重建国家的赋税基础和军事力量，他们提议花钱购买和平，华岳主张利用和平时期建立一个错综复杂的防御系统，将宋金间的边境变成一个密集的边疆网络，这个网络既是防御入侵的防线，又是扩张的边疆，一个最终恢复北方领土的起点。

淮河——长江沿线的军事地势图

259

这并非巧合，来自于《北征谠议》的唯一一篇文章，节选于一本以领土为主题的当时类书。标题"得地"，反映了华岳在淮河地区重新概念化防御战略的总体尝试。这种重新概念化是基于这样一种认识，即该区域到 12 世纪中叶实际上已成为边疆。对于华岳来说，适用于这一地区的边防包括系统地收复领土，这些领土作为加强的定居点、道路、水路和连接这些具有战略意义特征的土地组成的网络被予以概念化。他以"地"代替"城"，将此作为国防战略中的主要分析对象。他把后者转化成前者的一个子范畴，并考虑到早期的军事著作已经对城市进行了系统的关注，他转而把注意力放在了淮河地区的详细地理上。

华岳的地理学重点是在淮河以南地区，这一地区包括了在历次条约中被划归宋政权统治的领土。这是一个深思熟虑的选择。华岳认为,当前的形势需要重新定位军事地理和情报。他批评了当时人们对淮北地区诸州的执着(位于金朝南京路东部的海州、泗州、宿州、亳州;位于南京路西部的唐州、邓州、陈州、蔡州)。对这些州的关注反映了在军队和官场中有相当一部分人希望恢复中原,但在他看来,宋朝的边境并不安全。对淮河以北地区的考察,为宋军的进攻提供了便利,但由于无法确保淮河以南边境地区的安全,又一次导致了金军的入侵,他们绕过了宋军北上采取的路线。

华岳因此起草了一份淮南(包括宋朝的淮南东西路)和荆襄(包括荆湖北路和京西南路)军事志的提纲。这两个地区位于淮河以南,但淮河仅流经京西南路北部边境的一小部分。延伸到淮河以外的地区也被称为汉中,以汉水命名,而汉水是淮河的主要河流。这一草案考察了州县、山水寨的防御工事、战略要地,以及大大小小的陆路和水路。该调查草案以及他向朝廷提出的进一步扩大调查范围的要求,即要求驻扎在这些地区的文武官员参与对土地进行类似的系统调查,是建设严密防御体系的必要基石。

河流在边疆概念的形成中起着至关重要的作用。河流和其他自然特征,诸如山脉,传统上被用来定义边境。在11世纪,正如蓝克利所指出的那样,朝廷官员将黄河视作抵御辽军的天然防线。用一位官员的话来说:"我朝世代以大河……为夷狄骑兵之屏障。"①蓝克利进一步表明,黄河与11世纪宋帝国稳定的联系,预示着在12世纪20年代女真入侵后,沿用了河流边界。

宋朝士人的确认为淮河和汉水对宋政权的保护具有很大的意义。然而,在华岳关于边防的著作中,"江边"一词的意义却超过了

---

① 蓝克利《从黄河到淮河》。

"江水"的物理路线。虽然 11 世纪的作者,将注意力放在了黄河阻止敌军骑兵前进的天然能力上,而他却注意到了淮河与北上的陆路和水路之间相互联系。这条河因此成为边疆网络的一部分。

> 夫淮之为水,清、汴、颍、涡、蔡可以通虏道者五。……诸将于此料其浅深、阔狭之势,而曲为之防,随其顺逆、利害之处,而切为之备,则不惟淮南之地可保无虞,而汉北之地取若探囊;淮南之区可以自固,而淮北之区殆若唾手。①

淮河是保持宋朝疆域扩张前景的前沿阵地。因为这个原因,13 世纪初朝廷要求将边防撤回到长江一线时,华岳对这一战略思想提出了强烈的反对意见。汉水与通往北方的河流相贯通,一旦它在宋朝领土上的路线遭到金国的进攻而被封锁,它就可以在逐步收复淮北领土的过程中发挥战略作用。这让人联想到《武经总要》中对边境的描述,华岳的边境概念将宋、金两国分隔开来,并结合了边疆的要素,形成一个稳固的区域和宋政体的拓展疆域。

华岳的模式在某些重要方面与北宋的边境模式有所不同。他指出,宋朝之所以能够挫败入侵的金军,其主要原因之一,是依靠以城墙为基础的防御策略。他认可有城墙的据点在保护淮河地区中的历史意义。在 12 世纪初关于拥有城墙的城市保卫战的研究基础上(诸如《守城录》),②华岳为其读者列出了城市防御可以尝试的方法。然而,主要的问题在于其他方面。为了强调以城墙封闭的坚固城镇为基础的边防模式的破产,他描述了淮南以及淮汉(或荆襄)地区的州县情况。

他统计了前者的 20 个州,其中只有 10 个州的城墙足够坚

---

① 华岳《翠微北征录浅说》,第 293 页。
② 相关研究和英译,参见雅克(Subrenat)《陈规〈守城录〉》。

固。他提到4个州的位置,包括那些位于淮河边境线上的州,如盱眙(淮南东路,今安徽东北)和安丰(位于淮南西路的寿州),年久失修,无法再发挥国防作用了。在该地区的县中,有4个县拥有功能完备的城墙,至少有8个县的城墙墙体有很大的裂隙。类似的情况也在西部蔓延。在淮汉地区的22个州中,根据华岳的计算,人口总数超过1400万,却只有六七个州拥有城墙;该地区的县中,只有八九个县有城墙。华岳总结说,既然有城墙的州县不再为大多数人提供安全保障,那么必须找到其他保护人口的方法(地图5.1—地图5.2)。① 道路情况非常恶劣,即使在那些有城墙环绕、可以为周围的农村人口提供服务的地方,道路也令人寸步难行。

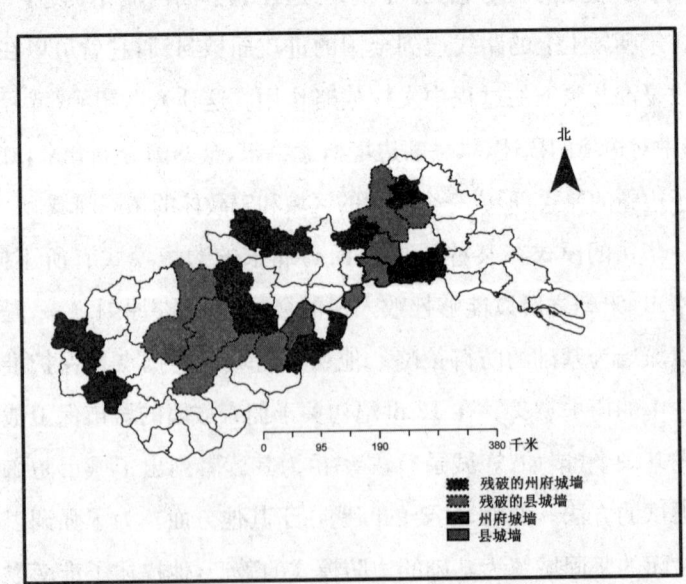

地图5.1 基于华岳考察结果绘制的淮南地区州县城墙。实线的黑色区域为带有城墙的州府,实线的灰色区域为带有城墙的县。虚线的黑色区域代表年久失修的带有城墙的州府,虚继的灰色区域代表完全没有防御城墙的县。带有地名的更大篇幅的地图,见笔者《信息、领土和精英网络——附录材料》。

① 华岳《翠微北征录浅说》,第172—173页。

第五章　前现代边境的多重性

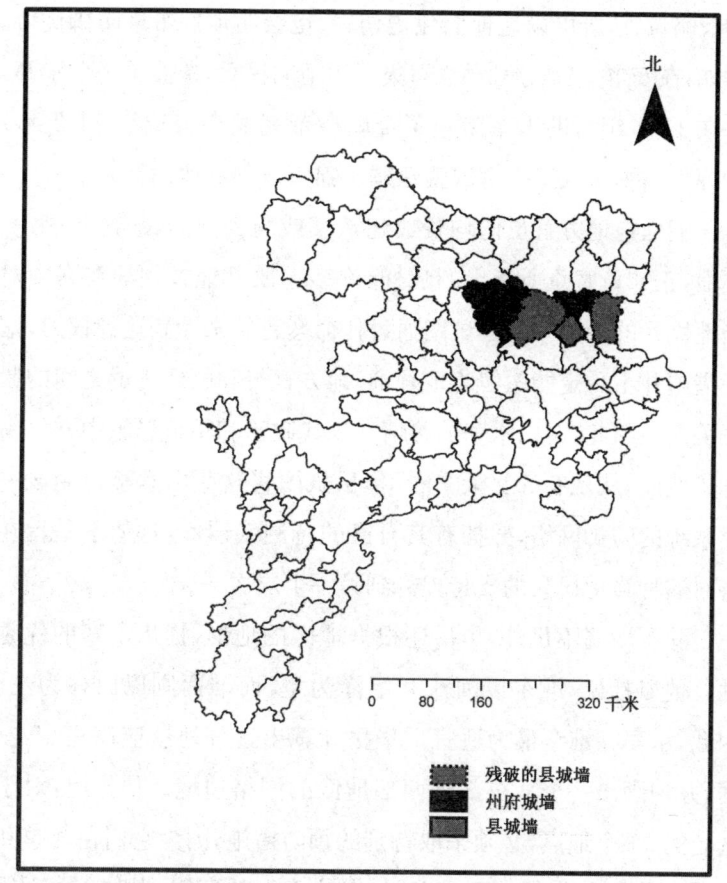

地图5.2　依据华岳考察结果绘制的长江中游州县城墙。虚线的黑色区域，代表了年久失修的州府城墙；虚线的灰色区域，代表了没有完整防御功能城墙的县。带有地名的更大篇幅的地图，见于笔者《信息、领土和精英网络——附录材料》

　　在华岳看来，保护边境居民及其赖以生存的土地的一个更充分的模式，应该建立在山水寨网络的基础上。寨是在平坦的山顶和河流或湖泊岛屿上建造的安全避难所。它们隔绝的地理位置使其在理论上可以防御，又不需要建造和维护长时间的人造墙体。它们可以容纳从几千到数万不等的人口。在12世纪与金朝的战争中，淮河地区的当地人建立了寨，希望其位于山顶上或在水中央的战略位置,既可以让他们免遭伤害,也会给他们带来防御优势。例如,在安丰,当地领袖孙立召集了当地的民兵,建立了一个水寨,并在1161年帮助宋军阻止了金朝皇帝完颜亮(1122—1161年)指挥下的军队入侵。南宋朝廷赐予锦旗以嘉奖他的努力。①

朝廷与地方官员们均赞成建造寨或与当地居民合作。另一方面,正如黄宽重所指出的那样,许多人质疑地方领袖在寨中对当地民兵的控制。朝廷试图通过任命寨首领来控制这种权力,这一措施并不一定能缓解当地领袖、地方官员和朝廷官员之间的紧张关系。因此,对山水寨的热情在宋代政治和军事思想中并不新鲜。然而,从现有的文献来看,华岳试图将这些山水寨转变成一个系统的防御网络,并拥有其自己的特制武器库,这似乎是旨在将对这种当地民兵的支持提升到另一个层次。②

除了城墙不足外,华岳还根据地区的地形,提出了寨的优越性。他概括说,淮东以河流和沼泽为主,而淮西则以山林为主。因此,水寨在淮东最为适宜。华岳计算出这一地区应该建49座寨,并勾画出一个从东部到西部地区的网络边境。他指出,对于选定的11个地点,必须采取特别的预防措施,因为它们在夏季和秋季容易发生洪水。回顾过去一年中发生的事件,当时金军入侵淮南,以此来回应韩侂胄侵入金国领土的行为。华岳得出的结论是,如果国家支持建造山水寨网络,那么就可以避免淮东的大量人口死亡。山水寨可以为人们提供一个安全的避难所,还可以在

---

① 黄宽重《南宋地方武力》,第209页,第222页,第227—228页。
② 黄宽重主要关注的是南宋时期山水寨历史所代表的国家与地方社会、地方与中央政府之间的关系。陶晋生的文章(《南宋利用山水寨的防守战略》)记载了淮河地区和四川地区的几个山水寨的建设案例,说明在南宋末著名的余玠在进行反抗蒙古人侵略的战争中利用这些工事之前,这些地方工事就已经存在了。不幸的是,没有描述山水寨中的生活或个人居民的历史。

维持通往受灾地区的粮食运输通道畅通方面发挥关键作用。①

就像淮东的人口一样,淮西的人口在过去的最近的一段时间里遭受了巨大的损失,因为山区还没有为寨子的安置做好准备,而且由于宋朝失去对山口的控制,使得当地居民陷入孤立,他们要么遭受金军的暴力,要么饿死。在写这篇文章的时候,华岳预计,应该在那里修建94座山寨,把东西山脉连接起来。在这一地区,人们似乎已经努力在修建并扩大山寨,但对华岳来说,这些努力缺乏将这些山寨变成有效防线所必需的精心规划。他指出,将要建造的6座位于淮西地区的山寨无法获得水源,因此不适合人类居住。为了防止他所提议的相互关联的寨子网络出现漏洞,必须将水引到这些地点。②

为了充分发挥寨的潜力,它们的修筑必须根据一套基本原则和经过试验的方法,装备特制的武器,并将其与更广泛的区域通信网络联系起来。华岳总结了山寨的建造过程如下:

> 凡山之高险不易登陟,上有平坡可以屯结者,必因山为垒,扼绝路径,增筑墙堞,使近山之民船运粮食,携策老幼,盖造庐舍。③

他还概述了建造水寨的规则:

> 凡水势环绕不通往来,中有洲渚可以居止者,必因水为营,柜筑沙石,扼绝舟楫,使近水之民圈牧牛马,充积裹粮。④

在《北征谠议》中,他提到了建造山寨的36个秘密方法,建造

---

① 华岳《翠微北征录浅说》,第172—174页。
② 同上。
③ 华岳《翠微北征录浅说》,第173页。
④ 同上。

水寨的27个秘密方法。对于水寨,他列出了不同类型地点的优势和破坏敌方战舰前进的技术。例如,那些位于浅水区的船只,应该使用木制装置来帮忙迫停战船;生活在深水区附近的那些人,可以利用河流植被来绑住敌方船只的桨。水面上的植被也可以用来破坏推动船只前进的车轮,在河床上放置铁钩是一种技术,可以用来困住到达深水的船只,或者阻止其他人深入到足以获得足够前进动力的地方。①

对于山寨来说,水是必不可少的。作者建议,在无法提供水的地方,将雨水储存在挖好的竹桶或水井中,并安装水泵从其他地方运水。在山寨中推荐使用游击战术,包括投掷石头或黏土制成的弹丸,以打掉爬上山坡的部队的头盔,并发射火焰飞弹来攻击前进的部队。从城墙后面引弓射箭,可以用来切断敌军向上的道路,而箭盾可以用来防止敌人射箭袭击寨子的部队。在《治安药石》的"边防要务三"一卷的开头一节中,这些被全部列了出来,同时又包括其他技术以及武器;其中还列举了在《北征谠议》中提到的36种"山寨器具",并将水寨器具增加到39种。②

地方知识与地方组织

强调领土控制和整合需要,一方面是中央控制,另一方面是地方知识,两者之间存在着不同的关系。在逐渐远离州县城墙的景观,进入密密麻麻的山水寨的情况下,华岳清楚地认识到,在总志甚至是方志中所包含的常见的官僚式信息,缺乏构建连续性边疆地区所必需的细节。他提出的模式很大程度上依赖于地方知

---

① 华岳《翠微北征录浅说》,第77—79页。
② 同上书,第171页。

识,而这种知识很少被记录在由当地精英和来访的精英们所编写的方志中。他构建的地图,依据的是实地调查,以及社会较低层次流动人口的知识,其地图具有如此高的分辨率,事实证明,根据现存的地理记录,将其完全重构是不可能的。

寨在华岳的战略思想中发挥着双重作用。它们以与带有围墙的城市相似的方式为当地居民提供保护,并优于后者,它们的位置靠近要隘,并沿着水路运输路线,也会使其民兵阻止敌军的前进,以方便在宋朝领土之间进行通信,从而在整个地区的防御中发挥作用。有人对独立武装力量持批评态度,为了回应这些的人的担忧,华岳提议,朝廷通过任命寨领导来维持对民兵的控制。每一座寨应该由一名"寨官"领导,每10座寨为一组,由一名"寨将"统辖。这些人将从当地人口中招募,优先考虑那些在地方防卫组织中证明了自己的地方领袖。华岳承诺,政府对这些寨的支持是削减宋朝军事预算、为边界民众提供充分保护的最佳途径。

就像之前曾写过关于寨在地方防御中发挥益处的朝廷官员们一样,华岳强调了地方民兵与募兵之间的合作关系。一方面,部队可协助组织当地民兵,并提供训练和后勤支持。另一方面,这些寨支持驻扎在淮河沿岸和整个地区部队的行动。在华岳的边防网络中,地方民兵担负着保卫定居点的首要责任,宋军沿着交通要道驻扎,凭借驿站,在平原旷野上防止敌人通过。①

他承认,部队已经驻扎在一些主要道路和战略交通枢纽沿线,但同时指出,在许多边境县,尚未对许多次要道路以及沿淮河北上的一些主要的道路进行调查并置于军事监视之下。与寨子的情况一样,问题不在于军事将领没有意识到有必要保护道路和

---

① 华岳《翠微北征录浅说》,第175页。

通讯节点,而是并没有对整个地区进行有系统的调查,也没有根据目前的地形部署部队:"前后帅臣、边将措置边防、守把津要各以己见,申闻枢省、敷奏朝廷者,不知其几,卒未闻有能条具其一二者。"①他要求朝廷向淮南和汉中的军事统帅下达命令,重点调查要隘和道路,并根据其特点和周围环境制定保卫计划。②

为了表示这项任务的紧迫性,并以自己在该地区的勘测和情报工作为例,华岳列出了需要立即注意的几条道路和战略地点。例如:

> 自白漳小路,至横林、手炉山、长湖、白竹洞、鼓楼山、古石潭、阳陂而入南漳界,则坦夷相接,略无崎险。万一贼兵星夜潜发,出我不意,则潜江、建阳果何以为控扼之计? 此荆、襄之二径,不可以不备也。③

华岳给读者留下了深刻的印象:军事人员进行地形测量,要求诸如樵牧这样的普通当地人合作,因为他们对当地的大小路径了如指掌。军事统帅和地方官员们经常忽视这种地方信息来源。他们在华岳的军事战略中具有特殊重要性,因为让他们加入将有助于填补宋朝边境地图中许多未解之谜。根据当地人对新路的了解,详细描绘边境地区的地形,是建设并维持一个严密边境的先决条件。在当地建立一个信息社会网络,也可以防止当地与敌方间谍的合作。

地图5.3是对《治安药石》中提到的淮南东路寨网络文本地

---

① 华岳《翠微北征录浅说》,第178页。
② 例如,为了保护狭窄的道路,军事规划者应该让士兵在周围的山地占据阵地。如果有宽阔的道路可以更快地运送大批敌军,宋军应该驻扎在山谷中。
③ 华岳《翠微北征录浅说》,第179页。

第五章 前现代边境的多重性

图的现代翻译。由于大多数湖泊、山脉和其他地名不能在地方志或其他历史和当代的数据集中找到,因此无法提供比华岳所列出的大多数地名更精确的位置。与其同时代的人相比,华岳只列出了几个县级或州级的行政地名,这使我们只能追溯规划中的寨的大致轨迹。这张地图不仅反映了我们无法以更高的分辨率重构这一时期的历史地图,而且很可能也向政治精英传达了在这一决议中无法获得地理信息的事实。舆地图并没有超越县级和主要的山川和湖泊。地方志包含了更高层次的细节,但作为当地地名索引也被证明是不够的。华岳呼吁进行实地调查,并为边疆地形绘制了一幅新地图,这幅地图不仅展示了行政层级中节点之间的关系,还展示了具有战略重要性的节点之间的关系,并在某种程度上反映了地方层级。

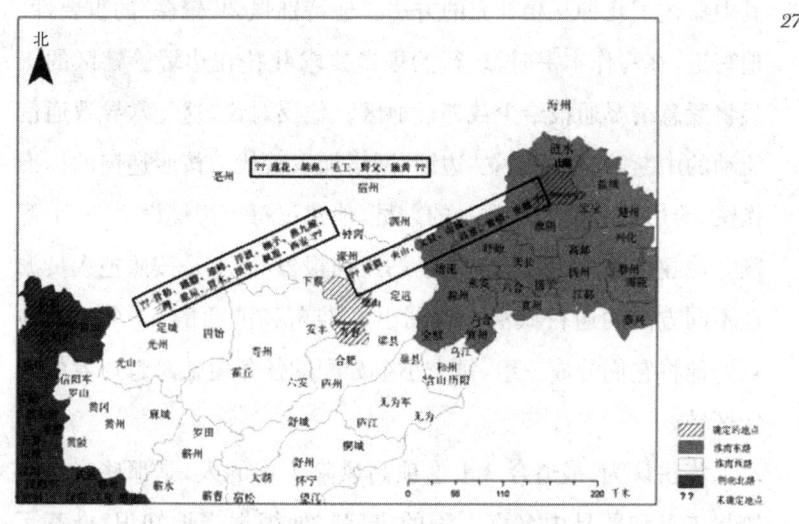

地图 5.3 对于淮南东路 94 座山寨建构的地区建议。基于华岳《翠微北征录浅说》,第 184 页

控制地方路线是华岳新边境地理的一个关键因素。由于该地区大部分地方道路平坦,马匹通行顺畅(尽管人们认为,南方多

243

水,使得骑兵无法在那里前进),因此必须制定战略,阻止装备优良的金朝骑兵进入城镇。华岳列出了各种游击式的技巧,可以用来阻止行进在道路上的金人骑兵。例如,在敌人骑兵往返的主要道路上,他提出了"伏笻"。它由砍成长矛的竹竿组成,然后埋在地下,覆盖着紫藤。如果有马匹踩到陷阱里,竹子就会从紧贴着的紫藤上弹起,从而击中马匹。这种方法的一个变体是"马拖"。这需要一根横跨道路宽度的绳子,绳子上拴着一根长矛。如果马的脚被绳子缠住,想要挣脱,拴在绳子上的长矛就会跳起来,把马的腿和腹部刺穿。①

寨子、道路和要隘的网状防御依赖于一个快速而密集的情报网络。如果事先迅速可靠地得知敌人行动的消息,准备工作将是最有效的。华岳花了整整一卷篇幅来讲述搜集情报和信息,他在其中概述了几种互相补充的方法。他特别强调"聚探"的重要性。他写道,在写作本书时,现行的规定要求驻扎在边境管辖区的士兵将紧急情况通报给少数邻近地区。他反对说,这经常导致通信流动的中断,并建议建立"边铺"网络加以替代。按照递铺的标准做法,给边铺分配固定数量的人员,他建议每个边铺设立 30 个配额。他建议每个边铺只向下一站边铺报告,而不是按照把人员派往不同方向的通行做法。他列出了淮东和淮西的 30 个边铺地点。他将它们分成三组,每个小组分配的任务覆盖跨越边界的特定区域。

华岳认为,最适合从事这项高风险工作的人,是那些来自在跨界走私和贸易中名声大噪的家庭。他根据当地知识,推荐了 14 个"非过淮盗马,则越汉运盐,其所谓爪牙非私贩铜钱,则私通

---

① 华岳《翠微北征录浅说》,第 66—67 页。

权货"而知名的家庭。① 毋庸置疑,所有这些活动都是宋律所禁止的。对那些被发现从事非法贸易的人朝廷会给予惩罚,并对那些协助逮捕他们的人给予奖励。② 然而,在目前的情况下,这些"河南之地如其家室"③的人所获得的专业知识,在宋朝试图获取有关金军动向的最新信息时,将被证明具有重要价值。为了资助在边境地区以及金朝纵深领土上的间谍行动,华岳支持提前支付大笔钱财给他们,并给予奖赏。那些被判犯有渎职罪的间谍将根据军法受到惩罚。

总而言之,在华岳关于边防的著作中,作为前沿网络的淮河地区的概念是由寨、山口、道路和河流组成的,其密度将确定并保护宋朝领土及其北部边境,其组织特征将作为逐步恢复北方领土的样板和起点。这个模式继续了北宋的努力,从而建构连续的边境网络,但也补充了带有寨的围墙防御工事的节点。在这种模式中,与12—13世纪国家和地方社会之间关系的更广泛发展相一致的是,更强调地方对边防的所有权。在华岳的想象中,国家协调当地收集的信息,并支持地方领袖间的地方自卫组织。从理论上讲,这种模式将使实力较弱的南宋政权得以发展出密集的防御网络,而这种开拓边疆,通常与北宋政权的改革派有关。

在本章所讨论的9世纪初、11世纪中叶和13世纪初的行政纲要和军事简编中,我们遇到了三种不同的边防方法和三种不同的国家边境概念。杜佑选择对中华帝国历代边境的民族性描述。在其民族泛化模型中,对中华文明之外的异质性进行了详细的分

---

① 华岳《翠微北征录浅说》,第258页。
② 参见全汉昇《宋金的走私贸易》;魏希德《苏辙在北方所见》。
③ 华岳《翠微北征录浅说》,第258页。

类,并将其纳入一个战略地位,其特点是主张在军事上和外交上置身事外。尽管在马端临(1254—1325年)1308年出版的类书性质的《文献通考》中,缘边民族被放置在修订后的标题"四夷"下,但民族泛化模式在12到14世纪之间仍然流行,因为它体现在帝国的宋代地图上并被予以复制。①

1044年的《武经总要》体现了一种不同的概念,其对密集的边境网络的看法,明显见于它对宋夏边境基础设施的调查中。这种观点起源于11世纪宋朝廷的争论,并且那些支持改革派和强化自我政策的人们倡导了这一观点。在这个模型中,宋朝领土的地形取代了其他领土的民族志。尽管该模型用于划定和保护行政边界,但其用途已超越了刘昫和杜佑提出的战略交通节点的封闭性。在11世纪和12世纪初的防御浪潮中,军事定居点的聚集将边境地区变成了一个前沿阵地,当中心地区的扩张主义情绪高涨时,可以将其动员起来。

正如华岳所言,11世纪的模式将边境描绘成一个带有围墙的防御工事的网络。考虑到大多数边境地区的城墙状况不佳,这个模式缺乏密度,尤其是在淮河边界地区。但在1127年之后,宋朝廷不再需要在昔日帝国人口稀少的北部和西北部地区保卫广袤的边疆。边境主要由自然特征来界定,比如淮河沿线,一直是宋朝的中心地带。在11世纪北方的边境网络上的扩张,华岳并没有像《武经总要》中所描述的那样设想一个带有城墙的网络,而是利用该地区的河流和山区地形,设想一个内部的边疆网络;为了配合宋政权的大撤退,利用当地的情报和军事组织。

华岳强调全面、高分辨率地考察淮河边境地区,以及国内边

---

① 《文献通考·四夷考》卷324—348。

疆的开发，这使其作品不仅有别于唐朝和北宋前人的作品，也有别于富有竞争性的同时代人的立场。除了地势，同时代的军事战略家们在分析边事，尤其是六朝时期的历史（当时南北方都由类似富有竞争性的朝代所统治）时也转向了历史。对于诸如李舜臣、李道传等人来说，作战策略的历史和南北方之间战争的实际情况是规划边境的最佳指南。然而，对这些历史学家来说，地理是学习历史经验的关键因素。这些作品使六朝时期的历史和历史地理，与宋朝关于从前被南朝所占领地区的边境政策的争论有关。

其他的，像《美芹十策》的作者和在本书第四章中讨论过的考官和业余地理学家们，他们对军事地理有着共同的兴趣，但正如华岳对同时代军事地理学的批评所指出的那样，他们把重点放在建立在地域性节点和主要河流和山脉基础之上的北方发展轨迹上。① 当宋朝在13世纪30年代进攻金朝，并于1234年短暂地夺回开封时，这一做法未能奏效。"守地"因此意味着用一种更富系统性的方法来控制领土，以取代早期的领土扩张和控制模式所具有的更宽松的防御工事网络。

通过将华岳的军事地理学与程大昌的《北边备对》（1191年）进行比较，可以看出华岳的军事地理学中融汇了对地方知识的高度重视和崭新强调。后一项工作是由程大昌在12世纪70年代中叶担任侍讲时遭遇的尴尬而产生的。为了回应宋孝宗的要求，他把谈话的焦点从"中国山川"转移到"北方地理"，他后来记得他只有一句话："塞外无文史，间有可传者，多弗翔实，臣安敢强以不

---

① 严白（Yan Bai）《辛弃疾的政治军事思想》，第214页，第271—285页。

知为知也?"①奉祠家居后,他开始收集能找到的任何材料,来弥补他早年的浅陋无知。程大昌承认,他的叙述绝不完整。

在这本小册子里,我们看到了七座山、两条路、沙漠、河流和其他水域、长城和异族之人。程大昌还指出,总体而言,存在着都城和朝廷等权力中心,以及缺乏城墙。这一汇编的资料来源仅限于历史和古典材料,似乎没有参考档案材料和宋朝史书汇编,也许部分原因在于程大昌出版的著作中涉及了历史和语言学的辩论。尽管程大昌与华岳及其同时代的人都关注着边境地区的地理特征,但其作品中列举的特征,显示了他对高清晰度测量的新奇兴趣,并将这种测量扩展到整个区域,以及对各种特征之间关系的研究。

以上所讨论的宋代边界模式中对领土控制的强调,代表了一个更广泛的趋势。班茂燊认为,基于种族差异而产生的忠诚感,对帝制中国历史的进程产生了持久的影响,并促进了晚唐之后民族文化统一帝国的维系。史怀梅在对五代越境行动的历史分析中,虽然对将种族划分作为一个定义范畴的尝试提出了更为严厉的批评,但同样指出,从 11 世纪以降,人们对越境的态度变得强硬起来。② 早期的学术研究认为,宋朝史学中对历代政治家的批判与为国尽忠范式的出现有关,而这一研究成果与早期的学术研究联系在一起。在 11 世纪,强化为国尽忠,促进了政治凝聚力和表现出的忠诚行为,但 12 世纪的危机表明,对王朝效忠本身被证明是不够的。尽管忠心为国被认为是宋朝政治家和历史学家对明清帝国政治文化最重要、最持久的贡献,但对领土的眷恋,即便

---

① 程大昌《北边备对》序,1a。
② 史怀梅《忠贞不贰?:辽代的越境之举》,尤其是第 6 章。

不是宋朝政治文化的主要特征,也同样重要。在对特定边境策略持有不同观点的士人眼中,王朝的合法性取决于朝廷恢复帝国正常规模的前景。

最后,宋朝边境的地域性和多元性的结合应该会提醒我们,不要把它们与早期现代和现代国家所构建的国家边境等同起来。[278] 虽然宋代建立了边境线并在地理上做了标记,但它们并没有得到系统的实施,也没有被认为是将平等政权的地理体分开。在宋代,边境仍然是文明的边疆,是一个假想的普遍的"中华帝国"的化身,与超越它的其他民族和国家的短暂性对抗。12世纪的危机确保了整个南宋领土,特别是位于南方核心经济和文化中心的精英们,承担着保卫帝国的使命。

第四部分

帝国的信息网络

第六章 笔记现象

本书前五章表明,伴随着11世纪到13世纪之间政治精英的社会转型和人数扩张,政治交流中发生了结构性转变。在11世纪发展起来的集中交流的机构,如进奏院或史馆的分支机构,都被跨越朝廷、都城和地方政区的士人网络所渗透。虽然条例和禁令(关于制作并传播国家文件和档案汇编以及关于边事的各种材料)的数量与日俱增,但无法阻止这种流动,反映出通过雕版印刷和抄录,时事传播日益广泛。在12—13世纪,居住在地方并在地方上写作的士人,采用并改编了在早期数百年间与朝廷有密切联系的体裁(诸如舆地图、档案汇编、兵书或地方志等)。科举考试的范围扩大,推动了他们对这些体裁的兴趣。12世纪20年代中叶发生的诸多事件,以及位于北方的女真人金王朝的建立,对巩固由朝廷控制到士人参与创作有关王朝国家文本的转变,同样至关重要。士人所转向的体裁,主要是与宋帝国之前,或规范的"中华帝国"的历史和地理有关,并致力于恢复这种历史、地理。人们对地图、方志、使臣报告、朝报以及书信和诗歌中边报的二次讨论,也同样传达出帝国的使命。

在接下来的章节中,笔者探讨了宋人如何更深入地接受这些文本的问题。以下三章讨论了在社会和地理上,与帝国业务相关的体裁交流的广泛程度。与重新界定宋代士人学问的早期工作相一致,这些章节也讨论了在12—13世纪的士人学问中,此类文本和可以从这些文本中所获得的知识程度。这些更大的问题,是在基于士人书写体裁以及在这几个世纪中得到突破的社会交往的基础上加以探讨:笔记。笔记很少被整体性地解释为单一文本或整体文本。① 相反,它们已成为史学工作者和文学学者们从中挑选奇闻轶事和事实信息的宝库,这在其他中国古典文学体裁中是罕见的。在本章和后面的章节中,笔者采用了两种处理笔记的方式。首先,笔记包括所见、所读的文本记录,以及关于这些文本的对话记录,因此提供了一个理想的语境,在此语境下,可以研究关于朝廷体裁的传播和接受的问题。其次,笔记记录了与古今作者的对话和接触,以及与同时代人的交流。因此,对于史学工作者来说,它们是一个理想的切入点,旨在了解士人通讯网络,在跨越三个世纪的宋朝统治中是如何运作的。

在本章中,笔者考察了笔记的社会生产过程,研究了笔记是如何变成一种体裁,谁写作它们,何种机构和类型的出版社印刷出版它们,以及时事兴趣如何在10至13世纪之间,与不断变动的作者和印刷者之间产生联系。笔者将考察重点放在印刷品的生产上(以对蓬勃发展的稿本文化的拓展分析为代价)是有道理的,因为在某种程度上,它提供了一个绝佳切入点,来考察士人通讯网络的最大范围。作者们与那些支持出版笔记的人一再声称,转移到这种媒介的动机,是希望将作品公之于众,并与那些与他们交换手稿文本的小圈子以外的士人所共享。丘橚赞扬洪迈的

---

① 除了包括包弼德《文人杂记与宋代思想史》、张晖《宋代笔记研究》,在我完成本书初稿后,出现了一些重要的新研究成果:杜德桥(Dudbridge)《五代画像》;陈威(Jack Wei Chen)、史嘉柏(Schaberg)《闲话》;邹福清《唐五代笔记研究》。亦参见魏希德、朱铭坚(Chu Mingkin)的《宋元士人笔记的制作》。

儿子在出版其已故父亲的笔记时所做的努力,用他的话来说:"乃出其家书与众共之,自是人可读,户可传。"①在本书第七章中,笔者通过分析信息提供者——他们对王明清(1127—1214 年以后)的《挥麈录》做出了专门贡献——进一步探讨了士人网络的范围问题。在第八章中,我们回到宋金关系,通过王明清对这些事件的回忆,来探究 12 世纪 20 年代的事件在 12 世纪末士人政治身份中所起的作用。

笔记:一种体裁的形成?

许多关于"笔记"(written notes)的定义,既模棱两可又语焉不详。作为一种倾向于将随机的、漫无目标的观察、零散的轶事和不同的对话联系起来的体裁,笔记的定义和分类仍然是令人难以捉摸。现代中国学者们在梳理其悠久历史的几次尝试中,运用进化论模式勾勒出了一部从古代到 20 世纪初的文学史。虽然与民国时期的笔记文字的联系因此悬而未决,但是笔记写作传统绵延不绝的历史,很大程度上是后帝制动态史学的产物,留下了有关体裁惯例的历史发展以及笔记生产、发行和接受的文化史的疑问。②

宋朝(960—1279 年)生产的笔记数量相差悬殊,反映了这种体裁难以解决的问题:现代估计宋人笔记数量在 100 种至 708 种

---

① 洪迈《容斋随笔》,第 981 页。
② 相关例子,参见郑宪春《中国笔记文史》和刘叶秋《历代笔记概述》。

之间。① 不管是否某人对这个体裁有着严格或更宽泛的定义,在宋代创作的笔记数量都证明了一种趋势的加速。(严格的定义,只包括诸如小说或者杂家等相关书目类别中的作品,或者只包括作为杂记笔记的编辑作品,不包括那些被归类为笔记小说的作品;更宽泛的定义,则包括各种史学和文学报告体裁,诸如关于特定事件或地点的历史回忆录和文学批评。)只是从 12—13 世纪以降,宋朝才印刷出版了数十部笔记。尽管笔记数量问题无法解决,但我们还是可以确定这一点:在 11—12 世纪,笔记变成了一种体裁。

超过 12 种出版物的书名,明确地使用了笔记及其相关词语(随笔、笔录、笔谈),②更多的作者证明了对一种写作形式的共同理解,这种写作形式的特点,主要是数据的收集和记录方式,而不是主题内容。这些作品只是最近才被归类为笔记,涵盖了各式各样的文本,分布在皇家书目和索引中所使用的主题类别下。然而,它们的作者强调,这是个人收集、记录并评价道听途说与(或)阅读获得信息的累积结果。尽管后来有人试图将笔记细分为不同的主题类型,比如人们经常引用刘叶秋将笔记文本的文献细分为小说故事、历史琐闻和考据辨证类著作,宋代作者将笔记作为

---

① 张晖在《宋代笔记研究》中提到 155 种笔记。正在进行的《全宋笔记》系列的编者打算在其宋代笔记合集中出版大约 500 种笔记;《全宋笔记》第一编第 1 册,傅璇琮前言,第 1 页。更早的笔记系列,冠以《历代笔记小说集成》的名字,包括 188 本宋代笔记:周光培编《宋代笔记小说》。近期的一本硕士学位论文列举了 708 本笔记:孙励《宋代笔记分类考辨》第 2 章。最近的宋代笔记版本和学术史概述,参见郑继猛《近年来宋代笔记研究述评》。
② 张晖《宋代笔记研究》,第 1—2 页。"笔记"一词被用来区分规范的写作类型和"自由式"写作。关于《文心雕龙》中相关章节的讨论,参见宇文所安(Stephen Owen)《中国文学思想读本》,第 272—277 页。该书还更具体地提到了宋代自由风格的写作,这种写作见于个人传阅的笔记中。

一种写作形式合法化，不同于大量的历史、文学或哲学体裁，它是由宽泛的、自由的主题选择（博学）、主题的非结构化混合（杂、随、漫）、作者/编者对内容的个人验证，以及所有经过验证的内容的分项表示（条、事等）所定义的。

宋士大夫认为，批判性地阅读并考证宋代笔记中陈述的证据基础，是使宋学与以往时代区别开来的一个特色：

> 士非博学之难，能审思明辨之为难。① 古人固有耽玩典籍，涉猎书记，穷年皓首，贪多务得者矣。然履常蹈故，诵书缀文，趣了目前，不求甚解，疑误相传，莫通伦类，漫无所考按也。

> 检讨龚公以学问文章知名当世，诸公要人争欲令出我门下。② 自六艺百家诸史之籍无所不读，河图洛书、山镵冢刻、方言、地志、浮屠、老子、骚人墨客之文无所不记，至于讨论典故，订正事实，辨明音训，评论文体，虽片言只字，必欲推原是正，俾学者知所依据，此其闲居暇日有得于一时之诵览者，随而录之，故号曰"笔记"。③

刘董在1201年为龚颐正的笔记《芥隐笔记》（约1162）所写的跋，解决了当时备受争议的问题，即什么样的学问应该是士人的标志。在刘董看来，宋代士人之所以不同于前人，在于他对各

---

① "审思明辨"这句话似乎是在强调宋代学者对经学理解的差异，特别是在《礼记》一章中的差异，这一章已经成为宋代知识分子话语的中心。理雅各《礼记》，第318页。何莫邪（Harbsmeier）《同义词典》text ID: LJ 0.0.31.2.0.20。
② 后者的赞美表述，是引用韩愈为柳宗元撰写的墓志铭中的文字，因此它将跋和两位作者与12世纪对古文的热情联系在一起。刘董在这里还将笔记的作者，与晚唐古文作家中最具争议性的作者进行了比较。关于这一文本的宋代版本，参见韩愈《朱文公校昌黎先生文集》卷32,4b。
③ 龚颐正《芥隐笔记》，刘董跋《丛书集成初编》，第33页。

种文本材料进行了批判性的考察,并将这种批判性的学习以口头和书面的形式表达出来。这部包含着龚颐正学术劳动成果的笔记,是专心致力于研究与拒绝仅仅是纯粹复制的结果。

在诸如前文所引用的刘董的跋和下文要提到的《芦浦笔记》(1213)的作者刘昌诗的叙中可以看出,在技巧、内容和形式等方面,叙跋都有对体裁传统的认识:

> 予服役海陬,自买盐外无他职事。官居独员,无同僚往来;僻在村疃,无媚学子相扣击。遥睎家山,贫不能挈累。兀坐篝灯,惟翻书以自娱。凡先儒之训传,历代之故实,文字之讹舛,地理之迁变,皆得逆其源而循其流。苟未惬其心,则纤毫而勿敢释。旁稽力探,偶究竟其仿佛,则忻幸亦足以乐。久惧遗忘,因并取畴昔所闻见者而笔之册,凡百余事,萃为十卷。有未检证者,留俟续编。顾独学寡识,安敢以为是!将求印可于先觉之士,倘改而正诸,是予之愿也。①

就像刘昌诗所记录的笔记情况一样,笔记的形成,通常是一个积累和整理的过程。在闲暇或致仕的时候,士人们会对所读、所见或所闻的有关古今历史、地理、哲学等内容进行跟踪考察,并通过书面资料做进一步的考察跟进。他们把那些经过研究和考察过的成条的信息,转移到一个精心包装的书册中。笔记通常以"事""条"或"则"的形式出现并被加以统计,在某些情况下,以包含若干条的整卷形式出现,比如每卷大约有一百条。刘昌诗很可能非常熟悉这一体裁与出版惯例,比如分期出版一套笔记。记录笔记是一个持续的过程,涉及了所有与士人精英有关的话题,并

---

① 刘昌诗《芦浦笔记》叙,第1页。

定义了他们是谁。提到"续编",很可能是这个低级官员希望追随像王明清那样同行脚步的一种表现,王明清在 1166 年,同样以一卷百条开始,之后又在 12 世纪 90 年代增加了三部分,构成《挥麈录》(每卷大约有 50 条、100 条和 200 条)。

甚至在更早之前的 1149 年,陈善曾将他的一些笔记编辑在一卷百条的《扪虱新话》中,接着在 1157 年,他又写了包含百条的另一卷。陈善写道,他之所以要出版第二卷,是因为"好事者"对他早期的笔记产生了兴趣。这种笔记具有一种特殊的交流和人际网络价值,这种价值主要局限于士人阶层本身,刘昌诗也表示认可。在一篇跋中,他以相同的匿名爱好者,为自己在刊刻笔记上的投资做辩解:

> 观《石林燕语》,多故实旧闻,或古今嘉言善行,可谓博洽矣。而怀玉汪先生每事辨其误,①信乎述作之难也。昌诗读书不多,托子墨以自试,好事者闲欲得之,而笔札或不给。后二年乙亥秋,辍清俸,锓梓于六峰县斋,非敢以传世也,亦愿闻其误焉尔。②

因此,《芦浦笔记》既是对所接收信息的批判性考察,又是进一步批判性考察的来源。作者和印刷者,指的是那些要求其作品的现有读者。对其他笔记作者的错误加以补遗或纠正的做法并不罕见,这表明作者确实可以将自己置身于一群志同道合者之间,这些人也有类似的兴趣,愿意跨越距离讨论我们的"事"(affairs)(事,文化精英感兴趣的事)。笔记是关于"事"的研究,

---

① 汪应辰写过一部名为《石林燕语辨》的书;笔者的《印刷数据库中的笔记》中,包含了这部著作的两种印本。
② 刘昌诗《芦浦笔记》跋,第 83 页。

并以"事"项的形式予以呈现,但它们也是关于"好事",关于保持对文化精英"事"的兴趣。"好事者"一词,在这里和其他地方用来指笔记的读者,带有矛盾的含义。它经常以一种贬损的意义出现,指的是精英阶层中那些痴迷于精英所关注的事情的人,无论这些"事"是艺术品、流言蜚语,还是笔记中所包含的细枝末节的知识。尽管"好事者"是一些笔记作者的攻击对象,笔者作者们批评他们缺乏鉴别力、学识浅薄或者伪造文本,①那些被怀疑是"好事者"的存在,以及通过接触、获取和使用预先选择的信息片段获得兴奋感的人的存在,被证明是笔记创作者们的福音。

刘昌诗并不是唯一一个刊刻自己笔记的宋代作者。他的作品是一个非常生动的例子,说明印刷术是如何被南宋人认为是一种更受大众所青睐的媒介。由于希望进行广泛的交流,并在当地社区之外建立人际网络,因此进行了投资,使作者能够将相同的抄本分发给同行,并保留原来的笔记。

宋代刻本笔记剖析

正如前一节所提到的,在宋朝统治期间,笔记写作的数量越来越多,这些作品标题中提到的一种写作形式,其中包括收集杂记,以及在它们的副标题中描述的一系列特征的形成,表明笔记

---

① 相关例子,参见洪迈《容斋随笔》卷 4,第 53 页;卷 8,第 101—103 页;卷 9,第 114 页;卷 13,第 176 页;《续笔》卷 6,第 284 页;卷 8,第 318 页;《三笔》卷 6,第 497—498 页;卷 9,第 532 页;卷 10,第 547—548 页;卷 15,第 608 页;《四笔》卷 3,第 659 页;卷 4,第 677—678 页;卷 8,第 720 页;卷 9,第 734 页;《五笔》卷 10,第 949—950 页。

在宋朝统治期间已经变成了一种体裁。① 为了更好地了解这种体裁是如何发展的，笔记的作者是谁，他们来自何处，以及何时这种体裁开始吸引广泛的读者，笔者收集了一组宋代刻本笔记的数据集。在评价从这个数据集中得出的结论时，我们应该考虑到笔者在本章开头部分所提到的对抄本的排除。对刻本的关注，使人们能够确定哪些社会行动者和机构在笔记的流通中投入了最多的资金，以及在何地、何时和他们为什么这样做。根据下面所描述的笔记的历史，笔者还将提出，在11—12世纪期间出现了一种新的信息组织方法。这种组织方法的特点不仅在于士人对诸如档案汇编、新闻报道、方志和地图等朝廷体裁的改编，还包括士人典籍的扩大出版和发行（除了笔记，还有文集），这些典籍在官场边缘运作，但通常也反映了中央和地方政府自身。

样　例

本章计算和修正所依据的数据集的核心是一组共121条的记录。这一组记录中的每条记录，都包含了一部笔记宋代刻本的各种数据。它只包含笔者本人查阅过的，或者笔者在二手材料中看到的被描述为宋代印刷的版本记录，②抄本没有被单独计算在内（如果宋代刻本的多个抄本不能提供单独版本的证据，那么在数据库中只有一条记录）。不可否认，这里输入的一些版本是其他版本

---

① 关于这一节原始且篇幅更长的版本，参见笔者的《笔记的生成与流通》。这里总结的几个参数，是基于只包含在更长篇幅版本中的表。
② 魏希德《印刷数据库中的笔记》，数据极大受益于潘铭燊《宋代的图书与印刷》以及刘琳、沈治宏《现存宋人著述总录》的成果。并非这两份书目中列出的所有版本都包含在内，因为有些条目不构成单独的版本，而另一些则基于不确定的证据。该数据库正在修订中，随着本书的出版，其中包括了121个版本。

的再版,因为印刷者们通常基于旧版本创建的一套新印版或旧版本的刻版。在许多情况下,不可能区分版本更严格意义上的独特呈现和(再)生产。就本章的目的而言,差异并不重要,因为笔者主要关心的是作品制作的频率和出产地,而不是版本的文本历史。

该数据集包括现存的宋版,以及那些同时代或后来的证据证明,有一个或多个版本是在10世纪和13世纪间印刷的著作。笔者使用的是对笔记的狭义定义,包括记叙故事的笔记,包含阅读笔记,记录各种话题的对话,但不包括诸如历史和地理回忆录、类书式的作品、使节报告,以及语录等虚构的叙述和报告体裁。数据集中的121条记录涉及83部唯一的著作,其中53种宋版保存至今。

时空分布

这一样本显示,绝大多数宋人刻本笔记中,最早出现的印刷版本是在南宋时期(1127—1279年)。数据库中至少有115个版本可以追溯到这段时期,而只有两个版本可以追溯到北宋时期,其他四本笔记的刊刻日期不详。依据年代进一步分析笔记印刷出版的时代,我们发现可能只有一部著作在11世纪印刷出版,所有其他著作都是在12—13世纪印刷出版的。尽管不能为22部著作(由于材料特点、作者、完成日期或序跋资料等原因,其中大部分可归类为南宋版)确定准确的刊刻年代,但在南宋后期,印刷品的产量增加了一倍以上(图6.1)。[①]

[①] 在这里和本章其他地方,13世纪的版本只包括在1279年宋朝统治结束前印刷的宋代版本。

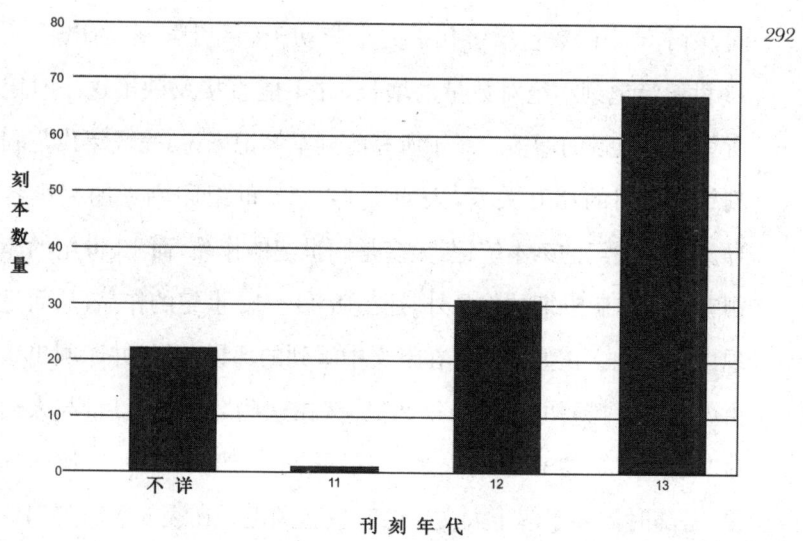

图6.1 宋代刻本笔记数量(根据刊刻年代)

13世纪,笔记著作的刊刻数量增加,部分原因是由于在丛书中出现了笔记著作。《诸儒鸣道集》便是这样一部丛书,该丛书在12世纪下半叶首次出版,有3部著作包含在数据库中;1235年,该丛书再版,以及大约1201年的《儒学警悟》(收录6部笔记)和1273年左右的《百川学海》(包含26部笔记著作)另外两部丛书出版,显著增加了笔记刊刻的发行量。然而,在13世纪印刷出版的笔记书籍(至少有38本)中,半数以上的图书是以单行本印刷出版的,这个数字本身也超过了12世纪刻本笔记的总数。这个数字是被严重低估的,因为大量版本很可能是在13世纪出版的,而这些版本的年代无法确定。

仔细研究那些有确切刊刻年份或近似刊刻年份(或年份范围)的笔记版本,进一步表明,1150年至1250年之间的一百年间,出现了笔记刻本数量突飞猛进的增长。① 宋朝最后三十余年

---

① 魏希德《笔记的生成与流通——图表》中收录了1150—1250年,1050—1150年,1200—1280年(图1—图3)可追溯的笔记刻本的时间线。

间,刻本笔记的数量增多几乎完全归功于《百川学海》的出版。①13世纪笔记刻本绝对数量的增长,并不能直接反映出这一时期所写笔记数量的增多。对于所有的刻本笔记来说,完成年代与刊刻年代之间的相互关系,表明了12—13世纪印刷者的兴趣各异。② 12世纪的刻本笔记,大多是同世纪的作品,而13世纪的印刷者除了出版近期的作品外,还出版11—12世纪的作品,从而呈现出多样化。正如我们将在下文中看到的那样,寻找并印刷出版由朝廷高官撰写的宋朝初年回忆录,在这些数目的背后,与人们对"祖宗之法"更普遍的兴趣不谋而合。③ 然而,这种兴趣的前提,是随时需要了解士人文化的时事和潮流。在表6.1所列出的南宋刻本的总数中,开封1127年陷落后产生的著作所占的比例,显示了宋代士人对最新信息的渴求。

表6.1 标记初版时间的南宋版笔记

唐	2
五代	4
北宋	27
南北宋交替	6
南宋	75

在数据集中的121条记录中,大约有半数的著作可以确定属于刻本,也就是说,121部著作中有59个版本。除了只有地方/

---

① 魏希德《笔记的生成与流通——图表》,图3。
② 笔者在这里只考虑刊刻者,而不是更广泛意义上的编者或出版人。我们常常不知道编者是谁。出版人包括更大范围的人,包括稿本出版人,这里不考虑他们。笔者在《12世纪中国宋代抄本与印刷出版之间的连续性》一文中讨论了稿本出版人。
③ 关于这一概念及其在南北宋政治中应用的讨论,参见邓小南《祖宗之法:北宋前期政治述略》。

路级的版本(6项记录)之外,还列出了在宋代印刷出版笔记的所有州府。这说明,关于12—13世纪印刷所得出的一些结论,也更普遍适用于笔记的印刷出版:印刷出现在相当多的州府(20多个)。即使例子明显集中在浙东路和浙西路、淮南东西路、江南东西路以及福建路等沿海路分,也有一些笔记印刷出版的例子,出现在更偏远的地方并且文献记载相对较少,如京西路、广南路。沈括(1031—1095年)著作版本的编辑、印刷是由荆湖南路转运司完成的,并不包括在内;①江南和广南路之间的区域,因此在地图上呈现为一片空白,尽管这里也证实有一些活动。这张地图进一步强调了,坊刻和其他类型的印刷品在笔记传播方面的重要区别:笔记的坊刻主要集中在两个州府[知名的印刷中心临安(杭州)和建宁府(位于福建)],它们刊刻了相当数量的体裁。② 总的来说,在1150年到1250年之间,开始了笔记的刊刻,主要是在东南地区,但又绝不仅仅限于这一地区,这也就因而证明了,宋朝在丧失北方领土后,南方的朝廷和士人类型的印刷普遍兴起。

刊刻者

谁参与了笔记的刊刻出版?是什么激发了不同类型的刊刻者,他们发行了何种类型的笔记?调动了哪些类型的关系和人际网络,通过印刷出版来阅读笔记?

从50个版本的笔记来看,我们可以获得关于印刷从业者类

---

① 参见下文269页注释3。
② 杭州、建宁府或成都的商业印刷者的活动,在宋代图书制作史上近期的研究中得到很好的研究。非常有用的学术研究成果包括,潘铭燊《宋代的图书与印刷》,张秀敏《中国印刷史》,贾晋珠《谋利而印:11至17世纪福建建阳的商业出版者》,艾思仁(Søren Edgren)《杭州的南宋印刷》。

型的一些信息,似乎政府机构和官员在刊刻笔记方面发挥了重要作用(图6.2)。这一结论在地图6.1中也得到了证实,因为官刻在杭州和建宁府等著名的印刷中心之外,主要负责笔记的刊刻,甚至在这些政区,政府代理人也参与了笔记的生产。

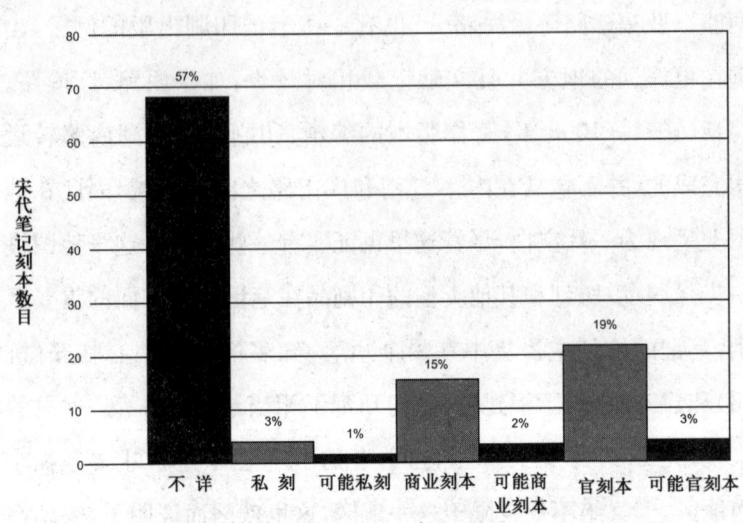

图6.2 宋代笔记版本分布情况(根据出版者类型)

在继续讨论政府(特别是地方政府)在传播笔记方面的作用之前,值得注意的是,不同类型的刊刻者(坊刻、官刻、私刻或"家"刻)之间的界限是模糊的。① 即使在刊刻者的名字确凿无疑的情况下[例如,陆子遹(大约活跃于1220年)或者岳珂(1183—1240年),他们都刊刻了多部笔记和其他作品],学者们将他们归类为官刻或私刻。尽管陆子遹和岳珂都被描述为私人"家"刻者,但毫无疑问,在陆子遹的例子中,所有的图书都是他为官期间并在政府办公场所刊刻的。在岳珂的例子中,所有的著作都是他任职嘉

---

① 关于这一点的进一步讨论,参见周绍明(McDermott)《从收藏到档案》。

兴期间刊刻的。此外,在其中一本书(并非笔记)的序中,他还提到地方学校是图书印刷的所在。① 不管是否有私人资金参与其中,为官能让几位作者将他们的作品付梓。除了刘昌诗,他用自己的俸禄在县城发行其作品,《云麓漫钞》的作者赵彦卫,于1206年在其所写笔记的重印和增补版的序中承认,他利用通判徽州的机会,刊刻了自己的作品。和刘昌诗一样,他指出人们对此书的要求,以此证明他的决定是正当的。不少有兴趣的人来找他提供其笔记的早期版本的抄本,但由于供不应求,他只好在徽州州学修订新版本。这个早期版本同样是他在随州州学刊刻的,而1202—1204年,他知随州。②

笔者把在政府办公场所(衙门和学校)中刊刻的笔记数据库中的所有著作都归类为官刻本,在有疑问的情况下(如岳珂的情况),刊刻者的类型阙而不书。这种不确定性在一定程度上反映了这样一个事实,即士大夫们在人生的不同阶段可能是私刻者和官刻者,在许多情况下,官刻反映了个别地方官员或其同事和熟人们的利益。坊刻本、官刻和私刻的区别,同样主要是基于所涉及的刊刻者的状态,而不是刊刻者的动机。商业利益可能是官刻者和私刻者的动机——至少在一个例子中,在重印沈括的《梦溪笔谈》时,序的作者写道,该州已经从《梦溪笔谈》的第一版中获利。③

根据官刻本子类型细分的官刻本的总数,显示出与其他类别的刻本比较,笔记刻本的一些有趣的特殊性。图6.2中的遗漏特别值得注意,刻本笔记实际上从未被宋帝国的政府高级印刷机构

---

① 参见岳珂为《鄂国金佗粹编》写的序,转引自王桂平《家刻本》,第74页。
② 赵彦卫《云麓漫钞》序,第2页。
③ 沈括《梦溪笔谈》,汤修年(1166年)序,1087。

发行过。在记载中,国子监没能与任何刻本笔记联系在一起;负责监督区域和地方印刷的路级机构,只特别参与了一本笔记的编写和刊刻。① 相比之下,绝大多数笔记是在州府层级出版的(大部分是在州学),只是偶尔有一部著作是在一所没有确定为主要州级教育机构的县学出版的。图6.3显示,13世纪,地方一级书籍刻印的数量继续增加,而在此期间,官刻本占出版图书总数的比例保持稳定。

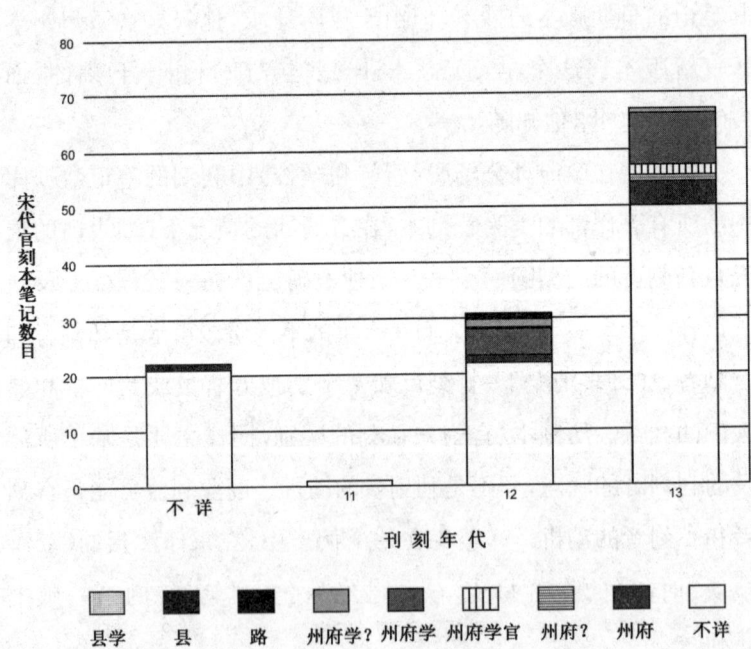

图6.3 宋代官刻本笔记数量(根据刊刻年代),并显示官刻本的子类型

为什么经常缺钱又无力资助公共福利项目的地方政府,会投资刻印那些经常率性而为的作品呢?与类书、文学选集或经学注

---

① 在洪迈《容斋续笔》刻本的序中,何异提到,他有一段文字出自编辑并在"湖阴之计台"印刷的洪迈《夷坚志》,这很可能指荆湖南路。洪迈《容斋随笔》,何异序,第979—980页。何异曾任湖南转运判官。《宋史》卷401《何异传》,第12166页。

疏集不同,这些作品不能以其对准备科举考试的学生们的相关话题全面、系统的报道为卖点——而这是宋代读书大众的重要组成部分。笔记也不同于文集——政治和文化偶像完整的作品(不包括专著),以及越来越鲜为人知的文学、历史、医药著作、谱,或地理作品中随意而不是集中讨论的话题。所有这些话题都属于12—13世纪中国有文化的男性的兴趣范围。笔记在某些方面与现代博客相似。它们可以自由地与各种以前出版和未出版的材料进行互动,使读者和对话者保持最新状态,不要求详尽地陈述材料,但是可以就某些主题对他人的著作和评论提供连续的评论与订正。

在整个南宋时期,地方政府继续进行刊刻笔记的活动,这与最近对地方政府在地方福利中积极作用的重新评价相吻合,在此之前,人们通常把这段时期描述为当地精英激进主义的时代。① 从宋人为官刻本所写的序中我们可以看出,刊刻选定的作品并维护书版,在12—13世纪被认为是长官职责的一部分。1235年绍兴年间重新刊刻的《诸儒鸣道集》便是基于旧版。黄壮猷写道,他找到了那些旧书版,并让刻工来修复它们,以便刊刻新的印本。州府学既是刊刻书籍的生产场所,又是刻板的储藏所。这种双重角色反映在短语"刊置""刻置"中,这个短语通常用于指诸如州府学官方的办公场所。②

地方长官与其僚属,出于各种原因转向出版。扬州府学教授汤修年曾写道,沈括《梦溪笔谈》的早期版本曾使州府获利,但他

---

① 李锡熙的学位论文(《权力斡旋》)及其同名著作《权力斡旋》,批判性地评价了韩明士及其他人关于从国家到地方精英战略的转变,并强调地方官员参与明州社群的项目。
② 相关例子,参见庞元英《文昌杂录》,第1页。

指出，当时学校几乎没有从中获益。重印本似乎是为了纠正这种情况。这次刊刻的目的，就是要使学者们在经济上和文化上均获益。① 保存并提供值得拥有的著作，也被视为吸引士人的活动，从而将州级学习机构置于地方和更广泛的文化交流中心。当地教师们积极采购并编制著作，就像他们编制和传播地图一样（见本书第三章）。一直在泉州任教的陈应行，积极致力于将程大昌（1123—1195年）的著作付梓。他试图将程大昌的《禹贡论》在泉州刊刻出版，后来，他找到了一个接近程大昌的中间人，让此人抄录程大昌的《演繁录》这部著作以及其他著作的抄本后，他也推动了《演繁录》的刊刻出版。②

著作的选择是通过当地关系，以及基于它们与士人利益的相关性。在这些活动中，当地关系通常由同辈和家庭关系来定义。程大昌知泉州时（1180—1182年），陈应行偶然看到过程大昌的作品。他承认，由于程大昌忙于政务，他没能与这位知州见面。因此，陈应行通过一位同年中介的介入，开始着手把这位长官的作品付梓。同一地区历任官员之间的同僚关系，在完成刊刻图书的活动中也很重要。《密斋笔记》的宋刻本，附有一位抚州知州和两个抚州通判写的序。类似的，身为通判的何异（活跃于1154年）曾刊刻过洪迈的《夷坚志》，他还推动了同样是洪迈的《容斋随笔》的重印，并附有序言。何异在序中写道，他曾在同一个州为官，当时洪伋正打算重印从祖父的作品。他还提到了与洪迈两个

---

① 沈括《梦溪笔谈》，汤修年序。
② 程大昌《演繁录》陈应行序，程大昌《禹贡论》彭椿年序。第一部著作收录在丛书《儒学警悟》中，后一种存于泉州州学刊刻的宋版单行本。这两部书都收藏在国家图书馆。第一部的序也见于《全宋笔记》第四编第9册，第158页。

第六章 笔记现象

后人的友谊,何异称赞他们让他过去有机会接触到洪迈的作品。① 正如洪伋刊刻已故亲属作品所表明的那样,家庭关系在笔记刊刻中起了重要作用。谢采伯的《密斋笔记》是私刻本,但由于这个版本所用的字号太小,他的儿子试图在县学刊刻一个新版本。他向两位同事出示了抄本,因此获得了官版的支持。②

地方官及其工作人员因此刊刻了他们自己的作品及其家庭成员和熟人的作品,但他们通过宣传当地名人的作品,也把自己定位为当地精英的重要合作伙伴。1134 年,当时在桐乡任职的周庭筠,用自己的俸禄刊刻了李如篪的笔记。李如篪在 1132 年完成了他的笔记,当时他过着悠闲自得的生活。用作者的话来说,《东园丛说》包含了他积累的笔记摘要,这部笔记摘要内容涉及从经学、历史、哲学著作、散文集到天文学和地理学。他强调这对有学问的士绅是有用的,周庭筠也抱有同样的期待,但他更强调的是,李如篪曾就读于太学,与当时都城中所有的一流人物都很熟悉。③

本地关系显然很重要,但刊刻图书中涉及的关系也超越了本地界限。以洪伋为例,当他以当地读者的利益为基础,出版《容斋随笔》时,另一位为本书出版做出贡献的人反驳说,这本书可能对整个宋帝国的士大夫阶层产生潜在的更大影响。在其 1212 年的序言中,何异引用了一封信,在信中洪伋要求他认可其工作:

> 从祖文敏公由右史出守是邦,今四十余年矣。伋何幸远继其后,官闲无事,取文敏随笔纪录,自一至四各十六卷,五则绝笔之书,仅有十卷,悉锓木于郡斋,用以示邦人焉。想像

---

① 洪迈《容斋随笔》,何异序,第 979—980 页。
② 谢采伯《密斋笔记》,王宗旦序。
③ 李如篪《东园丛书》,李如篪、周庭筠序。

抵掌风流,宛然如在,公其为我识之。

何异补充说:"可以稽典故,可以广闻见,可以证讹谬,可以膏笔端,实为儒生进学之地,何止慰赣人去后之思。"①丘槚也同样欢迎这部著作的刊刻,认为它惠及所有人。②

洪迈以及其他人的著作,得到当地政府的支持获得刊刻,因为它被认为与所有学者有关。笔记解决了12—13世纪社会的一个关键问题,它们提供了定义男性学者的不同模板。通过撷取个人的语录、阅读和经历,它们描述了应该如何理解这些人的生活,并为那些渴望获得士人身份地位的其他人提供了一个框架。因此,刊刻洪迈的笔记,不仅是对现实生活中那个人的一种纪念,也是一种模仿的来源,以及所有有志成为学者的人进一步交流的参考。

尽管在洪迈、陈善、刘昌诗、赵彦卫等人的笔记中所表现出来的博学和批判性的研究,在12—13世纪是一个显著的趋势,但在其他笔记中,也强调了士人地位的不同定义以及其他方面。早期笔记倾向于关注朝廷生活,因此撷取了权宦们的政治活动,而其他著作,诸如《乐善录》(约1164)和《自警编》(约1224),因其与士人及其家庭的道德发展和更广泛的社会责任相关而为人们所推崇。此外,如王宗旦在其《密斋笔记》序中所强调的那样,撰写并留下可以传承给家庭以及更大范围精英们的学问遗产,是这位士大夫的终极试金石:"士大夫晚节嗜好,鲜有不迷其初者,密斋独以书籍诒谋后人,使知其老不忘学。"③

要将一部作品推广给所有士大夫,除了原作者以外,还需要其

---

① 洪迈《容斋随笔》,何异序,第979—980页。
② 同上书,跋,第980—981页。
③ 谢采伯《密斋笔记》,王宗旦序。

第六章 笔记现象

他人的参与。在某些情况下，选择某部著作刊刻出版涉及审查制度。在四川任安抚使期间（1189—1192年），京镗（1138—1200年）支持州学刊刻吴曾的《能改斋漫录》。京镗与吴曾或其儿子吴复没有明显的直接关系，后者在12世纪50年代协助编写了这部作品。① 京镗向"好事者"推荐了这本书内容广博，但他补充说，有些内容已经被删减了。删减是必要的，因为"往时仇家摘其中有一二不合载事，谓非所宜言，遂阁不传……今削其不合载者，而存其所不当废者"。② 吴曾对秦桧（1090—1155年）的正面文献记载，可能是其著作在宰相秦桧去世后不再为人们所认可接受的原因。

在整个12—13世纪，地方官刻本在笔记刻本总数中所占的比例一直保持在25%左右。相比之下，坊刻本的数量在13世纪期间显著增加。13世纪的坊刻本至少占了宋代已知出版的坊刻本总数的至少60%（如果我们排除那些刊刻年代不详的刻本，这个数字会更高；12世纪的数字还包括收录在一本文集刻本中的笔记的一个版本）。③ 这些刻本中大部分被认为是出于两家书坊：临安陈道人和尹家书铺。根据艾思仁的研究，④两者在南宋后半叶同一时期都很活跃。在建宁印刷中心，少量笔记著作也被认为是由未具名的坊刻者刊刻的。笔记坊刻本的增长（这个数字不包括未能可靠地归于坊刻者的大型丛书），它们在都城各大书店的市场营销进一步证明，越来越多的读者对笔记产生了日益浓

---

① 京镗与吴曾之间有间接的联系，他们都与楼钥（1137—1213年）有关。这个关系是通过CBDB中迈克尔·富勒（Michael Fuller）设计的查询建立起来的。
② 吴曾《能改斋漫录》，京镗序。
③ 苏轼的《东坡志林》也被收录在其文集的12世纪坊刻本中。参见安芮璇《宋人笔记研究——以随笔杂记为中心》，第83—89页。亦参见慧仁《宋刊苏轼全集考》。
④ 艾思仁《杭州的南宋印刷》，第36—38页，第73页）只列出一部陈氏书铺出版的笔记著作，他的列表排除了一些已不存在但在目录中提到的版本（例如《挥麈录》《容斋随笔》）。

厚的兴趣,他们渴望成为笔记的作者,并希望能够拥有最新的笔记,并对分享有关平淡无奇的生活与不寻常生活的故事和轶事感兴趣。随着时间的推移,私刻本数量较少,可能表明坊刻本在12世纪落后于官刻和私刻本,而坊刻者直到13世纪才成为重要的供货商。然而,考虑到可以追溯到私刻本的少量刻本(只有五个,其中一个尚不确定),以及围绕绝大多数南宋图书的不确定性,对于私刻本在刻本笔记传播中的作用,要得出确切的结论未免风险太大了。

正如笔者在其他地方更详细论述过的那样,①坊刻者和官刻者在他们刊刻的笔记中,在涉及最多的主题上仅略有不同。随着时间的推移,也会产生细微的差异。在12—13世纪的刻本中,当朝历史和时事都是第一位的主题类别;语言学、学问和讲故事仍然是人们最感兴趣的领域,尽管它们的相对排名随着时间的推移而发生变化,在13世纪,人们对讲故事的兴趣日益淡漠,而对学问的兴趣则日渐浓厚。

坊刻者和官刻者都出版过笔记,重点是关于朝廷的历史和政治、语言学、讲故事以及学问。然而,当坊刻者们开始推销笔记的时候,他们更有可能出版有关宫廷历史和政治方面的书籍,并且对那些主要致力于语言学评论和学问的书籍表现出相对较少的兴趣。这种情况可能是由于坊刻者中更愿意投资于更敏感的政治评论,这些评论会在都城的购书大众中畅销,其中不仅包括行在朝廷和中央政府的官僚机构,还包括造访的地区和地方官员们,以及每三年一次等待参加省试和殿试考试的举子们。私人印刷者们似乎对关于朝廷历史政治问题和语言学问题的笔记很感

---

① 魏希德《笔记的生成与流通》。

兴趣,但我们拥有关于私人印刷者们的人数非常少,为进一步剖析私刻造成了一个不可逾越的障碍。

总之,在12—13世纪,州政府和越来越多的坊刻者为整个宋帝国的士人读者们刊刻笔记。他们选择刊刻的笔记,涵盖了大致相同的主题。基于对序跋的仔细阅读,笔者给出了一些原因,说明州学和州府长官们在笔记传播中发挥着显著的作用(他们的经济利益、州府的文化地位及其对士人文化的贡献,以及长官对其行政职责和家庭义务的新认识)。对于地方政府投资士人笔记的进一步解释,将从下文对笔记作者的社会背景分析,以及第八章中对王明清笔记的深入解读中得出。

笔记作者们的社会政治背景

笔记写作与官场之间的联系,可以通过中国传记数据库(CBDB)提供的大量仕宦数据进行探讨(2011年7月5日更新版,CBDB)。曾经为官的笔记作者们占多大比例?担任高级官员并有可能获得朝廷和高级官场中第一手信息的比例是多少?那些官宦之人是如何获得官位的?家庭关系更重要,或者笔记作者也在通过科举考试进入官场的大幅增加的宋朝官员人数之列?

因此,目前能够回答的关于职业背景的问题,受到CBDB的结构和内容的限制。此外,CBDB数据在其覆盖范围中绝不是详尽无遗的。[①] 通过将宋人笔记刻本与CBDB的互连结果与同类

[①] 更早的估计,参见笔者的《明州的绘图沟通:通信网络》。这是在关于社会科学研究数据库效用的研讨会上提交的一份报告。自从2007年7月首次撰写此报告以来,该数据库已进行了大量更新,例如,现在包括了从最重要的宋人传记和索引(王德毅的《宋人传记资料索引》)中提取的数据。

研究进行比较,并结合已知的不足对结果进行解读,笔者希望能对笔记作者的职业模式提出一些合理的看法。下文给出的结果表明,一方面,笔记作者们的背景,可能并不像更知名的宋代笔记作者们所提出的那样是一种高姿态的一维性;另一方面,作者们的人口学特征也表明,笔记作者们往往与官场保持着密切的联系,并且越来越多地属于下层精英阶层,他们要么担任低级官职,要么渴望成为士人。

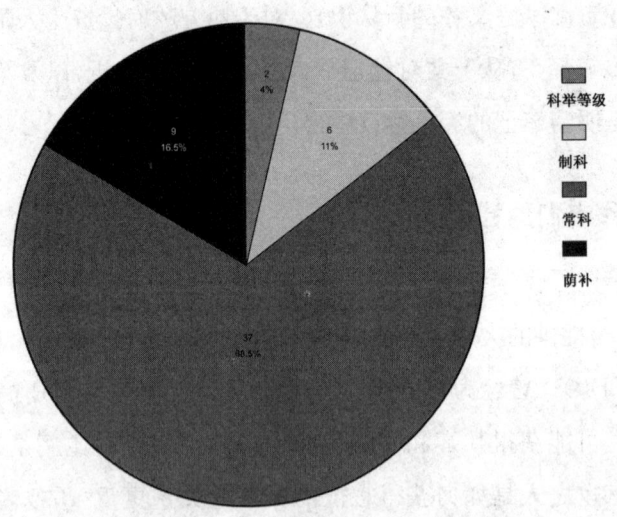

图 6.4 宋人笔记作者中用于入仕的方法(按百分比)。图表百分比上方是绝对数字,只在一种情况下使用的方法(包括度牒和荐举)不包括在内(五种情况);宋朝之前的作者(总共五位,只有一位提到入仕,常科和科举)也被排除在外。笔记作者们可以利用多种途径入仕;因此,在某些情况下,图中包括了同一作者使用的多种方法

图 6.4 显示了 73 位唯一作者中 47 位的条目(CBDB 中的其余作者没有输入信息;73 位作者中有 68 位被列入 CBDB)。它表明,至少有近一半(36 位)的被刊刻笔记的作者们通过了某种形式的科举考试;绝大多数人(32 人)都是通过定期举行的进士试。表 6.2 进一步显示,获得官衔、继承和荐举所赋予的声望和权力

的其他两条主要途径,在绝对人数和百分比上都发挥着相对次要的作用。此外,这些数据是根据获得资格的年份沿着时间轴绘制的,①它表明尽管进士头衔是整个宋代时期笔记作者们的主要资质,但在南宋统治的最后一个世纪里,它似乎已经成为笔记作者们一个不那么普遍的属性。

表 6.2　张晖关于宋人笔记作者仕宦生涯的数据

	所包含的笔记数	官阶	进士	《宋史》传记
北宋	40	30	23(22+1)	25
南北宋	20	10	6(5+1)	2
南宋	67	40	17(14+3)	10
总数	127	80	46(41+5)	37

史料:张晖《宋代笔记研究》,第 47 页

与张晖为 127 部宋代笔记作者们编制的数据(表 6.2)相比,②上述数据支持了这样的结论,即在北宋时期获得进士头衔的笔记作者们较多。张晖的数据显示,通过科举途径进入官场之人比例下降了 30% 以上,考虑到本表的数据,笔者同样认为,与张晖的数据相比,出现在刻本中的笔记作者,通过科举考试继续占据主要的职位。然而,这一发现可能不那么重要,因为大多数作者也在南宋写作,不过我们没有关于他们的进一步信息(图 6.5)。这一结论与张晖的结论不谋而合,即我们发现,没有任何仕宦迹象的作者的比例,从 12 世纪 30 年代以后稳步上升。这可能

---

① 魏希德《笔记的生成与流通》。
② 这是 155 本笔记全部样本——样本数据没有根据制作方法进行区分,包括一些诸如地理和历史回忆录等类型,没有包括在我的样本中。

被解读为笔记作者们社会背景转变的标志:从高级官员到低级官员,再到没有官衔甚至没有进士身份的人。

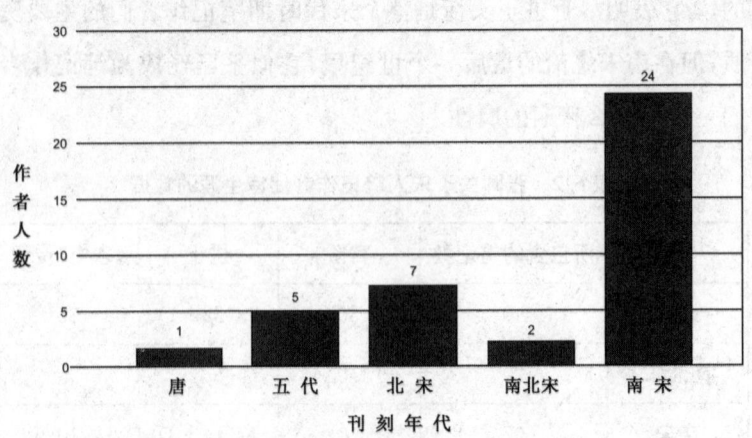

图 6.5 宋代刻本笔记作者人数(未见于 CBDB 条目中)

获得官衔的作者是否拥有某些特定的职位,这些职位可能使他们的观察与其同时代的人有更多相关性?他们的官署是否遵循了从高层到上述区域和本地的趋势,并且这种趋势是否会导致主题的改变?CBDB 中包含 53 位笔记作者的 567 条职位记录。除了其中的 8 位作者,CBDB 在多个职位上均有数据。进一步分析在朝廷任职和担任低级职务的个人,可以支持这样一种观点,即身居要职,并有多年在朝廷仕宦经历的笔记作者们,主要是在北宋朝廷任职。北宋时期曾在朝廷任职的笔记作者中,在 75% 的例子中,至少获得了 5 个朝廷职位(16 人中有 12 人),而在南宋时期的笔记作者(21 人中有 7 人)中,只有 33% 以同样的比例在朝廷任职。

12—13 世纪,尽管看起来有更多的笔记作者没有入仕(见上文),但那些在北宋朝廷和南宋朝廷入仕的人之间相比较,进一步说明了这一点,即在南宋时期,曾经担任朝廷高官的刻本笔记作者的绝对数量要高于北宋的情况(21比16),因此,应该修改从朝廷高官到地方官员和布衣转变的假设。同样地,在11世纪,笔记是由在地区和地方有仕宦经验的人们撰写,尽管程度比接下来的几个世纪要少一些。我们并没有看到变化,而是似乎看到了笔记作者们的社会政治背景正在扩大。大多数在朝廷任职的人在某些时候都担任过低级官职。① 除了一名曾担任较低官职的北宋作者外,其他所有人都升迁到了更高的职位(这表明了朝廷高官的统治地位),但是,曾在地方任职的近三分之一的南宋作家(总共26人中有8人),似乎没有在朝廷上获得更有声望的职位,这表明在那些有刻本笔记的作者中,较低级别的官员和布衣的比例也越来越高。然而,从上一节所列的专题讨论中,我们还可以推断出,仕宦生涯停止于地方层面的作者中,人数较多或比例较高的人并不直接导致从朝廷政治转向地方事务。

抄录和印刷出版的重叠网络

以上我们对宋代刻本笔记作者分析得出的结论是,他们的社会政治背景在12—13世纪期间呈现出多样化,并且这种作者身份成了那些士大夫阶层下层人士的一种属性。那些知名度较低的人,是如何看待他们的作品被刊刻? 什么样的关系和人际网络促进了笔记稿本和刻本的出版? 那些阅读和对话录被刊刻出来

---

① 魏希德《笔记的生成与流通》中的表格,显示了朝廷、区域和地方官署的数目。表中显示了依据任官类型的刻本笔记作者所在地区和州府人数,以及根据任官类型北宋刻本笔记作者、南宋刻本笔记作者的朝廷任职人数,而此处并未复制那些活跃于南北宋交替时期的作者人数,但可以从作者那里获得。任官数据也可以在与本书一起的网站上访问。

的作者们,与那些作品属于大多数没有刻本记录的作者们相比,他们是否更多地参与了不同类型的社交网络? 出版稿本和刻本是否带有相似或不同的含义? 笔者在分析王明清系列笔记《挥麈录》出版历史的基础上,提出了这些问题,追踪了作者、笔记使用者以及最终的企业家们,如何在一个世纪期间相继出版了多个笔记版本,并强调使用者出版在这一出版过程中的重要作用。

继拉夫(Harold Love)之后,[①]笔者区分了写本出版的不同模式(作者、使用者和中间商出版)。在12世纪的中国宋代,已经参与了写本出版的读者们,还变成了刻本文本的出版人。在拉夫的定义中,使用者出版始于"一个版本",将文本复制出来供私人使用,并将其包含在普通书籍或个人杂记中。个人抄录是进一步传输的起点。朋友或熟人通过连锁抄录或在其人际网络中传送抄本,更广泛地共享抄本。[②] 因此,抄本或稿本出版,在这里被用于允许文本在社交圈子内传播,这样它就不再是一个封闭的个人群体的私有财产,不再是产生大量抄本意义上的私人财产。中国印刷术的早期历史表明,作者、使用者和中间商出版都在抄写和印刷媒介上运作,从而引发了这样一个问题,即在印刷成为人们普遍选择的生态环境中,这些不同的出版模式之间的关系是否会发生变化。同样,再次继拉夫之后,我们可能会检验这样一个假设,即当更为大众的印刷媒介占据优势地位时,应将其解读为对现行的传播模式等级制度的挑战,并最终挑战国家虚构作品的合法性(我们还可以加上文化精英)。

---

① 拉夫《文本的文化和商业》。
② 同上书,尤其是第 79—83 页。

第六章 笔记现象

作者出版

公元1166年,王明清完成了4部系列笔记中的第一部。在题为《挥麈录》的笔记汇编第一部的简短序言中,王明清提到,这是他与亲朋好友多次谈无说地的结果,他居住在会稽(今绍兴)的许多悠闲自得的日子里,这些亲朋好友来拜访他。就像在此前后的笔记作者们一样,王明清补充说,他记录了更有趣的讨论,并通过查阅各种叙述来验证笔记中的细节。由于这些笔记积累渐多,他不忍心丢弃它们,于是在一位朋友的坚持下,他决定把它们编辑成一个百条的版本来予以传播。大约30年后,在1194年(或1193年)、1195年(或1194年)和1196—1197年,①这部笔记的第一部分又补充了另外三部分大约200条、50条和100条条目。直到13世纪晚期,人们在杭州、建宁和嘉兴不同地方刊刻了至少6种版本的《挥麈录》。②

王明清在其笔记的传播中发挥了关键作用。在《挥麈录》早期版本的序跋中,他被描绘成一个代理人,发起了把手写笔记转变成带有书名的著作汇编。他与朋友和熟人们分享了这本笔记合集,并委托他们进一步出版他的这部作品,甚至为此目的征集序和其他正面材料。在作者本人提供的序中,他还认可了该笔记的刊刻。

---

① 夏绍辉《王明清挥麈录考述》。
② 对于现存和亡佚的宋本最广泛的描述,参见王明清《挥麈录》出版说明和清人序跋(中华书局版,第364—391页)。这个统计包括至少前三录的三个单行本,完整四录的现存宋代版本(龙山书堂),黄丕烈提到的临安陈氏的宋刻本已不复存在,而在宋末,坊刻丛书《百川学海》中所收录的版本也有大量的修改。龙山版中所提到的《挥麈前录》的秀州版是否是指王明清(第二篇的序)和赵不谓(合订版的评论)所提到的同一版还是不同的版本,目前尚不清楚。

王明清对《挥麈录》前录的"识",日期为 1166 年,解释了他的笔记收集是如何产生的,以及它是如何获得书名,并开始将其转入刊刻。作者"笔录"了那些有趣的、经过反复核对的条目,他把手写的笔记汇为一编,当这些笔记积累起来之后,他把它们变成了一本有书名的书:《挥麈录》。尽管王明清称"非所以为书也",但为笔记取名,并加上日期标注,这是一系列超文本干预措施的第一步,这些措施将手写的笔记从作者的书桌上拿走,并将其传播给逐渐扩大的读者圈子。①

在写于 1185 年的关于同一前录的后跋中,王明清以同样的方式叙述了笔记的起源。他声称这本书的书名是他取的,但他把这本笔记的出版渊源追溯到一位老朋友程可久。他形容程可久是一位有名望的学者。程可久时任饶州德兴县丞,他初次阅读这本笔记便很喜欢,"手录"了一遍,又加上了一段文字。王明清写道,从那时起,这部笔记开始"流传"。②

在简要提及程可久的作用时,就暗示了作者控制权的丧失,似乎是作者试图向亲密的朋友们展示并呈现手稿的结果,而且很有可能是预期的结果。程可久在其 1169 年的跋中,也就是在王明清的"识"之后最早的文本中指出,是王明清为他完成了这项工作,这让他大吃一惊。③ 程可久的认可有所保留。他对这是否是王明清时期的最佳用途表示怀疑。作者并没有像朋友那样抄录,然后传播一位信任的作者的作品,《挥麈录》的出版似乎是作者以两种方式热切追求的结果。

朋友们既是这部笔记的合著者,又是联合出版人。正如笔者

---

① 王明清《挥麈录》(中华书局版)前录卷 4,第 42 页。
② 同上书,前录卷 4,第 43—45 页。
③ 同上书,前录卷 4,第 42 页。

在第七章中会谈到,以及王明清的序中承认的那样,文本是由对话者和同时代作者们组成的网络,他们为王明清的笔记提供了素材。王明清的一些密友也被委托出版他的作品。王明清的一位多年好友赵不谓,接受了来自作者本人"期天下之所共知"的指派。① 将自己的手稿赠送给朋友或熟人,既可以作为复制的机会,也可以作为实际的手稿副本,这在 12 世纪的出版中是一种邀请他人参与传播的方式。密友们表示,他们知道如何通过传播来解释这样一份礼物,并在其他密友之间将其进一步出版,或者做出必要的安排,让其通过刊刻更广泛地传播(以赵不谓为例,通过雕版印刷来传播)。

尽管出于礼节性的谦逊,王明清也明确表示,他支持笔记超出一小群最初的读者,通过刊刻进行更广泛的传播。在 1194 年《挥麈后录》的序中,王明清写道,他的笔记在《前录》编后不久就很快付梓了。②

作者的主动性和作者调动个人关系的能力,是决定哪些作品以刊刻方式传播的关键因素。《芦浦笔记》和《云麓漫钞》都是自筹资金的刊刻,前文所讨论过的同侪、门生弟子和年轻的家庭成员们参与当地政府出版其他笔记,说明作者及其直接关系,直接涉及笔记的机械复制。在序跋和其他超文本材料中的自我宣传,通常归因于新兴的商业书坊,形成了有抱负的作者们为其作品寻求支持的策略的一部分。

---

① 王明清《挥麈录》(中华书局版)余话卷 2,第 328—330 页,尤其是第 330 页。
② 《挥麈录》(中华书局版)后录卷 11,第 223 页。在后来的序言中,赵不谓证实了《挥麈录》前录的刊刻流传。在他关于宋版本的笔记中,清朝目录学家张元济抄写了一篇铭文,说明前录是在王明清家族居住的秀州地区刊刻的。这些文本均收录在《挥麈录》(中华书局版),第 330 页,第 368 页。

除了在作品的流通中寻找朋友和熟人们合作外,他还邀请那些朋友和熟人们,在序跋中强调笔记的意义和用途。除了程可久与赵不谫的序,《挥麈录》的一些早期版本,有一些不同寻常的支持材料,比如来自12世纪最著名的两位历史学家的一封个人推荐信。在其1185年的跋中,王明清强调了他与李焘(1115—1184年)和其子李垕(1172年科举中第,大约卒于1179年)的关系。①他以前者的弟子和后者的密友身份出现,并回忆起拜访李"长者"。他讲述了在他(王明清)向宋朝历史上杰出的历史学家出示了自己关于近期宋朝政务的著作之后,后者通过询问王明清最近发生的一系列事件来考验他。据称,王明清通过提供了总共超过20项的每一事件的完整记录,来证明自己有能力应对挑战。于是李焘邀请王明清和他一起去朝廷,成为他的助手,但王明清对此予以拒绝。对于那些想要用原始的第一手史料来支持自己故事的历史学家来说,这是一个很自然的举动,但在宋代印刷术的世界中,这个举动却显得与众不同,王明清还附上了一封李垕的亲笔信,证明了这一邀请,并表达了两人对王明清笔记的兴趣。

在这封信中,李垕没有注明日期,但很可能写于12世纪70年代中叶,②他称自己与"长者"(指李焘)刚刚读完《挥麈录》,他们都对这部书印象深刻。李垕还指出,他的国史馆同事中,一些更优秀的人同样对此书十分欣喜。这封信似乎是未经编辑的:它包含了非正式信件更随意的开头和结尾的短语(不同于刻本文集

---

① 王明清《挥麈录》(中华书局版)前录卷4,第44—45页。
② 王明清《挥麈录》(四库全书本)前录卷4,12a-b。这封信指的是李垕在史馆的工作,李垕在1179年左右去世,这封信一定是在此之前写就,王明清也提到了他的去世。他在1175年至1176年任国史实录院编修检讨官,这封信极有可能出自这一时期。

中收录的那些信件),并且李垕亲昵地签名为"契兄"。

总之,尽管王明清本人没有出版自己的笔记,但他通过动员朋友、同仁和以前的同事们,在这些笔记的传播中发挥了关键作用,而这些人采取抄录和刊刻的方式,进一步推动其著作发行。

使用者出版与人际网络推动

除了作者在笔记出版中的关键作用之外,王明清笔记的序跋材料,也让我们得以窥见维持抄录和刊刻出版的人际网络。密友们是读者,并变成了将作者与他们分享的文本稿本和刻本的出版人。下面笔者将讨论使用者出版《挥麈录》所涉及的社会背景以及他们之间的关系,来强调士人网络和低级官员们在12世纪以降不断增长的笔记流通中的作用。

第一组读者群中包括程可久和王璆。如同程可久,王璆获得了《挥麈前录》的抄本。他将自己的抄本借给郭九惠,郭九惠将其"手抄"下来。郭九惠在遇到王明清之前就对这本笔记很熟悉,后来在临州任职时,他留意过作者。当他写跋时,郭九惠在高邮军(位于淮南东路)任县学教授。王明清那时待在台州,就在高邮的南面。① 值得注意的是,除了李焘、李垕和与他们共享抄本的同事之外,王明清所有读者圈子内的人都在地方政府任职(郭九惠、程可久和赵不谫),或者没有记录曾担任过公职(王璆、②王禹锡);而那些在地方任职之人,大多担任低级官职(教授、县丞、知县)。

---

① 王明清《挥麈录》(中华书局版)前录卷4,第42—43页。
② 郭九惠和王明清没有提到王璆的任何头衔,表明他没有拥有任何官阶或者官职。
  王明清《挥麈录》(中华书局版)前录卷4,第43页;前录卷4,第28页。CBDB中有一个职位列举了王璆,ID 10045。

从他们的序中我们可以看出,这是一个紧密联系的群体:程可久、李壆和赵不谫是王明清青年时期的密友。李壆、赵不谫和王明清过去常常互相拜访,并且多年来一直保持着他们的关系。王明清写于1185年的跋,在某种程度上是向已故的李壆致敬。王璆在笔记中被引为提供信息之人,因此也必然是一个直接的熟人。① 郭九惪通过他加入了人际网络,在其序中表达了希望与王明清的联系永远不会被切断。这些人之间的联系如图6.6所示。

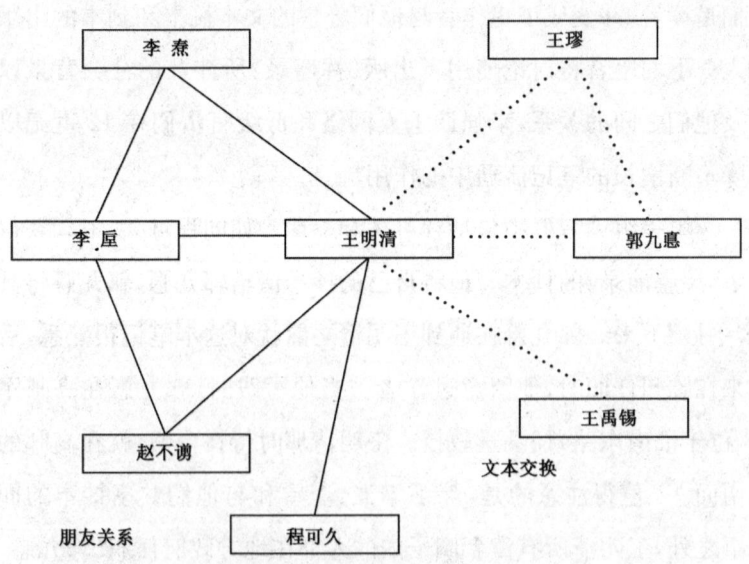

图 6.6 王明清《挥麈录》中所涉及的关系。虚线和直线表示联系是如何从较弱的联系发展到较强的联系(从交换手稿、写作,到终生的友谊和家庭联系)

王明清的文本最初是在朋友和个人关系的小共同体中传播——尽管在中国帝制社会,这些关系往往是通过政治网络来进

---

① 王明清《挥麈录》前录卷4,第28页。

行的(王明清与李氏一家之间的联系,便是通过任官的方式进行的,而郭九悳是在高邮任官期间遇到了王明清)。由于稿本的交换而形成和被形成的同样的个人网络,也为刊刻这些同样的文本调动了资源。

对于人际网络中较低级别的官员来说,情况似乎尤其如此:程可久、赵不谥(以及王明清本人)似乎在掀起刊刻《挥麈录》浪潮中发挥了最重要的作用。他们在这方面的足智多谋是12—13世纪中国宋代一个更大趋势中的一部分:如上所述,尤其是州衙和州学,成为至少25%的生产宋版笔记的地方。在王明清《挥麈录》的例子中,地方政府官员们参与了使用者出版物的活动,显然是在作者的支持下进行的,所以《挥麈录》的早期刻本是手稿作者出版、使用者抄本出版和使用者刊刻出版的结合产物。

在12世纪的中国,稿本和刻本的使用,以及它们在同一个社交网络中的融合,与17世纪英格兰的印刷和手稿媒介的社会使用形成了对比,与他们12世纪的中国同行一样,在那个时代,有英语读写能力的精英们,第一次生活在一个印刷出版成为普遍选择的世界。拉夫指出,在17世纪的英格兰,那些为手稿出版写作和为印刷出版写作的人们之间,存在明显的差异。几乎没有作家同时为这两种媒体写作;他们对媒介的选择与写作的不同概念有关。手稿作者倾向于将概念化写作为一种亲密关系的媒介,作为一种有机的、自由表达过程;在政治上,抄本在精英话语中占据着重要与对立的地位。印刷术,最初是一种受到更严密控制的媒介,与"绅士的公共话语"联系在一起,[1]只有在它开始对话语的对立形式发出声音之后,它才能够承担起类似抄本媒介那样的作

---

[1] 拉夫《文本的文化和商业》,第189页。

用。由于印刷出版的进一步扩张,政府控制因而变得效果不佳了。

在12世纪的宋代中国,稿本并没有起到与印刷出版的相反作用。以手稿形式出版的作者和使用者们还提供了手稿文本的抄本,以便将其转换到刻板上。他们认为雕版印刷是一种最佳的方式,通过刊刻,一篇文章可以在已知的熟人圈之外与其他相似的人分享。尽管在欧洲,印刷是一种更正式的出版手段,需要对文本进行进一步的编辑,但它并不像在欧洲那样,需要在专业出版商和作者之间建立一种新的关系。技术上的差异,在12世纪的中国宋代和17世纪的英格兰手稿与印刷媒体之间的不同关系中发挥了作用。雕版印刷术是一种广泛分布在中国各地的技术,比排版所需的投资更少,因此,更容易保持在文本生产者的权限范围内。也许是因为最初的投资较少,人们对印刷者的法律保护就不那么感兴趣了。

抄本使用者出版:朝廷

媒介的选择,与帝制中国特殊的士人网络的形成没有对应关系。使用诸如手稿等更隐秘的媒介,并非与对立立场直接相关。雕版印刷术被认为是一种技术,可以让作者与士大夫精英更一般的公众进行交流。越来越多的底层文人投身于印刷各种各样的材料,使他们能够与整个帝国的精英们建立起真实和想象的联系。印刷术被认为具有使人们能够在精英阶层中建立起共同体的能力,因为它允许个人与属于同一阶层的人交流能力发生了数量上的改变。在实践中,它与手稿出版在程度上的差异大于性质上的差异。

与印刷术不同的是,当时和后来的手稿流通,都与通过独家谱系(例如,在诸如医术和表演等专业技能中)传播秘密知识有关,但抄本出版并不局限于私密或敏感的材料。朝廷很可能是最大的手稿出版者,通过政府资助的抄写员和书商,在整个帝国范围内以手稿形式获取书籍。尽管我们对文本制作的经济学知之甚少(并且在这方面,我们从王明清那里一无所获),但我们可以推测,考虑到每部著作所涉及的抄本数量很少,对朝廷而言,抄录稿本是一种更划算的复制方式;它还允许对文本进行更大的控制,因为抄写员和校对人员可以通过删除、整理和标准化来干预传播过程。王明清《挥麈录》的文本历史,为这一观点提供了额外的支持,尽管有一些大型的朝廷印刷项目,到12世纪晚期,即使是在要求刻本的情况下,宋朝廷仍继续依靠抄录稿本来储备自己的藏书。

《挥麈录》的宋代刻本包括出自实录院的两个官刻本,第一个刊刻于1195年8月15日,第二个仅仅是在五十天之后的十月初五日。两份文件都指出,根据1188年的诏令,朝廷命令编制《高宗皇帝实录》,负责这个项目的部门已经去寻找宋高宗在位期间任职的朝廷官员家属所拥有的各种文件。第一封通信提到了官府已经从王明清的《挥麈前后录》中获得信息,并下令王明清——在后一封信中,更为紧迫——身为泰州通判抄录、检查,并提交给官府。①

这些通信提供了难得的洞察国史馆和历史学家,如何征用国史馆和档案中所缺作品的方式。在整个宋朝历史时期,通常是在火灾或其他灾害破坏了藏书之后,一般都会发出填补图书馆的请求。这些要求往往伴随着承诺授予荣誉称号和对做出有价值贡

---

① 王明清《挥麈录》(四库全书本)前录序,1a-3b。

献的人给予金钱补偿。① 《挥麈录》现存版本中包含的文件显示，更多关于索书的皇家命令，是如何与之前朝廷官员的家人一起执行的（王明清的父亲王铚，曾经在宋高宗朝为官）。②

这些文件进一步表明，朝廷继续依赖文本的原稿抄录，即使它们可能已经刊刻出来，例如在《挥麈录》的情况下。因此，朝廷藏书并不能作为一种可靠的指标，来衡量手稿与刻本在私人或机构藏书中的分布情况。③ 朝廷依靠自己的使用者出版机制：它为秘书省制作了自己的抄本，这样复制的作品可以进入图书馆目录，供那些被允许进入其中的人使用。朝廷努力与各州府出版的书籍保持同步，表明其无法控制图书市场。然而，正如京镗在其有争议的笔记版本中所言，士人网络在出版领域的主导地位，确保了士人之间的相互制约。

综上所述，无论是在中国还是在英国的情况下，手稿和印刷出版都处于从亲密到拘谨的不同层次。敏感材料，如有身份的现场发言者发表的政治评论，最初是在一群密友中传播。在12世纪的中国宋代，很多这样的材料在相对短的时间内，就像王明清在他自己一生中所做的那样，转移到印刷媒体。尽管我们可以有把握地推测印刷媒介的惯例影响了手稿文本的复制，但是这些亲密的痕迹被保存在印刷文本中，包括未经编辑的个人信件、给私人朋友的谈话引证，或未归还书籍借书者的名单。④ 从抄本到刻

---

① 关于近期的研究成果，参见魏希德《帝制中国私人和朝廷藏书中的失落话语》。
② 关于王明清直系祖先的事业和社会关系的详细叙述，参见张剑《王铚及其家族事迹考辨》。
③ 参见魏希德《帝制中国信息秩序中的小道》。
④ 魏希德《12世纪中国宋代抄本与印刷出版之间的连续性》中讨论了最后一类添加的例子。前一节是基于这篇文章而来，但是这篇文章涵盖了12世纪对手稿和印刷品之间关系的理解，并更详细地解释了在宋代使用者出版物中印刷媒介的广泛改编。

本的转换可能促进了这一过程。

宋代出现的笔记,是一种典型的士人形式。社会下层士大夫们越来越多地参与撰写它们。朝廷机关没有显示出版它们的兴趣(在某些情况下,还禁止出版个别书籍),但是地方政府和商业印刷者们在12—13世纪的不同地方,刊刻了越来越多的图书。作者对出版的追求,以及个人、政治和地方关系的追求,可以被证明在笔记印刷传播中发挥了至关重要的作用。对于那些在官僚机构下层任职之人,以及与他们有联系的当地士人而言,笔记的手稿和印刷出版物是人际网络推动力的表现,这种推动力总是从一小部分人际关系开始,但始终对区域和跨区域的结合保持开放,通过这种关系,可以传播士人身份的核心要素。已出版的笔记作者的社会地位的微妙变化,并没有带来整体话题覆盖的转变。与早先根据权力基础不断变化而做出的地方转向的假设相左,似乎那些在官僚体制中没有高高在上或根本没有崛起的作者们,并没有与宋朝及其前身的历史背道而驰。

第七章　信息提供者网络与士人身份认同

在前一章中,笔者指出,在12—13世纪期间,笔记的作者身份在社会上得到了人们广泛的认可,当地机构和书坊都参与了它们的刊刻工作。本章研究了嵌入在笔记内的沟通网络,以解决关于那些人(其著作和言论为笔记作者们所选择回忆)的社会和地理背景的同样问题。

笔记的构造就是基于互文性和对话。由于这一特点,该类型自身特别适合于分析交换信息的网络。笔记作者有规律地谈及对话者(他们提供了值得注意的信息),谈到已发表或者未发表的文本史料,或是提到藏书家,此人提供了接触某一特定兴趣项目的途径。从笔记文学的回忆性对话中,我们可以重新构建起笔记作者自身所处的社交网络。从构成这些网络的关系中,我们可以重写士人身份的历史。① 以王明清的《挥麈录》为例,笔者旨在把士人身份的文化史,从更广泛的概括中,即经学著作或儒家经典在规范整合中的主导作用,以及从12世纪以降开始的地方主义作为学者们的主导范式转移开来。通过将沟通网络的社会史,与在其中所表达出来的话语的历史联系起来,本章和下一章展示了

---

① 关于社会关系与身份的意义与关系,参见怀特(White)《身份与控制》。

第七章 信息提供者网络与士人身份认同

一个12世纪的人,是如何在具体的历史关系语境中,通过利益和地位的博弈,来创造出一种士人身份。在王明清(1127—1214年以后)所回忆的对话中,自我、家庭地位、士人文化、朝廷组织与运作和宋朝历史,都是人们关注的所在。

交　谈

本章依据司马光(1019—1086年)、王明清、张世南(约13世纪)等人的笔记,包含了作者与其他个人或一小群人之间的交谈报告(其中有些包括相隔时间较长的其他人的交谈报告),以及与文本及其作者们的交往。我们如何将这样的交谈记录,解释成一种士人身份的历史?

史学工作者和文学批评家们,以两种截然不同的方式来解读交谈记录和会话手册。有些人把它们当作社会上层文化规范的指南,然后随着时间的推移逐渐被过滤掉。在其关于早期现代欧洲语言和交际文化史的著作中,彼得·伯克提请人们注意,在谈话艺术中,意大利语、法语和英语手册在规范私人和公共演讲方面的各种不同方式。他进一步指出,在它们被大量印刷出版后,手册和小说中对话的表现形式,日益塑造了文化规范并使其标准化。①

还有一些人将历史记录中的交谈,解读为创建排他性关系和建立共同体的方法。帕特里夏·迈耶·帕斯科(Patricia Meyer Spacks)在写作《私人谈话,公共意义》时,最能抓住1998年社会

---

① 伯克《谈话的技巧》。

研究专题会话的主旨。① 她在18世纪的英国传记和小说中描写了交谈的表现形式,提醒我们注意对话在其文学表现中主要的公共功能。对于塞缪尔·约翰逊或詹姆斯·博斯韦尔(James Boswell)这样的人来说,交谈是为了共同利益;对于那些对私密和私人事务更感兴趣的人来说,交谈仍然是一种受规则指导的社会活动。规则和参与者们决定了可以说的内容,以及必须被掩饰和克制的内容。交谈代表了一种"自我",这种"自我"是为顺畅的社会交往目的而创建的。② 在这种解释中,"参与者比话语更重要"。③

在笔记中回忆的社交聚会,包括了交谈中伙伴们应该遵守的规范和规则的例子。就像学者董逌(活跃于12世纪20年代)的情况那样,王明清及其同时代人偶尔会通过记录他们的违反规则行为,来审视这些规则和规范。12世纪20年代,蔡攸(1077—1126年)任国子监司业,董逌作为嘉宾之一,曾受邀参加由蔡攸组织的一场社交活动。蔡攸招待他的客人们吃甜瓜片,并让他们在宴会上讲述过去关于甜瓜的故事。除了国子监校勘董逌,大多数人都欲言又止,让蔡攸拿出最佳的说明,而国子监校勘董逌想出的故事连绵不绝,并且所有这些故事都是与会者不熟悉的。他收集到的所有先例都是基于历史事实,他的表现得到了众人的交口称赞。然而,不出所料,其上司的公开挫败,也导致了董逌日后被改官。④

正如18世纪文学中的交谈描写一样,自我表现是诸如王明

---

① 帕斯科《私人谈话,公共意义》,第611页。
② 同上书,第613—614页。
③ 同上书,第614页。
④ 王明清《挥麈录》(中华书局版)前录卷3《曾文肃梦衣绿谢恩》,第29页。

清等 12—13 世纪作者们笔记的中心。有一些定量指标显示,自我表现是记笔记的核心(通过对作者自我发声的大量明确引用)。① 笔记中还有几个场景,是作者通过个人例子来说明教养与智慧的水乳交融。王明清在《挥麈前录》中回忆,1136 年,当时朱敦儒(1081—1159 年)和徐度(活跃于 12 世纪 30 年代至 50 年代)均担任国子监校勘,王明清的父亲与他们还是同事,当时他还是个孩子,便有能力回答他们关于国史草稿的问题,给他们留下了深刻的印象。② 他还回忆了后来的一次相遇,这次相遇发生在 20 余年以后:

> 敦立为贰卿,③明清偶访之,坐间忽发问曰:"度今此居号侍郎桥,何邪?"明清即应以仁宗朝郎简,杭州人,以工部侍郎致仕,居此里,人德之,遂以名桥。又问郎表德谓何?明清云:"《两朝国史》本传字简之。《王荆公集》中有《寄郎简之》诗,甚称其贤。"④

质疑仍在继续,而王明清依然光芒四射。他对自己表现的回忆,证明了本书第一章中所讨论过的博闻强识,如何不仅通过书面形式表现出来,而且还在集会上表现出来。作者在这些社交聚会中的展露,不仅仅是早慧儿童或记忆力超群的学者常见比喻的

---

① 当根据整本笔记中提到的所有其他人的次数来衡量明确的自我引用时(不仅是信息提供者,而是整本笔记中提到的所有个人姓名),笔者发现,在提到的两千多个名字的排名前三位中,提到王明清的次数与计算中心性的方法无关。魏希德、侯英浩《为古文语料库中命名实体的标注、提取与分析提供一个新的平台》pt. B,《用 MARKUS 对〈挥麈录〉进行标记:初步结果》。
② 王明清《挥麈录》(中华书局版)前录卷 4《王仲言弱龄见知于朱希真、徐毅立二公》,第 39 页。
③ 在 CBDB 的徐度的仕宦记录中列出了一个这样的职位(no. 3382)。
④ 王明清《挥麈录》(中华书局版)前录卷 4《王仲言弱龄见知于朱希真、徐毅立二公》,第 39—40 页。

实例;作者在这里重现了一个场景,在这个场景中,他在社会政治地位较高的老年人面前,展现他掌握了大量与政治相关的朝廷历史,并有能力参与到那些他永远无法企及之人的社交世界中。

除了熟悉宋朝廷的历史和仕宦之人以外,在王明清对社交圈的回忆中,也展现了智慧并加以分享。徐度询问朋友和同事关于宋朝历史记录的同样故事,在其他地方被引用作为关于苏轼(1036—1101年)幽默轶事的史料。苏轼的弟弟苏辙(1039—1112年)遣人来向他寻求支持,苏轼在接待拜访者时,提醒他们:

> 东坡先生出帅定武,黄门以书荐往谒之。东坡一见云:"某记得一小话子。昔有人发冢,极费力,方透其穴。一人裸坐其中,语盗云:'公岂不闻此山号首阳,我乃伯夷,焉有物邪?'盗慊然而去。又往它山,攫治方半,忽见前日裸衣男子从后拊其背曰:'勿开,勿开!此乃舍弟墓也。'"①

伯夷、叔齐兄弟逃离了商朝末代君主的暴政,却在守阳山饿死,而不愿接受新建立的周朝的俸禄,这是一个常见的传说。苏轼在此处援引这个故事,来拒绝那些向他兄弟们寻求举荐之人的请求,同时暗示他们拒绝的政治原因:在11世纪晚期紧张的政治气氛中,苏家几乎没有什么东西可以提供给那些希望碰运气天上掉馅饼的人。几十年后回想起来,苏轼这番话也证明了当时那些分享故事的人们的智慧。

笔记中收集的谈话,除了是规范的塑造者和自我行塑的工具之外,也是政治网络的形式。我们在这里看到的是一种政治文化,从根本上讲是互动的和对话式的。从这个意义上来说,政治

---

① 王明清《挥麈录》(中华书局版)余话卷2《东坡记发冢小话》,第300页。

文化并不局限于人民群体或社会团体对政治结构的看法和态度，它涉及人们之间"追求政治上显著目标"的关系。① 在笔记中，我们碰到了一系列建立（和打破）政治上显著关系的方法：除了关于赞助关系的协商和关于政治网络的逸闻趣事之外，笔记作者们还分享了关于朝廷人物、军事和政治新贵的故事、关于语言运用不当的笑话，或者关于请客不当、越权等危险的警示性故事。

被纳入士人谈话中，并被认为其中包含着如此重要的意义，即排斥可能导致报复，这种报复会触及所有参与其中之人，并且作为一件渗透到官僚阶层的事件，反响遍及整个帝国。王明清转达了下面这则轶事，证明了各地精英之间的社会集会所附着的政治分量。12 世纪初，刘挚（活跃于 1057 年）的儿子刘跂（活跃于 1079 年）在变法派蔡京（1046—1126 年）当政时期，被列入元祐党人黑名单中，他致仕后待在东平（位于今山东省）。在那里，以好客而闻名的地方军官王宣赞渴望与刘家建立联系，邀请他参加聚会。当地另一位精英成员，一个叫李延年的人，想要成为被邀请的贵宾，但是主人拒绝了他的要求。早些时候，李延年因犯罪而被罢官。为了洗刷罪名，他去了都城开封，在那里他遇到了旧交王黼（1079—1126 年）。王黼当时担任御史中丞，其位置因而可以决定他人宦业成败与否。当被问及最近在东平发生的事情时，李延年告诉王黼王宣赞举办的宴会，并提到出席者讨论了最近发生的与宋朝皇家有关的事件（其内容在王明清的描述中没有出现）。王黼后来让李延年把宴会上人们说的话写下来。据报道，李延年写得绘声绘色，以至于御史台决定立即逮捕所有涉案人员。刘跂遭到驱逐，所有的参会者，下至伶人，都受到了惩罚。王

---

① 麦克莱恩《网络艺术》，第 31—32 页。

明清总结道:"此亦一客不得食而然。然比之奏邸狱冤,则尤为酷焉。"①这个故事是由赵濬(活跃于 1154 年)和刘董转达给作者的。根据记载,这二人都没有在朝廷为官,他们可能属于 12 世纪人数日益增多的士人,这些人像笔记作者本人一样,通过分享有关政治命运的故事,创造并维护士人身份。

引文模式和社会关系

在笔记记录的交谈中,士人传播适合其读者群的文化规范,上演一个符合这些规范的自我,并唤起了有意义的社会和政治关系。何种关系被唤起?通过分析那些被记录在笔记中的信息告知者们,我们能对作者的社会和政治世界得出何种结论?从长期的士人交往模式来看,从 10—11 世纪以朝廷为中心的世界,到 12—13 世纪更加地方化的士人生活,这一转变的延续和变化是清晰可见的。通过比较王明清的笔记与 11—13 世纪两位作者的关系,笔者将论证在本书第六章中讨论过的笔记作者身份的变化,导致了笔记文学中所代表的声音逐渐且重大的变化,尽管权威政治人物的声音仍然很突出。

王明清、司马光和张世南

为了对信息提供者进行分析,基于对大量宋代笔记样本的回顾,这些笔记样本包含了所有包含在宋代笔记刻本数据库中的笔记,以及可能仅以稿本形式流传的其他笔记,笔者选取了 5 本笔

---

① 王明清《挥麈录》(中华书局版)后录卷 8《王宣赞召刘斯立而距李延年,至兴狱累宾主》,第 180—181 页。

第七章　信息提供者网络与士人身份认同

记和 3 位笔记的作者。① 这些笔记包括王明清的《挥麈录》《投辖录》(1196—1197 年之前)②和《玉照新志》(1198)，司马光 11 世纪晚期的笔记《涑水记闻》和张世南 13 世纪初的笔记《游宦纪闻》。如果不对一个更大规模的样本进行类似的分析和比较，我们就不

---

① 在三名助手的帮助下，我评估了样本中所有的笔记，在多大程度上引用了口头和书面材料，并从这些候选名单中选择了允许按时间顺序排列和多样化背景的一组文本。这五本笔记的电子文本在 XML-TEI 中进行了系统而全面的编码。我们的目标是为每一个条目收集所有的信息来源，并跟踪其中所包含的信息类型。因此，所有的笔记条目都被编码为以下信息：(1)作者；(2)书名和其他文本；(3)其他信息提供者，包括谈话人、二次谈话人(那些通过传话人进行交谈之人)、藏书家、资助人(提供书面材料，或将书面材料精心安排的人)；(4)口头和书面引用(如果无法确定，使用引号属性)；(5)每个条目的主要专题类别；(6)每个条目所讨论的时间段(时间标记)。引文信息涉及王明清直接提及的资料来源，而且通常不会在引用的文本或报告的段落中包含二次引用。大多数这些元素都具有被允许进一步分析的属性。对于标题，我们提供标题所属类型的指示，我们注意它是被引用、征引还是仅仅被提及。当存在相互关系时，我们指出标题是分析性的(在篇幅较大的作品中)还是在专论层次之上(系列)。以不同名称(通常缩写的标题)命名的标题，也被赋予了标准化标题作为属性。时间标记涵盖了所有对统治时期和皇帝名字的引用(包括谥号和庙号)。
　　分配给每个条目的主题，不是基于以前的分类系统。笔者在阅读《挥麈录》的条目时开发了这些类别，然后将它们重新分组，从一般主题转移到子主题的层次结构中。随着其他笔记被类似地编码，这种分类也在不断增加。这些主题不一定反映宋代类别或概念方案。笔者和那些帮助标记更多笔记的研究生们，出于分析和实际原因，决定使用最能体现我们阅读内容的分类。由于我们打算在当前的文化历史分析中确定主题群并对它们进行分析，似乎有理由不使用更传统的图书馆分类模式——这些模式也有可能实施一个与记录者的利益不相符的方案。实际上，我们希望，一旦包含读者可以在在线环境中分析、浏览或搜索的笔记的标准范围内，初级和二级标签(每个条目最多有 5 个标签)，将为当今的读者提供访问和读取资源的新方法，这些资源像笔记一样包含关于各种主题的信息片段。
　　所有人的名字都尽可能地与 CBDB 相关联。通过链接到这个庞大且不断增长的传记数据库，我们可以获得关于所有信息提供者的大量传记、家庭和职业信息。利用中国历史地理信息系统(CHGIS)的历史 GIS 数据，我们进一步绘制了信息提供者的生平和职业信息中的所有地名。这些数据是免费提供的，或者将来会免费提供。通过在笔记上使用 XML-TEI，从而在原始文本中创建数据集，我们打算确保一旦这些笔记在线发布，下面显示的结果可以轻松测试，并且所有的结果都可以在全文的上下文中进行解释。

② 王明清在《挥麈录》余话中提到《投辖录》(1196—1197)和《玉照新志》(1198)。

可能判断出这些样本的典型程度或非典型程度。然而,在检查的基础上,看来这种选择可能反映了一种趋势,在早期的宋代笔记中,包含了较高比例的基于朝廷的笔记和具有丰富朝廷经验的作者,而南宋笔记的作者们,对基于朝廷的笔记加以改编,以满足在各地仕宦和其他身份士人的利益。

王明清是知名朝廷史官王铚之子,他的几位父母辈的祖先曾在地方、地区和/或中央政府任职。然而,王明清本人并没有在官场上出人头地。他未能通过科举考试,只担任过少数几个小官职,主要是参议官。他提举过宫观,并在12世纪90年代初先后担任过杂买务杂买场提辖、节度判官,并被任命为泰州通判。十余年后,他担任浙西参议官。这些职位没有让他过于忙碌,在他生命的最后数十年间,他似乎花费了大量时间来研究并编撰笔记。《挥麈录》大概有4部分,包括450个条目;其他两部笔记部头稍小,分别包括49个条目和86个条目。

《涑水记闻》很有可能是基于著名政治家和历史学家司马光在11世纪晚期所做的朝廷事件记录。它包含大约450个条目。司马光可能是为了准备一部宋朝历史而写作的笔记,这部作品是他为更知名的《资治通鉴》所做的续集。这部笔记直到1145年左右才在建阳商业印刷中心刊刻出来。由于与金朝的战争,据说资料因而变得匮乏,这是当时人们普遍关心的资料恢复的一部分。在其第一次有文件记载的商业流通之前,1136年,宰相赵鼎(1084—1147年)请求皇帝并获得许可,指派著名历史学家范冲(活跃于11世纪90年代至12世纪30年代)收集并整理这些笔记。①

---

① 关于秦桧当政期间这部著作和禁令的进一步讨论,参见魏希德《帝制中国私人和朝廷藏书中的失落话语》,第415—416页。

和王明清一样,我们对张世南的了解大多来自他的笔记。他与前者属于同时代人,但张世南更为年轻,活跃于12世纪晚期到13世纪初。尽管我们尚不清楚他及其更年长的男性亲属的确切头衔和所任政府职位的级别,但其笔记显示,他和父亲都曾在一些地方为官。根据张聪对该作品的阅读,张家极有可能是一当地知名家庭,但与朝廷上仕途显赫的家族关系并不密切。①《游宦纪闻》现在分为10卷,包含不到150个条目(张聪叙述了108个条目)。正如书名所暗示的那样,这些笔记条目记录了一个男子早年陪伴父亲左右,后来自己宦游四方,在这一过程中,从一个小职位到另一个小职位的生活场景。张世南在四川西南部待了很长一段时间,也在现在的江西、湖南和福建生活过。

引文网络

对信息提供者的网络结构进行比较的第一步,笔者研究了每个网络范围的广泛程度或受到多大程度的限制,以及在何种程度上特定的信息提供者在记录者的记忆中占据了主导地位。这样的质疑可以让我们判断,士人是否遵循了现代学者们所发现的更广泛的文化趋势。例如,文学偶像如苏轼或道德哲学家如二程或朱熹的崛起,或者他们首选的信息来源是否预示着其他趋势。通过分析信息提供者的时间分布,我们可以进一步确定,士人的兴趣是否集中在更古老的文本上(例如,通常被认定的经学文本)或在最近的出版物上。

王明清的信息提供者网络,甚至以现代标准衡量都是很庞大

---

① 张聪《为了"博学多闻"》。

的。在《挥麈录》的 4 个部分中,对话者和作者的联合网络包含 309 个独特节点(信息提供者)。随着时间的推移,他收集并回收信息的信息提供者的人数大大增加。前 100 个条目是基于从 37 位作者、19 位对话者和 7 位藏书家或总共 61 位信息提供者那里获得的信息;这两类之间只有非常有限的重叠(只有两个实例)。出版于 1194 年左右的随后 200 个条目,是基于 191 位独立的信息提供者的贡献成果,包括 104 位作者,74 位对话者和 21 位藏书家。不同类型的贡献者之间几乎没有重叠(16 个实例)。早期和后来的信息提供者之间的重叠,非常有限:《挥麈录》前录中提到的 21 位信息提供者,或者说约占总人数的三分之一,在《挥麈录》后录中再次出现。在这 4 部分(450 个条目)中,有 168 位唯一的作者、117 位唯一的对话者、38 位唯一的藏书家、24 位唯一的二级对话者(那些通过中介对话进行交流的对话者),以及少数其他类型的信息提供者(资助人、出版人和演讲者,即笔记作者本人)。

士人很可能把个人关系网的范围,及其随着时间的拓展视为一种资产。王明清现存的其他笔记证实了这一点。《投辖录》在其为数不多的条目中传达了 36 位唯一的信息提供者的话语,其中只有 11 位信息提供者出现在《挥麈录》中;《玉照新志》中也引用了另外 8 位提供的信息。同样的,《玉照新志》中提到的 79 位唯一的信息提供者,超过三分之一的人没有出现在王明清之前的任何笔记中。超过一半的人在《挥麈录》中出现(45 人),《投辖录》中还提到几位(7 人)。这两本笔记与《挥麈录》后面几部分差不多同时编撰,因此使王明清的信息提供者网络的总人数达到了 353 人。

图 7.1 显示了王明清《挥麈录》中信息提供者网络的全部范围,并按照他们被引用频率的顺序,节点(信息提供者)排列围绕

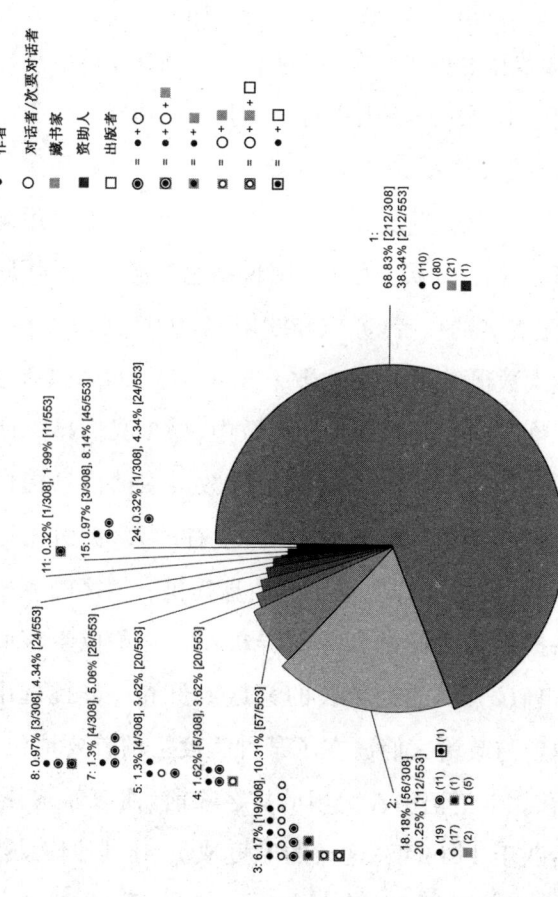

图 7.1 王明清《挥麈录》:信息提供者网络(信息提供者征引频率)。征引频率从位于边缘的 1 到越来越接近核心的 2,3,4,5,7,8,11,15 和 24。除了王明清以外,信息提供者总人数是 308 人。征引总数是 553 次。关于这本笔记以及其他笔记征引数据的其他观点,参见笔者的《信息、领土与精英网络——附录材料》。这些数据可以与笔者的《笔记》中有关信息提供者的文本和传记信息交互关联

在以王明清为中心的周围。更高的频率对应于更接近网络中心。这个图的结构,类似于他另外两本笔记中所提到的小型网络的模式。① 大多数信息提供者,他只引用过一次。他征引的那些人的次数更多地呈现出递减的趋势,只有少数人占据了核心。对于那些位于核心之人被引用的次数相对较少,这表明对于笔记作者来说,多样性而非规范化更重要。在《挥麈录》中,只有 5 位信息提供者王明清引用了 10 余次。5 人中有 3 人是家庭成员。他引用父亲的次数最多,其次是外祖父曾纡(1073—1135 年)和岳父方滋(1102—1172 年)。就像前文交往中所显示的那样,他引用老相识徐度与曾纡一共有 15 次。尽管作者网络包含了一些引用频率较高的 11 世纪著名的作者(苏轼和欧阳修,1007—1072 年),但他们的被引用次数很少,引用总次数一般不超过 10 次,只有苏轼(15 次)是唯一的例外。在被引用的总数中(如果我们排除所有的自我引用的话,是 553 次),被引用次数最多的信息提供者被引用率仅为 4%,那些被引用 10 次左右的人,被引用率为14.5%。我们对王明清其他笔记中信息提供者网络的频率分析表明,信息提供者之间的频率差异极小。那些位于核心的人物名字也相似,表明他把年长的家族成员和一群挑选出来的 11 世纪作者与政治家们放在了某种程度上的首要地位。只有王铚在所有 3 本笔记中被引用的排名靠前,而像苏轼、欧阳修或曾惇(活跃于 1136 年)这样的家庭成员,比其他信息提供者获得的关注要稍多一些。

王明清回忆了大量个人(几乎全是男性)的信息片段,在帝国官僚体制的范围和组织结构方面的语境中可能不足为奇。在宋

---

① 其他的图,参见魏希德《信息、领土和精英网络——补充材料》。

朝,人们和许多同学一起参加考试,科举中第便参加社会庆祝活动。那些科举中第或在官场谋得一官半职的人往返于都城,在那里他们可能也有机会参加朝廷上的集体仪式,或与同侪一起参加小规模的庆祝活动。然而,对于王明清来说,值得注意的是,他没有通过科举考试,也从未获得过重要职位,他只在很短的一段时间内得到过低微官职。在12—13世纪,王明清和许多像他一样的其他人,仔细记录下谁告诉了他们什么,他们在哪里获得了信息。回忆与保存关系成了一种当务之急,并通过发行和出版笔记来分享个人在士人网络中的持续参与,成为上流社会人士的消遣。通过在都城和其他地方任职的父亲与岳父,王明清从年轻时便被拉进了关系中,并从中获益。然而,值得注意的是,并非王明清的父亲王铚,而是其仕途上不太成功的儿子想要出版他的笔记。

在笔记中,缺乏规范化似乎是信息提供者网络一个更广泛的共同特征。司马光和张世南的笔记中引用频率的分布说明了这一点,类似结构中提供少量信息的信息提供者人数增多,贡献更多信息的信息提供者人数逐渐减少,没有证据表明,权威人士在网络核心中占据主导地位。图7.2展现了《涑水记闻》中信息提供者的网络。如同《挥麈录》,这本笔记由大约450个条目组成。作者引用了154名唯一的信息提供者,他们几乎都是直接联系人(对话者)。频率网络的核心是三位对话者,司马光引用他们多达十余次:一位是他的父亲,其他人似乎都是朝廷上的联系人——仕途显赫的庞籍(988—1063年),这要部分归功于他与司马光和苏宠的关系,关于苏宠,我们所知甚少,他提供了王安石(1021—1086年)执政期间很多关于朝廷政治的内幕消息。正如在王明清《挥麈录》中的情况那样,那些经常出现的人的声音并不占主导

340

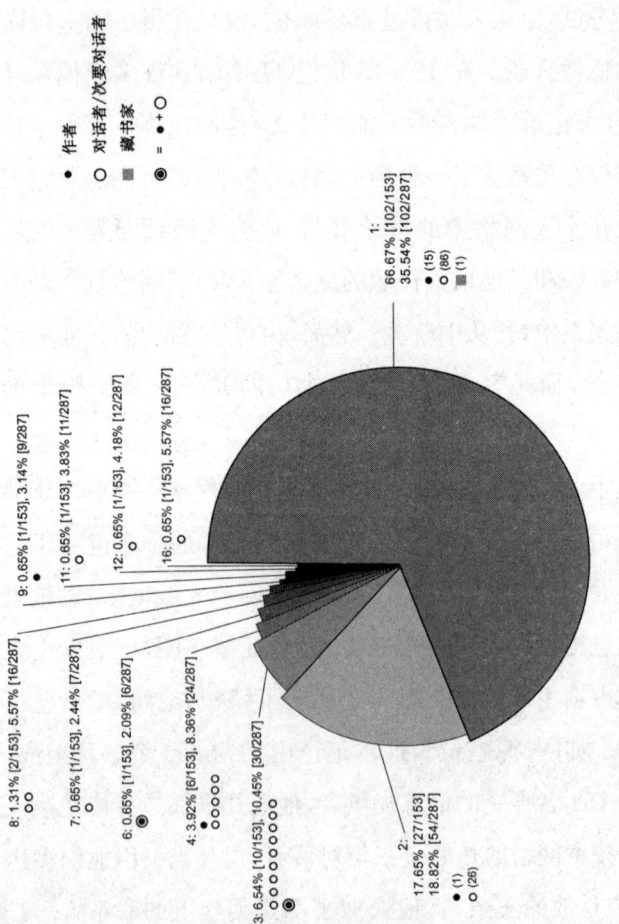

图 7.2 司马光《涑水纪闻》:信息提供者网络(根据征引频率)。征引频率从位于边缘的 1 逐渐上升至 2,3,4,6,7,8,9,11,12,16,逐渐接近核心。除司马光以外,信息提供者总人数是 153 人。除自我征引外,引用总次数是 287 次

地位;庞籍所作的贡献占被引用总数的 5.5%(291 次),那些超过十次被引用人的贡献占了 13.4%。

张世南的人际网络规模更小,只有 83 位唯一的信息提供者,这也反映出笔记本身的范围要小得多。与王明清篇幅较短的笔记相比,100 多个条目的信息提供者总人数大致相同。王明清或多或少以相等的方式引用了作者和对话者,司马光主要记录口头传播的信息,然而,与王明清和司马光相反,张世南在《游宦纪闻》中的信息提供者网络,其作者(58 人)是直接联系人(19 位对话者,6 位藏书家)的两倍;贡献总数中大约一半来自作者。图 7.3 所示的引文频率网络,与司马光、王明清更早的笔记模式相同。最常被提及的信息提供者是一位名叫程迥(活跃于 1163 年)的熟人,他的贡献占总数的 7.9%(126 次)。程迥住在鄱阳(江西),那里是张世南的家乡。① 程迥似乎并无显赫的仕途,但他作为经学家却广受人们尊敬。与其他笔记相比,《游宦纪闻》中对古典语言学有着更明显的兴趣,这可能与张世南接触到更资深的学者有一定关系。所有顶尖的信息提供者(那些超过 4 次引用之人)的贡献占了 13.5%。这说明,尽管王明清和张世南的笔记中顶级信息提供者的名单之间出现了一些重叠[苏轼和洪迈(1123—1202 年)都出现在引用频率较高的作者名单中],笔记里的信息提供者网络是由多样性和直接关系形成的,而不是权威作者的权威。

---

① 张世南《游宦纪闻》卷 6,第 53 页。

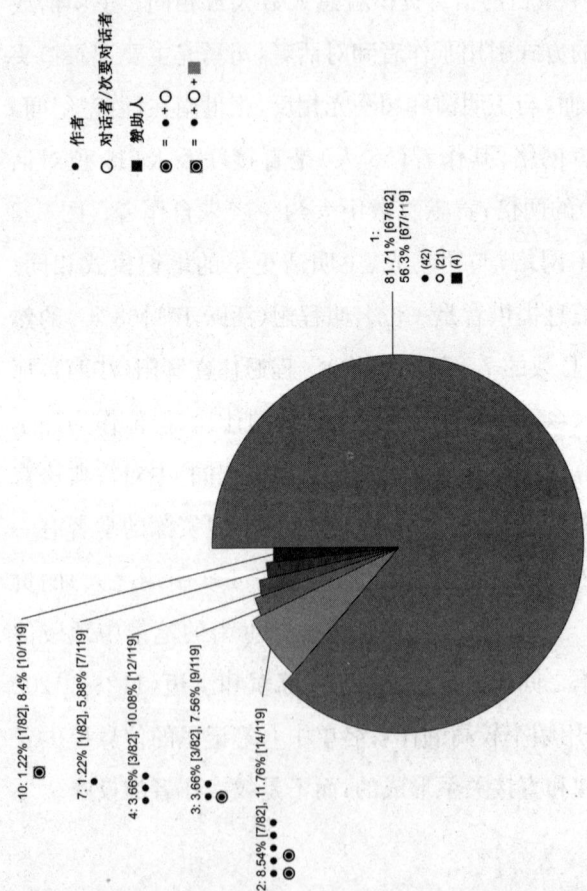

图 7.3 张世南《游宦纪闻》：信息提供者网络（根据征引频率）。征引频率从位子边缘的 1 升至 2, 3, 4, 7, 10，逐渐接近核心。除张世南外，信息提供者总人数是 82 人。除张自我征引外，征引总数为 119 次

第七章　信息提供者网络与士人身份认同

笔记作者是否利用了最近或更古老的信息来源？根据定义，对话者是同时代的人，因为他们直接并通过口头提供信息。因此，时间分析仅限于网络中的作者。在《挥麈录》和《游宦纪闻》的例子中，作者网络的分析尤其重要，因为作者构成了王明清和张世南最大的信息提供者群体。① 两位作者主要从最近的出版物中获得书面资料。王明清只有十几位作者的生平可以追溯到宋朝；这些人中没有一人提供超过两处引用（图 7.4A）。随着时间

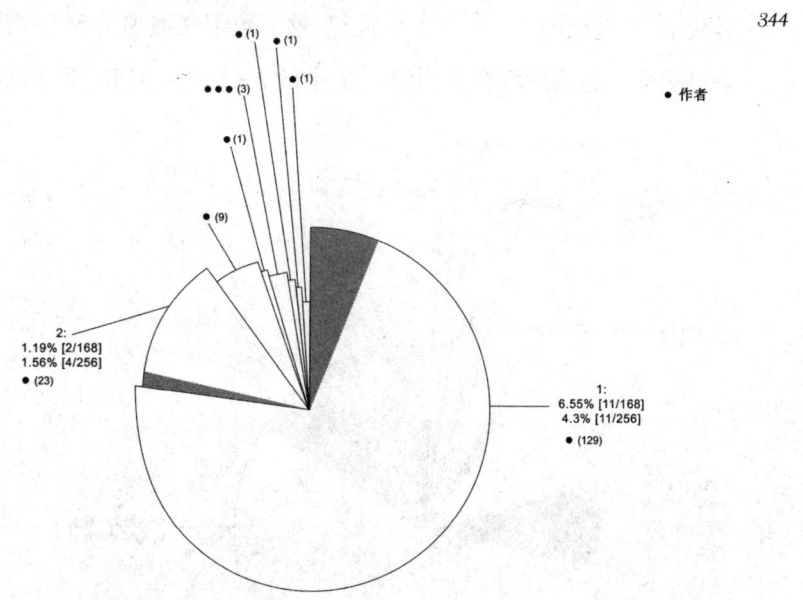

图 7.4A　王明清《挥麈录》：959 年前的作者人际网络。阴影区域表示活跃于 960 年前的作者人数。百分比表示它们在作者总人数和征引总数中所占的比例，括号内的数字指的是作者在讨论中证引的频率

---

① 将时间维度引入信息交换的网络分析是一项艰巨的挑战。在大多数情况下，我们不知道信息交换是什么时候发生的，但是我们可以给所有的信息提供者分配索引年份，以绘制所有被引用信息的时间分布。鉴于在第一部分的章节中提到的对当代和宋代材料的兴趣，后一种类型的分析，可以让我们衡量所引用的资料来源，或者确定哪个时间段吸引了宋代笔记接受者的注意。在时间图中，我们为信息提供者使用 CBDB 索引年（60 岁或死亡年），或者，如果没有的话，我们根据类似的标准自己指定指数年（主要活动年）。

的推移,没有生活在宋代的作者人数减少了,对960年前资料的大部分引用出现在《挥麈录》前录中。当我们从那些活跃在宋朝前数十年的作者群转移到那些活跃在作者生前和作者一生中的人时,被引用的作者人数急剧增加。那些活跃在宋朝统治前一百年间(960—1059年)的作者人数是前几个世纪人数的两倍,[1]在接下来的五十年间(1060—1109年),活跃的作者人数再次几乎翻了一番,达到43人(图7.4B)。这个数字大概包括了所有那些活跃于11世纪的人。[2] 在下个世纪,这一数字又增加了50%,其中包括所有那些活跃在王明清一生中的人(1110—1219年,增加

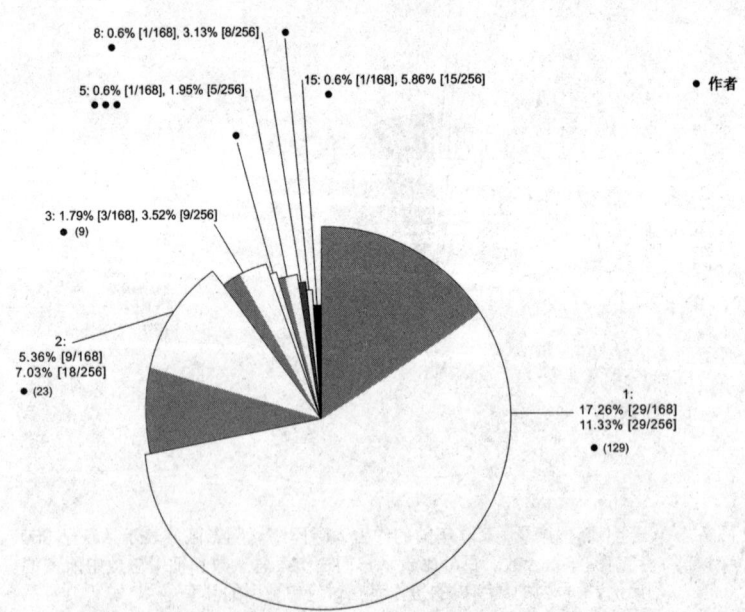

图7.4B　王明清《挥麈录》:1060—1109年作者的人际网络。阴影区域显示活跃于1060—1109年的作者人数。百分比表示它们在作者总数和征引总数中所占的比例,括号中的数字指的是作者在讨论中征引的出现频率

---

[1] 关于其他的图,参见魏希德《信息、领土和精英网络——补充材料》。
[2] 这就假设了CBDB的指数年份是基于传记主人公的第六十年。

第七章 信息提供者网络与士人身份认同

了十到十五年的时间,包括那些可以直接为王明清所知的人)。如图 7.5 所示,当将活跃于 1100—1219 年间的所有信息提供者都包括在内,可以看出,绝大多数信息提供者都是活跃在王明清的一生中(1100—1219 年间为 237 人,1127 到 1219 之间为 204 人)。同样,张世南的笔记中也包含了相对较少的宋代之前和宋代早期的引文;超过半数的引用来自当代 12—13 世纪的资料(图 7.6)。在司马光的笔记中,对同时代见证人的兴趣甚至更加明显:他的信息提供者中没有一人在公元 1000 年前结束其仕宦生涯,因此所有人这些人都是潜在的直接联系人。

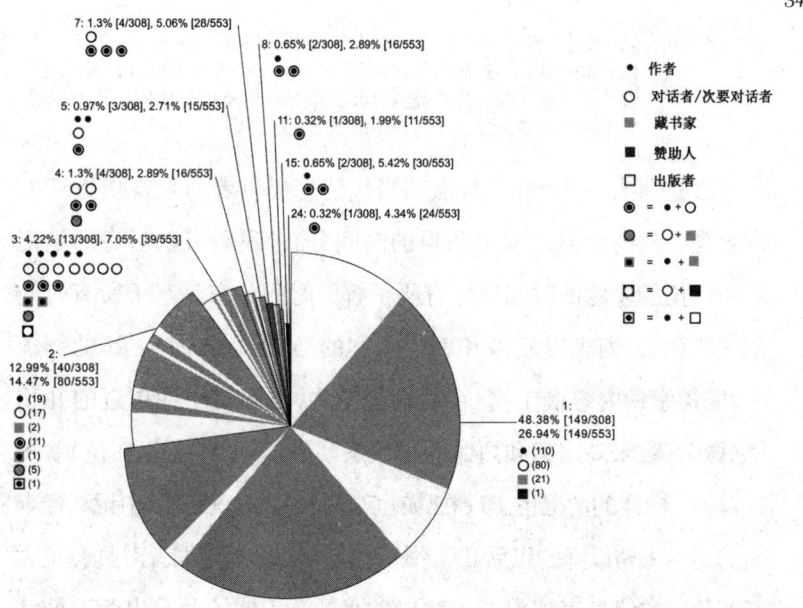

图 7.5 王明清《挥麈录》:1100—1219 年信息提供者网络。图显示了所有的信息提供者。阴影区域显示了活跃于从 1100—1219 年的信息提供者人数。百分比表示它们在信息提供者和征引总数中的比例,括号中的数字指的是信息提供者讨论中征引出现的频率

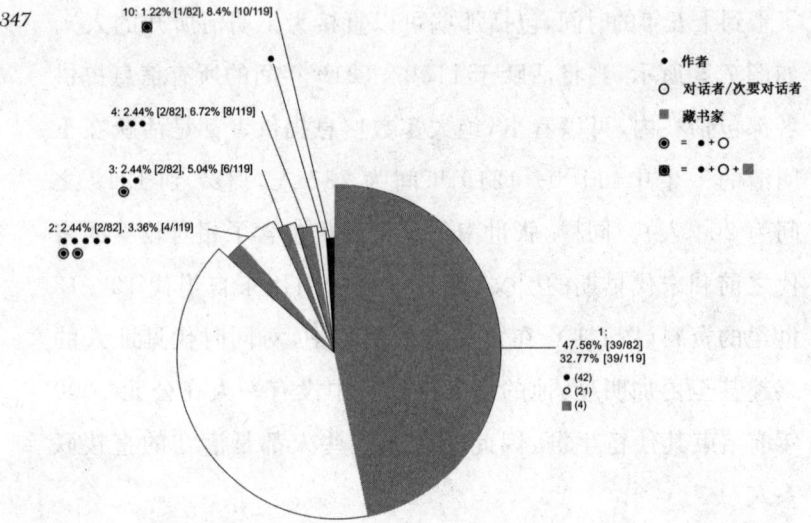

图 7.6　张世南《游宦纪闻》：1150—1266 年信息提供者网络。图显示所有的信息提供者。阴影区域显示活跃于 1150—1266 年间的信息提供者。百分比表示它们在信息提供者和征引总数中所占的比例。括号中的数字指的是信息提供者讨论中征引出现的频率

在这所有三本笔记中，强调当代信息提供者与重视更近期的内容是一致的。通过列出条目的时间分布，我们可以对每部笔记中所讨论的主题的时间坐标有所了解。时间分布是基于所有时间的参考列表，列表以庙号和朝代名称的形式。在《挥麈录》的例子中，宋神宗朝内容最丰富，在后面记录中，兴趣集中在更近的几朝[宋徽宗朝、宋高宗朝和短命的宋钦宗朝（1126—1127 年在位）]（图 7.7）。① 同样的情况也出现在《游宦纪闻》中，《游宦纪闻》中记载最丰富的是南宋初以降的以后几朝（图 7.8）。因此，笔记编者对具有更大新闻价值的信息表现出了更浓厚的兴趣。王明清及其出版商们认为，最吸引读者的话题不仅是时事，也是对宋代近代史的新解读。

---

① 在魏希德《信息、领土和精英网络——补充材料》一文中，有显示按照皇帝名字分布的进一步的表格。

第七章 信息提供者网络与士人身份认同

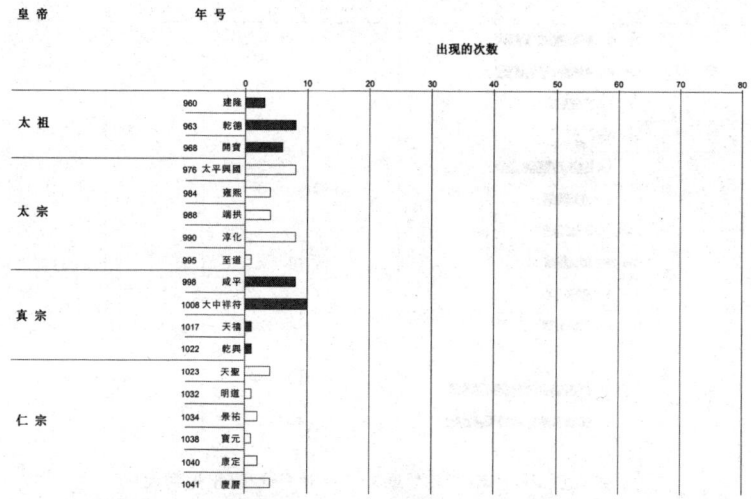

图 7.7 王明清《挥麈录》:条目时间分布(根据朝代)

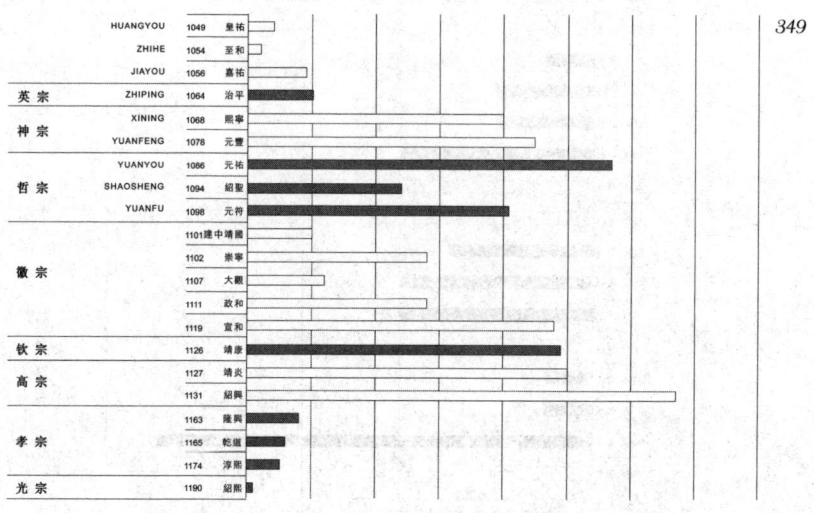

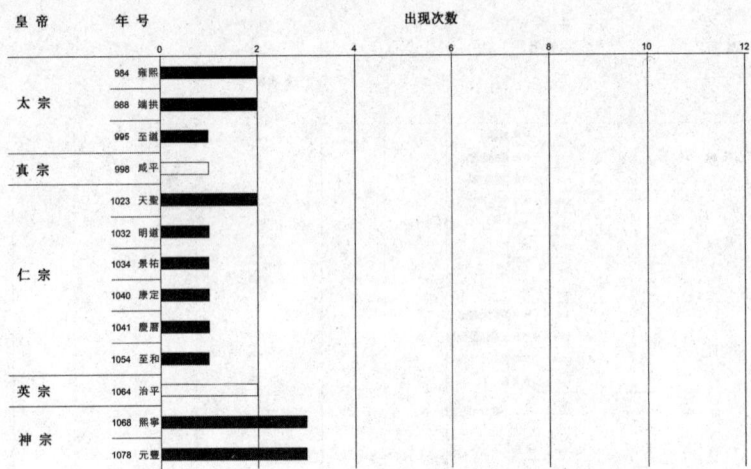

图 7.8 张世南《游宦纪闻》:条目时间分布(根据朝代)

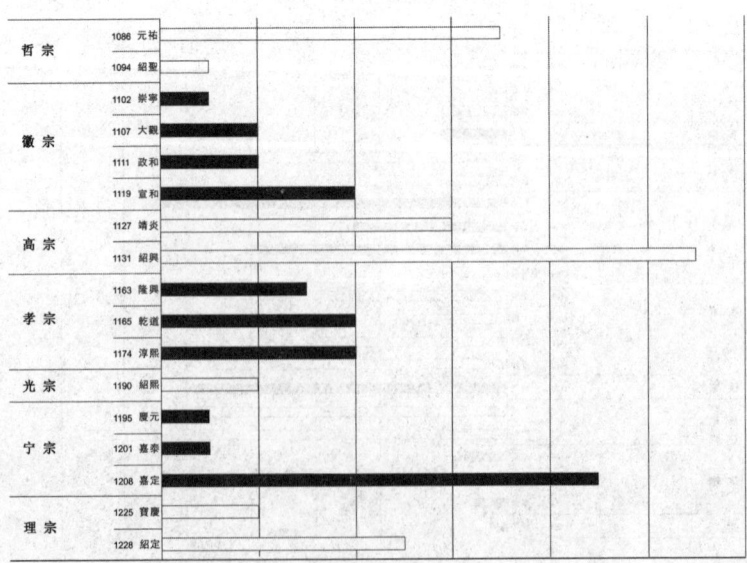

第七章 信息提供者网络与士人身份认同

在司马光的笔记中,信息提供者网络的时序结构和条目时间分布的关系较小。即使作者与其史料更频繁地提到涵盖他生命最后四十年的王朝统治时期,特别是在变法运动的庆历和熙宁时期,他甚至更频繁地援引开国皇帝。① 这意味着我们需要进一步仔细阅读和解释,但很有可能的情况是,最近被分析为北宋政治核心特征的统治王朝开国之君言行所赋予的权力,在12世纪发展过程中失去了一些言辞之力。② 事实上,王明清和张世南的作品表明,士人逐渐将在南方中兴宋朝的皇帝作为权威言论的新来源(图7.7—图7.8)。

综上所述,对所选笔记中所引用资料进行系统分析,表明作者的引文网络在几个世纪中存在结构相似性。他们的信息网络往往是庞大且多元化,没有迹象表明个人信息来源占主导地位,而是集中在同时代信息提供者和近代史上,注意力从北宋初与北宋晚期,一直转移到12—13世纪南宋统治初期。

信息提供者网络的社会政治结构

从11世纪到13世纪的笔记中,所引用的那些人的社会和政治属性是什么?鉴于前一节讨论过的通讯网络中临时信息提供者的普遍存在,信息提供者的社会政治背景问题变得特别重要。目前,我们可以探索的属性在很大程度上仅限于官职的存在和级别、仕宦的途径、家庭和其他关系。尽管问题因此受到我们所使用的个人数据库(CBDB)的结构、内容和覆盖范围的限制,但仕宦信息的存佚,以及信息提供者所担任的职位类型,使我们能够进

---

① 见魏希德《信息、领土和精英网络——补充材料》中《涑水记闻》的表格。
② 邓小南《祖宗之法:北宋前期政治述略》。

一步探究笔记作者身份的地方化对其所代表的网络的影响。换句话说,朝廷高官回忆的网络与那些担任低级官职或无官职的士人所回忆的网络相比有何不同?

在宋代所有笔记作者的信息网络中,仕宦之人构成了一个非常重要的群体(表7.1)。① 考虑到笔记作者的身份背景,司马光曾在各级官僚机构任过职,而另外两人曾在地方担任过低级职务,因此我们可以预料到,他们具有极佳的代表性。一般来说,信息提供者中官员的比例,似乎并没有随着时间的推移而显著下降。张世南作品中较低的比例,在一定程度上反映了佚名和宋代之前信息提供者人数的增加。地位较低的信息提供者,诸如渔夫或樵夫,用其职业而不是他们的全名来加以指代。

表 7.1　司马光、王明清、张世南人际网络中官场中的信息提供者

笔记作者与书名	每本笔记中为官者的比例
司马光《涑水记闻》	101/154　65.65%
王明清《挥麈录》	201/309　65.05%
张世南《游宦纪闻》	34/83　40.96%

尽管为官者的角色显然在不断变化,但是在11世纪和13世纪之间,信息提供者的职业模式发生了显著变化。司马光绝大多数的信息提供者都在朝廷任职(101人中有93人)。② 拥有官职的所有司马光信息提供者的平均职位数是13.56。他们中近半

---

① 这些数据是基于CBDB,并且很可能被低估。CBDB现在包含了最佳传记参考资料的数据,但是随着原始史料被挖掘出来以获取更多的传记信息,关于仕宦的信息很有可能在未来被扩充和修改。
② 关于《涑水记闻》中用于显示在朝廷任官的信息提供者的时间分布的表格,参见魏希德《信息、领土和精英网络——补充材料》。

数曾在地方、地区和朝廷任职(47.5%)。因此,司马光似乎很少与那些只在地方任职的人打交道。尽管我们没有关于他的三分之一信息提供者的为官数据,但从对那些信息提供者的考察中可以看出,他们中有几个人也隶属于朝廷,并在朝廷上担任侍卫或其他侍从角色。

在后来的笔记中,在朝廷为官仍然是任官的信息提供者们的共同属性,但在这两个网络中,朝廷官员的比例都在下降,那些在地方为官者的比例在上升,职位的平均数量在下降。此外,这些趋势可以在12世纪的进程中得到证明。在王明清的信息提供者中,只有近四分之一的人在地方或地区任职(24.38%)。在司马光的例子中,那些拥有3位或更多在朝廷任职之人的比例为69.65%,低于92%。此外,活跃于1129年之前的信息提供者中,朝廷官员所占的比例为75%,而活跃在1129年之后的朝廷官员所占的比例则为65.8%。如果我们将时间截止至1139—1140年,差距就会进一步扩大,其中活跃在1139年在朝廷为官者占75%,有62.5%的人在这之后担任朝廷属官。地方任职的情况则相反。那些活跃于1129年之前的人群中,只有五分之一的人在地方任职,但那些活跃于1130年之后的人群中,这一比例则上升至26.5%,那些活跃于1140年之后的人群中,这一比例上升至31.8%。类似的比例来自张世南的信息提供者网络:他的信息提供者中,只有23.5%的人在地方为官。王明清的信息提供者中,拥有官职的所有信息提供者的平均人数是10.56,而张世南的信息提供者中,拥有官职的所有信息提供者的平均人数则为10.2。对于那些活跃于1128年或更晚时候的人而言,这一数字进一步下降,张世南的信息提供者是9,而王明清的信息提供者是9.22。同样,那些官阶从底层到高层的信息提供者的上升比例也下降了一半,王明清的信息提供者下降到21.89%,张世南的信息提供者下降到17.65%。①

在后来的笔记中,信息提供者的职业模式因信息提供者的类型而异。那些与笔记作者有直接联系的人,即对话者(与次要的藏书家),与那些被作者引用的人以及在司马光的笔记中提到的那些作为交谈伙伴的人相比,他们不太可能为官,也不太可能担任要职。这些发现在表7.2中非常明显。在王明清的人际网络中,通过对不同类型的信息提供者为官的比例计算,可以发现作者身份与在朝廷为官之间存在着很强的相关性(168位唯一的作者中有85位,或者说占50.6%)。在张世南的研究中,两者的相关性略低,为41%。这可能是高级官吏在宋代出版界占主导地位的结果,但由于缺乏有关这一时期和更早时期作者身份的社会历史的可靠数据,这里的证据尚无定论。就目前而言,笔者认为,

表7.2 《挥麈录》中作者与对话者之间在朝廷为官者与在地方为官者的比例

	朝廷		地方与地区		总数(201位为官者)		总数(每个类型)	
作者	85	76.5%	18	16.2%	111	55.22%	111/168	66%
对话者	30	57.7%	18	34.6%	52	25.8%	52/117	44.44%

注释:第四列中按类型划分的总数略高于第二列和第三列的总和,因为在第二列中,只有那些拥有三个或更多职位的官员才会被计算在内。笔者采取了这项措施,以排除那些只获得荣誉官衔的人

---

① 魏希德《信息、领土和精英网络——补充材料》中的表格,显示了这两本笔记中在朝廷为官与在地方为官的信息提供者的时间分布表。

第七章　信息提供者网络与士人身份认同

在这些网络中，在朝廷为官的作者的高知名度，反映了笔记记录者他们自身的利益。在朝廷为官的作者，更有可能提供关于朝廷和那些生活并工作在宋朝世界中心之人的第一手和有用的信息。正如我们将在下文中看到的那样，在这里考察过的笔记中经常讨论时事和宋朝历史。对于像王明清和张世南这样的人而言，那些有机会进入朝廷的人，他们更有机会获得这些信息。由于他们的成功，诸如包括苏轼和欧阳修等著名文学作家在内的这些人，他们也将成为值得人们研究、讨论和效仿的榜样。

当我们根据信息提供者的类型来考察条目信息时，作者与对话者之间存在类似的差异。初涉仕途的方式（入仕方法），是衡量社会地位和职业潜力的进一步指标。三家人际网络中关于信息提供者的入仕信息考察表显示，那些我们拥有这一信息的人（因此一度最有可能成为官员的人）的比例随时间发展变化不大（表7.3）。然而，从表7.4和表7.5中可以明显看出，至12—13世纪，作者们比对话者更有可能有入仕的信息资料。因此，随着时间的推移，对话者们不太可能为官。大多数我们不了解科举名次和官职的人最有可能是朋友和熟人，他们不担任任何官职或只担任属官。张世南和诸如沈括等其他一些笔记的作者，也认识一些作为信息提供者的平民和贤妇，他们在士人的话语中被边缘化。沈括似乎已经意识到，他对普通人专业知识的兴趣在笔记作者中并不常见："圣谟国政，及事近宫省，皆不敢私纪。"①

---

① 艾朗诺《沈括以笔砚谈天》，第135页。（所引沈括的话原出自《梦溪笔谈序》——译者注）

表 7.3　关于信息提供者初次为官方法信息的考察(来自所有三部笔记网络)

笔记作者与书名	正常科举		萌补		入仕信息比例	
司马光《涑水记闻》	55	71.42%	18	23.38%	77/154	50%
王明清《挥麈录》	121	70.7%	12	7%	171/309	55.3%
张世南《游宦纪闻》	24	75%	2	6.25%	32/83	38.55%

注释：该表显示了所列出的笔记中仕宦信息的总体百分比，其中有入仕信息(第3栏)和官员信息两个最常见的入仕渠道(第1栏和第2栏)的百分比

表 7.4　根据入仕信息类型区分的信息提供者比例(王明清《挥麈录》)

	作者	对话者	藏书家	次要对话者
信息提供者(主要角色)	146	112	31	17
入仕信息的信息提供者	111	33	15	10
入仕信息的信息提供者比例	76%	29.5%	48.3%	58.8%

表 7.5　根据入仕信息类型区分的信息提供者比例(张世南《游宦纪闻》)

	作者	对话者	藏书家	次要对话者
信息提供者(主要角色)	55	17	4	6
入仕信息的信息提供者	24	4	3	1
入仕信息的信息提供者比例	43.64%	23.53%	75%	16.67%

因此，我们可以得出这样的结论，即王明清和张世南的对话者网络大多由处于同一水平线之人组成，他们是地方各级行政部门的同事，或者是杰出的文人。这些人分享了体裁广泛的信息，包括历史和经学、当代文学和文本批评、家庭生活、鉴赏、复仇故事和行政管理，这些都是适合士人身份的。如果作者身份通常与较高的官阶有关，那么王明清和张世南等低级精英人士，将自己的笔记公之于众的动机，也可以被解读为一种建立关系、寻求作者身份所附带的象征性、有时是真正的社会资本的策略。向官署

第七章　信息提供者网络与士人身份认同

里的熟人介绍稿本笔记(见本书第6章),可以被视作向有能力为官署提出建议的潜在顾客介绍地图和地理知识(见本书第4章)。

上述对不同时期信息提供者社会政治背景的选择性数据的比较,表明仕宦地方和在朝廷为官随着时间的推移仍然是共同的属性。正如在前一章中所讨论的刻本笔记的生产者情况一样,我们从前文所研究过的数据中发现,与其说是对朝廷的改变,不如说是对那些言行被记录并分享在笔记上人们的社会政治背景的扩大。

尽管如此,笔者还是发出了警告,提醒人们不要把12、13世纪的数据解读为精英偏狭和官僚主义倾向的证据,很明显,司马光的信息提供者网络与王明清、张世南的笔记有明显的不同。在后来的网络中,仕宦于朝廷在对话者中不再常见(但显然仍是王明清的对话者网络的一个因素)。荫补特权的重要性也明显下降,高级官员可以为家庭成员或门客谋得职位。考虑到司马光在11世纪主要在高级官场中经营,他可能更多地接触到通过这种荫补而获得官职的家庭。

笔者并没有将这些变化视为熟悉的转型趋势的另一个例子,而是提出,将这三个人际网络进行比较,可能有助于解释为什么以及如何在12—13世纪的低级和非仕宦精英中,笔记写作、阅读和出版变得更加普遍。正如司马光的笔记所指出的那样,早期的笔记是通过谈话和阅读同时代人的作品,从而获得朝廷时务的记录。与其他官僚和半官僚类型一样,它们在11世纪末和12世纪逐渐被地方士人所采用。它们保留了其许多原始特征,但它们越来越多地包含那些官阶较低之人的声音,这些人渴望与整个帝国的士人建立人际网络。鉴于此,还值得注意的是,据报道,司马光

321

的笔记在12世纪初已经变得非常罕见。它的流行和幸存是由于它在朝廷和各地从12世纪30年代以后引起人们的兴趣。①

信息提供者的地理分布

宋代笔记作者们发展了广泛的信息提供者网络,专注于当代资料,并吸收了在朝廷和各地富有经验的作者们,也借鉴了一些较少仕宦或与官府没有正式联系的同仁。在选定的笔记中嵌入士人网络的地理范围是什么?信息提供者是分散在宋朝境内,还是集中在特定的辖区?正如一些人在其序言中宣称或希望的那样,通过绘制信息提供者的地理分布,我们可以衡量笔记在多大程度上将整个王国的士人聚集在一起,并考察士人是否以更大的知名度和参与度,在他们的故土或移居地与区域定义的交流模式联系在一起。为了解决与信息提供者网络地理范围有关的这些问题,笔者在前文讨论过的笔记中,绘制了所有这些信息提供者的居住地(包括籍贯)和仕宦所在的地图,这些信息可以在CBDB中找到。尽管这些数据有些误导性(在大多数情况下,我们不知道在作者接触这些信息提供者之前,会在多大程度上发生居住或租住),但这些地图是每个笔记作者的人际网络在地理上集中或分散程度的标志。

司马光的联系大多来自中原地区,而与目前的江苏、浙江、四川和江西的联系则较少。那些为官之人同样大多在中原地区为官并在长江沿岸地区居住,但也有一些人在现在的广东和广西更靠南的地方为官。正如一位在朝廷上仕宦了很长时间的资深政客所期望的那样,司马光的人际网络涵盖了北宋帝国的范围。

---

① 魏希德《帝制中国私人和朝廷藏书中的失落话语》,第415—416页。

尽管王明清从未担任过朝廷高官，并只担任过地方参议，但他的人脉网络的地理范围也同样深广。即使我们将分析局限于直接联系人（对话者），这种模式仍然成立。王明清的对话者主要在东南沿海生活和工作，许多人也来自前都城开封的周边地区。在12世纪60年代中叶，当《挥麈录》前录完成时，对话者的基数扩大了，在12世纪90年代中叶，这部著作的其他部分出版了。①当我们将信息提供者就业的所有辖区包括在内时，网络的范围就扩大了。在王明清的直接联系人中，有几位曾在诸如南方、西南和中央等路周边地区任过官。王明清的口头信息提供者，曾在除了两个南宋路以外的所有辖区为官。当所有的当代作者们都被包括在内时，王明清的信息提供者网络覆盖了所有的南宋路。

如《游宦纪闻》记载所反映的那样，张世南的信息提供者网络，尤其是对话者网络，人数上要少得多，它在地理上也更为有限。大多数被引用的对话者居住在东南沿海的不同地方或在当地就籍。那些人当中，少数为官者分布在南宋领土北部和中部，遥远的南方和西部边境没有包括在这个网络中。尽管与司马光和王明清的庞大网络相比，张世南的网络范围更为有限，他的网络也缺乏信息提供者的地理聚集。换句话说，这里考察的沟通网络在范围上至少是跨区域的，包括来自不同路并在不同路工作的信息提供者，或超越行政地理范围的不同地理区域。

政治交流的地理范围

到了12世纪，士人拓展了沟通网络，即使对那些处于社会底层的人来说，跨越遥远的距离和多个地区，对我们在中国历史上

---

① 参见魏希德《信息、领域和精英网络——额外的材料》中的其他地图。

概念化空间控制和政治一体化的框架具有启示意义。

关于中国历史上空间和帝国的思考模式,或许最具影响力的仍然是施坚雅所采用的中心地点理论和区域系统理论。① 在他早期的作品中,施坚雅认为,中国公共生活的基本要素——市场城镇——被嵌在越来越大的市场营销体系中,最终形成了一个与行政辖区等级制度相平行的跨帝国的网络,并强化了这种网络。到了20世纪70年代,施坚雅否定了帝国范围内市场结构一体化模式,并指出诸如河流和地形等地貌特征,限制了嵌套经济系统的层次结构。他提出,中国的社会经济史(以及相关的所有中国历史)可以通过一小部分地貌宏观区域的起起伏伏来进行最好的研究,而这些宏观区域与通常使用的政区细分并不一致。

卡洛琳·卡地亚对施坚雅的作品及其接受史进行了精辟的回顾,由此发现了施坚雅后期模式的一个主要缺陷,即它无法解释中国领土的一致性和连续性。坚持宏观区域的离散性,提出了如何解释帝国范围内领土一致性和维护帝国传统的问题。其他人则指出,施坚雅的模式忽略或低估了区域之间和跨区域的经济交流。同样的道理也适用于政治模式。

抛开社会经济行为和文化行为是根据不同的逻辑(在人类定居的较低层次上)以及与官僚/行政结构和动态的重叠/互动(施坚雅对行政辖区贴上的官僚标签的分析,在这方面表现得尤为明显)这一有价值的见解,在施坚雅对中华帝国空间组织的分析中,政治行为受到的关注是有限的。施坚雅对政治行为的理解,主要集中在行政/官僚行为或在福利运作上的非官僚

---

① 关于施坚雅的中心位置理论和潜在的选择(社会网络分析)更深入的讨论,参见魏希德《理解中国历史上空间控制和政治一体化的两个框架》。

的地方领导。前者适用于离散管理组织严格的层次模型,其中每一个较低层次的单元,都被用来适合于一个更高层次的单元,因此由中心有效控制。在他的分析中,后者是市场结构的一部分,并因此将不同类型的精英,聚集在标准的和中级层次市场城镇的茶馆中。在政区结构中被吸收的中央市场城镇,也成为地方政府和地方精英相互交融、共同领导的舞台。在这幅图中缺少的是居住在标准城镇、中央城镇或中心市场城镇的精英之间的沟通和交流的任何考虑,这些城镇与市场城镇中心模式的六角形结构并不相邻。①

精英交流的地理,仍然是一个未被人们探索的领域。前文所考察的信息提供者网络的初步结果表明,跨地区交流可能是帝国精英间的普遍现象。正如其他人关于施坚雅工作中相对忽视区际和超区际经济交流的建议,笔者认为,更广泛的政治沟通和政治,在正式行政组织的各个层次上都存在相似之处。通过进一步考察宋朝及宋朝以外跨地域和帝国范围内士人交往动态,我们应该能够进一步考察士人政治交往,对中国历史上第二个千年帝国的长期维护是否发挥了关键作用。

书名、主题领域和身份认同

笔者之前曾经表示过,笔记作者越来越多地代表甚少官场经验或者在官场上几乎没有直接经验的学者的声音,尽管所选的笔记也表明,在整个宋朝时期,朝廷官员在信息提供者中占据着中心地位。下面笔者将考察所选宋代笔记中讨论的书名、体裁和主

---

① 施坚雅《中华帝国晚期的城市》,第 307—46 页。

题,以便勾勒出在这些笔记中,其作者为自己定位的文化背景。在迄今所取得的研究成果基础上,笔者提出 12—13 世纪的士人作者合并了朝廷体裁和文人体裁,从而动摇了官方记录的权威,但同时巩固了朝廷、家庭和士人文化(而不是地方或地区共同体)作为士人身份的核心焦点。

书名和书名类型

笔记中引用、征引或提及的书名,是对话录和回忆类型的第一个切入点。笔者将首先描述每部笔记参考网络的整体规模和结构,然后反思其中出现的核心类型。①

在这里考察的 12—13 世纪笔记中书名的引文网络,表现出与前文所讨论过的信息提供者网络有着相似的模式。② 笔记中引用的唯一书名的总数相对较多(《挥麈录》336 条,《投辖录》《玉照新志》102 条,《游宦纪闻》130 条);大多数资料只被引用一次,少数资料被引用得更频繁。网络核心的图书中没有一部占据主导地位(没有一部图书占引用总数的 10% 以上)。最常被引用的图书是通用的图书,如"诗"或"诏令"(这些体裁名称只有在原文中被引用时才被标记为图书,而在笔记中没有给出更具体的书名)。这些通用书名通常不引用相同的文本。因此,一个人能够在广泛的文本上集合并评论的能力,似乎与他从广泛的信息提供者网络中吸取经验的能力一样重

---

① 笔者根据固有名字的文本类型(如词、曲、奏议或诏令)或基于我们自己对文本的分类(例如,占卜文本、佛教文本、道教文本)来设定体裁。类型在这一上下文中因此大致等同于标题一类。在本章中所讨论的每一本笔记中所显示的体裁分布的数字,都包含在笔者的《信息、领土和精英网络——补充材料》中。
② 魏希德《信息、领土和精英网络——补充材料》中包括笔记中标题分布图表。

第七章　信息提供者网络与士人身份认同

要。在所有情况下,引用图书数量都远远超过(至少是两倍)所提到的作者人数。

总的来说,笔记作者们最常提到的是档案汇编和历史汇编。这对王明清和司马光来说尤其如此。在《挥麈录》中,王明清经常提到宋朝的国史和实录,以及部头更小的(私人编撰)宋朝史书,强调了他对统治王朝历史记录的投入(共 69 次引用)。除了宋朝的史书编纂之外,王明清还经常使用宋朝的第一手文献,诸如诏令和奏议(总共引用 74 次)。更广泛定义的历史,包括早期历史,也引起了他极大的兴趣(引用 35 次)。

在《挥麈录》中最常被引用的书名,提供了进一步的证据,诸如在本书第 1 章中所讨论过的精选的国史和实录等档案汇编与历史汇编,在秘书省之外可以获得,并用于士人讨论政治人物和事件。王明清引用了北宋的国史[《三朝国史》《两朝国史》,涵盖了从宋太祖到宋英宗朝],使用的频繁程度超过了任何其他史料。

司马光的笔记取材于广泛的对话网络;然而,书面资料的数量相对较少(24 种),而且来自范围较窄的类型。在司马光的著作中,主要引用了两种《圣政》和诸如诏令、奏议等标准的朝廷文件。与其他引文网络不同,《涑水记闻》的引文频率严重偏向位高权重之人的史料,排名前两名的图书占据引文总数的近一半,排名前四名的图书占据全部引文的三分之二。由于所有这些都属于朝廷官方文件的范畴,显然,《涑水记闻》的记录首先是朝廷高官之间的互动和宋朝政策文件的记录。对于 12 世纪的读者来说,它通过其最杰出的实践者之一的个人视角,以及在 12 世纪关于宋朝廷政策的士人讨论中使用的一系列案例,成了 10 世纪末、11 世纪政治实践的历史。例如,王明清写道,司马光的笔记经常引用《神宗实录》的初版,其提供的内容后来在11世纪90年代中叶的修订版中被删除。① 他还纠正了偶尔出现的错误,比如,他提到了一个故事的版本,这个故事是关于宋太祖为了决定殿试进士之间的排名,鼓动他们之间比武定输赢,根据宋敏求的笔记记载,该版本比《涑水记闻》中所记录的版本更可靠。②

在笔记最常引用的体裁列表中,位居第二的是笔记自身。王明清在《挥麈录》中大约引用60次了笔记、私录和遗事等,这些也是在他的其他笔记中最常被引用的体裁。张世南同样提到了几本笔记。这些文本在后来笔记中的显著地位,强调了笔记的创作以及与之相关的体裁,诸如遗事(关于个人的职业、事件或地点),在一定程度上已经成为一种网络现象。

王明清评论别人的笔记与其自己笔记的前几部分。他对其他人笔记的兴趣,凸显了笔记被理解为一种会话类型的程度:引用他人笔记并对其加以纠正,表明在笔记的背后,是个人正在与同伴们进行对话。根据对话和进一步的研究,他不仅在《挥麈录》系列中,而且在他的其他笔记中,还重新审视、纠正并扩充了他早期笔记中的条目。

例如,沈括的《梦溪笔谈》(1087)在许多主题中包含了对不同类型的官方文件和官方沟通过程的观察,当王明清获得了一份由宋英宗批准的奏议,但奏议中没有提供进呈该奏议的宰执(他被要求进言献策)的全名。③ 从沈括的笔记中,王明清可以推断出缺失签名的含义:它表明,它是作为一份定期的备忘录提交的,当时只需要官员的印章。他补充说,他不确定这些报告在撰写时是

---

① 王明清《玉照新志》卷1,第1页;李瑞《理一分殊》,第14—15页。
② 王明清《玉照新志》卷4,第64页。
③ 王明清《挥麈录》(中华书局版)后录卷1《治平宰执进草熟状》,第69—70页。

如何签署的,因此他邀请其他人查明情况并反馈回来。王明清的笔记在这个例子中解释了这个未具名的作者向他提出问题的实物,也可能是他从藏书家那里得到的。他的这番评论还阐明了沈括简短注释的含义,即报道并处理常规和更紧急事务的不同方式。对我们来说,它证明了宋代学者对官僚交流各个方面如何运用简明扼要的考察。

自我参照性已成为南宋时期笔记类型的核心特征。这种自我参照的现象在张镃(卒于 1207 年)的《皇朝仕学规范》中得到了绝佳的诠释。一部 12 世纪晚期的刻本(序言,1176 年)在封面上列出了推荐书目表,题为《皇朝仕学规范所编书目》。这一书目包括自宋朝统治开始以来产生的一百部著作,被认为是那些旨在为政府效力或培养那些被认为是政治精英所必需品质之人的必读书目。书目首先列出了十几种按朝代顺序排列的有价值的官员传记著作,其次是文集、语录、笔记(谈录、笔记、杂志、杂录、笔录、客语)、遗事、诗话、分类笔记(类事、类苑)。从洪迈的短篇小说集《夷坚志》(1160,1166)前两志和吕祖谦(1137—1181 年)的《丽泽文说》开始,①涵盖了从宋朝建立直到作者写作时期的阶段。在严格意义上,这些著作中至少有三分之一是笔记。如果诗话(在广义上这些图书比笔记更专注于评论诗歌和文学)与语录(倾向于关注师徒之间的对话,并且经常被弟子记录下来,因此不同于作者在阅读与实地考察时的对话和个人观察所作的笔记)被包含在内,那么这个名单上的笔记总数就超过了一半以上。

除了《皇朝仕学规范》,更早的一部题为《皇朝事实类苑》(约 1145)的分类笔记,同样在其所列举的五六十部著作名单中包括

---

① 英格尔斯(Inglis)《洪迈〈夷坚志〉文本史》,第 311 页,第 323 页。

了大约二十部笔记,①另外还有少量的诗话和语录。《皇朝事实类苑》的参考书目中,包括了这部著作。根据其序言,大约在同一时间,张镃撰写了他的笔记,首先是为了他自己的个人发展,也是为了让其他人获益,李元纲(活跃于1165年)编写了一本名为《厚德录》的类似笔记,它也用了二十多部笔记和其他史学资料、档案资料和类书资料,涵盖了宋朝时期的历史。在这些笔记的3位编写者中,似乎没有一个人身居高位:李元纲是一名教师,江少虞在地方上担任过一系列低级官职,而张镃则主要是宫观官。他们的职业生涯因此与王明清的职业生涯不相上下。

笔记被提升为提供治理"模型"文本的主要史料,突出了这一体裁的几个特征。首先,在收集和编辑他们个人笔记的时候,宋代士人们正在进行一项共同的努力。他们阅读并评论别人的笔记和对话,为了使人们能够看到文明行为的标准,以及他们自身对文学必要特征的体现。其次,笔记文学的中心地位,对于我们理解士人如何接受朝廷档案资料和历史官方资料也有一定的启示。宇文所安和其他人已经指出,笔记颠覆了官方史学的权威。朝廷聘用的史学工作者们,旨在建立或至少给人以历史真实的印象。在这个事实的体制中,没有任何事实的错误和猜测的余地。相比之下,笔记作者们则愿意提供尚未得到充分证实的信息。总的来说,他们的目的是要给大家分享的故事和道听途说的消息增加可信度,但在不同程度上,他们为可能发生的事情留出了空间。②

强调笔记文学的失稳效应,对官方和私人史学之间关系旧的

---

① 笔者计算了一下,在上海古籍出版社版末尾提供的书名单中有49部著作(江少虞《宋朝事实类苑》,第1033—1034页)。然而,《四库》的编者却写道,江少虞在这本书中引用了60多种书籍(《四库全书》提要,亦见上海古籍出版社版,第1032页)。
② 宇文所安《跋:"信不信由你"》。

标准理解带来了新的转折:用几位笔记作者的话说,后者是对前者的"补"。这是一种略带委婉的表达,但它也抓住了士人对待官方史学和国家文件态度的一个重要方面。宋代笔记的参考框架表明,士人使用这些资料有一定的规律性,并结合了笔记和其他私人史学体裁。通过指出错误、隐晦的内容和疏忽之处,它们在某种程度上动摇了这些史料的权威。然而,与此同时,士人也承认国家文献和档案汇编是共同参照点,王明清在关于他有能力回忆国史草稿中传记细节的故事中也是如此。朝廷体裁与士人体裁之间的关系,一直存在着某种紧张关系,但也存在着一种相互依存的关系:御用史学工作者要求王明清和其他人的笔记,并将那些笔记纳入未来的国史中。在这里,我们也看到朝廷适应了一种新的信息制度,在这种制度下,士人不仅适应了朝廷体裁,而且还在体裁上与朝廷的记录产生了大规模的互动。

以王明清及其同时代人的作品为代表的第三、第四种主要体裁,表明笔记只是少数几种士人体裁中的一种。在这些体裁中,底层士人越来越为人们所见所闻。王明清经常提到传记材料,包括《挥麈录》中的传、墓志铭、行状(引用 28 次)。被挑选出来的笔记作者们,也广泛地从集体传记与个人传记("言行录""名臣传")中获得材料。正如后者的书名所体现的那样,传记提供了典范的模型而非模范的家庭生活和仕宦生涯。在笔记中,传记也成为讨论并辨析有关个人宦海浮沉及其家庭成员成就的史料。

同侪的文学作品,在王明清笔记的史料基础上,形成了一个最终的主流体裁群。他在《挥麈录》中(引用 48 次)经常提到诗歌(诗、词、赋)。比起其他体裁,诗歌更能被完整或部分地引用。他以同样的标准(大约引用 50 次),利用了散文体史料,诸如书信(书、启)、记,以及更常见的一位或者多位作者的文集(集、家集)。

在《皇朝仕学规范》所列举的引用资料中,对文集和诗话的重视程度,强调知名的和不太知名的宋代作者们的生活以及文学作品,已经成为宋代士人精英的共同参照点。因此,我们可以看到,在12—13世纪文集和笔记中,关于诗歌的引用和保存呈上升趋势,而这与同时期不断增加的笔记数量和对笔记的引用呈相似趋势。即使我们不得不等待这一时期文本创作的文化史和社会史的进一步研究,来了解在这些体裁中的书名列表和脚注,以及他们作品的上升趋势是否与前文刊刻笔记情况中所证明的一样,与其作者和读者在社会上的扩大相一致,我们可以得出这样的结论,即这些体裁在士人交流和人际网络中扮演着越来越明显的角色。

人们对寄出的信件和更普遍的书信的兴趣,是重视散文和诗歌写作社会价值一个特别明显的例子。以王明清为例,他指出,最近时代标准有所降低:

> 旧例书札止云启或止、称尊之则再拜,虽行高而位崇者不过曰顿首、再拜而已。非父兄不施覆字。宰辅以上方曰台候,余不敢也。前辈名卿尺牍中可考。今俱不然,诚可太息。①

尽管人们对标准本身的意识是与书信写作指南和书信范文注释集的出版齐头并进,但这种标准的降低似乎是大家共同关心的问题。② 这种样本最早出现于唐代,但在王明清的一生中,它们出现在了印刷品上,并且针对的是越来越多有文化的士人精英,他们有兴趣了解如何以最合适的方式向不同级别和性别的人写信,以满足不同的需要。③

---

① 王明清《挥麈录》(中华书局版)前录卷4《昔人重契义,书札严分守》,第36页。
② 徐力恒(Lik Hang Tsui)《宋代书信》。
③ 相关例子,参见《圣宋千家名贤表启》,国家图书馆藏宋版。

尽管侧重点不同,《挥麈录》引文网络中的主要兴趣群,见于王明清的另外两本笔记和张世南的笔记中。此外,在后来笔记中出现的各种各样的小体裁,表明尽管王明清这样的作者强调了这些,但他也引用了大量的其他材料,包括方志、律文或家规。

当我们比较王明清的史料基础与张世南《游宦纪闻》的史料基础时,很明显,尽管他对国史、实录、官方报告和笔记也很感兴趣,但他更频繁地转向诗歌、药典、地方志和官修韵书。药典属于一种医学文献体裁,在商业图书供应商印刷的图书中占有突出地位,并且在普通私人藏书中占有一席之地。基本流利的医学话语,已经成为文明人的一项必备素质,因此医学在此后考察的笔记中是一个经常出现的题目。张世南书单上的其他信息,有助于解释他在外出时遇到的不熟悉的术语和习惯。在他的笔记中,张世南向士人读者的流动受众们讲述了一个旅行者的个人经历,这个旅行者曾见过宋帝国的不同部分,也阅读过其他人的同样经历。

尽管已经有了一些连续性的描述,但从司马光的《涑水记闻》和后来的笔记之间的比较来看,还是出现了一些趋势。在后来的作品中,有两个主要的兴趣群是司马光的笔记中所缺乏的。笔记与同龄人的散文和诗歌几乎不见于《涑水记闻》中,或者完全湮没无闻。尽管其他11世纪的笔记可能在这一点上与《涑水记闻》有很大的不同(沈括《梦溪笔谈》的分析会显示截然不同的史料来源),笔记作者的人数和社会背景逐渐扩大(包括人数更多的较低层次的士人),这似乎导致了广泛的各式体裁。对于这些精英们来说,与王国斌(Bin Wong)所谓的"中间领域"(即公、私之间交织的空间)联系更紧密的体裁接触,似乎也成了一个更大的关注点。① 正如王明清关于寻求赞助的启示所显示的那样,书信、碑刻、诗歌和笔记并不一定是私人的,经常被带入公共领域。阅读并评论其他人的这些体裁的作品,成为诸如王明清、张世南等下层士人们与同龄人交往的媒介。以朝廷为导向的官方文件和档案汇编体裁以及在《涑水记闻》的体裁地图中占主导地位的传记文本,尽管在11世纪朝臣们的笔记习惯中,引用官样文件的比例有所下降,但这是为了适应下层士人的自我表现。

主题地图

通过对王明清《挥麈录》的逐条分析我们可以看出,②朝廷、家

---

① 王国斌《宋朝的社会秩序与国家激进主义》。
② 关于该方法的说明见于附录Ⅱ中。值得注意的是,这里所采用的方法,并不是基于对某些版本的笔记标题的字面解释。在宋代,残缺的文本被有规律地组织起来,并/或以标题和小标题的形式呈现,以使其内容更容易理解。类书和选集是按主要类别和子类别组织起来的,标题也被用来注释这些文本中的段落。刻本也将这种超文本语法应用到笔记上。王明清《挥麈录》一些版本所附带的目录,列出了每个条目的数字顺序,并为所有条目提供了简短的标题。这些标题简明扼要地概括了中心主题和故事情节。在许多情况下,它们是按照标准的修辞模式来做的,这种模式既体现了条目的特殊性,也体现了更一般类型的条目。例如,在《挥麈录》中,关于特定做法起源的条目被标注为"X自Y始"。关于琐事或罕见的个人或家庭成就的条目则如下所示,"本朝""国朝";对事件或生活更完整的描述,以表单形式加以呈现(本末/首末/沿革)。类似的标题和模式出现在《宋朝事实类苑》的早期版本中。

原始标题的诠释学,是文本和文化史的重要组成部分。原始标题及其顺序排列有助于我们浏览文本,并帮助我们根据作者或编辑提供的指导方针来解释文本。借助这些早期参考工具阅读或浏览笔记,其结果与大多数历史学家的阅读非常不同,后者通过索引或近年来的自然语言(关键字)搜索来挖掘笔记的各种内容。后一种工具使历史学家能够根据特定的人物或短语来识别和收集文章,但是,在扫描文本时使用更小的词汇单元,导致了文本的碎片化,丢失了在整部笔记中所涵盖的主题和参数的概述。换句话说,原始内容地图已经被遗忘了,并且在大多数情况下,现在的读者并不是用一个主题地图来替代这张地图,该主题地图可以帮助捕捉到整个笔记的内容,以便于当前的历史分析。

庭和士人生活是他关注的核心领域。下面笔者简单考虑一下,这种兴趣结构对我们理解朝廷与士人和士人身份之间的关系有何启示。

王明清非常重视朝廷和中央官僚机构(图7.9),主要集中在诸如皇帝和皇族、宋廷及其周边(宫殿、首都、缘边的挑战者)、中央机关的组织和运作、11—12世纪显赫的政治家们的言行[特别是秦桧(1090—1155年),《挥麈录》前录出版十年前,他的当权就已经结束了];以及将朝廷和中央政府与各地(招募、沟通和政府伦理)联系起来的纽带等话题上。尽管有很多与地方政府和政府领域有关的事件,比如安全和水利管理,这些都是与地方和中央行政等级相联系的,但王明清的笔记是以整个朝廷为中心的。与地方政府有关的问题,以及偶尔也会出现地方特色(在张世南的笔记中更是如此),但这些问题并没有成为颂扬地方身份的理由。在12—13世纪越来越多的实践并出版这些以及其他的体裁中,士人将地方和地方实践与地区结构和整个帝国的结构联系起来。全神贯注于朝廷,而不是对地方的关注,与关于士人的利益和实践以及他们家庭命运的讨论所抵消。在接下来的讨论中,笔者列举了三个群体中的一些例子,并通过解释朝廷和士人生活如何在12世纪士人的思想中紧密地交织在一起,得出了一些结论。

"皇权。"在王明清《挥麈录》的整个4部分中,帝王的德行是一个经常被提及的主题,且贯穿整部著作。他将宋朝历史上的皇帝们呈现为道德上卓越的典范,其继位均顺应天意,其言行符合士人得体的互动模式。关于宋高宗和宋孝宗的一系列奇闻轶事,他们的即位不是那么直截了当,这表明他们的优越性是由超人类的干预和他人对其价值的认识所证明的:

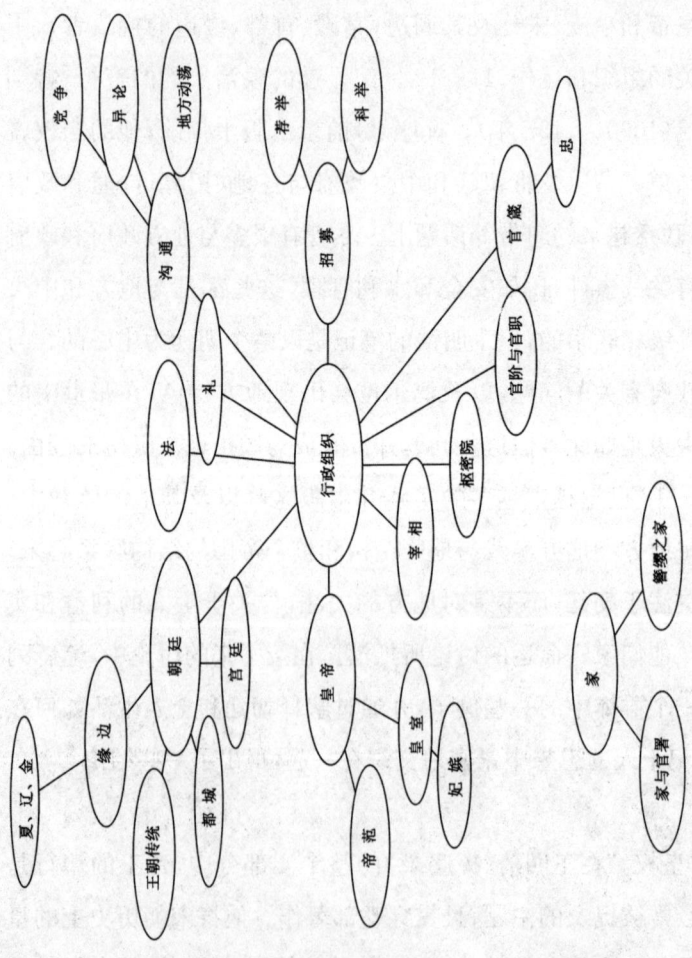

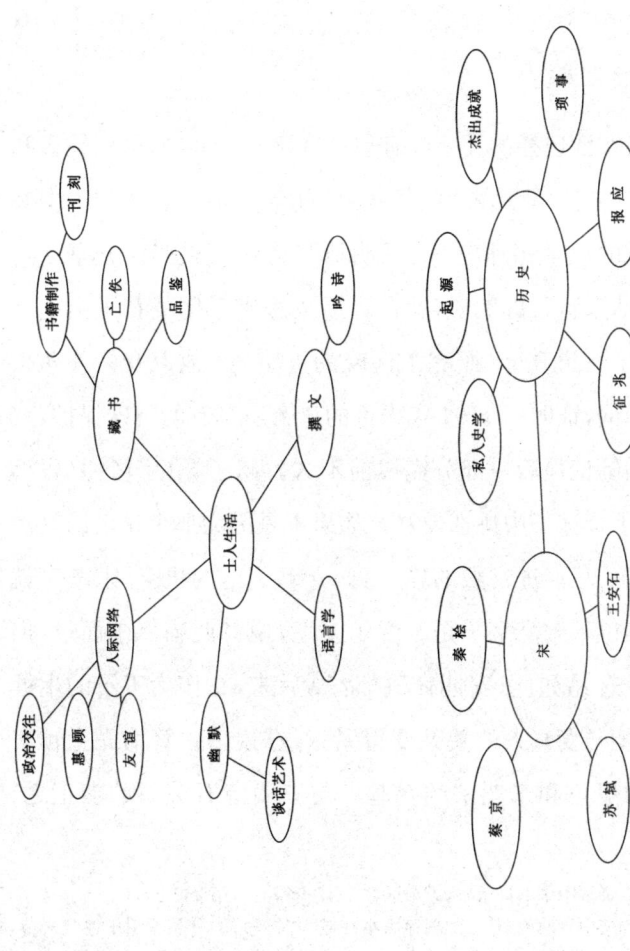

图 7.9 王明清《挥麈录》的主题地图。该图显示了在我对单个条目的解释中所有应用于六次及六次以上的全部主题。较大的椭圆形代表了更高的引用频率,以 100 + (两个方题),80 + (1个主题),50 + (1个主题),40 + (1个主题),20 + (8个主题),10 + (23个主题),6 + (20个主题)为密集

高宗建炎二年冬,自建康避狄,幸浙东。初度钱塘,至萧山,有列拜于道侧者,揭其前云:"宗室赵不衰以下起居。"上大喜,顾左右曰:"符兆如是,吾无虑焉。"诏不衰进秩三等。是行虽涉海往返,然天下自此大定矣。不衰即善俊之父。此与太宗征河东,宋捷之祥一也。是时,选御舟榜工,又有赵立、毕胜之谶。①

即使王明清选择的文字没有包括在这些作品中,这则轶事和其他轶事均与《高宗孝宗两朝圣政》的朝廷编辑本和坊刻本中有关合法继承的记录相呼应。② 王明清与秀州大夫张浩分享了这个故事,张浩亲自告诉他说,就在日后成为宋孝宗的孩子出生之前,他看到了一道亮光,照亮了傍晚的天空。③ 他以及另外两个人的目击证词,证明了1194年去世的皇帝所享有的特殊保护,就在王明清的笔记最后一部分完成前不久。赵子导(字彦沔)告诉他,皇帝从十个孩子中挑选储君。如果不是因为那个排名第一的胖男孩踢了一只溜进宫殿的猫一脚,弄砸了他的机会,宋孝宗就会排在第二位。宋高宗于是改变了主意,说:"此猫偶尔而过,何为遽踢之?轻易如此,安能任重耶?"④后来,在作为王子的生涯中,由于宋朝与女真人的关系变得紧张,据说一位算命先生预言了宋高宗的退位和宋孝宗的登基。与王明清有关系的李正之,

---

① 王明清《挥麈录》(中华书局版)后录余话卷1《建炎符兆》,第269页。
②《增人名儒讲义中兴两朝圣政》的现存版本在题为"符命"的分类索引中包含一节,包括预兆。这一类别包含了两个关于未来皇帝出生时的预兆故事,它们都描述了赤光映黑室。同上书,《分类事目》,1a;相关故事见于卷2,17b;卷27,12a。王明清记录了一个类似的目击者描述,关于未来的皇帝孝宗出生那天发生的预兆,但是这个描述在细节上有所不同,涉及不同的目击者。
③ 王明清《挥麈录》(中华书局版)余话卷1《孝宗储祥》,第270页。
④ 同上书,余话卷1《绍兴中选择宗子》,第270—271页。

1161年在处州任职,要求当地的一个算命先生预测宋金之间战争的结果时,此人在一张纸上写下了以下内容:"育(宋孝宗)乃在位。"次年,宋孝宗登基。①

在分享这些故事时,王明清和他的对话者以及他的读者,证实了皇位天命所归以及他们对皇帝的忠心耿耿。与此同时,他们把皇帝塑造成一个与他们对话的人物,他的兴趣与他们自己的兴趣密切相关。皇帝处事睿智且高瞻远瞩,就像宋高宗决定取消无端踢了猫一脚的王子的皇位继承人资格一样。他还被描绘成一个诙谐的对话者,与那些在笔记上其他地方出现的人相提并论。也许最能说明皇帝如何在笔记篇章中作为士人智慧化身出现的例子如下:

> 大中祥符间,章献祀汾阴,至泰山下,聚观者几数万人,阗拥道路,警跸不能进。上以询左右,或云:"村民所畏者尉曹也。俾弹压之。"即命亟召之。少焉,一绿衣少年跃马疾驰而前,群氓大呼:"官人来矣!"奔走辟易而散。上笑云:"我不是官人邪?"②

在王明清笔记段落中出现的皇帝形象,当然不是一个单纯的官员。皇权是王明清笔记的核心思想,并通过使用直接的言论,在这个和其他许多例子中得到了富有成效的体现。皇帝用他自己的声音说话,但他说话和开玩笑的方式,对士人读者来说是耳熟能详的。他也会出错,比如关于宋徽宗的爱情和酗酒,③或者

---

① 王明清《挥麈录》(中华书局版)余话卷1《张思廉言事多验》,第271页。
② 王明清《挥麈录》(中华书局版)后录卷5《村人所畏者尉曹》,第141页。
③ 同上书,余话卷1《蔡元长〈保和殿曲燕记〉〈延福宫曲燕记〉》,第276—281页;余话卷2《蔡攸曲燕禁中》,第301—302页。

宋孝宗掉进佛塔洞中的轶事。① 在这些场景中,容易犯错误是没有问题的,因为皇帝通过致力于维护好政府的规范标准对其加以弥补。

就连后来在史学上被指责在其统治下挥霍无度的宋徽宗,作为士人期望的典范出现在几则轶事中。这本笔记的作者,引用了皇帝为其宫殿中举行的盛大宴会授意撰写的几篇完整记文。② 在这些记文中,宋徽宗引导着他的客人们来到存放古董的房间,向他们介绍为其准备的器皿、书籍、绘画和宗教铭文。他为受邀请的客人准备好茶并让人端上来,还进一步邀请他们欣赏音乐、舞蹈,品尝小吃,饮葡萄酒,并有娇美的宫女们陪伴左右。当客人们似乎准备离开时,皇帝挽留他们,催促他们"不醉无归"。在他的要求下,客人们轮流填词,直到他突然要求蔡京背诵二十多年前宋哲宗(1086—1100 年在位)组织的类似聚会时所写的歌词。蔡京称他已经记不住词了,于是给了宋徽宗一个机会,让他给客人们留下美好的回忆。宋徽宗迅速背诵了他二十四年前只听过一次的词。这些诗句后来成为皇帝和大臣纪念一段持续了二十多年关系的契机。蔡京此时停止了对这次聚会的描述,他说:"臣请序其事,以示后世,知今日燕乐,非酒食而已。"③

皇帝的形象因此接近了士人的理想:他是一个完美的主人,用珍馐美馔招待他的客人,用其宫殿建筑群的美学品质,给他们留下深刻的印象,在文化竞争中挑战和超越他们,并提醒他们关

---

① 王明清《挥麈录》(中华书局版)三录卷 1《孝宗登真如寺钟楼》,第 224 页。关于调和皇帝在主权体现上缺陷的另外讨论,参见陈威《唐太宗的帝王诗》。
② 王明清《挥麈录》(中华书局版)余话卷 1《蔡元长〈保和殿曲燕记〉〈延福宫曲燕记〉》,第 276—281 页。
③ 同上书,余话卷 1《蔡元长〈保和殿曲燕记〉〈延福宫曲燕记〉》,第 279 页。

系的重要性以及重要的关系会让人们心想事成。诸如王安石、蔡京、秦桧等宰相,一次又一次地表现得不尽如人意,但王明清笔记中所选择的皇帝的行为,则凸显了君权所代表的中庸,代表着对普通民众的保护,代表着为官择贤以及在必要时对其加以约束的洞察力。一位书法家在女伶的翻领上写下了不恰当的话,王安石试图保护这位书法家时,①或者,他提出一种礼节。而在皇帝心目中,这种礼节显示了对他曾经推荐的隐士不够尊重时,他的建议被否决了。② 有人指控张九成(1092—1159年)与女真人一方狼狈为奸,宋高宗看穿了对张九成的诽谤。③

"显赫家族的命运。"家庭传统的连续性和脆弱性,构成了王明清笔记中的第二个兴趣群。王明清选取的故事,引起了人们对宋朝过往精英家族衰落的关注,甚至从最近的宋代开始,这在某种程度上证实了现代学者对9—10世纪期间唐朝世家大族灭亡的研究:"唐朝崔、卢、李、郑及城南韦、杜二家,蝉联珪组,世为显著。至本朝绝无闻人。"④面对家庭命运的这种脆弱性,作者着手记录家庭绵延不绝的事例,并举例说明家庭维持地位的方式。

> 五代时有姓吕为侍郎者三人,皆各族,俱有后,仕本朝为相。吕琦,晋天福为兵部侍郎,曾孙文惠端相太宗。吕梦琦,后唐长兴中为兵部侍郎,孙文穆蒙正相太宗,曾孙文靖夷简相仁宗,衣冠最盛,已见《前录》。吕咸休,周显德中为户部侍

---

① 王明清《挥麈录》(中华书局版)余话卷1《沈睿达书裙带词》,第295—296页。
② 同上书,余话卷1《王荆公荐常秩》,第266—267页。
③ 王明清《挥麈录》(中华书局版),三录卷3《高宗召见张九成》,第253页。
④ 同上书,前录卷2,第20—21页。关于唐朝世家大族灭亡的现代记述,参见姜士彬(Johnson)《世家大族的没落》,姜士彬《中古中国的寡头政治》,谭凯《中古中国门阀大族的消亡》。

郎,七世孙正愍大防,相哲宗。异哉!①

家庭地位绵延不绝很难实现,但是,一些家庭成功地在同代或跨代安排男性亲属担任要职方面取得成就的例子,表明跨代的仕宦显赫和文化杰出的持续成功是可以实现的。王明清继续讲述了关于唐代大族消亡的情况,并描述了家族将其成员团结在一起的命名策略,从而提供了他们可以彼此结成网络、相互支持和被他人认同的方式。像早期宋朝的其他显赫家族一样,吕家在所有男性后代的名字中,都采用了共用字的做法,以便他们都能被识别为特定一代的成员。其他的家族,通过在他们的名字中加上代号而显得与众不同。王明清指出,这样的代号可能来自于他们居住的位置或特征(树木、花园、靠近桥梁或大门,或者邻居的名字),他们一个家庭成员的官衔,以及对于那些已经搬离的人来说,他们的出生地。宋代文明精英应该知道的家族名单很广泛:"莆田之蔡,白沙之萧,毗陵之胡,会稽之石,番阳之陈,新安之汪,吴兴之沈,龙泉州之鲍,皆为今之望族。而都城专以戚里名家又数家,不能悉数也。"②

王明清指出,学问是其亲戚们选择的兴旺之道。与王家有姻亲关系的曾氏家族,他们在教育上投入重金。王明清回忆起他外祖父的话,外祖父和他一起分享了其祖先的艰苦岁月。曾巩(活跃于1057年)与其兄弟屡屡科场受挫,但曾巩继续教授他的弟弟们,总共教了5个弟弟。他们一再地落第,成为人们嘲笑的对象,因为邻居们传播着以下关于他们的诗歌:"三年一度举场开,落杀

---

① 王明清《挥麈录》(中华书局版)后录卷2《吕氏为侍郎者三人,俱有子孙为相》,第105页。
② 王明清《挥麈录》(中华书局版)前录卷2《本朝族望之盛》,第20—22页。

曾家两秀才。有似檐间双燕子,一双飞去一双来。"他们的努力得到了回报,家庭中的6名男子最终在11世纪50年代末通过了解试和州试。① 王明清进一步以浦城的章氏家族为例,说明科举的成功是可以随着时间的推移而保持的。他们已经培养出了在州试、殿试、别头试、太学试等考试中的顶尖举子,并在离开福建莆城后继续培养出顶尖士子。他们拥有自己的进士题名碑,雕刻方式与太学为所有进士制作的石碑相似。②

就像关于宋朝的皇子们被挑选为皇帝的轶事一样,命运和价值在关于家族命运的故事中交织在一起。一位普通妇女预言了曾氏兄弟的成功。曾布(1036—1107年)的妻子反过来预言了丈夫门生家庭的成功。曾布与李撰(1043—1109年)相识时,李撰是当地学校的一名教师,而曾布在真定担任知事。李家家境一般。有一天,曾布夫人邀请李氏一家和一位姓宋的武官家人参加聚会。相比之下,这些家庭提供了一个教训。宋夫人穿金戴玉,看上去非常华贵;李夫人身着一件洗旧的衣服,并且看上去有些不太整洁。宋夫人的儿子相貌英俊,而李家的儿子们虽然谈吐文雅,却显得很拘谨。其他被邀请的人都嘲笑李家,但是曾夫人微笑着说:"教授今虽贫,诸郎皆令器,它时未易量。提刑之子虽楚楚其服,但趋走之才耳。"原来,李撰的5个儿子中,有4个通过了科举考试,有2个升到了中央政府的高层。相比之下,提刑的儿子只升到了阁门祗候的位置。③

历史记录、朝报和笔记都证明了个人及其家庭的命运瞬息万变。占卜仍然是历史实践的一部分。事实证明,预测有助于做出

---

① 王明清《挥麈录》(中华书局版)后录卷6《曾氏一门六人同榜及第》,第154页。
② 同上书,前录卷2《浦城章氏登科题名》,第22页。
③ 王明清《挥麈录》(中华书局版)后录卷7《曾文肃夫人招李子约母妻》,第166页。

艰难的决定,并且在预测实现之后,溯及既往,事实上有助于解释事件的过程。①《挥麈录》中的自然征兆和预言,经常由受过教育的男性学者和官员圈子以外的人,诸如妇女、僧道和从事日常工作的平民提供了充足的证据,证明兴衰虽然发展缓慢,但可以见微知著。

"士人生活。"正如王明清在《挥麈录》中所刻画的,士人生活的核心方面,在王莘(活跃于12世纪前10年)和宋惠直故事中体现得非常明显。12世纪,王明清的祖父任九江县令,在那里他遇到了宋惠直,宋惠直当时是德化下属县的一名县丞。宋惠直是宋景瞻之子,宋景瞻和王莘同一年参加了进士考试。② 同年的关系和宋景瞻儿子的求知欲,足以使王莘将宋惠直加以锤炼。他免除了宋惠直的文书工作,转而训练宋惠直学习异常难学的博学宏词科,据说每天都给宋惠直提问题。他把宋惠直与其作品介绍给当时几位有影响的人,水到渠成,宋惠直的确通过了科举考试,这在宋代是少有的。王明清进一步评论说,后来宋惠直和他的儿子享有相当高的声誉,但他在写作的时候已经与其失去了联系,宋家可能已经忘记了王家对他们的恩情。③

学习、写作、文学交流、对他人作品的评头论足(王明清回忆起一首诗歌中的几句话,并将祖父对它的评论记录下来)、赞助、同侪与家庭网络(它们的形成与解体),在王明清对这个故事的回忆中交织在一起。收集、借阅和印刷书籍,以及与文本和文物的

---

① 艾周思(Adler)《朱熹和占卜》;廖咸惠《探索祸福》。
② 根据张剑的研究(《王铚及其家族》)王莘于1067年参加了礼部的进士考试。亦参见张明华《王莘考》。
③ 王明清《挥麈录》(中华书局版)卷3,第239页。

第七章　信息提供者网络与士人身份认同

重要互动，也是经常讨论的话题；笔记进一步作为罕见的手稿文本的传播媒介（见本书第 1 章）。① 前文讨论过的有学问的对话，被认为不仅是士绅必备的技能，也是精英女性及其家庭的重要属性。钱沈（卒于 1161 年）的妻子参拜钦圣皇后（1046—1101 年）时，她和一群从同一地区来到宫殿的其他妇女注意到一座宫殿的入口处有一则铭文，上面写着"受釐殿"。其他妇女将这个词的第二个字，误读作最常见的读音"离"。钱氏是 11 世纪中叶名宦唐介（1010—1069 年）的孙女，她纠正了她们，指出在这种情况下"釐"应该读"禧"，意思是幸福。她补充说，在这个例子中，"受禧"指的是汉代未央宫的一个宫室，"宣室受禧"。② 钱沈听了很高兴，评论道："好人家男女终是别。"③

我们现在可以将本章第一部分所讨论的当时对话者，与宋代文本的网络与兴趣群联系起来。王明清从朝廷档案汇编和史学汇编中汲取灵感，并强调他关于谈话和主要文本抄录的笔记，可以补充宋朝皇室及其官僚机构的档案记录。在后来的几个世纪里，王明清的笔记因此经常被视为一部史学著作。④ 通过将他的笔记放在 12—13 世纪笔记流通更广泛的背景下，并通过对笔记中所讨论的主题的整体概述，我们可以看到王明清最感兴趣的历史与非常特定的，通常是特定时期的问题，诸如君权和正统性、领土主权（周边）、官僚组织的发展、命名、整个宋朝直到有文字以来

---

① 魏希德《12 世纪宋代的手稿与印刷》。
② 司马迁《史记》卷 84《屈原贾生列传》，第 2502 页。
③ 王明清《挥麈录》（中华书局版）后录卷 7《唐质肃公孙女识受釐殿名》，第 171 页。
④ 这一概念被广泛地分享，而且常常是一种不言而喻的假设，这在很大程度上是由于历史学家使用笔记作为"史料"的方式。一些直接与王明清《挥麈录》相关的例子，参见燕永成《试论王明清的补史成就》，吴晓萍《〈挥麈录〉与王明清的学术成就》。关于《四库》编者对被认为是"史料"的宋代笔记的评论，参见丁海燕《宋人史料笔记研究》。

的沟通，全国显赫家族之间的表现和关系，或对在近代政治史上最具影响力的宰相的批判性评价。这种关切不仅仅是历史性的，特别是当把历史理解为一种个人学识或家庭专业化的行为，而与更广泛的政治和社会利益相脱节的话。通过安置和阅读关于朝廷、官僚、精英家庭、文化生活和话语实践彼此之间的对话，很明显，正如笔记的描述中常见的那样（部分原因是因为它们被用作具有不同研究兴趣的不同学科的"原始资料"），这些不能被划分为不同的兴趣领域。通过一起阅读并概念化它们，我们可以开始理解如何学习和有时诙谐地与知名的同仁互动，以及关于所有这些关注点的命名的文本组合在一起，塑造并体现了作者的身份。这些身份是通过记在笔记上的重新收集的社交网络，以及与共同关注和实践相关的文本的传播而相互构建的。

宋代士人是，或至少是渴望有很好的关系。这不仅适用于那些经常出入朝廷的人，也适用于那些只偶尔担任低微官职或没有任何官职的人。王明清和其他笔记作者在此处的研究例子表明，他们利用了一个庞大而多样化的史料和信息提供者网络。对于王明清笔记中所记录的信息提供者社会背景的分析，表明为官之人继续占据主导地位，而且高级官员的地位也在下降，取而代之的是级别较低的同行。在地理上，笔记中捕捉到的士人网络在某些情况下分布在整个帝国范围内，并且至少在跨地区范围内。由于地理范围的不同，士人网络不仅可以传播不断扩大的文学文本的数量和体裁同时，也在整个宋帝国范围内塑造士人身份的过程中发挥着至关重要的作用。

知名的和不太知名的12—13世纪作者们的笔记，让我们可以在信息的形成过程中读取身份信息。他们专心致志于朝廷的组织和历史,在这个领域的显赫家族,主要的政治和文化人物的影响、琐事、预兆的证实、稀见的文本和物品,以及智慧,他们告诫人们,最好不要将士人与朝廷的合作,参照诸如儒家思想,或者说从 12 世纪以降的新儒家思想等包罗万象的意识形态。在信息网络中,极少出现经学文本和宋朝之前的历史,在这里图解并讨论了这样一个问题,即仅仅通过经学图书来更广泛地概括规范整合,在多大程度上培养了一个致力于维护帝国的精英。相反,这些文本表明,尽管其中许多人是在当地而不是在都城定居,但与朝廷、帝国精英和宋朝政治史有关的地方问题,仍是人们争论的主要话题。

在宋代,笔记不仅具有历史意义,而且更重要的是具有社会和政治相关性,因为它们之间的交流关系,有助于形成并巩固个人和群体层面的身份。像刘昌诗这样的笔记作者,渴望从南方边缘一个孤立的县与全国的同道交流,以及他为了这个目的,决定自行出资出版他的笔记(见本书第 6 章),这是一个颇具说服力的例子,说明了它们在整个世界的士人身份中所扮演的角色。笔记作者还谋求政治目的,既通过构成笔记组成部分的人际网络和文本的传播方式,也通过就共同关心的问题发展立场。为了进一步考察后一个问题,接下来,笔者将仔细阅读王明清关于宋朝与其北方最重要的竞争对手金朝关系的评论和对话。

第八章 展现异族他者

本书前几章表明,从 11 世纪后期以降,宋朝档案和有关其日常业务的文件汇编,正在以越来越快的速度传播。正如他们的笔记所证明的那样,这些选集的士人读者群构建了交流网络,使他们接触到在宋帝国各地生活和工作的同龄人。本章是在王明清《挥麈录》的基础上,对笔记文学中所表达出来的政治想象和忠诚的考察。它关注的是异族他者的呈现,以及王明清与其对话者,在面对外国威胁时所赋予宋代中国人的政治价值观。

宋代士人对 11 世纪晚期边事的编纂,表现出浓厚的兴趣。12 世纪时,随着宋朝卷入了长达一个世纪的多国之间的冲突,士人们的这种兴趣逐渐日益浓厚。公元 1126 年,取得胜利的女真人占领了中原,宋、金军民之间展开一系列的战争和谈判,①在接下来的一个世纪里,导致涉及边事的出版物层出不穷。宋朝与其北方邻国的关系,成为人们共同关注的话题和争论的中心议题。作为在三十余年间编辑而成的、与各种文本的对话和互动的一种记录,王明清的《挥麈录》让我们可以更详细地追溯 12 世纪的士人,是如何回应同时代关于战争与和平谈判问题的争论。

---

① 宋、金军政使团的军事和外交演习程序一直是许多研究的主题。相关例子,参见蒂勒(Thiele)《和议》,傅海波《宋金间和议》和《金朝》。

对宋金冲突、谈判和主战文学的不同记录,可能会让王明清笔记的一些读者,产生笔记缺乏整体叙事或论辩结构的印象。① 本章支持这样一种观点,即笔记作者同样也在对话和同时代文学中提出的关键问题上表明了清晰立场,并通过将各种声音聚集在一起来实现这一点。②

《挥麈录》中的暴力与文明

通过阅读王明清作品中的数百个条目,非常显而易见,他并没有试图对金政权或女真人采用规范的指代。词语的范围,从中立的泛泛之词到异族之人,外交语言中习惯性的礼貌性称呼,以及在其书页中公然的排外言论,可能在很大程度上反映了王明清史料来源所使用的词汇。通过对提及金和女真人时所使用的语言进行系统分析,③笔者首要要确定的是,在王明清的描述中,贬斥的词汇和暴力行为在回忆中起了主导作用,然后研究了特定的

---

① 关于笔记缺乏叙事结构,参见陈威《导论》,载陈威和史嘉柏《闲话》,第4页。
② 包弼德写过有关张耒《明道杂志》的知识分子日常工作事项。艾朗诺最近还写了一篇关于周辉《清波杂志》中连贯政治立场阐述的文章。包弼德《文人杂记与宋代思想史》和艾朗诺《宋代笔记的创作意图》。
③ 笔者检查了整个词库中的单个术语的频率,同时也研究了与这些术语一同出现的频率和统计意义(在调查术语前后发生的配置或模式)。通过一个分数来衡量配置的统计意义,这表明两者在词库中强烈地联系在一起。当术语和搭配以相对于词库异常高的比率同时出现时,这样的度量尤其相关,这表明这些术语往往聚集在一起,很少出现在其他组合中。这里使用的衡量标准是 Z 值,它衡量"焦点和配置不太相关的可能性"。我使用了由娄·巴纳德(Lou Barnard)开发的 Xaira,可以在 http://xaira.sourceforge.net/上访问该程序和文档。
　　词库语言学可以进一步帮助我们解决诸如(书面和语言)类型惯例和语言之间的关系等问题。为了衡量上下文在特定用法中可能扮演的重要角色,笔者标记了史料文本的类型(例如,诏令、奏议、回忆录、谈话报告、考察史、战争公告)以及文中所描述的情景类型,然后检查了相对于史料文本类型和与之相关的情况的使用频率。笔者区分了王明清直接引用的史料文本类型(见本书第7章)和该术语出现的特定段落的史料文本类型。由于前者不包含引用中的引用,所以后者在这里可能更重要。

表达可能对同时代读者产生的影响。

之前的学术研究成果已经强调了这样一个事实,即宋代政治家与其辽、金同行们都认识到不断变化着的外国地名和异族之人术语的意义和作用。帝制中国历史上语言与冲突的交叉点,对于东亚11—12世纪外交交流中的小规模工作一直至关重要。在20世纪80年代初,《中国棋逢对手》一书的撰稿人提请人们注意,语言并不在国家之间冲突中扮演多重要的角色,却在协商解决宋朝与其北方邻国之间冲突扮演着重要的角色。王赓武和陶晋生指出,在他们对待辽、金政权时,宋朝使节诉诸"弱国言辞"或"平等的新外交语言"①——这与更传统的中国人所认为的文化优越感和对朝贡的异族之人顺从的期望形成了鲜明的对比。

他们看到了外交辞令中的这种转变反映在所使用的称呼用语上,这种使用是基于君主们之间虚构的亲属关系(兄弟、叔侄——宋朝君主偶尔也会采用较低姿态),称呼用语似乎承认了"北朝"和"南朝"政治上的平等关系。接受新外交语言的另一个迹象,是将边境辖区似乎带有贬义的名称,比如威虏、破虏、静戎、平戎进行改名。②

这种对于异族他者不断变化的术语历史意义的初步探索,提出了许多问题。外交文本如何与关于冲突和谈判的其他类型的文本(历史、行政、文学)进行比较?我们是否应该认定敬语和礼尚往来的形式(突出平等的形象),是为了谈判和条约而保留的?或者,反过来说,是文明的敌人的典型刻板印象(蒲慕州指古代文明中异文化表现的说法),③在精英(或者是大众)

---

① 陶晋生《蛮夷或北狄》,第69页;王赓武《小帝国的辞令》。
② 陶晋生《蛮夷或北狄》,第69—70页;《续资治通鉴》卷58,第1301页。
③ 蒲慕州《文明的敌人》。

话语中占据主导地位？对南宋政治史的修正解读是否表明,和议的支持者们,随着时间的推移,体现着一种占据主导地位的声音,或者至少是唯一切实可行的解决方案,这意味着在受过教育的精英阶层中,外交话语已经蔓延到或对应着一种现实政治的外交关系中？①

在某种程度上,宋朝对异族他国的看法承认了一个多政权林立的世界。这一结论可以根据外交用语中使用的尊重和中立性用语,以及地方志和其他文本中出现的通常适用于宋朝领土（见本书第四章）的框架,来分析北方政权（辽、金和高丽）。同样的,王朝的名字也经常被用来指南宋领土以北势力最强大的国家（表8.1）。

表 8.1　王明清《挥麈录》中描述女真人和金政权的术语频率

术语	频率[a]
金	(221)
金人	30
大金	22
金国	5
虏	153
外国	1
北国	0
北朝	2

---

① 罗茂锐《中国棋逢对手》导论。王瑞来的一篇论文同样将合作解释为一种实践策略,在2008年杭州南宋历史国际会议上引发了激烈的争论。王瑞来《玉碎还是瓦全？》。

(续表)

术语	频率[a]
北人	3
女真	1
契丹	13
夷	34
狄	12
蛮	4
戎	21
丑	4
酋	10
敌人	2

注释：由于本文中的多重含义，"金"一词在很大程度上具有较高的出现频率。
a. 数字记录来自《挥麈录》（中华书局版）

总的来说，王明清及其史料倾向于使用乍一看似乎是政治中立的术语：金人、大金、金国。[①] 这些术语类似于那些用来指称宋朝政体及其居民的术语，尽管自指的术语远不常见（表 8.2）。在《挥麈录》中，很少出现民族名称在当时用来指那些建立了这个国家（女真、如真/汝真）的女真人。只出现过一次女真，而对它的引用指向，可以追溯到北宋晚期的一项法令，当时金政权大体上可能还没有与宋廷发生关联。[②] 此外，金政权不能主要依据民族来界定。各种民族，包括汉族在内的前宋朝臣民，都是金军和金国的一部分。人们普遍使用"金人"这个词（即使是在刻画他们冷酷无情的行为中），指的是在宋帝国北部边缘之人与那些声称统治他们的

---

① "金"（224）的总数包括这个词的用法，而不是指金朝，如"金（gold）"，或其在其他组合中的用法，如地名。
② 王明清《挥麈录》（中华书局版）卷 2，第 182 页。

朝廷有关,而不是与部落、部落联盟或其首领联系在一起。

表 8.2　王明清《挥麈录》中描述宋人与宋政权的术语频率

术语	频率[a]
天下	142
(宋)	(87)
大宋	7
宋人	1
宋民	1
我宋	5
我朝	1
我人民	1
朝廷	88
国朝	20
南朝	3
南国	0
南人[b]	0
中国	13
中原	12

注释:"宋"这一术语的出现率很高,这在很大程度上归功于本文中的多重含义。
a.《挥麈录》(中华书局版)中的数字统计;
b. 江南人有两次出现,指的是特定人的籍贯:"来自长江以南的人。"

然而,对于金政权及其人民来说,政治上中性名称的普遍存在,不能被解读为表明在宋朝政治家和士人眼中,这个国家及其人民已经成为平等的伙伴。事实上,称呼女真和金人个体(包括国家君主)、个人群体,或金军或金廷时,最常出现的词是"虏"或者"戎、蛮"(表8.1),这是一个贬义词,将他们归类为缺乏文明和自主权的劣等人。

在王明清笔记的四部分中,金人在大多数情况下被描绘为入侵者和宋朝领土的暴力占领者。他们首先被塑造成军事行动者,我们没有看到或听到他们是政治行动者。① 强调金政权及其臣民的军事方面,一目了然地体现在与金政权个人和集体有关的动词中。与金人联系最多的动词是指非法侵占领土并掠夺物品:诸如犯、侵犯、据、寇②、掠、烧、破,或者尽取等词。类似的,"虏"常与诸如骑、兵等军事联系在一起,而"虏军"是这些词中最常见的搭配。与"金人"类似,即便在相同的条目中,它也可以互换使用,更通用且频繁使用的术语"虏人",则往往与表示占领和侵害的动词(犯、侵犯、寇)一起出现,并用动词表示他们在宋朝领土上的存在(已入、已在、渡)(表 8.3 和表 8.4)。③

表 8.3 王明清《挥麈录》中与虏相关的排在首位的搭配出现频率与 Z 值

频率	数量	排列
37	24.9	人
12	42	骑
10	11.8	使
8	5.1	中
6	11.5	主
5	6.9	兵
4	5.9	军

---

① 关于罗马文本中对非文明民族的军事特征的类似强调,参见威尔斯(Wells)《野蛮人的语言》第五章,尤其是第 100 页。(此处正文中所指的王明清笔记,是指《挥麈录》的四录——译者注)
② 注意到"寇"与金相关的高 Z 分数,表明这个词与金的紧密联系。
③ 在这些例子中,虏人通常指金人,因为在这些段落中,与虏人相关的事件发生在北宋最后几年和南宋初期。

表 8.4 王明清《挥麈录》中与金相关的排在首位的搭配出现频率与 Z 值

频率	数量	排列
30	16.2	人
22	16.9	大
5	4.4	国
4	14.5	寇

金人被塑造成冲突的煽动者和行凶者,不仅是通过对他们在宋政权所宣称的领土上军事进攻的描述,而且还因为他们被刻画为根深蒂固的违反协议者。讨论条约(盟或约)的段落,描绘了宋、金行动者们的对立角色:金人极为常见地出现在"背盟"行动中,①而宋人则被称为"同盟"。②

然而,宋人在为"背盟"分配责任方面存在重大分歧。在由宋朝作者撰写的回忆录和关于军事事件的叙述中,很容易将谴责指向金人。在其他针对国内受众的文本中,宋朝官员与平民们因寻求和议而遭到谴责[在胡铨(1102—1180 年)1138 年言辞激烈的奏议中,谴责金人和那些愿意与他们和解的人,见下文讨论],或者鼓励他们联合起来抗金[见下文讨论中王铚(?—约 1154 年)的战争公告草案]。在北宋末年进呈或起草的向金军统帅的请愿书中,宋朝士人和从政者们,更愿意将一些罪责归咎于前任宋朝廷官员们的错误指导意见,以及模棱两

---

① 王明清《挥麈录》(中华书局版)后录卷 11,第 213 页;后录卷 11,第 220 页。
② 同上书,三录卷 2,第 246 页;后录余话卷 1,第 281 页。

可的指称(诸如"前君"之类)。①

王明清不仅纪念战争,而且还传播鼓动起来反抗北方侵略者的语言。与异族之人相关的肆意暴力,是文明世界动员背后的动力。它也为士人在宋、金之间冲突中发挥积极作用提供了衔接空间。

王明清引用了由他父亲起草的关于兵制的文本文字。它写道:"共惟祖宗以圣神文武,斡运六合,鞭笞四夷。"②王铚为西道都总管王襄起草了这一声明,当时金人骑兵到达都城开封,在北宋朝廷存在的最后几个小时里,王襄被授权动员军队。③ 王明清使用重建宋朝廷的第一任皇帝宋高宗统治之下宋人面对金人的威胁、应战、备战等书面之词,来平衡对金人入侵的记忆,以及金人与战争威胁之间的联系。

王铚撰写的战争公告的开头文字,为试图煽动民众起来反抗入侵的金军战斗到最后一刻定下了基调:"叛服者,夷狄之常性。"④根据著名历史学家王铚的说法,有史以来记录的中国人和夷狄之间的关系证明了这一发现。这一普遍真理是为了保证,即那些要求宋朝臣民作出的牺牲不会是毫无意义的。不论老少,面对官吏和平民百姓所遭受的种种暴行,这一宣告表明,平民和官吏自然会被激怒,起来反抗夷狄入侵者:

---

① 这与公开承认皇帝自己犯下的错误是一致的。傅海波《宋金间和议》,第74页。金国皇帝利用宋朝违背以前的和约,作为金国入侵的理由。相关例子,参见李瑞《宋徽宗、宋钦宗朝与北宋灭亡》,第634页。在其他地方,王明清的史料显示了对金朝官方决定惩罚宋朝违背和议的理解:王明清《挥麈录》(中华书局版)后录卷4,第127页。
② 王明清《挥麈录》(中华书局版)后录余话卷1,第286页。
③ 关于这一任命,参见《宋史》卷23《钦宗纪》,第431页。
④ 王明清《挥麈录》(中华书局版)三录卷2,第245页。

第八章 展现异族他者

人知逆顺而四面声驰,士识恩雠而方万响动。务施远略,必解长围。速劳鲸虎之师,尽扫犬羊之众。啸聚之党,将就戮除;噍类之徒,寻当殄灭。①

这一宣告号召大家团结一致,所有人"诚深体国,义切爱君,忠孝贯于神明,威名慑于夷虏"。

使用动物比喻,历来是歧视性意识形态中一种常见的语言技巧。在意识形态中,区分高等和低等物种的存在,将特定的群体划归低层次的生命形式,具有传递与所指对象相关的价值判断的效果。② 通过将隐喻融入话语中,正如前文所引用的"犬羊"可以代表"啸聚"或金人,与动物如犬羊相关的性质和行为,在概念上与金人联系在一起。③ 然后,可以把金人想象成卑顺的物种,被他们的主人所驱赶。同样地,"虏"人也会遭到"鞭笞"。

在宋金冲突结束几个世纪后,人们依然认可这些隐喻和相关贬义性语言的力量。四库全书(SKQS)的编者们编辑了所有可能会冒犯到满族人(所谓的女真人后裔),以及煽动汉人和非汉人臣民之间紧张关系的术语。他们将《挥麈录》收入其中,但是,依赖四库版本的读者,会对王明清作品中宋金冲突的表现有截然不同的解读。如表 8.5 所示,编辑们删除了诸如"虏"这样在传世的清朝之前的版本中占主导地位的贬义名称,并改变了对异族古老词语的贬义用法。在四库版本中,因为编辑们认为它们更适合替代更具妥协性的原文,所以要么完全保留下来政治上更中立的词

---

① 王明清《挥麈录》(中华书局版)三录卷 2,第 246 页。
② 穆索夫(Musolff)《批判性的隐喻分析可以对种族主义意识形态有何帮助?》,第 2 页。
③ 同上书,第 5 页。12 世纪极端排外的修辞和纳粹意识形态之间也有一个关键的区别:宋朝作者们无法想象没有异族世界的可能性。

语,要么在使用中增加了这样的词语。诸如"敌""敌人""仇"等词,取代了更具攻击性的词语。

正如王铚所强调的,表8.5也证明了持续使用回到有史以来的古代词语。这一论断,掩盖了这一词语在关于夷狄政权和人民的宋朝话语中所衍生出来的不同语境。王铚的战争公告和他所撰写的关于兵制的另一篇文章,对于夷狄之人使用了更普通和古老的分类,这是不同寻常的。最明显的是,按照他们在《礼记》中所定义的四个词语(夷、狄、蛮、戎)记载,确定了四个基本方向(东夷、南蛮、西戎和北狄),但是,在不同的组合中,并且数字指的是整体(比如四或九),一般也指的是夷狄。① 前文提到的宋真宗承认,在宋朝边境堡寨命名中使用这其中的一些词语,被证明是对辽朝的冒犯。早期迹象表明,这些词语可能带有贬义的意味。王氏笔记中摘录的各种类型的这些词语的分布说明了这一点,即它们是那些旨在唤起对金人仇恨的文本类型的首选词语(包括王铚战争公告中的段落,宋高宗在1130年委托编写的兵制史,胡铨1138年批评谋求与金人和平的奏议)(表8.6)。

表8.5 王明清《挥麈录》四库本与经过整理的中华书局本中与金政权及其人民有关的词语频率

术语	频率 (四库全书本)	频率 (中华书局本)[a]	改变
金人	47	30	四库全书本中增加
大金	22	22	无
金国	5	5	无
虏	2	157	四库全书本中删除

---

① 蒲慕州《文明的敌人》,第46页。

(续表)

术语	频率（四库全书本）	频率（中华书局本）[a]	改变
女真	0	1	少
契丹	14	13	少
夷	18(3)	34	四库全书本中删除
狄	2	12	四库全书本中删除
蛮	4	4	无
戎	16	21	少
丑	0	4	四库全书本中删除
盟	12	16	少
酋	1	10	四库全书本中删除
敌人	49	2	四库全书本中增加

注释：a. 经过整理的中华书局本是基于宋版

表8.6 王明清《挥麈录》中夷、狄、蛮、戎词语出现的频率（根据文本类型）

史料文本类型	术语总共出现	条目数
战争宣言	6	1
兵制考察	7	1
战前奏议	3	1
总数	16	3
其他类型[a]	20	15

注释：最后一列显示了这些术语出现的笔记条目数。
a. "其他类型"包括奏议、使节报告、诗歌、回忆录、轶事、对话和笔记条目复本。

在没有公然的言语攻击的情况下，宋人作者们也用古老的词语和一般类别来概指夷狄，正如一位宋代使节留下的出使高昌的记录，以作为与"所有蛮夷"（字面意思是九夷和八蛮）建立联系的指南,或使用诸如"和戎"或"御戎备边"等稳定性的标准用语。①然而,辽、金和19世纪的英国外交官使用这些词语的敏感性,②可能源于他们与诸如战争公告和不同意见的奏议等文本类型的联系。为了广而告之,载有此类文本的纸张可能已被印刷出来;大肆宣扬胜利公告,以及据说关于胡铨给宋高宗上书(下文讨论)的消息,在其进呈时引起了都城的骚动。③ 这些文字不仅通过它们所说的内容,并且还通过它们的言外之力和言外效果进行攻击:反抗入侵者势在必行,动员军队是由忠于王朝和帝国理想的文武精英来领导的。

在《挥麈录》中收集的文字和对话,表明人们认为宋朝统驭已知世界的观念是不容置疑的。虽然多元世界的现实导致了一种世界观,即北方官僚国家的形成及其自己的臣民一样被人们所承认,但作为"天下之人"(夷夏)君主的中央国家统治者的帝国理想仍然没有受到挑战。在他的战争声明中,王铚重申了皇帝对所有人怀有君父之情:"圣上天临万宇,子育群生,宵忧兼夷夏之心,夕惕绍祖宗之业。"④

谈判与帝国辞令

尽管对谈判与条约的可靠性心存疑虑,王明清仍怀念宋朝诸位皇帝、使节、朝廷官员和自认的进士与辽、金君主、文武官员接触与交往的连续性事例。《挥麈录》中选择的文本,从王明清的角

---

① 王明清《挥麈录》(中华书局版)前录卷4,第39页;后录卷7,第165页;后录卷8,第183页;后录卷10,第203页;后录余话卷1,第281页。
② 刘禾(Lydia He Liu)《帝国的政治话语》。
③ 毕沅《续资治通鉴》(中国基本古籍库数字版)卷121.10a。
④ 王明清《挥麈录》(中华书局版)三录卷2,第245页。

度,为宋朝廷可以谈判的内容提供了一扇窗户,他们隐藏的文字记录进一步揭示了宋朝廷不可以谈判的内容。

在所选择的轶事中,王明清强调了宋朝君主乐意满足北方军事和政治精英们物质需求的意愿。在关于宋仁宗(1023—1063年在位)朝的片段中,他引用了李遵勖(988—1038年)的私人记录(《李和文遗事》):

> 仁宗尝服美玉带,侍臣皆注目。上还官,谓内侍曰:"侍臣目带不已,何耶?"对曰:"未尝见此奇异者。"上曰:"当以遗房主。"左右皆曰:"此天下至宝,赐外夷可惜。"上曰:"中国以人安为宝,此何足惜。"臣下皆呼万岁。①

这种交流让人想起了属于古代圣君们的行为,并可能效法了他们的做法,他们同样富可敌国却卑衣菲食。它还可能引用了睿智的君主形象,他们利用馈赠物质财富来作为安抚竞争对手的工具,甚至导致其道德败坏和政治衰落。人们使用了更直白的语言来纪念宋钦宗(1126—1127年在位)为避免北宋朝廷崩溃而准备付出的努力:

> 今焉明降御笔,根括金银,以报大金活生灵之恩,切须尽力,不可惜人情。苟可以报大金者,虽发肤不惜,只是要有,尽取于是。有司累行劝谕,及指为禁物,稍有隐藏,以军法从事。其措置根括非不尽心,上至宗庙器皿,下至细民首饰,罄其所有,欲酬再造,而天子且曰:"朕可以报金国者,虽发肤不惜。"②

---

① 王明清《挥麈录》(中华书局版)前录卷1,第6页。
② 王明清《挥麈录》(中华书局版)后录卷4,第126—127页。在段光远的信中,皇帝的措辞略有不同。同上书,后录卷4,第129页。为了更详尽地列出所作的让步,参见李瑞《宋徽宗、宋钦宗朝与北宋灭亡》,第642页。

宋仁宗被描绘成一个不好奢侈之人,这一行为同时显示了他对那些主要由物质欲望驱使的异族之人的轻视。在1126—1127年开封被占领期间段光远进呈的一份信中,引用了前文的这段话,宋钦宗敦促全体人民放弃所有贵重物品,包括最私密和神圣的物品,如祠堂中的礼器,"以报大金"。这封信是在金军进攻又撤出都城后写给金朝元帅的。他们的撤离与否取决于都城中一切有价值物品的交接。段光远和另外两个写过类似信的人,同时也知道宋朝皇帝被扣押为人质。

黄时俦、徐揆、段光远以私人身份书写。黄时俦、段光远是进士身份,而徐揆是太学生。① 他们澄清说,他们上书时并无官职。他们请求元帅放心,金人的要求正在得到执行,并要求对被指控拥有财产的居民予以周到的待遇。他们还要求其皇帝归来,呼吁收信人的道德良知,并唤起宋金睦邻关系的历史。用徐揆的话来说:

> 元帅体大金皇帝好生之德,每以赤子涂炭为念,大兵长驱,直抵中原,未尝以屠戮为事,所以爱民者至矣。凡元帅有存社稷之德,活生灵之仁,而乃以金银之故质君,是犹爱人子弟而辱及其父祖,与不爱奚择?②

段光远说:

> 仆尝读《春秋左传》,有曰:"亲仁善邻,国之宝也。"③又

---

① 在徐梦莘《三朝北盟会编》(卷78,第588页)中,黄时俦的身份是太学生。而在李心传《建炎以来系年要录》(卷2,第40页)中,他也被称为进士。《宋史·忠义传》中有徐揆的传记。其传记作者提到徐揆带领一群学生抗议宋钦宗的被捕。其抗议导致了他死于金兵暴力之下。《宋史》卷447《徐揆传》,第13179—13180页。
② 王明清《挥麈录》(中华书局版)后录卷4,第128页。粗体字是笔者所加。
③ 《左传》尹公卷6,亦见理雅各《左传》,第20—21页。

尝读《礼记·聘义》，有曰："轻财重礼，则民逊矣。"①读至于斯，未尝不三复斯言，掩卷长叹，切谓非贤圣之人，畴能如此？仰而思之，在昔太祖皇帝膺天明命，以揖逊受禅，奄有神器，为天下君，创业垂统，重熙累洽，垂二百年。东渐西被，南洽北畅，薄海内外悉为郡县，殊方绝域悉为邻国，聘问交通络绎道路。其间义重礼隆，恩深德渥，方之他国，唯大金皇帝为然。②

在这些上书中，感谢金军统帅和士兵的宽宏大量与纪律严明，金国皇帝的正直诚信，以及金国对友好使节礼仪的尊重，这与在王明清的追忆中反复出现的金人侵略和在其他地方违背条约的主题形成了鲜明对比。上书作者们进一步将这次入侵行为，描述为是对近期掌权的宋朝廷官员腐败行为的一种合法回应。对王明清来说，这种语言并没有显得诡媚。他对这些信件给予了高度评价，并将其视作是忠于宋朝的体现，因为此处对金国的赞扬，象征着一种抗议行为，并且要求金国的领导者，不要辜负了在上书中已经赋予他们行为和准则。王明清指出，他是从开封末年士人出于某种特殊原因编写而成的大量回忆录和日记中挑选出这些信件的，而根据记载，这些信件是几十年后在一位身份不明的亲戚或熟人的私人收藏中被发现的。"俶扰之际，排难解纷，伏节死谊，有如此者。嘉其忠义慷慨，岁久虑不复传，所以录之。"③

值得注意的是，在《挥麈录》的三录中，王明清同样赞扬了秦

---

① 这段文字似乎是对《礼记》当前版本的略微改写。《礼记注疏》，收入《重刊宋本十三经注疏附校勘记·聘义》卷48，第1029页。亦见理雅各《礼记》XLV，Phing Î，no. 8。
② 王明清《挥麈录》（中华书局版）后录卷4，第128—129页。
③ 王明清《挥麈录》（中华书局版）后录卷4，第125页，后录卷4，第130页。

桧（1090—1155 年）在 1126 年大约同时提出的两种意见。王明清的评论，与其他人欣赏权臣秦桧早期仕宦生涯的话语有些相似："词意忠厚，文亦甚奇。使会之（秦桧）诚有此，而无绍兴再相，擅国罔上，专杀尚威，则谓非贤可乎？"①

秦桧赢得了这种罕见的赞美，是因为当都城无力再抵御入侵的金军时，他提出了两项方案来解决朝廷所面临的危机。秦桧的方案，被解读为给金人统帅的上书初稿，在这篇上书中，宋朝廷谦卑地要求恢复友好关系。秦桧建议，朝廷要说服金人军事统帅，最好的办法是确保宋金两国的共同利益。他提醒特定的读者，宋与金在他们共同打败辽的过程中建立了联系。他进一步指出，金朝官员和宋民的忠诚度，将成为金朝试图进一步扩大对宋朝控制的不可逾越的障碍：

> 宋之有天下，九世宥德，比隆汉、唐，实异两晋。切观今日计议之士，多前日大辽亡国之臣。画策定计，所以必灭宋者，非忠于大金也，假灭大宋以报其怨尔。曾不知灭大辽者，大金、大宋共为之也。大宋既灭，大金得不防闲其人乎？②

> 若大金果能灭宋，两河怀旧之恩亦不能忘，果不能灭宋，徒使宋人之宗属贤德之士，唱义天下，竭国力以北向，则两河之民，虽异日抚定之后，亦将去大金而归宋矣。且天生南北之国，方域至异也。晋为契丹所灭，周世宗复定三关，③是为晋祚报恨。然则今日之灭赵氏，岂必赵氏然后复雠哉？虽中原英雄，亦将复报中国之恨矣。桧今竭肝胆，捐躯命，为元帅

---

① 王明清《挥麈录》（中华书局版）三录卷 2，第 245 页。
② 同上书，三录卷 2，第 242 页。
③ 关于后周在北方的军事成功，参见史怀梅《五代》，第 129 页。

第八章 展现异族他者

言废立之义,以明两朝之利害。①

秦桧的建议,就像进呈给金军统帅的上书,都是请愿书。在这种文本类型中,可以承认与蛮夷国家签订条约的好处,以及宋朝领导人(包括皇帝在内)和军事上的错误。这些上书可以被看作是忠心耿耿之举,与那些拒绝谈判并在战场上进行军事抵抗之人的行为相同。即使此处的尊重用语被其更具贬义的对等词所取代,②但这些上书被认为是通过不同的方式服务于同一个目的:宋朝统治的连续性和宋帝国领土的完整性。

请愿书没有着重强调后一个目标,但却形成了其隐藏的文字记录的核心。段光远的上书,提醒金朝统帅庞大的宋朝行政网络,以及金政权作为古代周帝国缘边邻邦的合适地位。秦桧1126年的讲话,开始提醒人们宋帝国疆域辽阔:"自宋之于中国,号令一统,绵地数万里……子孙蕃衍,充牣四海。"③后来他推动通过一项协议,将宋帝国的北方半壁江山让给金,之后,他变得声名狼藉。对中国历史上帝国连续性的提醒,突显出在任何与金政权的交易中,都没有讨价还价的余地。在王明清关于1126—1127年事件的书面史料和口头史料的笔记中,宋人的声音决定了参与和谈判的条件。可以放弃任何形式的财富,可以进呈态度谦卑的请愿书,但是不能放弃宋帝国和中央王国的领土完整。在编辑并印刷《挥麈录》不同部分的这段时间里,随着时间的推移,事情已经发生了不同的变化,但是在宋朝廷南迁之后,那些在异常艰难时期依然秉习帝国辞令之人所说过的话,仍然值得人们纪念。

---

① 王明清《挥麈录》(中华书局版)卷3,第243页。
② 在这两个词条中,对"大金"的礼貌称谓,22次中出现了21次。
③ 王明清《挥麈录》(中华书局版)三录卷2,第242页。

拒绝和议

北方被占领后宋朝廷的情况发生了变化,导致了战与和意见的两极分化。从被囚禁的北方回国,1138 年,秦桧在高宗朝廷上升至高官,在与金国的谈判中他一马当先,从而在 1142 年缔结了条约。秦桧居中讲和,不仅是以更传统的银绢为代价,而且还包括了东起淮河以北,西至唐州和邓州以南宋朝之前的所有领土,这都招致了人们尖锐的批评。即使在 1155 年秦桧亡故,宋高宗公开承认他对宋金关系所作出的贡献,也不能平息这种批评。接受无视之前谈判记录的和约,导致了士人间对和议的尖酸诋毁和尖锐的排外言论。

在《挥麈后录》中,王明清抄录了枢密院编修官胡铨在 1138 年进呈的奏议,在奏议中,胡铨指责王伦(1084—1144 年)和秦桧,前者曾作为使者被派往金国,而他认为秦桧是这个计划的策划人,让高宗同意金国的要求。① 在传统的朝廷政治辞令和极端的排外语言中,胡铨谴责了那些赞成接受金国要求的人。许多人在朝堂上使用诸如"虏""夷狄""蛮戎"等污蔑性词语。然而,胡铨的语言却是极端的排外言论。

一再将金人归类为"低于人类"和强烈的隐喻程度,与胡铨所追求的对金人占领更彻底的解决方案相吻合。在《挥麈录》中,胡铨一再称金人为"丑虏",这个词只出现在他这篇奏议中。"丑"与文献中的"虏"一词高度相关(Z 值 38),因此,它可能并不常用于

---

① 关于这封信的直接语境的简短讨论,参见陶晋生《南迁和宋高宗朝》,第 679—680 页。

书面话语中,它在这种结合中的独特使用,因而将会引起人们的注意,使这种对金人的提及更加令人难忘。在笔记中唯一出现的另外一种"丑"的情况,提供了一种概念联系的暗示,这一点可能已经在奏议观众心中得到了确认。在一篇关于赵立(1094—1130年)坚贞不屈的故事节选中,他的传记作者声称"使(赵)立而无死,将尽殄灭群丑"。①

类似"犬戎"这样的词语,同样也是极端排外言论的一个标志,因为它也很少出现在散文中,但在胡铨的奏议中尤为明显。如"丑虏"这种情况一样,它所发生的唯一其他情况的语境,确立了与灭绝的联系,而灭绝是唯一合法的行动方针。② 王延德(936—999年)在出使高昌期间,了解到辽朝使者曾试图向高昌国王提出质疑,认为汉人正试图获取这一使命的情报。这激起了王延德接下来的愤怒:"犬戎素不顺中国,今乃反间,我欲杀之。"③

胡铨的言论对象不仅限于金人,还包括那些他认为是金人内部合作之人。这种极端的言论旨在说服皇帝,任何满足金人要求的协议都是非法的,这些协议挑战了宋朝对其从前领土的主权。通过寻求处死那些在朝堂上谋求达成这种协议之人,胡铨的奏议进一步强调了宋朝主权的不可协商性。当金朝使节到达朝廷,他的出现导致要求宋朝自称"江南"(长江以南),加剧了人们对丧权失地的忧虑。根据胡铨的说法,这一情况清楚地表明了金朝"是欲臣妾我也","是欲刘豫我也"。④〔刘豫(1073—1146年)于公元

---

① 王明清《挥麈录》(中华书局版)后录卷9,第200页。
② 还有一个例子是在宋徽宗的大宴诗中出现的。同上书,后录卷4,第121页。
③ 同上书,前录卷4,第39页。
④ 王明清《挥麈录》(中华书局版)后录卷10,第206页。

1130年在北方作为金国的傀儡。]①

王伦主张接受这些条款,死于囚禁中的前皇帝宋徽宗的梓宫才能够被归还,并最终收复中原,胡铨反对王伦的建议,他写道:

> 夫三尺童子,至无知也,指犬豕而使之拜,则怫然怒。堂堂天朝,相率而拜犬豕,曾童稚之所羞,而陛下忍为之耶?……尽如伦议,天下后世以陛下为何如主也?况丑虏变诈百出,而伦又以奸邪济之,则梓宫决不可还,太后决不可复,渊圣决不可归,中原决不可得,而此膝一屈不可复伸。②

胡铨强调,他不是站在一个充满愤怒的政客的立场,他代表了大众的愤怒声音:"天下之人切齿唾骂(王伦)";"今(不为亡国而报仇雪恨)内而百官";"外而军民,万口一谈,皆欲食(王)伦之肉";"有识者皆以谓(因为秦桧控制了台省侍臣)朝廷无人。"③

胡铨提出的解决办法,正如他在描述针对王伦的舆情时所提到的那样,处决那些勾结金朝之人,拘留金朝使节,动员宋军:"愿斩三人头[也包括孙近(活跃于1103年),被指控为秦桧的二号人物],竿之藁街(示众以警告夷狄),然后羁留虏使,责以无礼,徐兴问罪之师。"④胡铨以他对帝国事业的个人忠心与绝对献身的声明作结:"不然,臣有赴东海而死耳,宁能处小朝廷求活耶!"⑤宋朝外交官和政治家们可能已经习惯了胡铨"小朝廷"的称谓(从

---

① 关于刘豫齐政权(1130—1137年)的简要概述,参见陶晋生《南迁和宋高宗朝》第657—659页,第674—677页。
② 王明清《挥麈录》(中华书局版)后录卷10,第207页。
③ 同上书,后录卷10,第207—208页。
④ 王明清《挥麈录》(中华书局版)后录卷10,第208页。藁街是汉朝长安的街道,经常有异族人来往。
⑤ 同上书,后录卷10,第208页。

1141年底开始,宋朝的所有官署都必须使用"大金";①在1141年与金国的官方交流中,采用"敝邑"),对这一称谓的拒绝,成了在具有讽刺意味的历史转折中,现代史学关于宋朝的绰号。②

从忠到忠义

在进呈其奏议之后,胡铨面临着秦桧的暴怒,但他最终东山再起,并在死后被赐谥"忠简"。忠是一种共有的价值观,因此人们质疑它的含义。秦桧本人也被谥为"忠献"。在一种重视忠的政治文化中,王明清制定了使用忠的合适标准。他通过对比历史案例来做到这一点。他还收集了一些范例,在他们的人生故事中不断重复忠义行为,并倡导公众认可这些行为。同样清楚的是,关于忠的意义和范例的讨论不仅是哲学上的,而且是个人出于对宋金关系问题的立场有感而发。

在宋朝统治的前一百年间,忠的含义已经发生了重大变化。在10世纪中叶以前,效忠于多个朝廷并周旋于多位君主之间是人们的习惯做法。在10世纪后期出现了两个主要的大国(辽和宋),导致人们对那些看重个人忠诚而不是效忠于一朝一帝之人的态度变得强硬起来。这种新的效忠模式,不仅在哲学话语中被证明是正确的,而且在10世纪朝廷的批判史中,在政治和军事精英的传记中也被证明是合乎情理的。③ 我们可以把胡铨宁肯自杀也不接受女真要求这一论断,解释为11世纪重新定义"忠"的影响的一个例子。

---

① 傅海波《宋金间议和》,第81页。
② 同上书,第79页。
③ 王赓武《冯道》;史怀梅《忠贞不贰?》,第59—61页。

然而,他的奏议表明,"忠"是由其他包罗万象的价值观决定的。"忠"来自忠于一朝一帝,以及一个捍卫宋朝对全国及其所有领土主权的朝廷。宋朝皇帝因此不惜一切代价坚持统治"天下",而不是"江南"。皇帝未能做到这一点,就要求官员和平民都表现出"忠"的抗议,甚至到了自我牺牲的地步。

对于那些像王明清这样在秦桧主政最后十余年里逐渐长大成人的人来说,秦桧的遗产是一个几乎无法回避的问题。尽管他对当时的报复性政治持批判态度,但王明清在其笔记的第二部分中,对秦桧在1126年签署的意见书给予了一定程度的赞扬,在这些意见书中,他似乎毫不妥协地投身于延续统一的宋政权(见上文)。但在后来的几部分中,作者收回了这种认可,并对秦桧的忠诚表示怀疑。他讲述了游九言(1142—1206年)叙述的一个故事,游九言从秦桧的同事马伸(1097—1129年)那里得知,马伸是这些观点的作者。秦桧对马伸的建议一直犹豫不决,马伸因此让御史台的所有同事对当时的御史中丞秦桧施加压力。秦桧终于让步并签了字。马伸后来成为秦桧偏执型政府的牺牲品,但通过分享这个故事,游九言和王明清确认了这一点,"先觉忠绩,遂别白于(秦桧去世)时"。①

秦桧的背信弃义,因此可以追溯到宋钦宗朝的最后岁月。宋钦宗本人也曾表示过要收复所有中国领土的决心。王明清回忆宋钦宗和任申先(活跃于1140年)之间的一次交流;皇帝记得,在他的前任宋徽宗朝,任申先提出了一项打击衰弱的辽朝的作战计划。人们希望这是宋朝重新夺回燕云十六州的理想条件,而这十六州在宋朝统治期间一直被辽朝占领(见本书第三章)。皇帝赐

---

① 王明清《挥麈录》(中华书局版)余话卷2,第310页。

任申先同进士出身,并评论道:"使如卿言,燕云之地,何患不得!"①相比之下,秦桧一次又一次地支持并宽恕那些投降金朝或建议宋朝接受金朝条件的人。② 据报道,那些最初向朝廷推荐秦桧的人,也曾在金宋之间来回奔波,因此也被怀疑是金朝的支持者。③

秦桧可能得到了宋高宗的信任,长期以来被认为是中兴的宋朝廷的忠实仆人,但对王明清及其对话者来说,忠诚取决于致力于领土主权。秦桧成了反英雄式人物,那些被他宣布为叛国罪的人,被人们视为新的忠诚榜样。最具争议的是那些主张向金军开战的将领们。王明清提供了一份曾被用来判处岳飞(1103—1141年)有罪的证人证词的完整笔录。这份笔录详细记录了提供证词的副都统王俊与上级之间的对话,表明岳飞正在招募他参与针对朝廷的阴谋。王明清得出的结论是,这是在威逼之下得到的捏造之词,他认为与同伴们分享导致岳飞被草率处决的证据是很重要的。尽管岳飞的名字已被洗雪,但王明清还是表达了希望人们能记住这个冤狱,并从中吸取教训。④

除了那些更知名的政治家和将领,他们的忠诚与否一直是人们大肆讨论的焦点,王明清还赞扬了一些不太知名之人的言行,这些人在金国的威逼利诱面前表现出对宋朝的忠贞不贰。这些人的言行各不相同,有些人宁死不屈,有些人则在面对金朝入侵时弃官不做,但他们的故事大体上具有两个特点:拒绝接受任何侵犯宋朝主权的金朝提议,并有能力劝说其他人也这样做。在

---

① 王明清《挥麈录》(中华书局版)余话卷1,第267页。
② 同上书,三录卷3,第256—257页;余话卷2,第311页。
③ 同上书,余话卷2,第318页。
④ 同上书,余话卷2,第313—318页。

12世纪最后几十年中对这些故事的回忆,表明忠诚对于像王明清这样的下层士人来说具有新的意义。11世纪的政治家和史学家们已经表现出了对忠诚作为一种道德观念的兴趣,并依据永远效忠于一朝一姓的观念来评估过往政治行动者们的表现。① 在1127年代之后流传的故事变成了一个规范文本,可以更好地描述忠诚。这些故事概述了一种行动方式:始于面对高压时,勇敢地进行军事抵抗,公开拒绝投降,以及在面对死亡时表现出的大义凛然,这一切都是出于个人忠心耿耿于皇帝和朝廷,直到最后慷慨就义。直到这些言行被公开化并得到正式纪念之后,文本才会完成。因此,早在13世纪中叶的宋蒙冲突之前,忠义就已经成为州府精英以及高级文武官员们的共同语言。

例如,王明清从一位收藏家朋友那里得到了一页纸,上面有一位匿名作者所讲述的三个勇敢顽强男子的故事。在他看来,他们赤胆忠心、义愤填膺且直言不讳,证明了他们故事的进一步传播。在这些故事中,就像在帝制中国的政治和历史写作中更普遍的情况一样,在关键时刻大篇幅地直接引用主人公的言辞,这种技巧在读者和主人公之间建立了更直接的关系,使他们的言行更令人难忘。例如,人们赞扬知太原王禀(卒于1126年),因为他打破了太原城的包围圈,冲入金营,杀死了数十名敌人。当宣抚使和监司官员有投降迹象时,王禀与其五百士兵威胁要杀死任何投降的人:

> "汝等欲官否?"众曰:"然。"禀曰:"为朝廷立功,则官可得。"又曰:"汝等欲赏否?"众曰:"然。"禀曰:"为朝廷御敌,则

---

① 谢慧贤《王朝鼎革》也同样探讨了当时和后来的史料中对抵抗蒙古人的忠义的构建。

赏可致。"且曰:"汝等既欲官,又欲赏,宜宣力尽心,以忠卫国。借如汝等辈流中有言降者,当如何?"群卒举刀曰:"愿以此戮之。"又曰:"如禀言降,当如何?"卒曰:"亦乞此戮之。"又曰:"宣抚与众监司言降,当如何?"卒曰:"亦乞此戮之。"①

在这次交锋之后,没有人敢再回到投降的话题上来。王禀的军队与城中百姓进行了反击,但在情况进一步恶化后,居民们开始用木弓和箭来做饭并吃人肉,他们最终接受了失败。据报道,当地人携带着宋太宗的画像自焚而死。王禀亲自放火烧死了他的家人,在前厅等待着金军。他们到来,要求他投降,并请他饮酒时。王禀把酒泼在金人士兵脸上,说了最后一句话:"我尚饮虏贼酒乎!"②

王明清与匿名史料有着同样的感觉,认为应该纪念那些通过行动证明了自己忠义的人的行为。他们建议对忠义的承认包括一整套方案:授予荣誉官爵,举行与那些在朝廷上位高权重之人类似的葬礼,根据现实生活中的形象为他们建造祠庙,将他们的英雄事迹刊刻在石碑上,将这些叙事记录在国史中,大力褒奖他们的后人。③

总之,王明清的笔记否定了秦桧对宋高宗的忠心,并纪念了为保卫与恢复宋朝主权的激进献身行为。他指出,有文件显示,宋钦宗支持收复领土,在宋钦宗被俘虏并被转移到金人都城后,他已成为动员需要的象征。王明清进一步为12世纪60年代最近的战争中宋军的战功提供了个人证明。他讲述了采石之战宋

---

① 王明清《挥麈录》(中华书局版)三录卷2,第247页。
② 同上书,三录卷2,第248页。(据原文,城中之人相互啖食,披甲之士致煮弓弩筋胶塞饥,并非用木制弓箭生火做饭。——译者注)
③ 王明清《挥麈录》(中华书局版)三录卷2,第248页。

人的胜利,并写道,在战争结束多年后,参加过这场战事的士兵们仍然记得,宋朝的水军将领们是如何通过巧妙的计划,驱逐了金朝皇帝规模更加庞大的军队。遗憾的是,他们还记得,他们的战绩并没有得到什么回报。① 宋军在这场战斗中不仅证明了他们能够胜任这一任务,而且从宋、金兵力之间在这些年来的交锋中也可以清楚地看出,金军中的很多人的忠诚度是值得怀疑的。金国在占领北方领土地后征召入金军的士兵,宋军将其俘虏后,据说他们有共同的前宋情结:"离家日父兄告戒云:'汝见南朝军马,切勿向前迎敌,但只投降。'"②诸如此类的故事,以及其他与错失招募盗贼部队良机相关的故事,都表明宋朝应该利用其所配置的势力。③

通过呈现各种史料和不同对话者的片段和轶事,王明清的笔记表明,宋金关系在州府层面精英的对话中是多么突出的一个话题。作者在这场争论中的立场,体现在他对故事的选择和对故事附带的简要评论上。通过彼此之间阅读,王明清和他的一些谈话者之间的反战情绪跌宕不平,金朝暴力的记忆与忠诚和致力于复兴的记忆相抵消。

多元化在某种程度上是笔记存在的理由。条目通常被转换成对话和文本的转写本,在这些转写本中,原始说话者的声音被保留到他们的原始意图中。在《挥麈录》中,在各种文本和一系列词语中,异族他者因此被呈现出来。另一种说法涉及的范围很广,从彬彬有礼的请愿形式,到更为中立的"金人",稍带贬损意味的泛泛之词,再到在呼吁战争和抵制和平谈判中使用的尖刻、非

---

① 王明清《挥麈录》(中华书局版)三录卷3,第262—263页。
② 同上书,三录卷3,第262页。
③ 同上书,三录卷3,第258—259页。

人性化的术语。宋朝政治家和受过教育的精英们从王朝建立伊始,就发现自己处于多元国家的世界,这可能导致了北方的女真人与他们在 12 世纪 20 年代形成的官僚主义国家的共同联系。与此同时,宋代政治家和士人们使用更通用、更古老的词语来形容异族之人,并在这些词语中加入了非人性化的限定词,旨在唤醒民众、官员和统治者的军事行动,并要求对鼓吹和平之人处以极刑。

像王明清这样的笔记作者,介入了关于共同关注的争论,这种介入是士人网络的重要组成部分。王明清对《挥麈录》的选择与介入,既反映了人们对有关边事尤其是针对金朝的宋朝政策的持续广泛关注,也反映了人们对主战观点的温和认可。在相互阅读时,不同的声音在讨论宋金之间冲突与谈判共处的关系。他们共同的逻辑是帝国的言辞。这种言辞允许适度的反异族语言,接受谈判服从宋朝的控制,以及当统治者的主权和他对中国领土的控制受到威胁时,对谈判代表的尖刻否定和迫害。在宋高宗和秦桧的统治下,朝廷坚决接受了与金朝讲和的条件,并在 1161 年予以重申。时隔不久,王明清的笔记证明了以不同音调要求恢复帝国的文本仍在流传。

结语与跋

从长时段的历史角度来看,12—13世纪通常被人们认为是相对繁荣的时期。尽管这一时期经常发生天灾人祸,但经济学者和社会史学者们倾向于认为,南北方人口在适当的时候,都从12世纪二三十年代的战争和颠沛流离中恢复过来,并且双方的人口统计数据显示出上升的趋势。这一时期,城市化发展并不均衡,但是在中国宋代的很多地方(中国近代一定程度上同样存在),城市数量增加,城市居民的人口数量增多,城市网络扩展到了农村腹地。① 虽然宋政权在1127年之后的干预程度可能比11世纪要低,但它似乎能够产生并维持足够多的税收收入,以支付其北方邻国的巨额岁币,维持一支庞大的军队,并支撑规模不逊于早年岁月中的臃肿的朝廷和官僚机构。与女真的战争并没有导致经济衰退,但是北方的沦陷给那些目睹了这些事件的人们留下了深刻的印象,并让生活在南方的子孙后代要"洗刷耻辱"。从这个意义上说,12—13世纪是危机时代。无论是在面对来自北方的入侵,还是在尚未成功收复北方领土的鲜活记忆中,宋朝廷和政治精英们在长期的地缘政治危机的阴影下运作。

近几十年来,社会史学者与知识史学工作者们一直认为,宋

---

① 对唐宋时期城市历史的总体概述,参见笔者的《中国城市》。

朝在军事和外交上的失败,导致了在12世纪的"内转",这种转变的特征,是国家(中央和地方)和士人所关注的问题范围的缩小。① 从一个旨在将权力集中在位高权重的官僚精英手中的都城导向型帝国,宋朝转变成为一个迎合地方精英在地方管理方面的利益,以及随之而来的新儒家道德自律意识雄心减退的国家。从现存的11—12世纪的文本来看,地方利益和道学倡导者的道德话语,在12世纪30年代后得到了人们前所未有的关注。然而,这种本地化并没有伴随着区域性分裂,就像在军事危机的早先岁月中出现的情况。毫无疑问,国家的等级空间组织、其官僚行政和定期举行的科举考试的制度化,都是阻止分裂的全部因素。这些都是史学工作者和社会学者通常用来解释中国历史上所认定的大一统连续性的因素,但这些因素,连同诸如儒家思想等其他因素,已被证明同样适用于规模更小的国家。在政权林立时期,诸如10世纪,统治者们倾向于采用同样的官僚技术。

本书提出,12世纪的地方化过程,与各州府的士人致力于中国领土的统一相辅相成。历史上被认为是中国领土的确切范围是存在争议的,但是12—13世纪的石碑和印刷地图及其阅读说明表明,至少普天之下均为中国的领土,直到人们想象的长城所在的地方,包括北方的燕云十六州,位于南方的五岳中的南岳,东到沿海地区,西至东西向主干河流交汇的终点。因此被构建出来的中华帝国的规范性维度不需要包括在西方、南方和北方的边缘地区,这些地区曾被合并在统一的帝国或昔日规模更小的国家中,但围绕着它们的地图以及相关的文献强调,宋、金朝廷南北向

---

① 笔者在《历史》和《宋代美国近代史研究动态》中更详细地回顾了近年来的社会和知识史学研究。

划分土地,是一个需要士人们注意的异常现象。

不仅在12世纪20年代,也在随后数十年中宋朝军事和外交的失败,导致了大量关于时事的出版物出版,其中一些出版物来自政府部门的泄漏,还有一些来自士人越来越多的编辑出版。单篇的官方文件、朝报和档案汇编被泄漏、出售和重新包装。士人书写、抄录并购买地图、地图集、军事论文、军事地理、外交论著和报告、边境信息和情报通讯以及地方志。在他们的诗歌、书信和笔记中,他们塑造了将自己与构成帝国(朝廷、都城、边境和中国领土)各地联系在一起的身份。

本书并没有巨细靡遗地介绍各种这类出版物。相反,笔者的目的,是把一系列与国家有关的文件和文集的作者身份与出版方面的平行发展,解释为政治交流的结构性转变。下面,笔者首先简要地回顾一下这种变化了的制度、法律和文化表现形式及其主要特征。关键问题有两个。首先,在12世纪的精英阶层中,向地方主义的范式转变(社会变革),是否伴随着朝廷与州府层面精英之间政治交流的变化(政治变革)?任何这种变化对政治制度和政治想象有什么影响?第二,我们如何才能最好地解释,一方面中央集权和审查制度的同步发展,以及另一方面私人和商业印刷的突破?笔者将以靖康之难及其对中国历史和帝制历史影响的一些观察作为结论。

宋帝国的危机与维系

本书的一个主要论点是:靖康之难使朝廷与士大夫之间关系的结构性转变趋于稳定,这不仅体现在社会领域中,也体现在政治交往上。越来越多的士人所关注的地方主义,被政治交往的关系和结构中的变化相抵消,这为士人介入时事讨论创造了更多的空间,并使朝廷及其事务成为士人关注的中心。这种变化表现在三个主要层面上:制度层面、法律史层面和文本制作层面。

首先,在制度层面上,这种变化表现在宋朝初期数十年间为集中交流建立起来的机构的扩大化,但从11世纪晚期以降,这种制度越来越明显地受到士人网络的渗透影响。在10—11世纪,宋朝统治者们实施了一系列的中央集权政策,这些政策远比汉朝、隋朝和唐朝前人们的政策更加激进。例如,科举考试制度作为一种三级制度,在理论上最终由皇帝亲自主持的殿试圣裁,这被认为是长期独裁统治进程中至关重要的一步。毫无疑问,宋朝的政策和政治理论,为皇帝乾纲独断提供了坚实的基础。然而,在11世纪末和12世纪期间,以帝国对地区和地方权力拥有者的制度化控制为目标的早期中央集权政策逐渐被重新调整,允许朝廷和地方精英之间的双向往来。诸如科举考试、国史院和进奏院等机制在宋朝统治的最初数十年间,旨在重新确立对官僚主义和地方士人的君主控制,并在12世纪朝廷和各地之间的交流中同样发挥了额外的作用。它们发展成为低级官员和士人搜集有关朝廷及其政策的信息,对其加以讨论,并将其反馈给中央网络的工具。

例如,进奏院从8—9世纪在唐朝都城中设立的节度使情报机构,转变为一个中央部门,其任务是为朝廷在10世纪后期收集、整理和选择性传播信息的兴趣服务。这个任务被证明很难完成。有渠道进入宫廷收集信息的进奏院工作人员和中间人屡屡遭指控;在得到授权并通过适当的官方渠道发送之前,他们就出售朝报和其他朝廷新闻。官方朝报(州府官吏)的预期受众,与当地士人共享这些朝报,而被称为"小报"的私人衍生品则在都城的大街上售卖。到了12世纪，在私人信件中引用朝报上面的文章，并出现了一种捕捉读者在"读朝报"时印象的新诗歌子类型。关于人们对新闻条目反应的写作和出版实践，表明了人们已经认可朝报更广泛的传播功能。

对士人来说，最迟在12世纪时，朝报已经成为一个以阶级为基础的帝国范围内的想象共同体的场所。在12—13世纪的士人中，阅读朝报表现了他们对时事更普遍的兴趣。他们出于个人原因阅读朝报，也是为了与同事和朋友在官方沟通网络中的垂直层级上建立联系来阅读它们。正如本书第二章所叙述的那样，人们广泛传播朝报的同时，还与明确要求把学者和学生们纳入政治团体的呼吁相一致。

其次，在法制史的层面上，结构上的变化体现在朝廷的整体趋势上，即要在不断增长的出版法规，与承认士人的信息需求之间取得平衡。在11世纪和13世纪中叶之间，宋朝政府多次颁布禁令，禁止泄漏、传播和出版本书前五章中讨论过的不同类型的官方文件与文件汇编。这些规定针对的是单篇文件、朝报、档案汇编、国史、关于边事的奏议和科举策论。关于宋朝立法中何种材料被认定为敏感材料的变化，既反映出超出其预期受众范围的材料的扩大范围，也反映了印刷媒介在其传播过程中使用的增加。

随着时间的推移，这些规章重复出现，表明它们的执行是时断时续且不起效果。如本书各章节所示，为查阅和重复使用，藏书家和读者可以接触到有针对性的资料。私人藏书家在他们的藏书及其目录中，包括了转变成国史不同阶段的档案汇编以及其他的违禁材料。就像王明清和张世南等笔记作者所做的那样，科举考试类书的编写者和坊刻者，在他们的著作中收录了最新版本的档案汇编和国史的摘编。王明清还将单篇文件,转录到他连续印刷出版的笔记中。华岳的军事专著被编入类书中,并在1213年的禁书令后以其他书名形式加以传播。坊刻者还将有关边事的策论和奏议收集到论文集和分类类书中,在这些图书中,它们继续为学生们可能要处理的问题类型和材料范围提供证据。这样的违规行为会被起诉——而且他们也被忽视了。此外,朝廷默许抄录违禁材料并将其保存在家庭藏书中的做法,因为它奖励藏书者在宫廷图书馆丢失原件时,允许朝廷抄写人员获取这些材料。

　　回想起来,我们看到,了默许流通违禁国家文件,对帝国结构和传统的维护有重大影响。回想一下,保密和公开也可以被视为平行的过程,确保了越来越多的士人继续合作。对士人来说,至少有三方面原因使得接触时事变得重要。首先,在政治话语和政治实践中,必须熟悉档案收藏和宋朝历史。其次,除了国家官僚机构之外,还需要熟悉宋朝的历史和时事,为科举考试中的策论做准备,并且这也成为士人交谈的标准。第三,士人在其职业生涯的不同阶段,依赖朝报及其衍生品,并在社交网络行为中,使用有关新任命和近期政策决定的信息。

　　书籍和媒体史学工作者对禁令和审查制度的关注,掩盖了宣传的重要性。在宋代,宣传是国家控制中一个日益重要的方面。一套既坚持保密又承认公开的控制系统,对宋政权的好处是多方面的。未经编辑的报告以及诸如单篇文件和朝报等更为敏感材料的流通,使朝廷牢牢地处于士人网络和兴趣的中心。即便这些体裁被未经授权的读者所掌握,通过将朝廷置于竞争网络的中心位置,这些体裁确立了其政治权威。王明清的一系列笔记,同样体现了朝廷在 12 世纪士人话语中的持续中心地位,其中作者及其对话者连篇累牍地评论宋朝廷,并继续将家庭声望视为在朝廷上取得成就的一种功能。

士人与官方记录的接触,也加强了他们对王朝的认同。王明清和他的信息提供者,从宋代的档案和史料汇编中汲取了大量的资料,而且还分享并抄录了并没有包括在其中的诏令、请愿书和书信。笔记的流通,为讨论宋代的官方记录,并用其他相关资料加以补充和修改提供了一个途径。

434 档案的披露仍然模棱两可。它为评价特殊的宋代政治家的表现和解决当前问题的方法创造了空间——在王明清的例子中,秦桧的大权独揽与和议政策。另一方面,朝廷坚持保密的做法,使得那些可能会以与现在统治体制不符的方式修改记录的人偶尔会遭到起诉,就像李光和其他人的笔记与史书在 12 世纪 40 年代遭到没收一样。保密以及执行为保护它而实施的规则所带来的威胁,是对朝廷承认士人可以获取其记录的补充。

第三,朝廷在学术话语中放弃了干涉主义的立场,进一步体现在与其事务有关的文本的制作中发生了显著的变化。在整个宋朝历史的前半段,宋朝档案资料的编纂、诏旨摘要、地图和地方志,以及政书和史学类书,大多是由受朝廷委托的官员编纂而成。在 12 世纪 20 年代的危机之后,其中许多没有考取进士,也没有正式官职的私人学者,开始在地方上开展大型项目。他们编制了历史和军事地理、舆地图、档案汇编、政书和地方志,从而采用并调整了以前被朝廷和官僚机构所垄断的体裁形式。此外,随着下层士人的笔记(谈话和阅读笔记的记录)与书信的编写和印刷出版,关于宋朝事务的二次论述在 12 世纪激增。印刷术的重大进展,同样可以追溯到12世纪。① 直到那时,它才开始被用于各种各样的书面文本,并越来越多地用于笔记,以及宋代学者和他们最钦佩的那些人的文集中。

上述发展在11世纪晚期已经有了良好的发展势头,但正是这场始于12世纪20年代的危机,促成了一场结构性转型。在随后数十年间,随着对宋朝廷历史和政策相关材料的读者群不断扩大,居住在各地的士人,在确定士人成员标准的文本制作者中越来越明显。朝廷在出版领域,更广泛地说是在管理地方社区或在制定科举考试和课程标准方面的地位持续下降,具有讽刺意味的是,它似乎带来了士人致力于帝国的强化,而不是像人们所声称的那样,背离了中央和帝国政府。

致力于帝国政府的表达,是12—13世纪士人所制作的地图、地图集、综合史书、政论集以及史学类书和政书的一个显著特征。舆地图,其中现存最早的例子可以追溯到南宋时期,雕刻在大型石碑上或由私人和商业印刷者刻板,以促进在文化精英之间更广泛的传播,涵盖了昔日宋政权的全部领土,勾勒出中国联邦应有的轮廓。12—13世纪的碑文,伴随中国疆域作为一个统一的政治实体的图形表现,承认了这一历史事实,即从公元前8世纪西周解体到作者写作时期,分裂统治时代在历史上一直占据主导地位。与此同时,这些地图及其与之相关的诗歌,表达了精英间要把收复北方和全面恢复宋朝统治放在政治议程上的决心。② 在13世纪的文本《儒学枢要》中,士人知识的基础被定义为1127年前的宋帝国的行政地理,中国历朝历代统治者的年表(包括宋朝

---

① 关于地图和地名制作的转变,亦见马瑞诗《分土而治:宋帝国的空间架构》。
② 魏希德《地图与记忆》和《地图阅读的文化逻辑》。

所有君主直到宋宁宗的年号），以及对其中宇宙概念的概述，这些概念结合了宋朝廷在中国历代王朝更替中的地位合法性。与此同时，这一作品的编者将宋朝廷的合法性与收复北方家园联系在一起。有趣的是，刚刚有影响力的新儒家传统在其论著中并没有明显的体现。正如笔者在本书第八章中所指出的那样，领土问题的优先次序，也对政治文化的其他方面产生了影响。忠君爱国被定义为朝廷致力于恢复宋人的家园。

最后，文本交换网络的结构和地理范围，是士人对于统治王朝事务文本创作数量激增的第二个重要特征。像施坚雅的宏观区域模型等流行模型，对帝制中国政治沟通的分析，这种分析或多或少存在于两个不相关的领域：自上而下的行政层级和地方交换节点。精英交流的地理仍然是一个很大程度上未被人们探索的领域。在12—13世纪通信和笔记中记录的信息共享网络的地理分布，表明跨地区交流是帝国精英间的一种常见现象。这可能进一步意味着，即使我们承认士人的婚姻模式在1127年之后在地理上受到更多限制，他们因此加大了在地方关系和地方利益上的投入，但这并不妨碍与中心持续的政治接触，甚至是一种对帝国依赖的强化。

总之，1126—1127年的地缘政治危机，导致了信息秩序的重构。士人成为与宋代历史和时事有关的所有文本的主要制造者和消费者，并且越来越多地转向刊刻出版，以传播这些文本。在这些文本中，收复北方仍然是核心主题。传播并讨论这些文本的通信网络，遍及南宋帝国的广大地区。朝廷和中央政府机构在文化生产领域失势。但是，由于对来自中心的主要文本的需求，他们继续行使控制权。中央政府和朝廷工作人员在传播单篇国家文件、档案材料和朝报方面发挥了重要作用。政治信息的传播和为此目的使用印刷术，不需要与公共领域联系在一起。在晚期帝制中国历史上，时事大规模地泄漏给官员和非官员，都有可能被看作是巩固帝国的关键因素。

靖康之难及其后果，对于帝制历史，特别是对中国历史在其中的表现有何影响？首先，我们通过在帝国比较研究的核心——中华帝国史中插入一个非典型的案例，我们对中国历史上维护帝国传统的叙述，恢复了一定程度的历史关联性。司马光对于分裂现象普遍性的著名观察提醒人们，1127年之后旷日持久的地缘政治危机，已成为中国历史上的一个分水岭。随着13世纪末蒙古统治下的统一，分裂统治时期至多持续了数十年，宋代地图中所描绘的中国领土长达几个世纪的分裂，已经成为一种过去。尽管元朝和明初朝廷的暴力、胁迫和制度创新也促成了这一变化，但精英阶层与中国和获胜一方的夷狄政权的合作，通常也因其恢复领土统一的能力而获得公正的评价。艾森施塔特及其追随者，理所当然地强调了士人精英在中国政治史上的作用。笔者关于士人精英对靖康之难的反应及其随后对信息秩序重构的考察表明，他们对于从12世纪以降统一帝国的形成与维系发挥着至关重要的作用。

其次，这一事例也表明，明克勒在帝国维系的过程中，将接受帝国使命视为一个关键组成部分。对士人来说，这是对1127年危机集体反应的结果。危机时刻和不同社会群体对危机的反应，应该在帝国和其他类型政体的比较历史中发挥更大的作用。尽管长期发展奠定了士人日益突出的地位（尤其是对科举考试的认可，以及应举的人数呈指数级增长），但只有到1127年以后，他们才开始在文本和图像中描绘一个理想化的中华帝国。

第三，士人沟通通讯网络进一步支撑起帝国的使命，这些网络不仅从行政组织的下层垂直延伸到帝国的行政中心,而且横向跨越区域边界。旅行和接待旅行者是士人生活的一个共同特征,作为学生物色老师,参加科举考试,年轻的男性和家庭成员一起外出旅行,或者像那些被任命为官员的人一样在仕宦所在地、家庭和都城之间穿梭。书信和笔记的语料库不断壮大,这进一步证明了远近关系的建立。我们应该更详细地探讨精英通信网络的结构和地理特征,它们所维持的身份,以及它们随着时间推移而产生的动力,以考察它们在中国历史上第二个千禧年帝国的长期维系中所起的作用,以及在其他地方政治维持或收缩中所发挥的作用。

附录 I　补充表格

表 1　南宋初（1131—1159 年）捐赠给朝廷的图书和精选艺术品清单

年号	献书人	献书人职业/头衔	献书人所在	献书	史料	奖赏
绍兴元年(1131年)	何克忠	进士		《太祖皇帝实录》四册，《国朝宝训》一十二册，《名臣列传》二册，《国朝会要》三册	《宋会要辑稿》崇儒 4:20—21[a]	
绍兴元年(1131年)	张秾妻王氏	张秾：故右金吾卫上将军		《实录》《会要》《国史志》等书计二百二十二册	《宋会要辑稿》崇儒 4:21	度牒十道
绍兴元年(1131年)	唐开	处州缙云县耆澳巡检		《重修国朝会要》三百卷	《宋会要辑稿》崇儒 4:21	转一官
绍兴元年(1131年)	黄濛	将仕郎		《太祖皇帝实录》五十卷、《太宗皇帝实录》八十卷、《真宗皇帝实录》一百五十卷、《仁宗皇帝实录》二百卷、《英宗皇帝实录》三十卷、《天圣南郊卤簿册记》一十册	《宋会要辑稿》崇儒 4:21	空名度牒五道（不受）；与循一资

（续表）

年号	献书人	献书人职业/头衔	献书人所在	献书	史料	奖赏
绍兴元年（1131年）	臣僚之家	朝廷官员		《礼书》《开元礼》《义镜》《礼义》《梓通典》《开宝通礼》《三礼图》《郊庙奉祀礼文》《国朝会要》《六典礼阁新编》《大常因革礼》《大观礼书》《六家谥法》《政和续编会要》《开元礼百问》《大常新礼》《江都集礼》《曲台礼纂》《宗藩庆系录》《开元礼义纂》《五礼精义》	《宋会要辑稿》崇儒4:21	依据黄潆奖励推恩（循一资）
绍兴二年（1132年）	贺慕（贺铸家）		平江府	5000卷	《宋会要辑稿》崇儒4:21—22；陆友仁《砚北杂志》上，5b	与本家将仕郎恩一名。慕仍令吏部先次注合入近便差遣
绍兴二年（1132年）	曾	故太常少卿		累朝典籍二千余卷。在陈赙的记载中，作2678卷	《宋会要辑稿》崇儒4:22；陈骙《南宋馆阁录》续录3.22	朴将仕郎

（续表）

年号	献书人	献书人职业/头衔	献书人所在	献书	史料	奖赏
绍兴二年(1132年)	韦许	进士	太平州芜湖县	太宗皇帝御书并书籍	《宋会要辑稿》崇儒4:22；亦见李心传《建炎以来系年要录》卷56,747a	补迪功郎
绍兴三年(1133年)	林伱	承奉郎		藏道君皇帝御书、御画、御笔札，答共七轴，并祖宗实录、国朝会要、国史等，及古文籍二千一百二十二卷	《宋会要辑稿》崇儒4:23	诏与本家泽一仕郎恩，佛仍令吏部先次与合入近便差遣
绍兴三年(1133年)	许中	知静江府		《政和重修国朝会要》一部，《政和修定谥法》一部，《政和重修囚簿记》一部	《宋会要辑稿》崇儒4:23	
绍兴五年(1135年)	毛刚中	承节郎		仁宗皇帝康定中于观文殿所篆《鉴古图记》一十卷	《宋会要辑稿》崇儒4:24	诏特转一官
绍兴五年(1135年)	宝月	僧		《李卫公必胜集》《兵钤》《水镜》《武略要又》《管子》《青田记》《墨子》《鬼谷子》《风云论》，曹武祖《新书》，诸葛亮《王局通关秘诀》，郭元振《安边策》、《六宗集》《平胡策》，论天地、龙虎、风云、水、六花、八阵等营图阵图凡三十九种	《宋会要辑稿》崇儒4:24；亦见李心传《建炎以来系年要录》卷91,294b	诏宝月特补下州文学

389

（续表）

年号	献书人	献书人职业/头衔	献书人所在	献书	史料	奖赏
绍兴五年（1135年）	诸葛行仁	大理评事		《册府元龟》等书凡一千五百一十五卷，施宿记载中，作8546卷	《宋会要辑稿》崇儒4:24；亦见施宿《嘉泰会稽志》卷16.29b	诏与本家将仕郎恩泽一名
绍兴九年（1139年）	李德光	进士	平江府吴江县	《真宗皇帝语录》及五帝功臣绘像图，共二册	《宋会要辑稿》崇儒4:25	
绍兴十三年（1143年）	沈嘉猷			监本《春秋三传》	《宋会要辑稿》崇儒4:25	令户部倍赐束帛
绍兴十三年（1143年）	陆寞			一万三千余卷	施宿《嘉泰会稽志》卷16.29b；亦见《宋会要辑稿》崇儒4:26（见附录图表2征求献书表）	
绍兴十五年（1145年）	李德昭	左朝奉郎知建州		南齐褚渊墨迹一轴来上	《宋会要辑稿》崇儒4:27	赐银绢一百匹两
绍兴十五年（1145年）	陈赐	进士	明州	投献书籍七百五十六卷，并是本省合用之数	《宋会要辑稿》崇儒4:27	诏与永免文解

(续表)

年号	献书人	献书人职业/头衔	献书人所在	献书	史料	奖赏
绍兴十五年(1145年)	秦真卿	进士	普州安岳县	明皇赐近臣古史三节，墨迹一轴。	《宋会要辑稿》崇儒4:27	诏秦真卿与免文解一次，仍令本州支赐钱一千贯
绍兴十五年(1145年)	张楠	忠训郎		书籍五十一种，并系本省见阙数目。	《宋会要辑稿》崇儒4:27	与转一官
绍兴十六年(1146年)	陈泰初		明州奉化县	神宗皇帝、哲宗皇帝御集，共一百二十八册。	《宋会要辑稿》崇儒4:28	与转一官
绍兴十七年(1147年)	不角	秉义郎		以家藏米芾临王羲之《破羌帖》来上	《宋会要辑稿》崇儒4:29	与优便遣
绍兴十七年(1147年)	钱云骙	右迪功郎，前严州建德县主簿		阙书二千九百九十余卷	《宋会要辑稿》崇儒4:29	与循一资
绍兴十八年(1148年)	武杰	进士		献李邕《披云帖》	《宋会要辑稿》崇儒4:29	与免文解一次

（续表）

年号	献书人	献书人职业/头衔	献书人所在	献书	史料	奖赏
绍兴十八年（1148年）	郭师心	左迪功郎、新成都府司理参军		献唐褚遂良临《黄庭经》一轴	《宋会要辑稿》崇儒4:29	与循一资
绍兴二十五年（1155年）	陈友迪	右迪功郎		所藏书籍	《宋会要辑稿》崇儒4:29	特差监潭州南岳庙
绍兴二十五年（1155年）	苏藻	进士	眉州	《苏元老文集》二十五册、柳公权等书画三轴	《宋会要辑稿》崇儒4:29	与永免文解
绍兴二十五年（1155年）	王偓	进士	彭州	蔡襄、米芾书、黄筌、孙知微等画，共二十五轴	《宋会要辑稿》崇儒4:29	与永免文解
绍兴二十九年（1159年）	贺廪	右文林郎		献陴刻二百七十三本	《宋会要辑稿》崇儒4:29	与堂除差遣

附录 I 补充表格

表 2 南宋初朝廷（1132—1159 年）颁布的征求献书表

年号		目标藏书家	要求材料类型	内容	史料来源
绍兴二年(1132年)(S)①	秘书少监洪炎	太平州芜湖县僧寺	福州故相余深、泉州故相赵挺之、严州前执政薛昂	国史实录善本；蔡京书籍	|《宋会要辑稿》崇儒 4:22b
绍兴三年(1133年)(S)			湖州管下故执政林摅家	有道君皇帝御书，太祖以来国史、实录、国朝会要等书，及历代经、史、子、集书籍全备	《宋会要辑稿》崇儒 4:22
绍兴三年(1133年)(S)			韩琦孙韩格	韩琦家书有《二府忠义》百卷	《宋会要辑稿》崇儒 4:22
绍兴三年(1133年)(G)	右司员外郎刘岑			所阙书籍	《宋会要辑稿》崇儒 4:22—23
绍兴三年(1133年)(S)	秘书少监曾统		前任本省官洪棋	有神宗皇帝朱墨本《实录》、神宗、哲宗两朝国史，哲宗《实录》、国朝典章、故事文字	《宋会要辑稿》崇儒 4:23

① 第一栏（日期栏）中的缩写（S）表示一个特定的请求；缩写（G）表示一般的请求。

393

(续表)

年号		目标藏书家	要求材料类型	内容	史料来源
绍兴四年(1134年)	起居郎常同		典记、祖宗正史、实录、宝训、会要		《宋会要辑稿》崇儒4:23
绍兴五年(1135年)(G)		诸路州县学	不以经、史、子、集、小说异书		《宋会要辑稿》崇儒4:24
绍兴五年(1135年)(S)		民间	《哲宗皇帝实录》		《宋会要辑稿》崇儒4:24
绍兴六年(1136年)(G)	史馆修撰范冲	故直龙图阁赵明诚家	史馆见阙元祐七年十一月至十二月、元祐八年一全年实录文字		《宋会要辑稿》崇儒4:24
绍兴九年(1139年)(G)	史馆	臣僚士庶	神宗正史地理而下十三志,及哲宗一朝纪、志、列传全书		《宋会要辑稿》崇儒4:25
绍兴九年(1139年)	起居舍人王錂	臣僚之家	国朝会要		《宋会要辑稿》崇儒4:25
绍兴十二年(1142年)(S)		福州故相余深[亦见绍兴二年]	监书		《宋会要辑稿》崇儒4:25

（续表）

年号	目标藏书家	要求的材料类型	内容	史料来源
绍兴十三年（1143年）(G)	皇帝	寄居士大夫		搜访遗书推赏之制	《宋会要辑稿》崇儒 4:25—26
绍兴十三年（1143年）(S)	权发遣盱眙军向子固	绍兴府陆宰	阙书		《宋会要辑稿》崇儒 4:26；亦见施宿《嘉泰会稽志》卷16, 29b（见附录图表 1）
绍兴十三年（1143年）(G)	诸州军			同意向子固的建议，以《唐艺文志》及《崇文总目》应所阙之书，注阙字于其下，镂板降付诸州军	《宋会要辑稿》崇儒 4:26
绍兴十三年（1143年）(G)	皇帝	诸路监司	土庶		各谕所部，悉上送官。苟多献于遗编，当优加于褒赏	《宋会要辑稿》崇儒 4:26—27

(续表)

年号	提举秘书省秦熺	目标藏书家	要求的材料类型	内容	史料来源
绍兴十五年(1145年)(G)	提举秘书省秦熺	诸路	私家藏书		根据秦熺的要求颁布命令,让地方官记录下他们的收书行为,补充秘书省设计的政策,并给献书人以奖励	《宋会要辑稿》崇儒4:27—28;太宗之前的做法,见《宋会要辑稿》崇儒4:15—17
绍兴十六年(1146年)(G)				阙书;晋、唐墨迹真本	根据秦熺设计的奖励范围予以推广	《宋会要辑稿》崇儒4:28;陈骙《南宋馆阁录》续录22
绍兴十六年(1146年)(S)		四川			令提举秘书省,每月检举催促	《宋会要辑稿》崇儒4:28—29
绍兴二十九年(1159年)(G)		监司郡守			检举申严行下	《宋会要辑稿》崇儒4:29
绍兴二十九年(1159年)(G)					前日所立赏格,宜更加劝诱	《宋会要辑稿》崇儒4:29

表3 南宋初(1131—1159年)每年捐赠给朝廷的图书和艺术品的数量、规格

年	献书数量	篇幅	册	卷
绍兴元年(1131年)	5+	不详	253册	810卷
绍兴二年(1132年)	3	不详		7678卷
绍兴三年(1133年)	2	3部7卷		2222卷
绍兴五年(1135年)	3	39部		11535卷(8556卷)
绍兴九年(1139年)	1		2册	
绍兴十三年(1143年)	2	1部		13000+卷
绍兴十五年(1145年)	4	2卷3幅51部	118册	756卷
绍兴十六年(1146年)	1	1部		
绍兴十七年(1147年)	2	1幅1卷		2990+卷
绍兴十八年(1148年)	2	18卷(不详)(藏书)	25册	
绍兴二十五年(1155年)	3	273张		
绍兴二十九年(1159年)	1			

注释：图书的册数、卷数应该合在一起，来显示某一特定年份的捐书总数。只有在没有记载图书册数、卷数的情况下，才仅列举图书。类似的情况，只有在没有记载图书卷数的情况下，才仅列举册数

表4 南宋初(1132—1159年)每年朝廷要求捐赠的一般及个别次数

时间	一般要求	个别要求
绍兴二年(1132年)		1
绍兴三年(1133年)	1	3
绍兴四年(1134年)	1	
绍兴五年(1135年)	1	1
绍兴六年(1136年)	1	
绍兴九年(1139年)	2	
绍兴十二年(1142年)		1
绍兴十三年(1143年)	3	1
绍兴十五年(1145年)	1	
绍兴十六年(1146年)	1	1
绍兴二十九年(1159年)	2	

注释:"一般要求"是指那些针对全国藏书家的捐书要求。"个别要求"指发给个人家庭、家庭团体和宗教组织,或者特定的县、州府、路等地区

附录 I　补充表格

表 5　三位私人藏书家藏书中收录的出使夏、辽、金来朝使节报告

书名	作者	日期	卷数	尤袤《遂初堂书目》	晁公武《郡斋读书志》	陈振孙《直斋书录解题》
戴斗奉使录	王曙	1006;1009	2	×	×	
乘轺录	路振	约 1009	1	×	×	
生辰国信语录	寇瑊	约 1030	1		×	
刘氏西行录	富弼	1041	1			×
富文忠人国语录	富弼	1042	1		×	
富公语录	富弼	约 1042	1		×	
庆历奉使录	富弼	约 1042		×		
富贵奉使录	富弼	约 1042		×		
奉使别录	富弼	约 1042	1			×
富贵奉使别录	富弼	约 1042		×		
庆历正旦国信语录	余靖	1043	1			×
契丹讲和记	佚名	1048 年以后	1			×
刘原父奉使录	刘敞	约 1055		×		
王介甫送伴录	王安石?	约 1063		×		

399

(续表)

书名	作者	日期	卷数	尤袤《遂初堂书目》	晁公武《郡斋读书志》	陈振孙《直斋书录解题》
熙宁正旦国信录	窦卞	1075	1			×
接伴送语录	沈季长	1076	1			×
浮休居士使辽录	张舜民；郑介	1094	2		×	
使辽录	张舜民	1094		×		
张芸叟使辽录	张舜民	1094		×		
使辽见闻录	(李罕)	[约1103]	2	8(6)	6(5)	7
使夏,辽朝	连南夫	1124	1			×
宣和使金录	郑望之	1125—1127	1	×		×
靖康奉使录	秦鲁长主	[1060s—1130s]	1		×	
钱秦鲁长主奉金国语录	章谊	1131	1			
章忠恪奉使金国语录	何铸	1142	1			×
奉使杂录	佚名	1154	1			×
馆伴日录						

452

400

（续表）

书名	作者	日期	卷数	尤袤《遂初堂书目》	晁公武《郡斋读书志》	陈振孙《直斋书录解题》
绍兴讲和录	佚名	约1131—1162	2			×
隆兴奉使审议录	雍希稷	1164	1			×
北行日录	楼钥	1169	1			×
揽辔录	范成大	1170	2		×	×
乾道奉使录	姚宪	1172	1			×
奉使执礼录	郑俨	1189	1			×
聘燕录	郑汝谐	约1193		×		×
使燕录	余嵘	1211	1		2	11
金朝						
华戎鲁卫信录	苏颂	1081	229+5	2		
（三朝北盟会编）	徐梦莘	1194	250	×	×	×
（北盟辑补）	徐梦莘?	1190s—1207	50?		×	
其他记录				1	2	2

表 6　三位私人藏书家藏书中收录的夏、辽、金志书和记录

书名	作者	卷数	尤袤《遂初堂书目》	晁公武《郡斋读书志》	陈振孙《直斋书录解题》
西夏须知	刘温润	1	×	×	×
西夏杂志			×		
夏国枢要	孙昊	2		×	
元祐分疆录	游师雄	3			×
夏朝			2	2	2
匈奴须知	田纬	1	×	×	×
边廷须知	陈昉	1			
契丹须知		1	×		
北廷杂记	赵志忠	10		×	
阴山杂录	赵志忠	16			×
契丹录	佚名；赵志忠?	1			
契丹机宜通要	佚名；赵志忠?	1	×		
契丹事迹		4	×		
契丹实录		1	×		
契丹朝献礼物例			×		

(续表)

书名	作者	卷数	尤袤《遂初堂书目》	晁公武《郡斋读书志》	陈振孙《直斋书录解题》
契丹志			×		
契丹会要					
燕京会要					
燕北录					
燕北全疆地里记					
燕北杂录	武珪	5			×
辨鸩录	佚名	1			×
北辽遗事	佚名(辽)	2		×	
金人亡辽录	史愿	2			×
辽朝小结			11	3	6
征蒙记	李大谅	1	×		×
范仲熊北记(北记)	范仲熊		×		
平江录			×		
平议北中录			×		
金人背盟录	汪藻	1;7		×	

(续表)

书名	作者	卷数	尤袤《遂初堂书目》	晁公武《郡斋读书志》	陈振孙《直斋书录解题》
金国行程	汪藻	10		×	
金国承安须知		1		×	
金人节要	[金俘]	1		×	
金国志	张棣	2			×
金国志	佚名	1			×
金国节要	张汇	3			×
金人南迁录	张师颜；伪书？	1			
杂记金国事			×		
金国世系			×		
金国文具录			×		
松漠纪闻	洪皓	2			×
女真实录					
金朝小结			10	4	6
北志					
北中方言		×			
未知史料小结		2			

456

404

附录 I 补充表格

表 7 三位私人藏书家藏书中关于北方失地的历史与记忆

书名	作者	卷	尤袤《遂初堂书目》	晁公武《郡斋读书志》	陈振孙《直斋书录解题》
避戎夜话	石茂良	1		×	×
围城杂记		1		×	×
南归录	沈琯	1	×	×	×
朝野佥言	夏少曾?	1	×	×	×
北狩行录	蔡鞗	1	×		×
靖康要录	佚名	5			×
北征纪实	蔡鞗	2			×
北狩野史			×		×
靖康拾遗录	何烈	1			×
泣血录	丁特起	3+1			×
犯阙记	方冠		×		×
归朝录	杨尧弼;杨载	2			×
图书总数			5	4	11

405

表8 四位私人藏书家藏书中的综合性志书

书名	作者	朝代	卷数	尤袤《遂初堂书目》	晁公武《郡斋读书志》	陈振孙《直斋书录解题》	周应合《景定建康志》
元和郡县志	李吉甫	唐	40	×		×	
十道志	梁载言	唐	13		×		
唐十道四番志	梁载言	唐	10	×		×	
皇华四达志	贾耽	唐	10	×			
唐朝小结				3	1	2	0
[元丰]九域志	王存	北宋	10	×	×	×	×
舆地广记	欧阳忞?	北宋	38	×	×	×	
太平寰宇记	乐史	北宋	200	×	×	×	
图经	李宗谔	北宋	98;77(不全)		×		
职方机要	佚名	北宋	40	×			

(续表)

书名	作者	朝代	卷数	尤袤《遂初堂书目》	晁公武《郡斋读书志》	陈振孙《直斋书录解题》	周应合《景定建康志》
北宋小结				3	5	3	1
方舆胜览	祝穆	南宋	43＋7＋20		×		
禹贡疆理广记	易祓	南宋	6		×		
历代疆域志	吴澥	南宋	10	×		×	
舆地纪胜	王象之	南宋	200			×	
皇朝方域志	王希先	南宋	200	1	2	3	0
南宋小结				×			
坤元录	王泰	魏	10	×			
地域记	顾野王	梁					
总结				9	8	8	1

407

表 9A 主要宋代目录和书目中列举的"须知"概览

书名	卷数	宋史艺文志	尤袤《遂初堂书目》	晁公武《郡斋读书志》	陈振孙《直斋书录解题》	周应合《景定建康志》	郑樵《通志》	其他
官方								
朝集院须知	1							
至和发运茶盐须知	?		×					
治狱须知	1	×						
福建盗贼须知	?		×					
须知国镜(唐)	2	×						
平止仓须知碑	(1)							
须知(地方)	?					×		
两浙转运须知	1					×	×	
解盐须知	1						×	
池州永丰钱监须知	1						×	
司天监须知	1						×	
祺禳须知	1						×	
吴会须知	1							××(多个版本)
景灵宫须知	1						×	
仁宗山陵须知	1							

(续表)

书名	卷数	宋史艺文志	尤袤《遂初堂书目》	晁公武《郡斋读书志》	陈振孙《直斋书录解题》	周应合《景定建康志》	郑樵《通志》	其他
朝堂须知	1						×	
内衣库须知	1						×	
染院须知	1						×	
内藏库须知	5							××(多版本)
国用须知(中央)	(1)							
小结		2	2		1	2	11	3+
边事			×	×			×	
匈奴须知(契丹)	1	×	×				×	
契丹须知	1				×			
房廷须知(同"北廷须知")	2							
北廷须知(同"房廷须知")	2	×					×	
辽庭须知	1						×	
重修辽庭须知	1						×	
北鄙须知	1							

（续表）

书名	卷数	宋史艺文志	尤袤《遂初堂书目》	晁公武《郡斋读书志》	陈振孙《直斋书录解题》	周应合《景定建康志》	郑樵《通志》	其他
西夏须知	1	×	×				×	
金国须知	?		×					
金国承安须知	1			×				
须知国镜（唐）	2	×						×
剑南须知	10	×						×
福建盗贼须知	?		×					
行军须知[a]	?				×			×
小结		5	5	3	3		6	3
历史								
唐书须知（下同）	1		×	×				
唐书新例须知	1			×				
混天帝王五运图古今须知	1	×						
小结		1	1	1	1			
医学								
治病须知	1							

[a] 简要回顾了这部著作的版本，以及论证了这部作品完成于11世纪中叶。参见王若虚《行军须知考》。

(续表)

书名	卷数	宋史艺文志	尤袤《遂初堂书目》	晁公武《郡斋读书志》	陈振孙《直斋书录解题》	周应合《景定建康志》	郑樵《通志》	其他
用药须知	1	×						
伤寒须知[b]	(1—2)	1						
小结								
基础教育								
幼学须知（同"初学须知"）	5							
初学须知（同"幼学须知"）	5							
童卯须知	3							
童蒙须知	(1)							
务学须知	2	×						
小结		3						
宗教[c]								
释氏须知	3	×						
丹房须知	1							
小结		1						

b 这部作品最初是被存储在 26 块木板上。26 块木板，可能是一两卷的篇幅。
c《太上净明院朴奏职局大玄都省须知》没有包括在内，因为该书完成的世纪存疑。该书原本只有一卷。

(续表)

书名	卷数	宋史艺文志	尤袤《遂初堂书目》	晁公武《郡斋读书志》	陈振孙《直斋书录解题》	周应合《景定建康志》	郑樵《通志》	其他
经学								
读易须知	(4)							
小结								
食物								
食品须知[d]	?							
小结								
总结（排除已知的重复书名）		11	7	4	6			

[d] 这些图书属于更大部头的丛书中的一部分，可能没有单独传播。

表 9B 根据主题领域,图表 9A 中列举的"须知"总数

主题领域	图书数目
官场	20＋
边事	14
基础教育	4
历史	3
医学	3
宗教	2
食物	1
经学	1

表 9C 三部私人藏书目录与《宋史艺文志》中关于边事的"须知"比例

宋史艺文志	尤袤《遂初堂书目》	晁公武《郡斋读书志》	陈振孙《直斋书录解题》
5/1145.5%	4－5/757－71%	3/475%	3/650%

附录Ⅱ 关于主题标记的说明

在第七章中,我对王明清的《挥麈录》和其他笔记的阅读,是基于对整个笔记进行系统的逐项分析。每个条目都有一个主题,最多四个二级主题。主题是在条目本身的层次上分配的,二级主题可以是在条目层次上分配,也可以是在条目内特定段落的层次上分配的。正如我在第七章中解释的那样,主题是使用者生成的。它们是在阅读文本的基础上有机地开发出来的,并被编辑和安排成分层次的分类法,以便于导航到适当的主题,并允许在不同的聚合级别进行分析。例如,我们把主题安排在诸如学术、政治、宗教、私人生活等包罗万象的学科领域下,然后将这些领域进一步细分为诸如历史(按照朝代)——五代史等各个单元。关键字被设计得尽可能具体,但具体的程度有所不同,部分取决于进行主题标记的读者的专业知识和兴趣。以这种方式为所有的条目分配了主题之后,所有的主题标记都被提取到一个文件中,并根据频率进行排列。需要注意的是,分类法中较高级别的主题出现的频率更高,因为它们也被计算在属于其范围内的每个较低级别的主题中。为了删除在分类法中主要用于导航目的的主题类别,需要进行一些进一步的编辑和清理。得到的主题图如图7.9所示。

主题标记在这里主要用于分析汇总的主题集,或者换句话说,作为笔记全文中表达的一般兴趣的概述。值得注意的是,这种文本分析方法还具有其他研究功能。在读者的桌面上,或者在网络环境中进行文本分析时,主题类别本身单独可以作为查找的辅助工具,或结合其他类型的标记(个人名字、时间段、标题和体裁,或文本的结构特点,诸如笔记题目、章节或条目),以查找与读者感兴趣的话题的相关段落。标记还可以用来创建情景化工具,以显示与科举考试内容相关的主题出现的频率。当读者通过搜索阅读一特定的段落,或者浏览笔记上的文本时,他们就能感觉到特定段落所涵盖的主题在整个笔记的流行程度(或者罕见程度),然后他们就可以继续阅读其他相关段落。第三,当主题根据其在文本中的顺序出现而可视化时,主题标记还可以帮助阐明文本的结构。读者可以通过这种方式检察笔记的哪些部分集中了特定的主题,并了解作者如何在一个单独的部分中以及整个笔记文本中,从一个主题转移到另一个主题。

参考书目

原始文献

这份书目名单包括20世纪以前出版的所有书籍。书目中提到的第一个日期，是笔者所用图书版本的出版日期。括号内的日期指的是初版时间或图书完成的时间。对于《四库全书》（四库全书本）中收录的作品，笔者使用的是台北商务印书馆1983年版。对于大多数资料，完成的年份和初版的时间有待进一步研究。在许多情况下，我们无法确定确切的日期。对于许多宋代作者的文集，几百数十年中均有明确的记载。当文献中记录了他们文集的宋代印本，笔者便会给出这一信息。在文本的正文中给出作者的生卒年。

毕沅:《续资治通鉴》(1801)，中国基本古籍库。

曹寅编:《全唐诗》，北京国学时代文化传播编:《国学》，2000（基于1701年本再版）,扬州：扬州诗局，1701。2015年8月1日登录。http://www.guoxue.com/qts/qts_xml.htm。

晁公武:《郡斋读书志校证》(约1151—13世纪40年代)，赵希弁补，孙猛、王立翔校证，上海：上海古籍出版社校正本，1990;2005年重印。

晁说之:《景迂生集》(约12世纪)，四库全书本。

陈淳:《北溪大全集》(约13世纪20年代)，四库全书本。

陈骙:《南宋馆阁录·续录》(1178)，北京：中华书局点校本，1998。

陈耆卿:《赤城志》(13世纪20年代初)，宋元方志丛刊，四库全书本，北京：中华书局影印本，1990（1261）。

陈渊:《默堂集》(约1147)，四库全书本。

陈振孙:《直斋书录解题》(约1249)，上海：上海古籍出版社点校本，1987。

程珌:《洺水集》(约13世纪),四库全书本。

程大昌:《北边备对》(1191),丛书集成初编本。

——《演繁露》(1201,1180),北京:国家图书馆儒学警悟影印宋本。

——《禹贡论》(约1177年),北京:国家图书馆宋本。

程端礼:《读书分年日程》,山东:尚智堂刻本,1871(14世纪前10年)。

程公许:《沧洲尘缶编》(约1241),四库全书本,上海:商务印书馆,1935—1937;丛书集成初编本,北京:中华书局重印,1991。

戴复古:《石屏诗集》(13世纪30—40年代印刷),四库全书本,四部丛刊初编本。

杜佑:《通典》(801),北京:中华书局点校本,1982。

度正:《性善堂稿》(13世纪10—30年代),四库全书本。

范成大:《吴郡志》(1192;1228年印刷),汪泰亨增补,宋元方志丛刊,北京:中华书局影印本,1990。

范晔:《后汉书》(公元前5世纪前10年),北京:中华书局点校本,1965。

方大琮:《铁庵集》(约13世纪印刷),四库全书本。

方回:《桐江续集》(13世纪—约14世纪初),四库全书本。

房玄龄:《晋书》(648),北京:中华书局点校本,1974。

方岳:《秋崖集》(约13世纪印刷),四库全书本。

费衮:《梁溪漫志》(1192),四库全书本。

冯琦、陈邦瞻:《宋史纪事本末》(1605),北京:中华书局点校本,1977。

傅璇琮、北京大学古文献研究所编:《全宋诗》,北京:北京大学出版社,1991。

傅璇琮编:《全宋笔记》,郑州:大象出版社点校本,2003—2018。

高承:《事物纪原》(约1078—1085),李果编,金圆、谢维新、许沛藻点校,北京:中华书局点校本,1989。

高翥:《菊涧集》(约13世纪初),高士奇编,四库全书本。

龚颐正:《芥隐笔记》(1201年印刷),丛书集成初编本。

郭若虚:《图画见闻志》(约1075),四库全书本。

韩愈:《朱文公校昌黎先生文集》(约12世纪),朱熹编,四库全书本。

洪迈:《容斋随笔》(1162,1202;约12—13世纪印刷),孔凡礼点校,北京:中华书局点校本,2006。

洪咨夔:《平斋集》(约13世纪印刷),四库全书本。

胡宿:《文恭集》(11世纪末),四库全书本。

华岳:《翠微北征录浅说》(约1213),兰书臣、吴子勇注释,北京:解放军出版社,1992。

———《翠微南征录北征录合集》,马君骅点校,合肥:黄山书社,1993。
———《翠微北征录》,收入《中国经典兵书》第2册,济南:山东友谊出版社,2002。
黄榦:《勉斋集》(约13世纪印刷),四库全书本。
嵇曾筠:《浙江通志》(1736),四库全书本。
江少虞:《宋朝事实类苑》(约1145),四库全书本,上海:上海古籍出版社,1981。
《(精选)皇宋策学绳尺》,清覆刻宋本(约13世纪中叶),北京:国家图书馆。
孔颖达:《春秋左传正义》(约574—648),《十三经注疏》,北京:北京大学出版社点校本,2000。
厉鹗:《宋诗纪事》(1736),上海:上海古籍出版社,1983。
李如箎:《东园丛说》(1132),丛书集成初编本。
李焘:《续资治通鉴长编》(1183),四库全书本,台湾"中央研究院"信息科学研究所编"汉籍全文数据库",台北:"中央研究院"计算中心,2000。
李心传:《建炎以来系年要录》(约1208),四库全书本,台湾"中央研究院"信息科学研究所编"汉籍全文数据库",台北:中央研究院计算中心,2000。
《礼记注疏》,《重刊宋本十三经注疏附校勘记》(南昌:南昌府学,1815),"中央研究院"信息科学研究所编"汉籍全文数据库",台北:"中央研究院"计算中心,2000。
林駉:《皇鉴笺要》(13世纪10年代),北京:北京大学图书馆。
刘昌诗:《芦浦笔记》(约1213),北京:中华书局点校本,1986。
刘达可:《璧水群英待问会元(选要)》(约1245),东京:内阁文库,1509;四库全书存目丛书,第168册,南京:南京图书馆藏明本;济南:齐鲁书社影印本,1997。
刘克庄:《后村集》(13世纪70年代),四库全书本。
———《后村先生大全集》(约13世纪70年代印刷),四库全书本。
刘时举:《续宋编年资治通鉴》(约1280?),四库全书本。
刘昫:《旧唐书》(945),北京:中华书局点校本,1975。
楼昉:《(迂斋先生标注)崇古文诀》(13世纪20年代印刷),四库全书本,北京:国家图书馆。
陆游:《剑南诗稿》(12世纪80年代—13世纪20年代印刷),四库全书本。
———《渭南文集》(1220年印刷),北京:中华书局点校本,1976。

陆友仁:《研北杂志》(约14世纪初),四库全书本。

吕祖谦:《东莱集——别集、外集、附录》(1204),四库全书本。

———《吕祖谦全集》,黄灵庚编,杭州:浙江古籍出版社点校本,2005。

———《宋文鉴》(1179),四库全书本,北京:中华书局点校本,1992。

马端临:《文献通考》(上下册)(13世纪末—约14世纪初),北京:中华书局影印本,1986。

倪朴:《倪石陵遗书》(约12世纪末;1526年印刷),四库全书本。

欧阳修:《欧阳永叔集》3册(约11世纪末),上海:商务印书馆,1933。

潘自牧:《记纂渊海》(约1209),四库全书本。

庞元英:《文昌杂录》(1082—1085),北京:中华书局点校本,1958。

彭龟年:《止堂集》(约13世纪初),丛书集成初编本。

钱曾:《述古堂宋板书目》,《宋元版书目题跋辑刊》,北京:北京图书馆出版社影印本,2003。

《庆元条法事类》(约1202),杨一凡、田涛主编,黑龙江:黑龙江人民出版社点校本,2002。

邵伯温:《邵氏闻见录》(1132),四库全书本,北京:中华书局点校本,1983。

沈括:《梦溪笔谈》(1086—1093),贵池刘氏玉海堂景宋元本丛书,1915。

———《梦溪笔谈校证》上下册,胡道静校证,上海:上海古籍出版社校证本,1987。

《圣宋千家名贤表启》(约13世纪初),北京:国家图书馆宋本。

施宿:《嘉泰会稽志》(1202),宋元方志丛刊,北京:中华书局影印本,1990。

《十先生奥论注(前、后、续集)》(约13世纪),四部丛刊本,四库全书本。上海:商务印书馆,1922—1936;四部丛刊续编本,上海:商务印书馆,1934。

司空图:《司空表圣文集》(约10世纪,宋本),四库全书本,台北:商务印书馆重印本,1983。

司马光:《涑水记闻》(约11世纪末),北京:中华书局点校本,1989。

———《传家集》(约12世纪印刷),四库全书本。

司马迁:《史记》(公元前90),北京:中华书局点校本,1959。

《历代地理指掌图》(约1130),上海:上海古籍出版社影印本,1989。

宋濂:《浦阳人物记》(约14世纪),四库全书本。

《宋史全文》(约14世纪),四库全书本。

《宋季三朝政要》(1280年以后,约13世纪末),四库全书本。

苏辙:《栾城集》(11世纪90年代—12世纪),曾枣庄、马德富编,上海:

上海古籍出版社点校本,1987。

苏轼:《苏轼文集》6册(约12世纪版),北京:中华书局点校本,1986;顾之川,长沙:岳麓书社点校本,2000。

苏颂:《苏魏公文集》(约12世纪初,约12世纪末版),四库全书本。

孙应时:《烛湖集》(约13世纪初印刷),四库全书本。

田汝成:《西湖游览志余》(1547),四库全书本。

田锡:《咸平集》(11世纪初),四库全书本。

脱脱编:《宋史》(1345),北京:中华书局点校本,1977。

王夫之:《宋论》(约17世纪末),台北:里仁书局,1985。

王迈:《臞轩集》(约13世纪),四库全书本。

王明清:《挥麈录》(1166—1197),四部丛刊本,北京:中华书局点校本,1961。

———《投辖录》(1196—1197),上海:上海古籍出版社点校本,1991。

———《玉照新志》(1198),上海:上海古籍出版社点校本,1991。

王应麟:《玉海》(13世纪50年代),四库全书本。

汪藻:《靖康要录》(约1165),四库全书本。

———《靖康要录笺注》,王智勇笺注,成都:四川大学出版社,2008。

王之望:《汉滨集》(约12世纪末),四库全书本。

魏了翁:《鹤山集》(1259),四库全书本。

文珦:《潜山集》(1211),四库全书本。

吴澄:《吴文正公集》(约14世纪印刷),四库全书本。

吴师道:《敬乡录》(约14世纪),续金华丛书,永康胡氏梦选楼刻本,1924。

吴泳:《鹤林集》(约13世纪),四库全书本。

吴曾:《能改斋漫录》(约1127—1160),上海:上海古籍出版社点校本,1979。

谢采伯:《密斋笔记》(约13世纪初),丛书集成初编本。

谢道承:《福建通志》(1737),郝玉麟编,四库全书本。

解缙编:《永乐大典》(1404),北京:中华书局影印本,1986。

谢维新:《古今合璧事类备要》(1257)80卷,虞载补充,夏相纂,1552。

《(新编)儒学枢要》(约13世纪),上海:上海图书馆。

熊克:《中兴小纪》(1185),四库全书本。

徐梦莘:《三朝北盟会编》(1196),3册,四库全书本。

徐松辑:《宋会要辑稿》(约1809),8册,北京:中华书局影印本,1957。

———《宋会要》(数字版),台湾"中央研究院"、哈佛大学编,台北:"中央研究院"计算中心,2003。

徐文靖:《禹贡会笺》(1753),四库全书本。

许应龙:《东涧集》(约13世纪),四库全书本。

薛季宣:《浪语集》(约12世纪末),四库全书本。

阳枋:《字溪集》(约13世纪),四库全书本。

杨万里:《诚斋集》(12世纪70—80年代),四库全书本。

姚勉:《雪坡舍人集》(约1216),宋集珍本丛刊,北京:线装书局影印本,2004。

叶廷珪:《海录碎事》(约12世纪中叶),四库全书本。

尤袤:《遂初堂书目》(约1190),四库全书本。

袁燮:《絜斋集》(1228年印刷),四库全书本。

岳珂:《愧郯录》(约1214),四库全书本。

——《桯史》(1214),北京:中华书局点校本,1981。

曾坚:《答策秘诀》(约13世纪中叶),刘锦文,台北:台北故宫博物院元本。

曾慥:《类说》(1136),北京:国家图书馆宋明版。

曾枣庄、刘琳编:《全宋文》,上海:上海辞书出版社,2006。

《增入名儒讲义皇宋中兴两朝圣政》,台北:台北"国家图书馆"南宋本。

张端义:《贵耳集》(1246),四库全书本。

张方平:《乐全集》(11世纪80年代;约12世纪印刷),四库全书本。

张金吾:《爱日精庐藏书志》(1826),收入《清人书目题跋丛刊》,北京:中华书局,1990。

章如愚:《群书考索》(约13世纪印刷),四库全书本,北京:中华书局影印本元本,1992。

张世南:《游宦纪闻》(约13世纪初),北京:中华书局点校本,1981。

赵不悔:《新安志》(1175),宋元方志丛刊,北京:中华书局影印本,1990。

赵如愚:《宋名臣奏议》(《国朝诸臣奏议》)(1186),四库全书本。

赵升:《朝野类要》(1236),四库全书本。

赵彦卫:《云麓漫钞》(1206),北京:中华书局点校本,1996。

郑樵:《通志》(1149),四库全书本。

郑獬:《郧溪集》(约11世纪,约12世纪印刷),四库全书本。

周必大:《文忠集》(1206年印刷),四库全书本。

周麟之:《海陵集》(约12世纪末),四库全书本。

周密:《齐东野语》(1291),北京:中华书局点校本,1983。

——《武林旧事》(约1280),四库全书本。

周应合:《景定建康志》(1261),宋元方志丛刊,四库全书本,北京:中华书局影印本,1990。

祝穆:《(新编)古今事文类聚》(1246)3册,富大用编,北京:书目文献出版社影印本,1991。

朱熹:《朱熹集》(约13世纪初)10册,成都:四川教育出版社点校本,1996。

——《朱子语类》(1270),黎靖德编,北京:中华书局点校本,1986。

二手文献

班茂燊(Abramson, Marc Samuel).《唐代中国的族群认同》(*Ethnic Identity in Tang China*). Philadelphia: University of Pennsylvania Press, 2008.(人民出版社2017年,耿协峰中译本)

艾周思(Adler, Joseph A).《朱熹与占卜》("Chu Hsi and Divination"). In *Sung Dynasty Uses of the I Ching*, edited by Kidder Smith Jr. et al., 169—205. Princeton: Princeton University Press, 1990.

詹姆斯R·阿克曼(Akerman, James R).《舆地图:地图学和对帝国的掌控》(*The Imperial Map: Cartography and the Mastery of Empire*). Chicago: University of Chicago Press, 2009.

安平秋、章培恒:《中国禁书大观》,上海:上海文化出版社,1990。

安芮璇:《宋人笔记研究——以随笔杂记为中心》,复旦大学博士学位论文,2005。

本尼迪克特·安德森(Anderson, Benedict).《想象的共同体:民族主义的起源与散布》(*Imagined Communities: Reflections on the Origin and Spread of Nationalism*). London: Verso, 1983.(上海人民出版社2011年,吴叡人中译本)

白乐日(Balazs, Étienne)、吴德明(Yves Hervouet)编.《宋代书录》[*A Sung Bibliography* (*Bibliographie des Sung*)]. Hong Kong: Chinese University Press, 1978.

凯伦·巴基(Barkey, Karen).《差异帝国:比较视野下的奥斯曼帝国》(*Empire of Difference: The Ottomans in Comparative Perspective*). Cambridge: Cambridge University Press, 2008.

C. A. 贝利(Bayly, C. A).《帝国与信息:1780—1870年印度的情报收集与社会交流》(*Empire and Information: Intelligence Gathering and Social Communication in India, 1780—1870*). Cambridge: Cambridge University Press, 1996.

大卫·贝瑞(Berry,David).《数字人文:第一、第二、第三次浪潮》("Digital Humanities: First, Second and Third Wave"). In *Stunlaw: A Critical Review of Politics, Arts and Technology*, January14, 2011. Accessed May22, 2012. http://stunlaw. blogspot. com/2011/01/digital-humanities-first-second-and. html.

玛丽伊丽莎白·贝利(Berry,Mary Elizabeth).《日本印刷:近代早期的信息与国家》(*Japan in Print: Information and Nation in the Early Modern Period*). Berkeley: University of California Press,2006.

毕鸥(Biot,Édouard)、儒莲(Stanislas Julien)、比奥(Jean-Baptiste Biot).《周礼法译本》(*Le Tcheou-Li ou Rites des Tcheou*). 3 vols. Paris: Imprimerie nationale,1851.

伯克兹·史班(Birkerts,Sven).《古登堡的挽歌:电子时代阅读的命运》(*The Gutenberg Elegies: The Fate of Reading in an Electronic Age*). Boston: Faber and Faber,1994.

杰里米·布莱克(Black,Jeremy).《地图与历史:建构过去的影像》(*Maps and History: Constructing Images of the Past*). New Haven: Yale University Press,1997.

安·布莱尔(Blair,Ann).《工具书的诞生:近代以前的学术信息管理》(*Too Much to Know: Managing Scholarly Information before the Modern Age*). New Haven: Yale University Press,2010.

包弼德(Bol,Peter K).《文人杂记与宋代思想史:以张耒的〈明道杂志〉为例》("A Literati Miscellany and Sung Intellectual History: The Case of Chang Lei's *Ming-tao tsa-chih*"). *Journal of Song Yuan Studies* 25 (1995): 121—152.

———《南宋婺州阅读苏轼》("Reading Su Shi in Southern Song Wuzhou"). *East Asian Library Journal* 8, no. 2 (1998): 69—102.

———《地方史的兴起:南宋至元代婺州的历史、地理与文化》("The Rise of Local History: History, Geography, and Culture in Southern Song and Yuan Wuzhou"). *Harvard Journal of Asiatic Studies* 61, no. 3 (2001): 37—76.

———《斯文:唐宋思想的转型》(*This Culture of Ours: Intellectual Transitions in T'ang and Sung China*). Stanford: Stanford University Press,1992. (江苏人民出版社 2017 年,刘宁中译本)

———《章如愚〈群书考索〉与知识文化的多样性——以婺州东阳县为例》("Zhang Ruyu, the *Qunshu kaosuo*, and Diversity in Intellectual

Culture—Evidence from Dongyang County in Wuzhou"),《庆祝邓广铭教授九十华诞论文集》,田余庆主编,第644—673页,石家庄:河北教育出版社,1997。

包弼德(Bol, Peter K)等. 中国历代人物传记资料库[China Biographical Database Project (CBDB)] (2004—) Accessed May 22, 2012. http://isites.harvard.edu/icb/icb.do? keyword = k16229&pageid = icb.page12970.

——中国历史地理信息系统["China Historical GIS (2001—)"], Accessed May 22, 2012. http://www.fas.harvard.edu/~chgis/.

——郝若贝中国历史地理信息系统["Hartwell China History Project GIS (1992—2001)"], Accessed May 22, 2012. http://www.fas.harvard.edu/~chgis/.

卜弼德(Boodberg, Peter Alexis).《中国古代兵法:以〈李卫公问对〉为基础的研究》(*The Art of War in Ancient China: A Study Based upon the Dialogues of Li, Duke of Wei*). Berkeley: University of California, 1930.

柏文莉(Bossler, Beverly).《权力关系:宋代中国的家族、地位与国家》[*Powerful Relations: Kinship, Status, and the State in Sung China (960—1279)*]. Cambridge, MA: Harvard University Asia Center, 1998.(江苏人民出版社2015年,刘云军中译本)

卡尔·布里登博(Bridenbaugh, Carl).《巨变》("The Great Mutation"). *American Historical Review* 68, no. 2(1962): 315—331.

简·伯班克(Burbank, Jane)、弗雷德里克·库珀(Frederick Cooper).《世界帝国史:权力与差异政治》(*Empires in World History: Power and the Politics of Difference*). Princeton: Princeton University Press, 2010.

彼得·伯克(Burke, Peter).《谈话的技巧》(*The Art of Conversation*). Ithaca: Cornell University Press, 1993.

——《知识社会史:从古登堡到狄德罗》(*A Social History of Knowledge: From Gutenberg to Diderot*). Cambridge: Polity, 2000.(浙江大学出版社2016年,陈志宏、王婉旎中译本)

安濮(Burkus-Chasson, Anne).《视觉诠释学与翻叶行为——刘源〈灵验歌〉的系谱》("Visual Hermeneutics and the Act of Turning the Leaf—A Genealogy of Liu Yuan's Lingyan Ge"). In *Printing and Book Culture in Late Imperial China*, edited by Cynthia Joanne Brokaw and Chow Kai-wing, 371—416; Berkeley: University of California Press, 2005.

罗纳德·伯特(Burt, Ronald S).《频宽和回音:社交网络中的信任、信息和八卦》("Bandwidth and Echo: Trust, Information, and Gossip in Social Networks"). In *Networks and Markets*, edited by J. E. Rauch and A. Casella, 30—74; New York: Russell Sage Foundation, 2001.

蔡崇榜:《宋代修史制度研究》,台北:文津出版社,1991。

曹婉如编:《中国古代地图集:战国—元》,北京:文物出版社,1990。

卡洛琳·卡地亚(Cartier, Carolyn).《地理观念的起源与演变:中国的宏观区域》("Origins and Evolution of a Geographical Idea: The Macroregion in China"). *Modern China* 28, no. 1(2002): 79—142.

哈维尔·查(Cha, Javier).《数据密集型方法与科学史逻辑》("Data-Intensive Methods and the Logic of Scientific History"). Paper presented at the Annual Conference of the Association for Asian Studies, Hawaii, March 31—April 3, 2011.

贾志扬(Chaffee, John W).《宋人传记补编2:李心传》("Sung Biographies, Supplementary Biography No. 2: Li Hsin-Ch'uan"). *Journal of Sung-Yuan Studies* 24(1994): 205—215.

——《宋代科举》(*The Thorny Gates of Learning in Sung China: A Social History of the Examinations*). Albany: State University of New York Press, 1995(1985).(东大图书股份有限公司1995年,中译本)

陈学霖(Chan, Hok-lam).《古今中国的出版控制》(*Control of Publishing in China, Past and Present*). Canberra: Australian National University Press, 1983.

沙畹(Chavannes, Edouard).《中国最古老的两个地图样本》(*Les deux plusanciens spécimens de la cartographie chinoise*). Hanoi: Schneider, 1903.

陈爱平:《南宋对六朝南北军事对峙经验的理论研究》,《沙洋师范高等专科学校学报》2006年第3期,第29—31页。

陈威(Chen, Jack Wei).《唐太宗的帝王诗》(*The Poetics of Sovereignty: On Emperor Taizong of the Tang Dynasty*). Cambridge, MA: Harvard University Asia Center, 2010.

陈威(Chen, Jack Wei)、史嘉柏(David Schaberg)编:《闲话:传统中国的人言与轶闻》(*Idle Talk: Gossip and Anecdote in Traditional China*). Berkeley: University of California Press, 2013.

陈来:《朱子书信编年考证》,上海:上海人民出版社,1989。

陈铭:《欧阳修传》,广州:广东高等教育出版社,1998。

程民生:《宋代物价研究》,北京:人民出版社,2008。

程章灿:《刘克庄年谱》,贵阳:贵州人民出版社,1993。

贾晋珠(Chia, Lucille).《谋利而印:11 至 17 世纪福建建阳的商业出版者》[*Printing for Profit: The Commercial Publishers of Jianyang, Fujian (11th—17th Centuries)*]. Harvard-Yenching Institute Monograph Series. Cambridge, MA: Harvard University Asia Center, 2002. (福建人民出版社 2019 年,邱葵、邹秀英、柳颖、刘倩、李国庆中译本)

科林·钦纳里(Chinnery, Colin).《装帧》("Bookbinding"). Accessed Feburary 15, 2007. http://idp.bl.uk/education/bookbinding/bookbinding.a4d.

周启荣(Chow, Kai-wing).《近世早期中国的印刷业、文化与权力》(*Publishing, Culture, and Power in Early Modern China*). Stanford: Stanford University Press, 2004.

祝平次(Chu, Ping-tzu).《超越个人》("Beyond the Personal"). Invited Lecture at Institute for Chinese Studies, University of Oxford, Oxford, UK, May 10, 2012.

克兰奇(Clanchy, M. T.).《从记忆到书面记录:英格兰,1066—1307》(*From Memory to Written Record: England, 1066—1307*). Oxford: Basil Blackwell, 1979; reprint, 1993.

丹尼尔·科恩·J(Cohen, Daniel J)、罗森茨威格·罗伊(Roy Rosenzweig).《引言:数字历史的承诺和危险》(Introduction: Promises and Perils of Digital History). In *Digital History: A Guide to Gathering, Preserving, and Presenting the Past on the Web*, edited by Daniel J. Cohen and Roy Rosenzweig, 1—17. Philadelphia: University of Pennsylvania Press, 2006.

戴仁柱(Davis, Richard L).《宋光宗、宋宁宗》["The Reigns of Kuang-tsung (1189—1194) and Ning-tsung (1194—1224)"]. In *Cambridge History of China*, vol. 5, pt. 1, *The Sung Dynasty and Its Precursors, 907—1279*, edited by Denis Twitchett and Paul Jakov Smith, 756—838. Cambridge: Cambridge University Press, 2009.

裴志昂(de Pee, Christian).《〈周易〉:美国宋朝(960—1279)的汉学、文献学和历史》["Cycles of Cathay: Sinology, Philology, and Histories of the Song Dynasty (960—1279) in the United States"]. *Fragments: Interdisciplinary Approaches to the Study of Ancient and Medieval Pasts* 2(2012): 35—67.

菲利波(de Vivo, Filippo).《威尼斯的信息与传播:对早期现代政治的反思》(*Information and Communication in Venice: Rethinking Early Modern Politics*). Oxford: Oxford University Press, 2007.

魏希德(De Weerdt, Hilde).《宋人知识生活面面观:南宋类书初探》("Aspects of Song Intellectual Life: A Preliminary Inquiry into Some Southern Song Encyclopedias"). *Papers on Chinese History* 3(1994):1—27.

——《印刷数据库中的笔记》("Biji in Print Database"). In *Communication and Empire: Chinese Empires in Comparative Perspective*, 2011. Accessed May 22, 2012. http://www.chinese-empires.eu/analysis/database/.

——《帝制中国信息秩序中的小道:国家文件的传播和商业出版》("Byways in the Imperial Chinese Information Order: The Dissemination and Commercial Publication of State Documents"). *Harvard Journal of Asiatic Studies 66*, no. 1(2006):145—88.

——《中国城市》("Chinese Cities, 600—1300"). In *The Oxford Handbook of Cities in World History*, edited by Peter Clark, 292-308. Oxford: Oxford University Press, 2013.

——《义旨之争:南宋科举规范之折冲》[*Competition over Content: Negotiating Standards for the Civil Service Examinations in Imperial China(1127—1279)*]. Harvard East Asian Monographs. Cambridge, MA: Harvard University Press, 2007.(浙江大学出版社2016年,胡永光中译本)

——《12世纪中国宋代抄本与印刷出版之间的连续性——以王明清的系列笔记为例》("Continuities between Scribal and Print Publishing in Twelfth-Century Song China—The Case of Wang Mingqing's Serialized Notebooks"). *East Asian Publishing and Society* 6, no. 1(2016):54—83.

——《"朝报"与"小报":朝廷新闻的官方观点与非正式阅读》("'Court Gazettes' and 'Short Reports': Official Views and Unofficial Readings of Court News").《汉学研究》27, no. 2(2009):167—200.

——《地图阅读的文化逻辑:宋帝国印刷地图中的文本、时间和空间》("The Cultural Logics of Map Reading: Text, Time and Space in Printed Maps of the Song Empire"). In *The Cultural Logics of Map Reading: Text, Time, and Space in Printed Maps of the Song Empire*, edited by Lucille Chia and Hilde De Weerdt, 239—270. Leiden: Brill, 2011.

——《数字解释》("Digital Interpretations"). *Communication and Empire: Chinese Empires in Comparative Perspective*, Feb. 5, 2014. Accessed April 1, 2014. http://chinese-empires.eu/blog/digital-interpretations/.

——《帝制中国私人和朝廷藏书中的失落话语》("The Discourse of

Loss in Private and Court Book Collecting in Imperial China"). *Library Trends* 55, no. 4(2007): 404—420.

——《历史：宋史研究》("History: Song Studies"). In *A Scholarly Review of Chinese Studies in North America*, edited by Zhang Haihui, 23—53. Ann Arbor, MI: Association for Asian Studies, 2013.

——《信息、领土和精英网络——附录材料》("Information, Territory, and Networks—Extra Materials"), April 18, 2014. Accessed April 1, 2015. Available from https://www.academia.edu/attachments/33510144/download_file.

——《四库全书还不够吗？对新数字工具对文言文影响的思考》("Isn't the Siku quanshu Enough? Reflections on the Impact of New Digital Tools for Classical Chinese"). *Communication and Empire: Chinese Empires in Comparative Perspective*, Feb. 20, 2014. Accessed April 1, 2014. http://chinese-empires.eu/blog/isnt-the-siku-quanshu-enough-reflections-on-the-impact-of-new-digital-tools-for-classical-chinese/.

——《明州的绘图沟通：沟通网络》("Mapping Communication from Mingzhou: Networks of Correspondence"). Paper presented at the conference "The Prosopography of Middle Period China: Using the Chinese Biographical Database," University of Warwick, UK, Dec. 14, 2007. http://www.humanities.uci.edu/eastasian/Sung_Yuan/Downloads/Warwick/De Weerdt.pdf.

——《明州的绘图沟通：沟通网络》("Mapping Communication from Mingzhou: Networks of Correspondence"). *Journal of Sung-Yuan Studies* 38(2009): 184—186.

——《地图与记忆：12、13世纪中国宋朝的地图学读本》("Maps and Memory: Readings of Cartography in Twelfth-and Thirteenth-Century Song China"). *Imago Mundi: International Journal for the History of Cartography* 61, no. 2(2009): 145—67.

——《笔记的生成与流通》["The Production and Circulation of 'Written Notes' (biji)"], In *Imprimer sans profit? Le livre non commercial dans la Chine impériale*, edited by Michela Bussotti and Jean-Pierre Drège, 19—48. Geneva: Droz, 2015.

——《笔记的生成与流通——图表》("The Production and Circulation of 'Written Notes' (biji)—Tables and Figures"). *Oxford University Research Archive* (2010), Accessed May 22, 2012. http://ora.ox.ac.uk/objects/uuid：

ea1a17a3%E2%80%932e27%E2%80%934a13-b8d8-ed90692ff893.

——《阅读中华帝国早期印刷地图的说明：数字化重建》("Reading Instructions for an Early Printed Map of the Chinese Empire：A Digital Reconstruction"). *Oxford University Research Archive* (2007—9), Accessed May 22, 2012. http://ora.ouls.ox.ac.uk/objects/uuid：c0c281cd-4c2d-46ea-94b0-f7758cf0c3e6.

——《美国宋史研究的新趋向：地方宗教与政治文化》("Recent Trends in American Research in Song Dynasty History：Local Religion and Political Culture"). 台湾宋史研究网, Feb. 1, 2006. AccessedMay23, 2012. http://www.ihp.sinica.edu.tw/~twsung/breview/subpage/02/files/Recent_Trends_in_American_Research_in_Song_Dynasty_History.pdf.

——《区域描述：行政和学术传统》("Regional Descriptions：Administrative and Scholarly Traditions"). In *Treasures of the Yenching：Seventy-Fifth Anniversary of the Harvard-Yenching Library：Exhibition Catalogue*, edited by Harvard-Yenching Library, Patrick Hanan, and Mikael S. Adolphson, 122—53. Cambridge, MA：Harvard-Yenching Library Harvard University, 2003.

——《Shmuel N. Eisenstadt 与 18 世纪前帝国的比较政治史》("Shmuel N. Eisenstadt and the Comparative Political History of Pre-Eighteenth-Century Empires"). *Asian Review of World Histories* 4, no. 1 (2016), forthcoming.

——《〈行万里路：宋代旅行与文化〉书评》["Transformative Journeys：Travel and Culture in Song China by Cong Ellen Zhang (Review)"]. *Bulletin of the School of Oriental and African Studies* 74, no. 3 (2011)：44—46.

——《理解中国历史上空间控制和政治一体化的两个框架》("Two Frameworks for Understanding Spatial Control and Political Integration in Chinese History"). *Communication and Empire：Chinese Empires in Comparative Perspective*, March 18, 2014. Accessed April 1, 2014. http://chinese-empires.eu/blog/historical-network-analysis-and-the-dynamics-of-literati-communication/.

——《苏辙在北方见到了什么？宋朝的出版法律、国家安全与政治文化》("What Did Su Che See in the North? Publishing Laws, State Security, and Political Culture in Song China"). *T'oung Pao：International Journal of Chinese Studies* 92, nos. 4—5 (2006)：466—494.

魏希德(De Weerdt, Hilde)、朱铭坚(Chu Mingkin).《9—13世纪士人笔记的制作》[*The Making of the Literati Notebook（9th—13th c.）*]. Special issue of *East Asian Publishing and Society* 6, no. 1(2016).

魏希德(De Weerdt, Hilde)、侯永浩(Hou Ieong Ho).《为古文语料库中命名实体的标注、提取与分析提供一个新的平台》("Towards a New Platform for Tagging, Extracting, and Analyzing Named Entities in Classical Chinese Text Corpora"). Paper presented at the conference "Letters and Notebooks as Sources for Literati Communication in Chinese History, 900—1300," Pembroke College, Oxford, UK, Jan. 10, 2014.

魏希德(De Weerdt, Hilde)、侯永浩(Hou Ieong Ho)、陈蕴菊(Chen Yunju)、李云忠(Li Yun-Chung)、徐力恒(Lik Hang Tsui)、游梓熙(and You Zixi).《笔记》("Notebooks"). In *Communication and Empire: Chinese Empires in Comparative Perspective*, 2011. http://chinese-empires.eu/reference/information-territory-and-networks/.

邓小南:《掩映之间——宋代尚书内省管窥》,《汉学研究》2009年第27卷第2期,第5—42页。

———《祖宗之法:北宋前期政治述略》,北京:三联书店,2006。

戴思哲(Dennis, Joseph).《从地方志的角度看中国早期的印刷术》("Early Printing in China Viewed from the Perspective of Local Gazetteers"). In *Knowledge and Text Production in an Age of Print: China, 900—1400*, edited by Lucille Chia and Hilde De Weerdt, 105—134. Leiden: Brill, 2011.

———《帝制中国地方志的书写、刊印与阅读,1100—1700》(*Writing, Publishing, and Reading Local Gazetteers in Imperial China, 1100—1700*). Harvard East Asian Monographs. Cambridge, MA: Harvard University Press, 2015.

狄宇宙(Di Cosmo, Nicola).《古代中国及其强邻:东亚历史上游牧力量的兴起》(*Ancient China and Its Enemies: The Rise of Nomadic Power in East Asian History*). Cambridge: Cambridge University Press, 2002.(中国社会科学出版社2010年,贺严、高书文中译本)

丁爱博(Dien, Albert).《六朝史学》["Historiography of the Six Dynasties Period (220—581)"]. In *The Oxford History of Historical Writing*, vol. 1, *Beginnings to AD 600*, edited by Andrew Feldherr and Grant Hardy, 509-534. Oxford: Oxford University Press, 2011.

丁海燕:《宋人史料笔记研究——从〈四库全书总目〉对宋代史料笔记的

评价谈起》,《中州学刊》no. 1(2004): 112—16。

多伊尔·迈克尔(Doyle, Michael W).《帝国》(*Empires*). Cornell Studies in Comparative History. Ithaca, NY: Cornell University Press, 1986.

雷慕沙(Drège, Jean-Pierre).《宋代印刷业在中国的影响》("Des effets de l'imprimerie en Chine sous la dynastie des Song"). *Journal Asiatique* 282, no. 2(1994): 409—442.

罗伯特·迈克尔(Drompp, Michael Robert).《唐代中国与回鹘帝国的崩溃》(*Tang China and the Collapse of the Uighur Empire: A Documentary History*). Brill's Inner Asian Library, vol. 13. Leiden: Brill, 2005.

乔安娜(Drucker, Johanna).《图形化显示的人文方法》("Humanities Approaches to Graphical Display"). *Digital Humanities Quarterly* 5, no. 1 (2011), Accessed May 22, 2012. http://digitalhumanities.org/dhq/vol/5/1/000091/000091.html.

乔安娜(Drucker, Johanna)、伯大尼(Bethany Nowviskie).《估算:人文计算的美学挑战》("Speculative Computing: Aesthetic Provocations in Humanities Computing"). In *A Companion to Digital Humanities*, edited by Susan Schreibman, Raymond George Siemens, and John Unsworth, 431—47. Malden, MA: Blackwell, 2004.

杜德桥(Dudbridge, Glen).《五代画像:王仁裕的回忆(880—956)》[*A Portrait of Five Dynasties China: From the Memoirs of Wang Renyu (880—956)*], Oxford: Oxford University Press, 2013.

伊沛霞(Ebrey, Patricia Buckley).《导论》("Introduction"). In *Emperor Huizong and Late Northern Song China: The Politics of Culture and the Culture of Politics*, edited by Patricia Buckley Ebrey and Maggie Bickford, 1—27. Cambridge, MA: Harvard University Asia Center, 2006.

艾思仁(Edgren, Søren).《杭州的南宋绘画》("Southern Song Printing at Hangzhou"). *Bulletin of the Museum of Far Eastern Antiquities*, no. 62 (1989): 1—212.

马修·埃德尼(Edney, Matthew H).《帝国绘图的反讽》("The Irony of Imperial Mapping"). In *The Imperial Cartography and the Mastery of Empire*, edited by James R. Akerman, 11—45. Chicago: University of Chicago Press, 2009.

——《绘制舆地图:英属印度的地理构造(1765—1843)》(*Mapping*

an Empire: *The Geographical Construction of British India, 1765—1843*). Chicago: University of Chicago Press,1997.

艾朗诺(Egan,Ronald C).《宋代笔记的创作意图:以周辉〈清波杂志〉为例》["Authorial Intent in Song Period biji: The Case of Zhou Hui's 周辉《清波杂志》》(*Miscellaneous Notes by One Who Lives Near the Gate of Clear Wave*)"]. Paper presented at the conference "Letters and Notebooks as Sources for Literati Communication in Chinese History, 900—1300," Pembroke College,Oxford,UK,Jan. 9,2014.

——《宋代中国的书籍印刷与抵制》("Book Printing and Resistance to It in Song Dynasty China"). Paper presented at the conference "The Early Development of Chinese Print Culture," Cambridge,MA,April 29,2005.

——《沈括以笔墨纸砚谈天》("Shen Kuo Chats with Inkstone and Brush"). In *Idle Talk: Gossip and Anecdote in Traditional China*, edited by Jack Chen and David Schaberg, 132—153. Berkeley: University of California Press,2013.

——《披沙拣金:宋朝对书籍和学问观念的转变》("To Count Grains of Sand on the Ocean Floor: Changing Perceptions of Books and Learning in the Song Dynasty"). In *First Impressions: The Cultural History of Print in Imperial China (8th—14th Centuries)*, edited by Lucille Chia and Hilde De Weerdt, 33—62. Leiden: Brill,2011.

艾森斯塔特(Eisenstadt,S. N).《帝国的政治体系》(*The Political Systems of Empires*). New Brunswick,NJ: Transaction Publishers,1993(1963).(贵州人民出版社 1992 年,阎步克中译本)

伊丽莎白·爱森斯坦(Eisenstein,Elizabeth L).《作为变革动因的印刷机:早期近代欧洲的传播与文化变革》(*The Printing Press as an Agent of Change: Communications and Cultural Transformations in Early Modern Europe*). Cambridge: Cambridge University Press,1979.

欧立德(Elliott,Mark C).《满洲之道:八旗制度与清代的民族认同》(*The Manchu Way: The Eight Banners and Ethnic Identity in Late Imperial China*). Stanford: Stanford University Press,2001.

涂尔干(Emirbayer,Mustafa).《关系社会学宣言》("Manifesto for a Relational Sociology"). *American Journal of Sociology* 103,no. 2(1997): 281—317.

涂尔干(Emirbayer,Mustafa)、古德温·杰夫(Jeff Goodwin).《网络分析、文化与代理问题》("Network Analysis, Culture, and the Problem of

Agency"). *American Journal of Sociology* 99, no. 6(1994): 141—154.

叶瀚(Ess, Hans van).《从程颐到朱熹:胡族传统中的正义之道》(*Von Ch'eng I zu Chu Hsi: Die Lehre vom Rechten Weg in der Überlieferung der Familie Hu*). Asien-und Afrika-Studien der Humboldt-Universität zu Berlin, Bd. 13. Wiesbaden: Harrassowitz, 2003.

范凤书:《中国私家藏书史》,郑州:大象出版社,2001。

方汉奇:《中国新闻事业通史》,北京:中国人民大学出版社,1992。

科大卫(Faure, David)、萧凤霞(Helen F Siu)编.《植根乡土:华南社会的地域联系》(*Down to Earth: The Territorial Bond in South China*). Stanford: Stanford University Press, 1995.

尼尔·弗格森(Ferguson, Niall).《帝国:大英帝国对现代世界的影响》(*Empire: How Britain Made the Modern World*). London: Allen Lane, 2003.

斯坦利(Fish, Stanley).《数字人文和超越死亡》("The Digital Humanities and the Transcending of Mortality"). In *Opinionator Blog*, *New York Times*, 2012. Accessed Jan. 9, 2012. http://opinionator.blogs.nytimes.com/2012/01/09/the-digital-humanities-and-the-transcending-of-mortality/.

———.《注意你的P和B:数字人文和解释》("Mind Your P's and B's: The Digital Humanities and Interpretation"). In *Opinionator Blog*, *New York Times*, 2012. Accessed Jan. 23, 2012. http://opinionator.blogs.nytimes.com/2012/01/23/mind-your-ps-and-bs-the-digital-humanities-and-interpretation/.

———.《旧秩序改变了》("The Old Order Changeth"). In *Opinionator Blog*, *New York Times*, 2011. Accessed Dec. 26, 2011. http://opinionator.blogs.nytimes.com/2011/12/26/the-old-order-changeth/.

布鲁斯(Fort, Bruce).《美国奴隶叙事:在线选集》("American SlaveNarratives: An Online Anthology, 1996—1998"). Accessed May 22, 2012. http://xroads.virginia.edu/~hyper/wpa/wpahome.html.

保罗·弗兰克(Frank, Paulo).《北宋国家安全:科举考试科目》("National Security in Northern Sung: A Subject for the Civil Service Examination"). *Papers on Chinese History* 1(1992): 22—38.

傅海波(Franke, Herbert).《金朝》("The Chin Dynasty"). In *Alien Regimes and Border States*, *907—1368*, edited by Herbert Franke and Denis Twitchett, 215—320. Cambridge: Cambridge University Press, 1994.

──《宋金间和议》("Treaties between Sung and Chin"). In *Études Song*: *In memoriam Étienne Balazs*, edited by Françoise Aubin, 55—84. Paris: Mouton, 1970.

傅海波(Franke, Herbert)、杜希德(Denis Twitchett)编.《剑桥中国辽西夏金元史(907—1368)》(*Cambridge History of China*, vol. 6, *Alien Regimes and Border States, 907—1368*). Cambridge: Cambridge University Press, 1994. (中国社会科学出版社 1998 年,史卫民等中译本)

弗兰克尔(Frankel, Oz).《调查状态:19 世纪英国和美国的社会调查和印刷文化》(*States of Inquiry*: *Social Investigations and Print Culture in Nineteenth-Century Britain and the United States*). Baltimore: Johns Hopkins University Press, 2006.

弗朗索·瓦罗伯特(Franzosi, Roberto)、摩尔(John W. Mohr).《正规化和历史分析的新方向》("New Directions in Formalization and Historical Analysis"). *Theory and Society* 26, nos. 2—3(1997): 133—160.

傅乐焕.《辽史丛考》,北京:中华书局,1984.

傅元国(Fu, Philip Yuen-Ko).《中国政府会计研究:以宋代为例(960—1279)》["A Study of Governmental Accounting in China: With Special Reference to the Sung Dynasty (960—1279)"]. Ph. D. diss., University of Illinois at Urbana-Champaign, 1968.

傅璇琮、谢灼华:《中国藏书通史》两册,宁波:宁波出版社,2001.

福井信昭.《五代十国时期的进奏院》(《五代十国期の进奏院》),《大阪市立大学东洋史论丛》14, no. 63—76(2005).

──唐代进奏院──唐朝后期"藩镇体制"的一个侧面(《唐代の进奏院──唐后半期「藩镇体制」の一侧面》),《东方学》no. 105(2003): 47—62.

戈公振.《插图整理本中国报学史》,上海:上海古籍出版社,2002.

葛剑雄.《中国古代的地图测绘》,北京:商务印书馆,1998.

葛兆光.《宋代'中国'意识的凸显》,《文史哲》280, no. 1(2004): 5—12.

何安娜(Gerritsen, Anne).《宋元明时期的吉安士人与地方社会》(*Ji'an Literati and the Local in Song-Yuan-Ming China*). Leiden: Brill, 2007.

江伟爱(Gong, Wei Ai).《宋孝宗朝》["The Reign of Hsiao-tsung (1162—1189)"]. In *Cambridge History of China*, vol. 5, pt. 1, *The Sung Dynasty and Its Precursors, 907—1279*, edited by Denis Twitchett and Paul Jakov Smith, 710—55. Cambridge: Cambridge University Press, 2009.

罗杰·古尔德(Gould, Roger V).《网络工具在比较历史研究中的应用》("Uses of Network Tools in Comparative Historical Research"). In

Comparative Historical Analysis in the Social Sciences, edited by James Mahoney and Dietrich Rueschemeyer, 241—69. Cambridge：Cambridge University Press, 2003.

高尔斯·伯纳德(Gowers, Bernard).《比较书信作者：12世纪的中国和拉丁欧洲》("Comparing Letters and Letters-Writers：China and Latin Europe in the Twelfth Century"). Paper presented at the conference "Letters and Notebooks as Sources for Literati Communication in Chinese History, 900—1300," Pembroke College, Oxford, UK, Jan. 9, 2014.

安东尼·格拉夫顿(Grafton, Anthony)、罗森堡·丹尼尔(Daniel Rosenberg).《时光的制图学》(*Cartographies of Time*). New York：Princeton Architectural Press, 2010.

约翰·杰洛瑞(Guillory, John).《学者如何阅读》("How Scholars Read"). ADE (The Association of Departments of English) Bulletin 146 (2008)：8—17.

郭光：《陆游传》，郑州：中州书画社，1982。

郭声波：《唐宋地理总志从地记到胜览的演变》，《四川大学学报》，no. 6 (2000)：85—92。

国家文物局：《中国文物地图集—青海分册》，北京：中国地图出版社，1996。

———《中国文物地图集—陕西分册》，北京：中国地图出版社，1998。

何莫邪(Harbsmeier, Christoph)编.《同义词典：中国概念体系的历史和比较百科全书》(*Thesaurus Linguae Sericae：An Historical and Comparative Encyclopaedia of Chinese Conceptual Schemes*). Accessed May 22, 2012. http://tls.uni-hd.de/.

迈克尔·哈特(Hardt, Michael)、内格里·安东尼奥(Antonio Negri).《帝国》(*Empire*). Cambridge, MA：Harvard University Press, 2000. (江苏人民出版社2008年，杨建国、范一亭中译本)

何瞻(Hargett, James M).《宋朝地方志及其在地方志史上的地位》("Song Dynasty Local Gazetteers and Their Place in the History of Difangzhi Writing"). *Harvard Journal of Asiatic Studies* 56, no. 2(1996)：405—442.

凯瑟琳·哈蒙(Harmon, Katharine A).《你在这里：个人地理位置和其他地图的想象力》(*You Are Here：Personal Geographies and Other Maps of the Imagination*). New York：Princeton Architectural Press, 2004.

蔡涵墨(Hartman, Charles).《〈理一分殊：北宋晚期的党争〉书评》

["Divided by a Common Language: Factional Conflict in Late Northern Song China (Review)"]. *Journal of Song-Yuan Studies* 40, no. 1(2010): 141—149.

——《一个邪恶形象的塑造:秦桧与道学》("The Making of a Villain: Ch'in Kuei and Tao-Hsueh"). *Harvard Journal of Asiatic Studies* 58, no. 1 (1998): 59—146.

——《1079年的诗与政治:苏轼的乌台诗案》("Poetry and Politics in 1079: The Crow Terrace Poetry Case of Su Shih"). *Chinese Literature: Essays, Articles, Reviews(CLEAR)* 12(1990): 15—44。

——《无奈的史家:孙觌、朱熹与北宋灭亡的历史》("The Reluctant Historian: Sun Ti, Chu Hsi, and the Fall of Northern Sung"). *T'oung Pao: International Journal of Chinese Studies*, no. 89(2003): 25—57.

蔡涵墨(Hartman, Charles)、李卓颖(Choying Li). 《新近面世之秦桧碑记及其在宋代道学史中的意义》("A Newly Discovered Inscription by Qin Gui: Its Implications for the History of Song Daoxue"). *Harvard Journal of Asiatic Studies* 70, no. 2(2010): 387—448.

郝若贝(Hartwell, Robert M). 《750—1550年期间中国的人口、政治和社会变迁》("Demographic, Political, and Social Transformations of China, 750—1550"). *Harvard Journal of Asiatic Studies* 42, no. 2 (1982): 365—442.

——《11—12世纪中国的历史类比、公共政策和社会科学》("Historical Analogism, Public Policy, and Social Science in Eleventh-and Twelfth-Century China"). *American Historical Review* 76, no. 3(1971): 690—727.

何玉红:《经世意识与南宋川陕边防史地类文献》,《史学史研究》, no. 1 (2007): 30—36。

约翰·亨德森(Henderson, John). 《中国宇宙志的思想》("Chinese Cosmographical Thought"). In *Cartography in the Traditional East and Southeast Asian Societies*, edited by David Woodward and John Brian Harley, 203—27. Chicago: University of Chicago Press, 1994.

阿尔伯特·赫尔曼(Hermann, Albert). 《中国西部地区的地图》(*Die Westländer in der Chinesischen Kartographie*). Stockholm: Lithographic Institute of the General Staff of the Swedish Army, 1922.

格特鲁德·希梅尔法布(Himmelfarb, Gertrude). 《一位新勒德分子在互联网上反思》("A Neo-Luddite Reflects on the Internet"). *Education*

Digest 62,no. 6(1997):50.

蒂姆·希区柯克(Hitchcock,Tim).《学术史写作与令人头疼的大数据》("Academic History Writing and the Headache of Big Data"). In *Historyonics*, 2012. Accessed January 30, 2012. http://historyonics.blogspot.co.uk/2012/01/academic-history-writing-and-headache.html.

苏珊·霍基(Hockey,Susan).《人文计算史》("History of Humanities Computing"). In *A Companion to Digital Humanities*, edited by Susan Schreibman, Raymond George Siemens, and John Unsworth, 3—19. Malden,MA:Blackwell,2004.

何罗娜(Hostetler,Laura).《清朝殖民地事业:近代早期中国的人种志与地图》(*Qing Colonial Enterprise: Ethnography and Cartography in Early Modern China*). Chicago:University of Chicago Press,2001.

徐美苓(Hsu,Mei-Ling).《秦地图:中国地图发展的线索》("The Qin Maps: A Clue to Later Chinese Cartographic Development"). *Imago Mundi* 45(1993):90—100.

胡大浚、马兰州:《七十年边塞诗研究综述》,《中国文学研究》3(2000):88—92。

黄宽重:《南宋地方武力:地方军与民间自卫武力的探讨》,台北:东大图书公司,2002。

———《晚宋朝臣对国是的争议——理宗时代的和战、边防与流民》,硕士学位论文,台湾大学,1975。

黄盛璋:《宋刻舆地图综考》,收入《中国古代地图集:战国—元》,曹婉如编,北京:文物出版社,1990,第61—64页。

汪前进:《最早的一幅西夏地图——〈西夏地形图〉新探》,《自然科学研究》11,no.2(1992):177—187。

黄卓明:《中国古代报纸探源》,北京:人民日报出版社,1983。

贺凯(Hucker,Charles O).《中国古代官名辞典》(*A Dictionary of Official Titles in Imperial China*). Stanford:Stanford University Press,1985.

慧仁.《宋刊苏轼全集考》. In *Douban*, Dec. 8,2009. Accessed May 22, 2012. http://www.douban.com/group/topic/8952833/.

韩明士(Hymes,Robert).《官僚与士绅:两宋江西抚州精英》(*Statesmen and Gentlemen: The Elite of Fu-chou,Chiang-hsi,in Northern and Southern Sung*). Cambridge:Cambridge University Press,1986.

阿历斯特·英格尔斯(Inglis,Alister D).《洪迈〈夷坚志〉文本史》("A

Textual History of Hong Mai's Yijian Zhi."). *T'oung Pao: International Journal of Chinese Studies* 93, no. 4(2007): 283—368.

克里斯蒂安·雅格(Jacob, Christian).《走向地图学的文化史》("Toward a Cultural History of Cartography"). *Imago Mundi* 48 (1996): 191—198.

——《主权地图:历史上地图学的理论方法》(*The Sovereign Map: Theoretical Approaches in Cartography throughout History*). Edited by Edward H. Dahl. Chicago: University of Chicago Press, 2006.

谢慧贤(Jay, Jennifer W).《鼎革之际13世纪中国的忠义精神:》(*A Change in Dynasties: Loyalism in Thirteenth-Century China*). Bellingham: Western Washington University, 1991.

姜士彬(Johnson, David G).《世家大族的没落:唐末宋初的赵郡李氏》("The Last Years of a Great Clan: The Li Family of Chao Chün in Late T'ang and Early Sung"). *Harvard Journal of Asiatic Studies* 37, no. 1 (1977): 5—102.

——《中古中国的寡头政治》(*The Medieval Chinese Oligarchy*). Boulder: Westview Press, 1977. (中西书局2016年,范兆飞、秦伊中译本)

张琳德(Johnson, Linda Cooke).《征服王朝的女性:辽金时期的性别与身份认同》(*Women of the Conquest Dynasties: Gender and Identity in Liao and Jin China*). Honolulu: University of Hawaii Press, 2011.

华莱士·约翰逊(Johnson, Wallace).《唐律疏议》(*The T'ang Code*). Princeton: Princeton University Press, 1979.

王才强(Kiang, Heng Chye).《贵族官僚城市:中古中国城市景观的发展》(*Cities of Aristocrats and Bureaucrats: The Development of Medieval Chinese Cityscapes*). Honolulu: University of Hawaii Press, 1999.

孔丽维(Kohn, Livia).《道教手册》(*Daoism Handbook*). Leiden: Brill, 2000.

近藤一成.《宋代永嘉学派叶适的华夷观》(《宋代永嘉学派叶适の华夷観》),《史学杂志》88, no. 6(1979): 51—79.

孔学:《陆游及高宗圣政草》,《史学月刊》, no. 4(1996): 32—38.

米歇尔·科尔泽克(Korzec, Michel).《盲人摸象》(*Het voelen van de draak: de opening van het district Yonghe en andere verhalen uit het midden van China*). Amsterdam: B. Bakker, 1986.

克雷默(Kramer, Michael).《数据的恋物癖:数据与现实的融合以及数字人文科学的作用》("The Fetishization of Data: The Data-Reality

Conflation and the Role of the Digital Humanities"). In *Issues in Digital History*, 2012. Accessed February 2, 2012. http://www.michaeljkramer.net/issuesindigitalhistory/blog/? p=559.

久保田和男：《宋朝对平民的信息传达和印刷文化——以法和礼为中心》(宋朝による庶民への情報伝達と印刷文化——法と礼を中心として)，国际宋史研讨会暨中国宋史研究会第十三届年会会议论文，昆明，中国，7月29日—8月1日，2008。

——《关于宋代制敕的传达——以元丰改制前为中心》(宋代における制勅の伝達について——元豊改制以前を中心として)，《宋代社会のネットワーク》，宋代史研究会编，第197—232页，东京：汲古书院，1998。

——《关于宋代中央情报的地方传达——以邸报为中心》(宋代の中央情報の地方伝達について——邸報を中心として)，《唐宋时期的文书传递与信息沟通国际学术工作坊》，北京：北京大学 2007。

——《宋代开封研究》，郭万平、董科译，上海：上海古籍出版社，2010。(日文版，2007)

孔飞力（Kuhn, Philip A）.《叫魂：1768 年中国妖术大恐慌》(*Soulstealers: The Chinese Sorcery Scare of 1768*). Cambridge, MA: Harvard University Press, 1990.（上海三联书店 1999 年，陈兼、刘昶中译本）

林萃青(Lam, Joseph S. C).《宋徽宗的大晟乐：帝室与官场的音乐表演》("Huizong's Dashengyue, a Musical Performance of Emperorship and Officialdom"). In *Emperor Huizong and Late Northern Song China: The Politics of Culture and the Culture of Politics*, edited by Patricia Ebrey and Maggie Bickford, 395—452. Cambridge, MA: Harvard University Press, 2006.

蓝克利(Lamouroux, Christian).《从陌生到差异：使辽宋使臣的故事》["De l'étrangeté à la difference: Les récits des missaires Song en pays Liao (Xiè S.)"]. In *Récits de voyages asiatiques: Genres, mentalités, conception de l'espace: Actes du Colloque Efeo-Ehess de Décembre 1994*, edited by Claudine Salmon, 101—26. Paris: École Française d'Extrême-Orient, 1996.

——《宋代的税收、公共财产和货币政策：基于〈宋史〉卷 179〈食货志〉的考察》(*Fiscalité, comptes publics et politiques financières dans la Chine des Song: Le chapitre 179 du Songshi*). Bibliothèque de l'Institut des Hautes Études Chinoises, vol. 33. Paris: Collège de France, 2003.

——《从黄河到淮河：对河网和 1128 年水利危机的新表述》("From

the Yellow River to the Huai: New Representations of a RiverNetwork and the Hydraulic Crisis of 1128"). In *Sediments of Time*, edited by Mark Elvin and Ts'ui-jung Liu, 545—584. Cambridge: Cambridge University Press, 1998.

——《地理与政治:1074—1075 年间宋辽边界争议》("Geography and Politics: The Song-Liao Border Dispute of 1074/75"). In *China and Her Neighbours: Borders*, *Visions of the Other*, *Foreign Policy 10th to 19th Century*, edited by Sabine Dabringhaus, Roderich Ptak, and Richard Teschke, 1-28. Wiesbaden: Harrassowitz, 1997.

李锡熙(Lee, Sukhee).《权力斡旋:12 至 14 世纪中国的国家与精英》("Negotiated Power: The State and Elites in 12th—14th Century China"). Ph. D. diss., Harvard University, 2009.

——《权力斡旋:12 至 14 世纪中国的国家、精英与地方治理》(*Negotiated Power: The State, Elites, and Local Governance in Twelfth-to Fourteenth-Century China*). Cambridge, MA: Harvard University Asia Center, 2014.

李弘祺(Lee, Thomas H. C.).《宋代官学教育与科举》(*Government Education and Examinations in Sung China*). Hong Kong: Chinese University of Hong Kong Press, 1985.

——《东方学手册》第 13 卷《传统中国的教育,一部历史》(*Handbook of Oriental Studies. Vol. 13, Education in Traditional China, a History*). Leiden: Brill, 2000.

理雅各(Legge, James).《中国经典》(*The Chinese Classics*). 5 vols. Taibei: SMC Publishing, 1991 (1893—1895).

——《〈春秋〉附〈左传〉》(*The Ch'un Ts'ew with the Tso Chuen*). Hong Kong: Hong Kong University Press, 1960.

——《礼记》(*The Li Ki*). Edited by F. Max Müller. Vol. 27 of *The Sacred Books of the East*. New York: Dover Publications, 1966.

——《中国圣典》(*The Sacred Books of China*). Edited by F. Max Müller. Vol. 3 of *The Sacred Books of the East*. New York: Dover Publications, 1962.

克莱尔(Lemercier, Claire).《网络分析与历史》("Analyse de réseaux et histoire"). *Revue d'histoire moderne et contemporaine* 52, no. 2(2005): 88—112.

梁爱琳(Leung, Irene S).《毡帐整齐排列,大帐篷密密麻麻:北宋边疆景象》["Felt Yurts Neatly Arrayed, Large Tents Huddle Close: Visualizing the Frontier in the Northern Song Dynasty (960—1127)"]. *In Political Frontiers, Ethnic Boundaries, and Human Geographies in Chinese History*, edited by Nicola Di Cosmo and Don J Wyatt, 192—219. London: Routledge, 2003.

——《北宋的边界想象：蔡琰的〈胡姬归汉图〉》["The Frontier Imaginary in the Song Dynasty (960—1279): Revisiting Cai Yan's 'Barbarian Captivity' and Return"]. Ph.D. diss., University of Michigan, 2001.

李瑞(Levine, Ari Daniel).《理一分殊：北宋晚期的党争》(*Divided by a Common Language: Factional Conflict in Late Northern Song China*). Honolulu: University of Hawaii Press, 2008.

——《黑暗之屋：北宋后期的历史政治与政治语言》("A House in Darkness: The Politics of History and the Language of Politics in the Late Northern Song, 1068—1104"). Ph. D. diss., Columbia University, 2002.

——《宋徽宗、宋钦宗朝与北宋的灭亡》["The Reigns of Hui-tsung (1100—1126) and Ch'in-tsung (1126—1127) and the Fall of the Northern Sung"]. In *Cambridge History of China*, vol. 5, pt. 1, *The Sung Dynasty and Its Precursors, 907—1279*, edited by Denis Twitchett and Paul Jakov Smith, 556—643. Cambridge: Cambridge University Press, 2009.

陆威仪(Lewis, Mark Edward).《早期中华帝国：秦与汉》(*The Early Chinese Empires: Qin and Han. History of Imperial China*). Cambridge, MA: Belknap Press, 2007.

——《早期中国的洪水神话》(*The Flood Myths of Early China*). SUNY Series in Chinese Philosophy and Culture. Albany: State University of New York Press, 2006.

——《早期中国的书写与权威》(*Writing and Authority in Early China*). SUNY Series in Chinese Philosophy and Culture. Albany: State University of New York Press, 1999.

李彬：《唐代文明与新闻传播》，博士学位论文，中国人民大学，1998。

李传印：《论华岳》，《池州师专学报》1996年第2期，第63—69页。

李琪：《我国宋代地图档案工作的方法与管理制度》，《甘肃省经济管理干部学院学报》2005年第2期（总第18期），第63—65页。

李玉安、陈传艺：《中国藏书家辞典》，武汉：湖北教育出版社，1989。

李震：《中国政治国防史》，台北：台湾商务印书馆，1986。

李致洙:《陆游诗研究》,台北:文史哲出版社,1991。

梁庚尧:《宋代社会经济史论集》,台北:允晨文化实业股份有限公司,1997。

廖咸惠(Liao,Hsien-Huei).《探求祸福:宋代精英的占卜信仰与实践》("Exploring Weal and Woe: The Song Elite's Mantic Beliefs and Practices"). *T'oung Pao* 91, nos. 4—5(2005): 347—395.

马克·利伯曼(Liberman,Mark).《"P 和 B 的跳动":真理还是噪音?》("The 'Dance of the P's and B's': Truth or Noise?") In *Language Log*, Jan. 26, 2012. Accessed Jan. 26, 2012. http://languagelog.ldc.upenn.edu/nll/?p=3730.

维克多·利伯曼(Lieberman,Victor).《现代亚洲研究导论》("Introduction to Modern Asian Studies"). *Modern Asian Studies* 31, no. 3 (1997): 449—461.

——《超越东西方二分法:六个表面上截然不同的地区的国家和文化形成》("Transcending East-West Dichotomies: State and Culture Formation in Six Ostensibly Disparate Areas"). *Modern Asian Studies* 31, no. 3(1997): 463—546.

刘祥光.《印刷与科举考试:宋代中国学习资料的传播》("Printing and Examinations: The Circulation of Study Aids in Song China"). Paper presented at the workshop "The Early Development of Chinese Print Culture." Fairbank Canter for Chinese Studies, Harvard University, Cambridge, MA, April 29, 2005.

——《印刷与考试:宋代考试用参考书初探》,《宋史研究集》2001 年第 31 辑,第 151—200 页。

刘子健(Liu,James T. C.).《欧阳修:11 世纪新儒家》(*Ou-Yang Hsiu: An Eleventh-Century Neo-Confucianist*). Stanford: Stanford University Press, 1967.

刘连开:《宋代修史制度史研究述评》,《宋代制度史研究百年(1900—2000)》,包伟民编,北京:商务印书馆,2004,第 267—280 页。

刘琳、沈治宏:《现存宋人著述总录》,成都:巴蜀书社,1995。

刘禾(Liu,Lydia He).《帝国的政治话语:从近代中西冲突看现代世界秩序的形成》(*The Clash of Empires: The Invention of China in Modern World Making*). Cambridge, MA: Harvard University Press, 2004. (生活·读书·新知三联书店 2009 年,杨立华中译本)

刘申宁编:《中国兵书总目》,北京:国防大学出版社,1990。

刘叶秋：《历代笔记概述》，北京：北京出版社，2003(1980)。

刘兆佑：《宋史艺文志史部佚籍考》，台北："国立编译馆中华丛书编审委员会"，1984。

刘子健. 见 Liu, James T. C.

哈罗德·拉夫(Love, Harold).《文本的文化和商业：17世纪英格兰的手抄本出版》(*The Culture and Commerce of Texts: Scribal Publication in Seventeenth-Century England*). Amherst: University of Massachusetts Press, 1998.

罗祎楠(Luo, Yinan).《关于"唐宋变革模式"的变化研究》("A Study of the Changes in the 'Tang-Song Transition Model'"). *Journal of Song Yuan Studies* 35(2005)：99—127.

迈克尔·曼(Mann, Michael).《社会权力的来源》(*The Sources of Social Power*), vol. 1. Cambridge: Cambridge University Press, 1986. (上海人民出版社2007年，刘北成、李少军中译本)

乔恩(May, Jon)、斯里福特(N. J. Thrift).《时空：时间地理》(*Timespace: Geographies of Temporality*). Critical Geographies. London: Routledge, 2001.

威拉德·麦卡迪(McCarty, Willard).《回顾过去，展望未来：建模、不满和未来》("Looking Backward, Figuring Forward: Modelling, Its Discontents and the Future"). June 2007. Accessed May 22, 2012. http://www.mccarty.org.uk/essays/McCarty,%20Looking%20backward.pdf.

——《什么是人文计算？依据场域的定义》("What Is Humanities Computing? Toward a Definition of the Field"). 1998. Accessed May 22, 2012. http://www.cch.kcl.ac.uk/legacy/teaching/dtrt/class1/mccarty_humanities_computing.pdf.

周绍明(Mc Dermott, Joseph).《中国印记的崛起》("The Ascendance of the Imprint in China"). In *Printing and Book Culture in Late Imperial China*, edited by Cynthia Joanne Brokaw and Chow Kai-wing, 55—104. Berkeley: University of California Press, 2005.

——《从收藏到档案：徽州的家庭印记生活，1500—1700》("From Collection to Archives: The Life of Family Imprints in Huizhou, 1500—1700"). Paper presented at the conference "Imprimer autrement: Le livre non commercial dans la Chine impériale." École Française d'Extrême-Orient, Paris, June 12, 2009.

杰罗姆·麦克·甘恩(Mc Gann, Jerome).《超文本的基本原理》("The

Rationale of Hyper Text"). 1995. Accessed May22, 2012. http://www2. iath. virginia. edu/public/jjm2f/rationale. html.

迈克尔·查尔斯(Mc Grath, Michael Charles).《北宋的军事与行政区划(960—1126)》["Military and Regional Administration in Northern Sung China(960—1126)"], Ph. D. diss. , Princeton University, 1982.

麦克莱恩, 保罗·道格拉斯(McLean, Paul Douglas).《网络艺术:文艺复兴时期佛罗伦萨的战略互动与赞助》(*The Art of the Network: Strategic Interaction and Patronage in Renaissance Florence*). Politics, History, and Culture. Durham, NC: Duke University Press, 2007.

麦大维(Mc Mullen, David).《唐代中国的国家与学者》(*State and Scholars in T'ang China*). Cambridge: Cambridge University Press, 1988. (中国社会科学出版社 2019 年, 张达志、蔡明琼中译本)

苗书梅、王云海:《宋会要辑稿·崇儒》, 开封:河南大学出版社, 2001。

梅嘉乐(Mittler, Barbara).《中国的报纸?上海新闻媒体的权力、身份和变化》(*A Newspaper for China? Power, Identity, and Change in Shanghai's News Media, 1872—1912*). Harvard East Asian Studies Monographs. Cambridge, MA: Harvard University Asia Center, 2004.

宫川尚志(Miyakawa, Hisayuki).《内藤假说及其对中国日本研究的影响》("An Outline of the Naitō Hypothesis and Its Effects on Japanese Studies of China"). *Far Eastern Quarterly* 14, no. 4(1955): 533—552.

约翰·莫尔(Mohr, John W).《网络方法、历史文献和制度体系的形式分析》("Network Methods, Historical Texts, and the Formal Analysis of Institutional Systems"). Paper presented at the 162nd Annual Meeting of the American Historical Association, Chicago, Jan. 5—8, 2012.

———《士兵, 母亲, 流浪汉及其他:1907 年纽约市慈善目录中的话语角色》("Soldiers, Mothers, Tramps and Others: Discourse Roles in the 1907 New York City Charity Directory"). *Poetics* 22(1994): 327—357.

约翰·莫尔(Mohr, John W)、文森特·杜肯(Vincent Duquenne).《文化与实践的二元性:1888—1917 年纽约市的贫困救济》("The Duality of Culture and Practice: Poverty Relief in New York City, 1888—1917"). *Theory and Society* 26 (1997): 305—356.

佛朗哥·莫雷蒂(Moretti, Franco).《欧洲小说地图集, 1800—1900 年》(*Atlas of the European Novel, 1800—1900*). London: Verso, 1998.

———《图形、地图、树木:文学史的抽象模型》(*Graphs, Maps, Trees: Abstract Models for Literary History*). London: Verso, 2007 (2005).

马瑞诗(Mostern, Ruth).《把握世界：宋朝的领土和政治权力》("Apprehending the Realm: Territoriality and Political Power in Song China, 960—1276 CE"). Ph. D. diss. , University of California, Berkeley, 2003.

———《分土而治：宋帝国的空间架构》(*Dividing the Realm in Order to Govern: The Spatial Organization of the Song State*). Cambridge, MA: Harvard University Asia Center, 2011.

———《从战场到州县：南宋淮南地区的战争、边境和国家政权》("From Battlefields to Counties: War, Border, and State Power in Southern Song Huainan"). In *Battlefronts Real and Imagined: War, Border and Identity in the Chinese Middle Period*, edited by Don Wyatt, 227—252. New York: Palgrave Macmillan, 2008.

亚历山大(Motyl, Alexander J).《是一切帝国吗？帝国是一切吗？》("Is Everything Empire? Is Empire Everything?"). *Comparative Politics* 38, no. 2(2006): 229—249.

赫尔弗里德·明克勒(Münkler, Herfried).《帝国：从古罗马到美国的世界统治逻辑》(*Empires: The Logic of World Domination from Ancient Rome to the United States*). Translated by Patrick Camiller. Cambridge: Polity, 2007.

穆索夫·安德烈亚斯(Musolff, Andreas).《批判性的隐喻分析可以对种族主义意识形态有何帮助？希特勒反犹太隐喻的最新研究》("What Can Critical Metaphor Analysis Add to the Understanding of Racist Ideology? Recent Studies of Hitler's Anti-Semitic Metaphors"). *Critical Approaches to Discourse Analysis across Disciplines* 2, no. 2(2008): 1—10.

李约瑟(Needham, Joseph)、王玲(Wang Ling).《中国科学技术史》第3卷《数学与天地科学》(*Science and Civilisation in China, vol3, Mathematics and the Sciences of the Heavens and the Earth*). Cambridge: Cambridge University Press, 1959.

理查德·E·纽斯塔特(Neustadt, Richard E)、欧内斯特·梅(Ernest R. May).《及时思考：决策者对历史的运用》(*Thinking in Time: The Uses of History for Decision-Makers*). New York: Free Press; London: Collier Macmillan, 1986.

仁井田升:《〈庆元条法事类〉与宋代出版法》(庆元条法事と宋代の出版法），收入《中国法制史研究》，东京：东京大学出版社，1981(1935)，第445—465页。

倪健(Nugent, Christopher M. B).《中国唐代诗歌的传播》("The

Circulation of Poetry in Tang Dynasty China"). Ph. D. diss. , Harvard University, 2004.

杰弗里・农伯格(Nunberg, Geoffrey)编.《图书的未来》(*The Future of the Book*). Berkeley: University of California Press, 1996.

戴梅可(Nylan, Michael).《五经》(*The Five "Confucian" Classics*). New Haven: Yale University Press, 2001.

欧阳代发、王兆鹏:《刘克庄词新释辑评》,北京:中国书店,2001。

宇文所安(Owen, Stephen).《跋:"信不信由你"》(Postface: "Believe It or Not."). In *Idle Talk*: *Gossip and Anecdote in Traditional China*, edited by Jack Chen and David Schaberg, 217—223. Berkeley: University of California Press, 2013.

——.《中国文学思想阅读》(*Readings in Chinese Literary Thought*). Harvard-Yenching Institute Monograph Series. Cambridge, MA: Harvard University Press, 1992.

潘美月:《宋代藏书家考》,台北:学海出版社,1980。

潘晟:《从宋代诗文看幽思与胜览思想对宋代地图学发展的影响》,《中国历史地理论丛》2010年第2期,第69—83页。

——.《地图的作者及其阅读:以宋明为核心的知识史考察》,南京:江苏人民出版社,2013。

——.《宋代地理学的观念、体系与知识兴趣》,博士学位论文,北京大学,2008。

潘怡宏(Pan, Yihong.)《天子和天可汗:隋唐中国及其周边地区》(*Son of Heaven and Heavenly Qaghan*: *Sui-Tang China and Its Neighbors*). Studies on East Asia, vol. 20. Bellingham: Center for East Asian Studies, Western Washington University, 1997.

迈克・皮尔森(Pearson, Mike)、尚克斯・迈克尔(Michael Shanks).《剧院/考古学》(*Theatre/Archaeology*). London: Routledge, 2001.

濮德培(Perdue, Peter C).《中国西征:清朝对欧亚大陆腹地的征服》(*China Marches West*: *The Qing Conquest of Central Eurasia*). Cambridge, MA: Belknap Press, 2005.

蒲慕州(Poo, Mu-Chou).《文明的敌人:古代美索不达米亚、埃及和中国对外国人的态度》(*Enemies of Civilization*: *Attitudes toward Foreigners in Ancient Mesopotamia, Egypt, and China*). SUNY Series in Chinese Philosophy and Culture. Albany: State University of New York Press, 2005.

潘铭燊(Poon, Ming-Sun).《宋代的图书与印刷(960—1279)》["Books

and Printing in Sung China（960—1279）"］, Ph. D. diss. , University of Chicago, 1979.

丹尼尔（Power, Daniel）、斯坦顿·娜奥米（Naomi Standen）.《有争议的边境：欧亚边疆, 700—1700》(*Frontiers in Question：Eurasian Borderlands, 700—1700*). Themes in Focus. New York：St. Martin's Press, 1999.

齐治平：《陆游传论》,上海：古典文学出版社, 1958。

钱正、姚世英：《坠理图碑》,收入《中国古代地图集：战国——元》,曹婉如编,北京：文物出版社, 1990, 第 46—49 页。

乔衍琯：《陈振孙学记》,台北：文史哲出版社, 1980。

邱鸣皋：《陆游评传》,南京：南京大学出版社, 2002。

全汉升：《宋金的走私贸易》,《历史语言研究所集刊》1944 年第 11 期,第 425—447 页。

斯蒂芬·拉姆斯（Ramsay, Stephen）.《阅读机器：走向算法》(*Reading Machines：Toward an Algorithmic*). Urbana：University of Illinois Press, 2011.

任金城：《木刻六经图初考》,收入《中国古代地图集：战国—元》,曹婉如编,北京：文物出版社, 1990, 第 61—64 页。

任继愈：《中国藏书楼》3 册,沈阳：辽宁人民出版社, 2001。

罗宾斯（Robins, G. L）、帕蒂森（P. Pattison）.《相互依存和社会过程：广义依存结构》("Interdependencies and Social Processes：Generalized Dependence Structures"). In *Models and Methods in Social Network Analysis*, edited by Peter J. Carrington, John Scott, and Stanley Wasserman, 192—214. Cambridge：Cambridge University Press, 2005.

罗茂锐（Rossabi, Morris）编.《中国棋逢对手：10 至 14 世纪中原王朝及其强邻》(*China among Equals：The Middle Kingdom and Its Neighbors, 10th—14th Centuries*). Berkeley：University of California Press, 1983.

佐藤隆则《陈淳的学问和思想——跟随朱熹从学时期》(陈淳の学问と思想——朱熹从学期),《大东文化大学汉学会志》1990 年第 29 期,第 138—152 页。

———《陈淳的学问和思想——跟随朱熹学习之前》(陈淳の学问と思想——朱熹从学以前),《大东文化大学汉学会志》1989 年第 28 期, 第 44—64 页。

谢康伦（Schirokauer, Conrad）.《刘澄》("Liu Cheng"). In *Sung Biographies*, edited by Herbert Franke, 626. Wiesbaden：Steiner, 1976.

杰弗里·施纳普（Schnapp, Jeffrey）、伦恩费尔德·彼得（Peter Lunenfeld）和普雷斯纳·托德（Todd Presner）.《数字人文宣言 2.0》

("Digital Humanities Manifesto 2.0"). 2009. Accessed May 22, 2012. http://www.humanitiesblast.com/manifesto/Manifesto_V2.pdf.

大卫·普莱斯(Scholle, David).《什么是信息？比特流与混沌控制》("What Is Information? The Flow of Bits and the Control of Chaos"). In *Democracy and New Media*, edited by Henry Jenkins, David Thorburn, and Brad Seawell, 343—364. Cambridge, MA: MIT Press, 2003.

詹姆斯·C·斯科特(Scott, James C).《国家的视角：那些试图改善人类状况的项目是如何失败的》(*Seeing Like a State: How Certain Schemes to Improve the Human Condition Have Failed*). New Haven: Yale University Press, 1998.

斯科特(Scott, John).《社会网络分析法》(*Social Network Analysis: A Handbook*). Newberry Park, CA: Sage, 2000. (重庆大学出版社 2007 年, 刘军中译本)

小威廉·休厄尔(Sewell, William H).《历史的逻辑：社会理论与社会转型》(*Logics of History: Social Theory and Social Transformation*). Chicago: University of Chicago Press, 2005.

上海新四军历史研究会印刷印钞分会：《装订源流和补遗》, 北京: 中国书籍出版社, 1993。

沈松勤：《南宋文人与党争》, 北京: 人民出版社, 2005。

田安(Shields, Anna M).《逸闻趣事与文学史：唐人轶事汇编中元和时期的表现》("Gossip, Anecdote, and Literary History: Representations of the Yuanhe Era in Tang Anecdote Collections"). In *Idle Talk: Gossip and Anecdote in Traditional China*, edited by Jack W. Chen and David Schaberg, 107-31. Berkeley: University of California Press, 2014.

施坚雅(Skinner, G. William).《中华帝国晚期的城市》(*The City in Late Imperial China*). Stanford: Stanford University Press, 1977. (中华书局 2000 年, 叶光庭等中译本)

———.《中国农村的市场和社会结构》(*Marketing and Social Structure in Rural China*). Ann Arbor, MI: Association for Asian Studies, 2001.

———.《晚期帝制中国的流动战略：区域系统分析》("Mobility Strategies in Late Imperial China: A Regional Systems Analysis"). In *Regional Analysis*, edited by Carol A. Smith, 327—364. New York: Academic Press, 1976.

塞达·斯科达(Skocpol, Theda)、玛格丽特·萨默斯(Margaret Somers).《比较历史在宏观社会研究中的应用》("The Uses of Comparative History in Macrosocial Inquiry"). *Comparative Studies in Society and*

History 22, no. 2(1980): 174—97.

史乐民(Smith, Paul Jakov).《作为政治资本的民族统一主义:宋神宗父子统治下的新政策和对河湟藏区(青藏高原)的兼并》["Irredentism as Political Capital: The New Policies and the Annexation of Tibetan Domains in Hehuang (the Qinghai-Gansu Highlands) under Shenzong and His Sons, 1068—1126)"]. In *Emperor Huizong and Late Northern Song China: The Politics of Culture and the Culture of Politics*, edited by Patricia Buckley Ebrey and Maggie Bickford, 78—130. Cambridge, MA: Harvard University Asia Center, 2006.

曾我部静雄:《支那政治习俗论考》,东京:筑摩书房,1943。

帕斯科·帕特里夏·迈耶(Spacks, Patricia Meyer).《私人谈话,公共意义》(Private Conversation, Public Meaning). *Social Research* 65, no. 3 (1998): 611—30.

史怀梅(Standen, Naomi).《五代》("The Five Dynasties"). In *Cambridge History of China*, vol. 5, pt. 1, *The Sung Dynasty and Its Precursors, 907—1279*, edited by Denis Twitchett and Paul Jakov Smith, 38—132. Cambridge: Cambridge University Press, 2009.

——.《忠贞不贰?:辽代的越境之举》(*Unbounded Loyalty: Frontier Crossing in Liao China*). Honolulu: University of Hawaii Press, 2007.(江苏人民出版社 2015 年,曹流中译本)

夏南悉(Steinhardt, Nancy Shatzman).《中国皇城规划》(*Chinese Imperial City Planning*). Honolulu: University of Hawaii Press, 1990.

让·雅克(Subrenat, Jean-Jacques).《陈规〈守城录〉:12 世纪中国军事史研究》["Recueil sur la défense des villes (守城录 par Chen Gui 陈规 et Tang Shou 汤寿), recherches sur l'histoire militaire de la Chine du XIIe siècle"]. Ph. D. diss., Université de Paris, 1968.

孙励:《宋代笔记分类考辨》,硕士学位论文,上海师范大学,2004。

孙伟:《北宋时期黄土高原地区城寨堡体系演变研究》,硕士学位论文,陕西师范大学,2005。

宋家复(Sung, Chia-fu).《龟鉴之间:11 世纪中国历史学家与史学》("Between Tortoise and Mirror: Historians and Historiographyin Eleventh-Century China"). Ph. D. diss., Harvard University, 2010.

帕特里克·斯文森(Svensson, Patrik).《人文计算作为数字人文》("Humanities Computing as Digital Humanities"). *Digital Humanities Quarterly* 3, no. 3(2009), Accessed May 22, 2012. http://digitalhumanities.

org/dhq/vol/3/3/000065/000065.html.

谭凯(Tackett, Nicolas).《中古中国门阀大族的消亡》(*The Destruction of the Medieval Chinese Aristocracy*). Cambridge, MA: Harvard University Asia Center, 2014.(社会科学文献出版社 2017 年,胡耀飞、谢宇荣中译本)

———《大族、官僚、地方豪绅：晚唐中国精英阶层的结构与流动》("Great Clansmen, Bureaucrats, and Local Magnates: The Structure and Circulation of the Elite in Late-Tang China"). *Asia Major* 21, no. 2(2008): 101—152.

———《长城和北宋边界的概念化》(The Great Wall and Conceptualizations of the Border under the Northern Song). *Journal of Song-Yuan Studies* 38 (2008): 99—138.

陶晋生(Tao, Jing-shen).《蛮人或北狄：契丹人的北宋形象》("Barbarians or Northerners: Northern Sung Images of the Khitans"). In *China among Equals: The Middle Kingdom and Its Neighbors, 10th—14th Centuries*, edited by Morris Rossabi, 66—86. Berkeley: University of California Press, 1983.

———《南迁和宋高宗朝》("The Move to the South and the Reign of Kao-tsung) (1127—1162)"). In *Cambridge History of China*, vol. 5, pt. 1, *The Sung Dynasty and Its Precursors, 907—1279*, edited by Denis Twitchett and Paul Jakov Smith, 645—709. Cambridge: Cambridge University Press, 2009.

———《南宋利用山水寨的防守战略》,《食货月刊》1977 年第 1—2 期,第 1—10 页。

田海(ter Haar, B. J).《新发现的洪迈〈夷坚志〉轶事》["Newly Recovered Anecdotes from Hong Mai's (1123—1202) Yijian zhi"]. *Journal of Sung-Yuan Studies* 23(1993): 19—41.

———《讲故事：中国历史上的巫术与替罪》(*Telling Stories: Witchcraft and Scapegoating in Chinese History*). Leiden: Brill, 2006.(中西书局 2017 年,赵凌云等中译本)

———《中国历史上的白莲教》(*The White Lotus Teachings in Chinese Religious History*). Leiden: Brill, 1992.(商务印书馆 2017 年,刘平、王蕊中译本)

蒂勒·达格玛(Thiele, Dagmar).《和议：宋金外交》("Der Abschluss Eines Vertrages: Diplomatic Zwischen Sungund Chin-Dynastie, 1117—1123"). *Bulletin of the School of Oriental and African Studies* 35, no. 2

(1972):440.

托马斯·威廉·G(Thomas, William G).《计算与历史想象力》("Computing and the Historical Imagination"). In *A Companion to Digital Humanities*, edited by Susan Schreibman, Raymond George Siemens, and John Unsworth, 56—68. Malden, MA:Blackwell, 2004. Also available online at http://digitalhumanities.org/companion/view? docId=blackwell/9781405103213/9781405103213.xml&chunk.id=ss1-2-5.

田浩(Tillman, Hoyt Cleveland).《12世纪中国的原始民族主义? 以陈亮为例》("Proto-Nationalism in Twelfth Century China? The Case of Chen Liang"). *Harvard Journal of Asiatic Studies* 39, no. 2(1979):403—428.

钱存训(Tsien, Tsuen-hsuin).《纸与印刷》(*Paper and Printing*). Edited by Joseph Needham. Vol. 5.1 of *Science and Civilization in China*. Cambridge:Cambridge University Press, 1985.

徐力恒[Tsui, Lik Hang (Lincoln)].《宋代书信:关于其政治、社会和文化使用的研究》["Writing Letters in Song China (960—1279):A Study of Its Political, Social, and Cultural Uses"]. Ph. D. diss., University of Oxford, 2015.

段义孚(Tuan, Yi-Fu).《经验透视中的空间与地方》(*Space and Place:The Perspective of Experience*). London:Edward Arnold, 1977.

杜希德(Twitchett, Denis)编.《剑桥中国隋唐史,589—906》(*Cambridge History of China*, vol. 3, *Sui and T'ang China, 589—906*), pt.1. Cambridge:Cambridge University Press, 1979.

杜希德(Twitchett, Denis)、鲁惟一(Michael Loewe).《剑桥中国秦汉史》(*Cambridge History of China*, vol. 1, The Ch'in and Han Empires, 221 B.C.—A.D. 220). Edited by D. Twitchett and J. K. Fairbank. Cambridge:Cambridge University Press, 1986.

梅原郁:《宋代文书传达制度——以进奏院为中心》(进奏院をめぐって—宋代の文書伝达制度),《就实女子大学史学论集》15(2000),第69—130页.

布莱恩(Vivier, Brian).《中国宋代的对外贸易,960—1276》("Chinese Foreign Trade, 960—1276"). Ph. D. diss., Yale University, 2008.

阿瑟·沃尔德隆(Waldron, Arthur).《长城:从历史到神话》(*The Great Wall of China:From History to Myth*). Cambridge:Cambridge University Press, 1992(1990). (江苏教育出版社2008年,石云龙、金鑫荣中译本)

万安玲(Walton, Linda A).《南宋的书院与社会》(*Academies and*

Society in Southern Sung China》). Honolulu: University of Hawaii Press,1999.

王敖(Wang, Ao).《真实和想象的地图:舆地图和中唐》("Cartographies Actual and Imagined: Imperial Grand Maps and Mid-Tang"). Paper presented at the conference on Middle Period China,800—1400. Harvard University,Cambridge,MA,June 5—7,2014.

王德毅:《宋代的起居注与时政记之研究》,收入《第二届国际汉学会议论文集(历史与考古组)》,第二届国际汉学会议论文集编委会编,台北:"中央研究院"历史语言研究所,1989,第 981—1005 页。

———《宋代的日历和玉牒之研究》,《台湾大学历史学系学报》10—11(1984),第 119—137 页。

———《宋代的圣政和宝训之研究》,《宋史研究集 30（2000）,第 1—26 页。

王桂平:《家刻本》,南京:凤凰出版社,2002。

王赓武(Wang Gungwu).《冯道:论儒家的忠君观念》("Feng Tao: An Essay on Confucian Loyalty"). *In Confucian Personalities*, edited by Arthur F. Wright and Denis Twitchett,123—145. Stanford: Stanford University Press,1962.

———《小帝国的辞令:宋代与其邻国的早期关系》("The Rhetoric of a Lesser Empire: Early Sung Relations with Its Neighbors"). In *China among Equals: The Middle Kingdom and Its Neighbors*,10th—14th Centuries, edited by Morris Rossabi,47—65. Berkeley: University of California Press, 1983.

王鸿泰(Wang,Hung-tai).《明清时期的信息媒介、社会想象和公共社会》("Information Media, Social Imagination, and Public Society during the Ming and Qing Dynasties"). *Frontiers of History in China* 5,no. 2 (2010): 169—216.

王静:《朝廷和方镇的联络枢纽:试谈中晚唐的进奏院》,《政绩考察与信息渠道:以宋代为重心》,邓小南编,第 235—273 页,北京:北京大学出版社,2008。

王金玉:《宋代档案管理研究》,北京:中国档案出版社,1997。

王联斌:《宋代兵书及其军事伦理思想》,《军事历史研究》1996 年第 2 期,第 169—175 页。

汪青:《北宋池州"永丰监"监址考》,《池州日报》2008 年 6 月 24 日。

王瑞来:《玉碎还是瓦全? 宋元之际的两难抉择》,《中国南宋史国际学术研讨会——暨南宋定都临安(杭州)870 周年纪念会论文集》下册,第 259—277 页。Conference proceedings, Hangzhou, 2008.

王宇:《永嘉学派与温州区域文化》,北京:社会科学文献出版社,2007。

华兹生(Watson, Burton)编.《中国古代诗歌》(*The Columbia Book of Chinese Poetry: From Early Times to the Thirteenth Century*). New York: Columbia University Press, 1984.

约翰·瓦特(Watts, John).《政治的形成:欧洲,1300—1500》(*The Making of Polities: Europe, 1300—1500*). Cambridge: Cambridge University Press, 2009.

马克斯·韦伯(Weber, Max).《经济与社会》(*Economy and Society: An Outline of Interpretive Sociology*). New York: Bedminster Press, 1968. (上海人民出版社 2010 年,阎克文中译本)

魏侯玮(Wechsler, Howard).《玉帛之奠:唐王朝正统化过程中的仪礼和象征》(*Offerings of Jade and Silk: Ritual and Symbol in the Legitimation of the T'ang Dynasty*). New Haven: Yale University Press, 1985.

——.《唐政权的巩固者唐太宗》[T'ai-tsung (reign 626—649) the Consolidator]. In *Cambridge History of China*, vol. 3, *Sui and T'ang China, 589—906*, pt. 1, edited by Denis Twitchett, 188—241. Cambridge: Cambridge University Press, 1979.

威尔斯,彼得·S(Wells, Peter S).《野蛮人的语言:被征服的民族如何塑造了罗马的欧洲》(*The Barbarians Speak: How the Conquered Peoples Shaped Roman Europe*). Princeton: Princeton University Press, 1999.

怀特·哈里森·C(White, Harrison C).《身份与控制:社会形态的形成》(*Identity and Control: How Social Formations Emerge*). Princeton: Princeton University Press, 2008.

卫礼贤(Wilhelm, Richard).《易经》(*The I Ching*). Translated by cary F. Baynes, Bollingen Series XIX. Princeton: Princeton University Press, 1950.

魏根深(Wilkinson, Endymion Porter).《中国历史研究手册》(*Chinese History: A Manual*). Cambridge, MA: Harvard University Asia Center, 2000. (北京大学出版社 2016 年,侯旭东等中译本)

通猜·威尼差恭(Winichakul, Thongchai).《图绘暹罗:一部国家地缘机体的历史》(*Siam Mapped: A History of the Geo-Body of a Nation*). Honolulu: University of Hawaii Press, 1994. (译林出版社 2016 年,袁剑中译本)

约翰·温克尔曼(Winkelman, John).《南宋秘书省》("The Imperial

Library in Southern Sung China, 1127—1279: A Study of the Organization and Operation of the Scholarly Agencies of the Central Government"). *Transactions of the American Philosophical Society*, n. s. 64, no. 8 (1974): 61.

王国斌(Wong, R. Bin).《宋朝的社会秩序与国家激进主义:对后世的启示》("Social Order and State Activism in Sung China: Implications for Later Centuries"). *Journal of Sung-Yuan Studies* 26 (1996): 229—50.

伍德沃德·C. 范恩(Woodward, C. Vann).《欢乐机构》("The Jolly Institution"). *New York Review of Books*, May 2, 1974. Also available online at http://www.nybooks.com/articles/archives/1974/may/02/the-jolly-institution/? pagination=false.

赖大卫(Wright, David C).《奉使录:11世纪宋朝使节对辽朝的报告》(*The Ambassadors Records: Eleventh-Century Reports of Sung Embassies to the Liao*). Papers on Inner Asia. Bloomington: Indiana University, Research Institute for Inner Asian Studies, 1998.

——《化干戈为玉帛:11世纪宋代中国与契丹辽朝的外交关系》(*From War to Diplomatic Parity in Eleventh-Century China: Sung's Foreign Relations with Kitan Liao*). Leiden: Brill, 2005.

——《北方边境》("The Northern Frontier"). In *A Military History of China*, edited by David A. Graff and Robin Higham, 57—79. Boulder: Westview, 2002.

吴承园:《宋代测绘史考》,《测绘工程》1998年第1期(总第7期),第71—79页。

吴晓萍:《〈挥麈录〉与王明清的学术成就》,《安徽教育学院学报》1999年第4期,第24—25、28页。

吴玉贵:《〈通典〉"边防典"证误》,《文史》2005年第1期(总第70期),第149—184页。

谢贵安:《宋实录研究》,上海:上海古籍出版社,2013。

辛德勇:《说阜昌石刻〈禹迹图〉与〈华夷图〉》,《燕京学报》2010年第28期,第1—44页。

——《唐代的地理学》,收入《唐代地域结构与运作空间》,李孝聪编,上海:上海辞书出版社,2003,第439—460页。

山内正博:《册府元龟と宋会要》,《史学研究》103(1968):20—39。

严白(Yan Bai):《辛弃疾的政治军事思想》[*The Political and Military Thought of Xin Qiji, 1140—1207, with a Translation of His Ten*

Discussions(*Meiqin Shi Lun*)〕,Vol. 39,*Chinese Studies*. New York:Edwin Mellen Press,2005.

燕永成:《试论王明清的补史成就》,《史学史研究》2009 年第 3 期,第 49—57 页。

杨国宜:《南宋禁书:北征谠议、治安药石》,《古籍研究》1999 年第 2 期,第 120 页。

杨伯峻:《春秋左传注》,北京:中华书局,1981。

杨联陞(Yang,Lien-sheng).《从历史看中国的世界秩序》("Historical Notes on the Chinese World Order"). In *The Chinese World Order:Traditional China's Foreign Relations*,edited by John K. Fairbank,20—34. Cambridge,MA:Harvard University Press,1968.

杨绍云(Yang,Shao-yun).《改造蛮夷:唐宋元时期夷狄的修辞和哲学应用,600—1300 年》("Reinventing the Barbarian:Rhetorical and Philosophical Uses of the Yi-Di in Mid-Imperial China,600—1300"). Ph. D. diss.,University of California at Berkeley,2014.

余定国(Yee,Cordell).《政治文化中的中国地图》("Chinese Mapsin Political Culture"). In *Cartography in the Traditional East and Southeast Asian Societies*,edited by David Woodward and John Brian Harley,71—95. Chicago:University of Chicago Press,1994.

———《丈量世界:介于观察和文字之间的中国地图》("Taking the World's Measure:Chinese Maps between Observation and Text"). In *Cartography in the Traditional East and Southeast Asian Societies*,edited by David Woodward and John Brian Harley,96—127. Chicago:University of Chicago Press,1994.

马西亚·米本(Yonemoto,Marcia).《没有保密的沉默? 什么是早期现代日本地图中未提及的?》("Silence without Secrecy? What Is Left Unsaid in Early Modern Japanese Maps?"). *Early Modern Japan*(2006):27—39.

游彪:《宋朝的邸报与时政》,《中州学刊》2004 年第 6 期,第 108—111 页。

于汝波、李兴斌:《中国经典兵书》,济南:山东友谊出版社,2002。

余英时:《朱熹的历史世界:宋代士大夫政治文化的研究》,台北:允晨文化实业股份有限公司,2003。

张聪(Zhang,Cong).《为了"博学多闻":宋代笔记写作研究》〔"To Be 'Erudite in Miscellaneous Knowledge':A Study of Song(960—1279)*Biji* Writing"〕. *Asia Major*,3rd ser.,25,no. 2 (2012):43—77.

———《行万里路:宋代的旅行与文化》(*Transformative Journeys: Travel and Culture in Song China*). Honolulu: University of Hawaii Press,2011.(浙江大学出版社2015年,李文锋中译本)

张晖:《宋代笔记研究》,武昌:华中师范大学出版社,1993。

张剑:《王铚及其家族事迹考辨》,《文学遗产》2012年第2期。Accessed May 22, 2012. http://wxyc.literature.org.cn/journals_article.aspx?id=1084.

张明华:《王莘考》,《阜阳师范学院文学院》2009年第3期,第4—9页。

张晓旭:《"四大宋碑"概述》,《文博杂志》1991年第2期,第29—35页。

张秀民:《中国印刷史》,上海:上海人民出版社,1989。

张志和:《〈事物纪原〉成书于明代考》,《东方论坛》2001年第4期,第59—60页。

张忠智、庄桂英:《人在山阴,心系边塞——谈陆游的边塞诗》,《中国韵文学刊》2004年第1期,第52—56页。

郑继猛:《近年来宋代笔记研究述评》,《甘肃社会科学》2008年第4期,第37—41页。

郑宪春:《中国笔记文史》,长沙:湖南大学出版社,2004。

郑锡煌:《"九域守令图"研究》,收入《中国古代地图集:战国—元》,曹婉如编,北京:文物出版社,1990,第35—40页。

中华文化复兴运动推行委员会四库全书索引编纂小组编:《四库全书文集篇目分类索引——学术文之部》,台北:台湾商务印书馆,1989。

周光培编:《宋代笔记小说》24册,收入《历代笔记小说集成》,石家庄:河北教育出版社,1995。

周纶著,刁忠民点校:《周益国文忠公年谱》,成都:四川大学出版社,2003。

朱传誉:《宋代新闻史》,台北:中国学术著作奖助委员会,1967。

　　———《先秦唐宋明清传播事业论集》,台北:台湾商务印书馆,1988。

朱东润:《陆游传》,北京:中华书局,1960。

祝尚书:《宋人别集叙录》上下册,北京:中华书局,1999。

邹福清:《唐五代笔记研究》,中国社会科学出版社,2013。

索 引

说明:斜体的页码表示插图或表格

Abbasid Empire(阿拔斯帝国),4
Abramson,Marc(班茂燊),238,277
administrative zoning(行政区划),243-249,244,246,247
An Lushan(安禄山),241
Anderson,Benedict(本尼迪克特·安德森),27
archival mentality(档案心态),35-44,49-59,70-72,329
archives(档案),430-431;classification methods of(分类方法),59,88;excerpts from(摘要),59-62,64-70;indexing methods of,64(索引方法),68-69,196-197,200;information networks of(信息网络),37-44,40;local(当地),39,47-48,53;in medieval England(中世纪英格兰),35-36;operation of(运作),37-44,40,49-59;secrecy of(保密),45-48,65,76,80-87;selecting materials for(选择材料),39. 亦见 libraries(图书馆)
atlases(地图集),123,149-150;historical(历史),125-136,218-219;printing technology and(印刷术),122. 亦见 maps(地图)
Baichuan xuehai(《百川学海》)(All streams of the sea of learning),292-293
Ban Gu(班固),241
Bayly,C. A(C. A. 贝利),22 注释 31
Beizheng dangyi(《北征谠议》)(Sincere discussions of the northern campaign),249-256,259-268,263,264. 亦见 Hua Yue(华岳)
Berry,Mary Elizabeth(玛丽·伊丽莎白·贝利),22 注释 31,25-27
bian(辨)(mark,distinguish),128
bianfang(边防)(border protection),234,243. 亦见 border affairs(边事)
biji(笔记)(written notes),30,281-326;authors of(作者),307-311,308,309,310;database of(数据库),290-291,298,332,353;distribution of(分布),291-296,292,294,295,297;genres of(类型),283-285,325,331-332,369 注释 34,378;printers of

457

(印刷者),295,296-307,297,299;publishing networks of(印刷网络),312-324,319;terms associated with(相关条目),284-285,373

Bin Wong(王国斌),378

biographies(传记),375

Bishui qunying daiwen huiyuan(《璧水群英待问会元》)(Epitome of eminent men responding at the Imperial College),64,73,183,185 注释 33;policy debates using(用于策论),194,197,198,199

Black, Jeremy(杰里米・布莱克),137

Blair, Ann(安・布莱尔),59

Board of Punishments(刑部)(Xingbu),81

Bol, Peter(包弼德),114 注释 20,133 注释 68,396 注释 3

Boodberg, Peter(卜弼德),168-169

border affairs(边事),167-170,212-223,231-232;administrative zoning of(行政区划),243-249,244,246,247;ethnocyclopedic writing on(类书写作),234-243;examination questions on(科举问题),173-201;local knowledge and(地方知识),268-274,271;military chorography of(军事方志),259-268,263,264;representing ethnic others and(体现异族他国),395-426

Boswell, James(博斯韦尔・詹姆斯),327

British Empire(英帝国),maps of(地图),109 注释 4,152-153

Buddhism(佛教),15,121,224,286

Bureaucracy(官场),367-368,430-431;administrative reports of(管理记录),223-231;archival mentality of(档案心态),35-44,49-59,70-72,329;deities organized as(神灵组织),224;factionalism in(党争),92-95,103;functions of(功能),35;information flow in(信息流动),77-104;lexicons of(词典),80;Weber on(韦伯),25

Bureau of Military Affairs(枢密院),42,44,80,415-416

Burke, Peter(彼得・伯克),326

cadastral surveys(地籍勘测),26,107

Cai Jing(蔡京),330,385-386

Cai You(蔡攸),327

Cai Yuanding(蔡元定),79,90,101

Cao Fan(曹璠):*Xuzhi guojing*(《须知国镜》),224(What one needs to know—The mirror of the state)

Cao Song(曹松),144-147

Capital Liaison Offices(进奏院),37,79

Cartier, Carolyn(卡洛琳・卡地亚),367

Cartography(制图学).参见 maps(地图)

Catalog of the Pavilion of Following

One's Original Intent（遂初堂书目），50，59－60，213，226，460－466. 亦见尤袤 CBDB. 参见 China Biographical Database Project（中国历代人物传记资料库项目）

Cefu yuangui（《册府元龟》）(Models from the archives)，39，60

censorship（审查），11－12，250，304，429，433－434；errors in（错误），93－94. 亦见 "secrecy" of documents（文献保密）

Chaffee, John（贾志扬），24

Chancellery（门下省），38，80. 亦见 Secretariat-Chancellery（中书）

Chao Gongwu（晁公武），50－53，59；envoy reports of（使节报告），214；maps mentioned by（所提及的地图），221；Zhao Xibian's supplement to，60；郡斋读书志（Junzhai's record of books read），50，213－216，450－466

Chao Gongzu（晁公朔），156，157

Chao Yuezhi（晁说之），100

Chaobao（朝报）. 亦见 court gazettes（朝廷方志）

Chen Chun（陈淳），101

Chen Fuliang（陈傅良）：Military institutions through the ages（历代兵制），210

Chen Guan（陈瓘）：*Guoyong xuzhi*（《国用须知》）(What one needs to know about the state budget)，227

Chen Liang（陈亮），204

Chen Qiqing（陈耆卿），225

Chen Shan（陈善）：*Menshi xinhua*（《扪虱新话》）(New explanations bluntly presented)，288，303－304

Chen Yinglong（陈应龙），153－154，256

Chen Yingxing（陈应行），301

Chen Zhensun（陈振孙），54，65－68，229；career of（仕宦生涯），53；maps mentioned by（提及地图），135 注释 72，205－206，215－216，218－219，221；*Zhizhai shulu jieti*（《直斋书录解题》）(Zhizhai's annotated catalog)，50－51，59，213，214，450－466

Cheng Dachang（程大昌）：*Beibian bei dui*（《北边备对》）(Notes for a response on questions about the northern border)，276－277；*Yanfan lu*（《演繁录》）(Elaborating on "Rich dew")，301；*Yu-gong lun*（《禹贡论》）(Discourses on "The tribute of Yu")，301；"*Yugong*" *shanchuan dili tu*（《禹贡山川地理图》）(Maps of the topography and geography in "The Tribute of Yu")，122，123，124

Cheng Duanli（程端礼），124

Cheng Gongxu（程公许），99

Cheng Jiong（程迥），341

Cheng Kejiu（程可久），314－315，318－320，319

China Biographical Database Project（CBDB）（中国历代人物传记资料库项目），307－311，310，333 注释 14，353，360

Chizhou Yongfeng qianjian xuzhi

459

《池州永丰钱监须知》(What one needs to know about the cash-producing county Yongfeng in Chi-zhou), 225

Chu Ping-tzu(祝平次), 19

citation networks(引文网络), 352-368; frequency of informants in (信息提供者频率), 335-352, 336, 344-351; geographic distribution of(地理分布), 367-368; location of informants in(信息提供者所在地), 360-367, 361-365; officeholding informants in (信息提供者仕宦), 353-360, 354, 356-358; titles quoted in(引书), 369-378

civil service examinations(科举考试), 46-47, 430-431; historical reasoning in(历史原因), 189-201, 198-200; manuals for(稿本), 62-64, 71; maps and(地图), 124-125; military affairs and(军事事件), 169, 179-188; policy questions on(策问), 172-179; procedures for(程序), 62-63, 72; scholar-collectors and(学者藏书家), 56-57

collected statutes(会要), 40, 43-44, 52, 60-63

Collected Statutes Office(会要所), 44

collected writings(文集)(wenji), 190, 290, 299, 373, 375-376

Compilation Bureau(编修院), 42

Comprehensive institutions(通典), 234-236, 240-242, 250, 274

Confucianism(儒学), 257, 326; Neo-Confucianism and(新儒学), 18, 393, 428

corpus linguistics(文本语料库), 21, 397 注释 4

court diaries(起居注), 40, 41; as bibliographic subdivision(作为书目子类型), 59; in private collections(私人藏书), 52; of Zeng Bu(曾布), 55

Court Diary Office(起居院), 40, 41, 42

court gazettes(朝报), 38-39, 76-104, 149-150; distribution of(分布), 81-82, 102-104; literati networks and(士人网络), 88-104; material in(材料), 77, 78; poems of(诗歌), 91-99; sale of (销售), 83, 85; similarity to newspapers(类似报纸), 81 注释 16, 101-102

Dai Fugu(戴复古), 92

Daily Calendar Office(日历所), 42

daily calendars(日历), 40, 41-42, 52

Daoism(道教), 15, 223-224, 286

Deng Xiaonan(邓小南), 71

Deng Yu(邓禹), 111

de Vivo, Filippo(菲利波), 22 注释 31, 23

Di Cosmo, Nicola(狄宇宙), 31, 234-235

Di Ku(帝喾), 127

"地理图"(Map of the administrative organization of the empire), 119

Dong You, 327

Draft History Institutes(国史院), 42

Du You(杜佑), 275; *Tong dian*(《通典》)(Comprehensive institutions), 234 - 236, 240 - 242, 250, 274

Duan Guangyuan(段光远), 410 - 442, 414

Duyi xuzhi(《读易须知》)(What you need to know when reading "The Changes"), 229

dynastic histories(国史), 40, 43, 47, 370; as bibliographic genre(书目类型), 59 - 60

Edgren, Søren(艾思仁), 305

Edney, Matthew(马修·埃德尼), 144, 152 - 153

Eisenstadt, Shmuel N(艾森斯塔特), 6

Eisenstein, Elizabeth(伊丽莎白·爱森斯坦), 122

Empire(帝国), 2 - 6; diplomatic rhetoric of(外交辞令), 397 - 398; rhetoric of(辞令), 408 - 419, 425 - 426

empire maps(舆地图), 107 - 164, 138, 142, 201 - 212, 218 - 223; British(不列颠), 109 注释 4, 152 - 153; poems about(诗歌), 144 - 161; prefectural maps and(州地图), 139, 208, 221, 222, 263; reading of(阅读), 125 - 136, 143 - 161; of Xiaozong(孝宗), 210 - 211; Xue Jixuan on(薛季宣), 148; of Yuanfeng reign(元丰朝), 139, 243, 244

encyclopedias(类书), 60 - 63; Peter Bol on(包弼德), 133 注释 68; ethnographic(民族学的), 234 - 42, 274; of Zhang Ruyu(章如愚), 132 - 134

England: empire maps of(英格兰: 舆地图), 109 注释 4, 152 - 153; medieval archives of(中世纪档案), 35 - 36; seventeenth-century elites of(17 世纪精英), 320 - 321, 327

Envoys(使节), 171; exchange of(交流), 73, 192 - 193; reports of(记录), 214 - 218, 223

Epitome of eminent men responding at the Imperial College. 见 *Bishui qunying daiwen huiyuan*(《璧水群英待问会元》)

Er Yang guichao lu(《二杨归朝录》)(Yang brothers' return to the Song court), 214

ethnic groups(族群), 144 - 147; descriptive terms for(描述性条目), 396 - 408, 399, 402, 403, 406, 407, 416 - 417; intermarriage among(互婚), 239 - 240; maps of(地图), 112, 117, 120, 129 - 130, 138, 139 - 140, 163, 237; noninteraction of(不互相作用), 193, 238; reports on(记录), 213 - 218, 236 - 237; representations of(体现), 395 - 426

ethnocyclopedic writing(类书书写), 234 - 242, 274

excerpting methods(摘要方法), 59, 68

Fan Chengda(范成大),218
Fan Chong(范冲),334
Fang Hui(方回),93
Fang Yue(方岳),89,150,157
Fang Zi(方兹),338
Fei Gun(费衮),124
First Emperor's tomb map(秦始皇陵地图),110,118
Five Mountains(五岳),131,429
Fozu tongji(《佛祖统纪》)(Comprehensive account of Buddhist patriarchs),121
Franke,Herbert(傅海波),31
Frankel,Oz(弗兰克尔),26,27
Fu Jian(福建),73
Fujian taozei xuzhi(《福建盗贼须知》)(What one needs to know about banditry in Fujian),226
Gao Xianzhi(高仙芝),241
Gao Zhu(高翥),99-100
Gaoli state(高丽政权),398
Gaozong,Emperor(宋高宗),1,56,68,382-383;daily calendar of(日历),52;Jin policies of(金朝政策),74,85-86,191-192,195,214;Qin Gui and(秦桧),85-86,415-416,424;sagely government of(圣政),71-72;veritable records of(实录),50,322;on Zhang Jiucheng(张九成),386
Gaozu,Emperor(汉高祖),256-257
gazetteers(方志),114-115,149-150,215-223,431;county(县志),221,222,263,264;of Ni Pu(倪朴),202-203;prefectural(州志),139,208,221,222,246,263,264;of Wu Xie(吴燮),205;of Yuan-feng reign(元丰朝),220
Geshu Han(哥舒翰),241
Gong Feng(巩丰),92
Gong Rizhang(龚日章),249-250,252-253
Gong Yizheng(龚颐正),286
Gowers,Bernard(熊雍),19-20
Great Wall(长城),119,127,129-130,139,243
Guangwu,Emperor(光武帝),111
Gujin hebi she lei bei yao(《古今合璧事类备要》)(Full essentials of the past and the present brought together and classified),62
Gujin huayi quyu huyao tu(《古今华夷区域总要图》)(General survey map of Chinese and non-Chinese from the Past through the Present),138,139-140,163
Gujin shiwen leiju(《古今事文类聚》)(Classified collection of affairs and texts from the past through the present),60-61
Guo Jiude(郭九惪),318,319
Guo Ruoxu(郭若虚),67
Han Shizhong(韩世忠),74
Han Tuozhou(韩侂胄),251,253,265
Han dynasty(汉朝),3,256-257;history of(历史),115-116,257;maps of(地图),108,111-112
Hartwell,Robert(郝若贝),190-

191

He Yi(何异),301-303

historical reasoning(历史原因),189-201,198-200

Historiography Institute(史馆),41,42,51,55,70,281

History Institutes(史院),40

Hong Ji(洪伋),302-303

Hong Mai(洪迈),77-78,373;citations of(引用),341;*Rongzhai suibi*(《容斋随笔》)(Rongzhai's jottings),302-304;*Yijian zhi*(夷坚志)(Record of the listener),301-302

Hong Zikui(洪咨夔),185

Hu Anguo(胡安国),89

Hu Quan(胡铨),1-2,402,406,407,415-420

Hu Zhonggong(胡仲弓),157-159

Hua Xia people(华夏人),237

Hua Yue,249-58,268-77;*Beizheng dang-yi*(《北征谠议》)(Sincere discussions of the northern campaign),259-268,263,264;*Beizheng lu*(《北征录》)(Notes for a northern campaign),242,252-253;*Ten Policy Essays on Pacifying the Barbarians*《平戎十策》,252-254;*Zhian yaoshi*(《治安药石》)(Remedies for achieving security),249-256,267-272

Huang Dui(黄兑),253

Huang Gan(黄榦),90

Huang Kuanchong(黄宽重),265

Huang Shang(黄裳),8

Huang Shicheng(黄时偁),410,412

Huang Zhuangyou(黄壮猷),300

Huizhu lu(《挥麈录》)(Waving the duster),30-31,52,70,332-333,467-468;citation network of(引用网络),335-339,336,341-343,344-346,348-349;descriptions of Jurchens in(金人描述),396-408,399,402,403,406,407,416-417;location of informants in(信息提供者所在地),362,363,366;office-holding informants of(信息提供者仕宦),353-360,354,356-358;publication history of(出版史),288,312-325,334;representing ethnic others in(体现异族他国),395-426;titles quoted in(引书),369-372,374-378;topic map of(主题地图),378-392,380-381.亦见 Wang Mingqing(王明清)

Huizong,Emperor(宋徽宗),385-386,417

Hunyi nei wai jiangyu tu(《混一内外疆域图》)(Maps uniting the territories in the core and on the periphery),122

Huo Qubing(霍去病),241

imperial sovereignty(帝国主权),382-386

indexing methods(索引方法),64,68-69,196-197,200

India(印度),131

Information(信息):within bureauc-

463

racies(官场内部),77-104;court gazettes and(朝报),77-104;definitions of(定义),24-26;editorial policies and(编辑政策),77,80;leaking of(泄密),82-87

information networks(信息网络),37-44,40

Jacob,Christian(克里斯蒂安·雅格),122

Japanese libraries(日本图书馆),25-27

Jay,Jennifer(谢慧贤),18,422注释60

Jia Dan(贾耽),139-40;*Hainei huayi tu*(《海内华夷图》)("Map of Chinese and non-Chinese with the seas"),117,129,144-147

Jiang Shaoyu(江绍虞):*Songchao shishi leiyuan*(《宋朝事实类苑》)(Classified collection of affairs from the reigning dynasty),373-374

Jiang Teli(姜特立),91

Jiang Xian(蒋岘),94-95

Jin Empire(金帝国),14,159注释109,281,408-426;border conflicts with(边界冲突),258-262,265-266,276;ethnic groups in(族群),400;Gaozong's policies on(高宗政策),74,85-86,191-192,195,214;maps of(地图),118-119,130,135-136,216;Qin Gui's negotiations with(秦桧议和),85-86,192,193,412-415;reports on(记录),213-218;urbanization of(城市化),427.亦见 Jurchens(女真)

Jing Du(井度),53

Jing Tang(京镗),304,323

Jingkang crisis(靖康之难),5,13-14,430,436-438

Jinguo Cheng'an xuzhi(《金国承安须知》)(Things to know about the State of Jin during the Cheng'an reign),216

Jinren jiangyu tu(《金人疆域图》)(Maps of the territory of the people of Jin),216

Jinzouyuan(进奏院)。参见 Memorials Office

Jiuchao guoshi(《九朝国史》)(Draft history of the nine reigns),43

Jiuyu zhi(《九域志》)(Gazetteer of the nine zones),149-150

Johnson,Samuel(塞缪尔·约翰逊),327

Junzhai dushu zhi(《郡斋读书志》)(Junzhai's record of books read),50,213-216,450-466.亦见 Chao Gongwu(晁公武)

Jurchens(女真),174;descriptive terms for(描述性条目),396-407,399,402,403,406,407,416-417;ethnonyms of(民族),399-400;invasions of(入侵),260;Manchus and(满族),405;reports on(记录),213-218.亦见 Jin Empire(金帝国)

Kaifeng(开封),159;Jurchen occupation of(女真占领),13,49,410

Keeping guests(投辖录)(Tou xia lu),333,337,369,377

Khitans(契丹),7,73-74,130,241,413. 亦见 Liao Empire(辽帝国)

Korea(高丽),130,241

Kubota Kazuo(久保田何男),81 注释 16

Lamouroux, Christian(蓝克利),215,260

Lang Jian(郎简),328

Learning of the Way movement(道学运动),79,90

Left Storehouse(御府),66

Lewis, Mark Edward(李瑞),15

Li Daochuan(李道传):Jiangdong shi kao(《江东十考》)(Ten historical investigations into the region east of the Yangzi),253,275-276

Li Dongyou(李东有),219

Li Hewen(李和文),408-409

Li Hou(李垕),316-318,319

Li Ruqian(李如箎):Dongyuan congshuo(《东园丛说》)(Ongoing conversations from Master Dongyuan),302

Li Shunchen(李舜臣):Jiangdong shi jian(《江东十鉴》)(Ten historical cases on the region east of the Yangzi),253,275-276

Li Tao(李焘),63-64,316-317,319;Xu Zizhi tongjian changbian(《续资治通鉴长编》)(Collected documents for the continuation of "The comprehensive mirror for aid in government"),78

Li Xinchuan(李心传),51;Guochao huiyao zonglei(《国朝会要总类》)(Collected statutes of the reigning dynasty comprehensively excerpted and classified),44,65

Li Yannian(李延年),330-331

Li Yuangang(李元纲):Houde lu(《厚德录》)(Record of enriching virtue),374

Li Zhengzhi(李正之),384

Li Zhi(李埴),92

Li Zhuan(李撰),389

Li Zunxu(李遵勖),408-409

Liang Caifu(梁才甫),54

Liangchao guoshi(《两朝国史》)(Draft history of the two reigns),43,328,370

Liangzhe zhuanyun xuzhi(《两浙转运须知》)(What one needs to know about fiscal contributions from Liangzhe),226

Liao Empire(辽帝国),7,73-74,159-60,243,413,420-421;border fortifications of(边界堡),248;descriptive terms of(描述性术语),397-398,416-417;maps of(地图),130,135-136,139,216;reports on(报告),213-218;Yellow River and(黄河),260

Libraries(图书馆),49-59,88-101,213-18;Japanese(日本),25-27. 亦见 archives(档案)

Lidai dili zhizhang tu(《历代地理

指掌图》)(Handy geographical maps throughout the ages),122-127,131-137,143,155,162-163,212;ethnocyclopedic writing and(类书写作),243;poems on(诗歌),148-151,157-159

Lidai zhidu xiangshuo(《历代制度详说》)(Detailed explanations of institutions throughout the ages),64

Liji(《礼记》)(Record of Ritual),405-406,411

Lin Fu(林虙):*Cichang xin fan*(《辞场新范》)(New model for the examinations),46,47;*Shenzong huangdi zhengji gushi*(《神宗皇帝政绩故实》)(Truths regarding the government of Emperor Zhen-zong),46-47,66

Lin Jiong(林迥),63,64

Lin Xi(林希),46

literati(士),367-368,390-392;court gazettes and(朝报),88-104;discourse of(话语),98n59,326-331;empire maps and(舆地图),144-161,218-223,222;imperial elites versus(帝国精英对抗),5,10;imperial mission of(帝国使命),14-18,107;notebooks of(笔记),281-289,293,294;private libraries of(私人图书馆),49-59,88-101;in seventeenth-century England(17世纪英格兰),320-321,327

Liu Changshi(刘昌诗),297;*Lupu biji*(《芦浦笔记》)(Notes written in Lupu),286-289,303-304,316

Liu Chenggui(刘承珪),227

Liu Guangzu(刘光祖),90

Liu, James T. C(刘子健),17

Liu Jing(刘敬),241

Liu Kezhuang(刘克庄),93-96,152,161n114,163-164

Liu Kuang(刘贶),275;*Wu zhi*(《武指》)(Military guide),237-242

Liu Qi(刘琦),330-331

Liu Yeqiu(刘叶秋),285

Liu Yi(刘錡),74

Liu Yu(刘豫),119,417

Liu Zhaoyou(刘兆祐),61

Liu Zheng(刘拯),91

Liu Zhi(刘挚),330

Liu Ziyu(刘子羽),185 注释33

Liuhe zhangyun tu(《六合掌运图》)(Maps holding together the passage of time in the world),218-219

Liujing tu(《六经图》)(Figures of the six classics),121,219

Lizong,Emperor(宋理宗),43-44

local knowledge(地方知识),234,268-274,271

Lou Yue(楼钥),304n37

Love,Harold(哈罗德·拉夫),312,313,320

loyalty(忠),17-18,412,414,419-425

Lu You(陆游),27n42,68-69,256;on civil service examinations(科

举考试),72;on Fan Chengda(范成大),218;on maps(地图),148-151,154-155,161,163-164

Lu Ziyu(陆子遹),296

Luguo zhi tu(《鲁国之图》)(Map of the state of Lu),120

Lü family(吕家),387

Lü Xiaqing(吕夏卿):*Tangshu xinli xuzhi*(《唐书新例须知》)(What you need to know about "The new form of 'The New Tang History'"),229

Lü Zuqian(吕祖谦),373;*Han yudi tu*(《汉舆地图》)(Han imperial maps),111;*Wudai shi xiangjie*(《五代史详节》)(Detailed excerpts from "The history of the Five Dynasties"),121

Ma Duanlin(马端临):*Wenxian tongkao*(《文献通考》)(Comprehensive investigation of textual records),274

Ma Shen(马伸),420

Manuscripts(稿本):copying of,64-65,312-315,317-325;European(欧洲),19-20,36,59,321,323

maps(地图),107-164,218-223;of border defenses(边防),246,263,264,271;chronological information on(时间信息),136-143,138,142;of ethnic groups(族群),112,117,120,129-130,138,139-140,163,237;Great Wall on(长城),119,127,129-130,139;making of(制作),109-115,140,161-162,201-212;monumental(纪念),110,113;political meaning of(政治意义),109-110;reading of(阅读),125-136,143-161;on stelae(石碑),117-120,209;as tool of collective memory(分类记忆的工具),29;of Wei dynasty(魏朝),141-143,142.亦见 empire maps(舆地图)

May,Ernest R(乔恩),189-190

Meiqin shi lun(《美芹十论》)(Ten expositions humbly presented),253-254,276

Memorials Office(进奏院),79-80,84,281,431;centralization of(中央集权),37-39;court gazettes published by(朝报出版),80-81;leaks from(泄密),83-84;"short reports" of(小报),86-87

Meng Jiao(孟郊),92

Mengxi bitan(《梦溪笔谈》)(Notes by Dream Creek),114,298,300-301,372,378.亦见 Shen Gua(沈括)

methodological concerns(研究主题),378 注释 46,396 注释 4,467-468

Military Affairs Bureau(枢密院编修官),42,44,80,415-416

military chorography(军事方志学),259-268,263,264

military geography(军事地理),

179-188, 182, 187, 212
military studies(军事研究), 168-170, 209-210, 212, 237-242, 274-278. 亦见 Wujing zongyao(《武经总要》)
Ming dynasty(明朝), 1, 18, 437; court gazettes of(朝报), 81, 103-104
Ministry of Military Affairs(兵部), postal network of(邮政网络), 80-81, 83, 84, 219, 273
Mo Shuguang(莫叔光), 57
Mongol Empire(蒙古帝国), 94-96, 437; Jurchen conflicts with(与女真冲突), 174; Song policies toward(宋朝政策), 192
Münkler, Herfried(赫尔弗里德·明克勒), 14-15, 437-438
Nazi xenophobia(纳粹排外主义), 405 注释 22
Neizangku xuzhi(《内藏库须知》)(What one needs to know about the Palace Storehouse), 227
Neo-Confucianism(新儒学), 18, 393, 428
Neustadt, Richard E.(理查德·E·纽斯塔特), 189-190
Ni Pu(倪朴), 183, 202-206, 209-210; *Yudi huiyuan zhi*(《舆地会元志》)(Gazetteer bringing the empire together), 202-203
Ningzong, Emperor(宋宁宗), 8, 53, 119, 250
Notebooks(笔记). 参见 *biji*(笔记)
Notes by *Dream Creek*(《梦溪笔谈》). 参见 *Mengxi bitan*《梦溪笔谈》
Ottoman Empire(奥斯曼帝国), 4
Ouyang Xiu(欧阳修), 17, 338
Owen, Stephen(宇文所安), 374
Palace Library(秘书省), 42-44; private collectors and(私人藏书家), 55-56; You Mao and(尤袤), 52
Pan Jingxian(潘景宪), 203, 204
peace negotiations(和议), 73-74, 191-192; Hua Yue on(华岳), 255-256, 258; rejection of(拒绝议和), 402, 415-419, 426; Wang Mingqing on(王明清关于), 408-426
Pei Xiu(裴秀), 139-140
Peng Guinian(彭龟年), 91, 101
pharmacopeia(药典), 377
poetry(诗歌), 60-61, 91-99, 375-376
Poo Mu-chou(蒲慕州), 398
Poon, Ming-sun(潘铭燊), 60 注释 45
population censuses(人口普查), 107
postal network(邮政网络), 80-81, 83, 84, 219, 273
precious instructions compilations(*baoxun*)(宝训), 40, 44, 46, 65-66
print technology(印刷术), 13, 36, 64-70, 83, 140, 320-321
Pure Brightness(净明)(Jingming) sect of Daoism(道教), 223-224
Qian Chen(钱忱), 391

Qiandao Xu sichao huiyao（乾道续四朝会要）(Qiandao reign edition of the collected statutes of the four reigns), 63

Qin Gui（秦桧）, 1, 42, 57, 305, 379, 386; death of（去世）, 86, 415; Hu Quan on（胡铨）, 418; Jin negotiations by（与金人和议）, 85–86, 192, 193, 412–416; legacy of（遗产）, 420–421, 424

Qin Xi（秦熺）, 57

Qin Empire（秦帝国）, 23

Qing dynasty（清朝）, 1, 18, 405; court gazettes of（朝廷方志）, 81, 103–104

Qingyuan tiaofa shilei（《庆元条法事类》）(Classified laws of the Qingyuan period), 45–46, 65, 170, 171

Qinzong, Emperor（宋钦宗）, 50, 420–421; as Jin hostage（金朝人质）, 409–412, 418, 424

Qiu Su（丘橚）, 283, 303

Qunshu huiyuan jie jiang wang (Net to unite and order the massive amounts of information in all books)（《群书会元截江网》）, 64

Record of hearsay from Su River（《涑水记闻》）。参见 Sushui jiwen（《涑水记闻》）

Records of official travel（《游宦纪闻》）。参见 Youhuan jiwen（《游宦纪闻》）

Record of the Origins of Things (Shiwu jiyuan)（《事物纪原》）,

60, 62–63

Ren Shenxian（任申先）, 420–421

Renzong, Emperor（宋仁宗）, 6, 408–410; Cefu yuan-gui（《册府元龟》）(Models from the archives) and, 39, 60; dynastic history of（国史）, 43; peace negotiations of（和议）, 73, 74; precious instructions of（宝训）, 46; veritable records of（实录）, 46

Reports（报告）, 223–231; of envoys（使节）, 214–218, 223; short（小报）, 84–89, 91, 97, 98n59, 431

Roman Empire（罗马帝国）, 15

Rossabi, Morris（罗茂锐）, 397

Ruxue jingwu（《儒学警悟》）(Insights into the learning of scholars), 292, 301 注释30, 435–436

sagely government compilations（圣政）, 40, 44, 65–67, 196; of Gaozong（高宗）, 67, 71–72; of Tianxi reign（天禧朝）, 66; of Xiao-zong（孝宗）, 62, 67, 71–72

Sanchao guoshi（《三朝国史》）(History of the three reigns), 370

Sanchao xunjian tu（《三朝训鉴图》）(Illustrations of the instructions and models from the three reigns), 66–67

Sanchao zhengyao（《三朝政要》）(Essentials of government from the three reigns), 67

"secrecy" of documents（文件保密）, 45–48, 65, 76, 80–87; cen-

469

sorship and（审查），433－434；
imperial authority and（帝国权威），232；in *Tang lü*（唐律），170－171. 参见 censorship（审查）

Secretariat-Chancellery（中书门下）（Zhongshu-Menxia），41. 亦见 Chancellery

Shao Yong（邵雍），95

Shen Gua（沈括），109n5，113－114；*Mengxi bitan*（《梦溪笔谈》）（Notes by Dream Creek），114，294，298，300－301，372，378

Shen Songqin（沈松勤），92－93

Shengzheng（圣政）. 亦见 *sagely government compilations*（圣政）

Shenzong, Emperor（宋神宗），3，169，371

Shi Jingtang（石敬瑭），159 注释 109

Shi Miyuan（史弥远），94，251

Shilei fu（《事类赋》）（Classified prose poems），60－61

Shilu（《实录》）. See veritable records

Shisan chao huiyao（《十三朝会要》）（Collected statutes of thirteen reigns），51

Shiwu jiyuan（《事物纪原》）（Record of the origins of things），60，62－63

short reports（小报），84－89，91，97，98 注释 59，431

Shui Anli（税安礼），125，149，150，205

Shujing（《书经》）（Book of docu-

ments），115－116

Sichao guoshi（《四朝国史》）（Draft history of the four reigns），51

Sikong Tu（司空图），147

Siku quanshu series（四库全书）（SKQS），405，406

Sima Guang（司马光），3，6－9，17，437；*Zizhi tongjian*（《资治通鉴》）（The comprehensive mirror），6－7. 亦见 *Sushui jiwen*（《涑水记闻》）

Sima Qian（司马迁），7，146n81；on First Emperor's tomb map（秦始皇陵地图），110，118；*Records of the Historian*（《史学家记录》），235

Sincere discussions of the northern campaign（*Beizheng dangyi*）（《北征谠议》），249－256，259－268，263，264. See also Hua Yue（华岳）

Sixteen Prefectures（燕云十六州），119，136，139，153，159－161，172；recapturing of（重新占领），420－421，429

Skinner, William（施坚雅），20－21，367－368

Song Huizhi（宋惠直），390

Song Lian（宋濂），204

Song Minqiu（宋敏求），88－89

Spacks, Patricia Meyer（帕斯科·帕特里夏·迈耶），327

Standen, Naomi（史怀梅），17－18，277

stelae（石碑），8－9；maps on（地

图),117-120,209

Su Shi(苏轼),125,329-30;citations of(引用),338,341

Su Yan(苏兖),339

Suichu tang shumu(《遂初堂书目》)(Catalog of the Pavilion of Following One's Original Intent),50,59-60,213,226,460-466. See also You Mao(尤袤)

Sui shu(隋书)(Sui dynastic history),61

Summa of the military classics(《武经总要》). 参见 *Wu-jing zongyao*(《武经总要》)

Sun Jin(孙近),418

Sun Quan(孙权),194-195

Sun Wei(孙伟),247

Sun Yingshi(孙应时),89

Sushui jiwen(《涑水记闻》)(Record of hearsay from Su River),333,334;citation network of(引用网络),339,340;location of informants in(信息提供者所在地),360-366,361;officeholding informants of(信息提供者仕宦),353-355,354,357,359-360;titles quoted in(引书),370-371,377-378. 参见 Sima Guang(司马光)

Taishang jingming yuan buzou zhiju Tai-xuan dusheng xuzhi(《太上净明院补奏职局太玄都省须知》)(Amended list of ranks and bureaus from the Pure Brightness Directorate of the Highest),223-224

Taizong, Emperor(宋太宗),71,383;military skill of(军事谋略),193,195

Taizu, Emperor(宋太祖),71,195,370,411;maps of(地图),112,137-139;veritable records of(实录),50

Talas, battle of(怛逻之战),240,241

Tang Jie(唐介),391

Tang Xiunian(汤修年),300-301

Tang Zhongyou(唐仲友):*Diwang jingshi tupu*(《帝王经世图谱》)(Maps and tables illustrating the governance of rulers),121,219

Tang Empire(唐帝国),10;draft histories of(国史),43;maps of(地图),117

Tang lü(《唐律》)(Tang code),170-171

Tianxi shengzheng ji(《天禧圣政记》)(Record of the sagely government of the Tianxi reign),66

Tibetans(吐蕃),130

Tillman, Hoyt Cleveland(田浩),27 注释42

Tong dian(《通典》)(Comprehensive institutions),234-236,240-242,250,274

Tou xia lu(《投辖录》)(Keeping guests),333,337,369,377

Tribute of Yu(《禹贡》). 参见 "*Yugong*"(《禹贡》)

Tuan, Yi-Fu(段义孚),154,157

Turks(突厥),235-236

Uighurs(党项),235-236
Unrestrained jottings from the Cloudy Mountain Foot (*Yunlu manchao*)(《云麓漫钞》),297,303-304,316
veritable records(实录),42-43,370;as bibliographic subdivision(书目分类),59;of Renzong(仁宗),46
Veritable Records Institute(实录院)(*Shiluyuan*),42,44,322
Vietnam(安南),131
Waldron, Arthur(阿瑟·沃尔德伦),129
Wang Anshi(王安石),50-51,328,386
Wang Bing(王禀),422-423
Wang Fu(王黼),331
Wang Fuzhi(王夫之),92-93
Wang Gungwu(王赓武),31
Wang Hung-tai(王鸿泰),103
Wang Jun(王俊),421
Wang Lun(王伦),415-418
Wang Mai(王迈),94-95
Wang Mingqing(王明清),54,57,283,392-394,420;on book collections(图书收集),64-65;on Jin peace negotiations(与金议和),408-426;social background of(社会背景),333-334;*Touxia lu*(《投辖录》)(Keeping guests),333,337,369,377;*Yuzhao xin zhi*(《玉照新志》)(New record from the Jade Shine Studio),333,337,369,377.亦见 *Huizhu lu*(《挥麈录》)(Waving the duster)

Wang Qia(王玠):*Xi Han bingzhi*(《西汉兵制》)(Military institutions of the Western Han),210
Wang Qiu(王璆),318,319
Wang Shen(王莘),390
Wang Xiang(王襄),403
Wang Xixian(王希先),209,220;*Huangchao*(黄巢)*fangyu zhi*(方舆志)(Gazetteer of our dynasty's territory),205
Wang Xuanzan(王宣赞),330-331
Wang Yande(王延德),416-417
Wang Yingchen(汪应辰),288
Wang Yinglin(王应麟),9
Wang Yuxi(王禹锡),319
Wang Zhi(王铚),54,323,333,339;draft war announcement of(草拟战争宣言),402-405
Wang Zhiwang(王之望),97
Wang Zhiyuan(王致远),8,119
Wang Zongdan(王宗旦),304
Waving the duster(《挥麈录》).参见 *Huizhu lu*(《挥麈录》)
Weber, Max(马克思·韦伯),25
Wei Liaoweng(魏了翁),173-174,176,177,180-183
Wei dynasty map(元魏北国图),141-143,142
Wenji(文集)(collected writings),190,290,299,373,375-376
Wenxiang(文琇)(monk),150-151
Wright, David(赖大卫),31
Wu, Emperor(汉武帝),3,111,

238-239

Wu Baogui(吴玉贵),236n6

Wu Cheng(吴澄),52,64

Wu Qiao(吴侨),144,145,147

Wu Shidao(吴师道),202

Wu Xie(吴澥),209,220;*Yunei bian lidai jiangyu zhi*(《宇内辨历代疆域志》)(Gazetteer marking our territories through the ages),204

Wu Yong(吴泳),175,178,211

Wu Zeng(吴曾),88,305;*Nenggai manlu*(《能改斋漫录》)(Nenggai's unrestricted records),304

Wujing zongyao(《武经总要》)(Summa of the military classics),29,243-45,244,246,248,250,261. 亦见 military studies(军事研究)

Xiangfu jiuyu tu(《祥符九域图》)(Map of the nine zones from the Xiangfu period),148-149

Xiaoshuo(小说)(short narratives),284

Xiaozong, Emperor(宋孝宗),68,193,384;collected statutes of(会要),62,63;court diary of(日历),52;defense policies of(防务策),276;maps of(地图),112;reunification plans of(统一计划),210-211;sagely government of(圣政),62,71-72;veritable records of(实录),50

Xie Ao(谢翱),120

Xie Caibo(谢采伯):*Mizhai's Written Notes*(《密斋笔记》),302,304

Xie Weixin(谢维新),62,63 注释

50,64

Xin Deyong(辛德勇),117 注释 27,209

Xin Qiji(辛弃疾),161 注释 114,253

Xiongnu people(匈奴人),238-240

Xiongnu xuzhi(《匈奴须知》)(Things to know about the Xiongnu),216,231

Xi Xia(西夏),243;fortifications of,245-249,247;maps of(地图),131,139

Xi Xia xuzhi(《西夏须知》)(What one needs to know about Xi Xia),229

Xu Du(徐度),57,328,329,338

Xu Fu(徐俯),55

Xu Kui(徐撰),410-411

Xu Mengxin(徐梦莘);*Sanchao beimeng huibian*(《三朝北盟会编》)(Collection of documents regarding relations with the north during three reigns),214

Xu Xun(许逊),223-224

Xu Zhong(许中),58

Xue Jixuan(薛季宣),148,208-209;*Jiuyu tu*(《九域图》)(Map of the nine regions),207;*Jiuzhou tuzhi*(《九域志》)(Map gazetteer of the empire),208

Xuzhi(须知)("what one needs to know") genre,216,223-231,460-466

xylography(版刻),320-321. 亦见 print technology(印刷术)

Yan You(严尤),238

Yanbei zalu(硯北杂录)(Miscellaneous notes on the north),216

Yang Guifei(杨贵妃),241

Yang Guozhong(杨国忠),241

Yang Xiong(杨雄),92

Ye Mengde(叶梦得):*Shilin yanyu*《石林燕语》)(Shilin's casual conversations),288

Yingzong, Emperor(宋英宗),43,46,54

Yishi(轶事)(memoirs),373,408-409

Yixing(一行)(monk),126,150

You Jiuyan(游九言),420

You Mao(尤袤),50-53,123; envoy reports of(使节报告),214; maps mentioned by(提及的地图),216,219,221; *Suichu tang shumu*(《遂初堂书目》)(Catalog of the Pavilion of Following One's Original Intent),50,59-60,213,226,450-466

Youhuan jiwen(《游宦纪闻》)(Records of official travel),333-335,432; citation network of(引书网络),339-343,342,347,350-351,352; location of informants in(信息提供者所在地),364,365,366-367; office-holding informants of(信息提供者仕宦),353-360,354,357,358; titles quoted in(引书),369-371,377-378

Yu Yingshi(余英时),92-93

Yu Zhe(余嚞),205

Yuan Xie(袁燮),192-193

Yuan dynasty(元朝),1

Yuanfeng reign(元丰时期),46; empire map of(舆地图),139,243,244; gazetteer of(方志),220

Yuan Wei Beiguo tu(《元魏北国图》)(Map of the Wei dynasty and the Northern states),141-143,142

yudi tu(舆地图)(maps of the earth),111,112,120

Yue Fei(岳飞),74,218,421

Yue Ke(岳珂),296-297

Yugong(禹贡)(Tribute of Yu),16,115-116,122,301; Wenxiang on(文珦),150-151; Xin Deyong on(辛德勇),209; Zhu Xi on(朱熹),136

Yugong shanchuan dili tu(《禹贡山川地理图》)(Maps of the topography and geography in "The Tribute of Yu"),122,123,124

Yuji tu(《禹迹图》)(Map tracing the tracks of Yu),115-116,118-119,163

yulu(语录)(recorded conversations),373

Yunlu manchao(《云麓漫钞》)(Unrestrained jottings from the Cloudy Mountain Foot),297,304,316

Yuzhao xin zhi(《玉照新志》)(New record from the Jade Shine Studio),333,337,369,377

Zajia(《杂家》)(miscellaneous expertise) genre, 284

Zeng Bu(曾布), 389; court diary of (日历), 55

Zeng Gong(曾巩), 388

Zeng Jian, 194; Dace mijue(答策秘诀)(Secret tricks for responding to policy questions), 178 - 179

Zeng Shu(曾纡), 337 - 338

Zengru mingru jiangyi huang Song Zhongxing liangchao shengzheng(《增入名儒讲义皇宋中兴两朝圣政》)(Sagely government of the two reigns of the intermediate restoration, with explanations by famous scholars), 196, 197

Zengru mingru jiangyi Zhongxing liang-chao shengzheng(《增入名儒讲义皇宋中兴两朝圣政》)(Sagely government of the two reigns of the intermediate restoration, with explanations by famous scholars), 68

Zhan Tiren(詹体仁), 90

Zhang Cong(张聪), 334 - 335

Zhang Congzu(张从祖), 44, 51

Zhang Hao(张浩), 383

Zhang Hui(张晖), 309 - 310

Zhang Jiucheng(张九成), 386

Zhang Jun(张俊), 74

Zhang Lei(张耒): *Mingdao zazhi*(《明道杂志》)(Clarifying the Way: A miscellany), 396 注释 3

Zhang Ruyu(章如愚): *Qunshu kaosuo*(《群书考索》)(Investigations into multitudes of books), 132 - 135, 162

Zhang Shi(张栻), 211

Zhang Shinan(张世南), 432. 亦见 *Youhuan jiwen*(《游宦纪闻》)(Records of official travel)

Zhang Yong(张咏), 184

Zhang Yuangan(张元幹), 151 - 152, 155 - 161, 256

Zhang Zi(张镃): *Huangchao shixue guifan*(《皇朝仕学规范》)(Models for official service and learning from the reigning dynasty), 372 - 374, 376

Zhao Bian(张昇), 184

Zhao Bujian(赵不谫), 315, 318 - 320, 319

Zhao Ding(赵鼎), 334

Zhao Fan(赵蕃), 92

Zhao Li(赵立), 416

Zhao Sheng(赵升): *Chaoye lei yao*(《朝野类要》)(Classified essentials in and out of court), 80

Zhao Yanwei(赵彦卫): *Yunlu manchao*(《云麓漫钞》)(Unrestrained jottings from the Cloudy Mountain Foot), 297, 304, 316

Zheng Boxiong(郑伯熊), 203, 204

Zheng Bu(曾布), 55

Zheng Ning(郑宁), 95 - 96

Zheng Qiao(郑樵), 54; *Tong zhi*(《通志》), 227 - 228, 460 - 465

Zheng Ruxie(郑汝谐), 215

Zheng Yin(郑寅), 54

Zhenguan zhengyao(《贞观政要》)

475

(Essentials of government of the Zhenguan reign),66

Zhenzong,Emperor(宋真宗),39,55,80,184,384,406;Lin Fu's compilation for(林虙),46-47,66;peace negotiations of(和议),73-74

Zhezong,Emperor(宋哲宗),50-51,78,386

Zhian yaoshi(《治安药石》)(Remedies for achieving security),249-250

Zhihe fayun cha yan xuzhi(《至和发运茶盐须知》)(What one needs to know about the tea and salt tribute,from the Zhihe period),226

Zhizhai shulu jieti(《直斋书录解题》)(Zhizhai's annotated catalog),50-51,59,213,214,450-466. See also Chen Zhensun

Zhonghe chongxiu guochao huiyao(《政和重修国朝会要》)(Collected statutes of the reigning dynasty revised during the Zhenghe reign),58

Zhongxing huiyao(《中兴会要》)(Collected statutes of the intermediate revival),63

Zhongxing liangchao shengzheng(《中兴两朝圣政》)(Sagely government of the two reigns of the intermediate restoration),196,199

Zhongxing sichao guoshi(《中兴四朝国史》)(Draft history of the four reigns of the intermediate revival),43

Zhou Baoquan(周保权),139

Zhou Bida(周必大),98 注释 59

Zhou Hui(周辉):*Qingbo zazhi*(《清波杂志》)(Miscellaneous notes by one who lives near the Gate of Clear Wave),396 注释 3

Zhou Kui(周葵),204

Zhou Linzhi(周麟之),86-87,88

Zhou Tingyun(周庭筠),302

Zhou Yinghe(周应合):*Jingding Jiankang zhi*(《景定建康志》),150 注释 88,219 注释 95,225 注释 101,458-465

Zhou dynasty(周朝),238-239

Zhu Cunru(朱敦儒),328

Zhu Xi(朱熹),89-91,97-98,101,211;Cheng Dachang and(程大昌和),123;on mapmaking(地图制作),206-208,212;on *Tribute of Yu*(《禹迹图》),136;Yu Zhe and(余嚞),205;*Taiji tushuo*(《太极图说》)(Explanations and diagrams of the great ultimate),79

Zhuru mingdao(All scholars advocating the Way)(诸儒明道),292,300

译后记

魏希德教授是比利时汉学家,主要从事宋史研究,曾在比利时鲁汶大学、美国哈佛大学学习,2013 年起在荷兰莱顿大学任客座教授。2015 年由浙江大学出版社出版胡永光的中译本《义旨之争:南宋科举规范之折冲》(*Competition over Content: Negotiating Standards for the Civil Service Examinations in Imperial China, 1127—1276*)(2007)。

《宋帝国的危机与维系:信息、领土与人际网络》(*Information, Territory, and Networks: The Crisis and Maintenance of Empire in Song China*)(2016)是魏希德教授近年来出版的另一部专著,体现了她用数位人文的方法进行"新政治史"研究的特色。本书重点考察了南宋士人如何应对靖康之变造成的危机,他们如何认同帝国理想,如何考虑维护宋帝国的统一。

本书是我翻译江苏人民出版社"海外中国研究丛书"系列的第二本。作为一套坚持了三十多年的老牌汉学丛书,目前已经出版了近 200 种不同类型的海外汉学论著,影响了无数国内学者。我从大学起开始接触这套丛书,当时在学校书展上半价购得该丛书的《蒙元入侵前夜的中国日常生活》《功利主义儒家:陈亮对朱熹的挑战》《五四运动:现代中国的思想革命》,此后无论是读书还是工作,我一直关注着这套丛书,并不断购买一些新出的品种。

2015年，我翻译的第一部译著、美国学者柏文莉教授的《权力关系：宋代中国的家族、地位与国家》(Powerful Relations: Kinship, Status, and the State in Sung China)入选该丛书，从读者到译者，让我感到既开心又激动。这次能够再次在"海外中国研究丛书"系列中出版新译著，让我感到与这套丛书的关系更近了一步。在此要特别感谢刘东先生、王保顶先生，让我有机会与这套享誉海内外的大型丛书结缘，从一名普通读者变成了该丛书的译者之一；还要感谢康海源兄，他不仅惠赠我佳作，提供我学术信息，更为本书的出版劳心费力；感谢李晓爽编辑，认真负责地将本书带到最终的出版环节。可以说，正是在以上诸位师友的悉心呵护下，本书才得以顺利出版。同门师弟张新炎、顾年茂还有尹薇学友为我热心地找来了本书的中英文书评，他们的雪中送炭，让我体会到浓浓的情谊。

本书的初译稿是我在浙江大学高等研究院做驻访学者期间完成的，感谢浙大高研院，提供了温馨而宽松的学术环境，让我可以心无旁骛地从事自己喜爱的学术翻译工作。感谢高研院全体工作人员，她们细心周到的工作，让我真正体会到宾至如归的感觉。还要感谢同期的驻访学者们，和他们在一起的日子让我获益匪浅。

需要向读者说明的是，英文版引用史料时，仅标出卷数和页码，为了便于国内学者查阅核对，译者补充了相应的篇章名称。另外，以"译者注"的形式，在页下做了几处简单的标注，或为对英文版的纠错，或为对原文的解释。翻译过程中，魏希德教授的高足徐力恒兄，不仅热情地帮我翻拍了一页书中的图片，而且还帮我将译稿转呈给魏希德教授审订。感谢魏希德教授百忙之中审订译稿并为中译本写序，她对译稿的肯定，让我觉得自己多日的心血没有白费，但同时又很惶恐，因为我知道虽然自己竭尽全力，但由于个人学养不足，译稿中肯定存在各种问题，恳请广大读者在阅读中不吝指正，以便将来再版重印时加以改正。（译者邮箱：liuyunjun1978@126.com。）

2020 年 3 月
于山东省莱州老家

"海外中国研究丛书"书目

1. 中国的现代化　[美]吉尔伯特·罗兹曼 主编　国家社会科学基金"比较现代化"课题组 译　沈宗美 校
2. 寻求富强:严复与西方　[美]本杰明·史华兹 著　叶凤美 译
3. 中国现代思想中的唯科学主义(1900—1950)　[美]郭颖颐 著　雷颐 译
4. 台湾:走向工业化社会　[美]吴元黎 著
5. 中国思想传统的现代诠释　余英时 著
6. 胡适与中国的文艺复兴:中国革命中的自由主义,1917—1937　[美]格里德 著　鲁奇 译
7. 德国思想家论中国　[德]夏瑞春 编　陈爱政 等译
8. 摆脱困境:新儒学与中国政治文化的演进　[美]墨子刻 著　颜世安 高华 黄东兰 译
9. 儒家思想新论:创造性转换的自我　[美]杜维明 著　曹幼华 单丁 译　周文彰 等校
10. 洪业:清朝开国史　[美]魏斐德 著　陈苏镇 薄小莹 包伟民 陈晓燕 牛朴 谭天星 译　阎步克 等校
11. 走向21世纪:中国经济的现状、问题和前景　[美]D. H. 帕金斯 著　陈志标 编译
12. 中国:传统与变革　[美]费正清 赖肖尔 主编　陈仲丹 潘兴明 庞朝阳 译　吴世民 张子清 洪邮生 校
13. 中华帝国的法律　[美]D. 布朗 C. 莫里斯 著　朱勇 译　梁治平 校
14. 梁启超与中国思想的过渡(1890—1907)　[美]张灏 著　崔志海 葛夫平 译
15. 儒教与道教　[德]马克斯·韦伯 著　洪天富 译
16. 中国政治　[美]詹姆斯·R. 汤森 布兰特利·沃马克 著　顾速 董方 译
17. 文化、权力与国家:1900—1942年的华北农村　[美]杜赞奇 著　王福明 译
18. 义和团运动的起源　[美]周锡瑞 著　张俊义 王栋 译
19. 在传统与现代性之间:王韬与晚清革命　[美]柯文 著　雷颐 罗检秋 译
20. 最后的儒家:梁漱溟与中国现代化的两难　[美]艾恺 著　王宗昱 冀建中 译
21. 蒙元入侵前夜的中国日常生活　[法]谢和耐 著　刘东 译
22. 东亚之锋　[美]小R. 霍夫亨兹 K.E. 柯德尔 著　黎鸣 译
23. 中国社会史　[法]谢和耐 著　黄建华 黄迅余 译
24. 从理学到朴学:中华帝国晚期思想与社会变化面面观　[美]艾尔曼 著　赵刚 译
25. 孔子哲学思微　[美]郝大维 安乐哲 著　蒋弋为 李志林 译
26. 北美中国古典文学研究名家十年文选　乐黛云 陈珏 编选
27. 东亚文明:五个阶段的对话　[美]狄百瑞 著　何兆武 何冰 译
28. 五四运动:现代中国的思想革命　[美]周策纵 著　周子平 等译
29. 近代中国与新世界:康有为变法与大同思想研究　[美]萧公权 著　汪荣祖 译
30. 功利主义儒家:陈亮对朱熹的挑战　[美]田浩 著　姜长苏 译
31. 莱布尼兹和儒学　[美]孟德卫 著　张学智 译
32. 佛教征服中国:佛教在中国中古早期的传播与适应　[荷兰]许理和 著　李四龙 裴勇 等译
33. 新政革命与日本:中国,1898—1912　[美]任达 著　李仲贤 译
34. 经学、政治和宗族:中华帝国晚期常州今文学派研究　[美]艾尔曼 著　赵刚 译
35. 中国制度史研究　[美]杨联陞 著　彭刚 程钢 译

36. 汉代农业:早期中国农业经济的形成　[美]许倬云 著　程农 张鸣 译　邓正来 校
37. 转变的中国:历史变迁与欧洲经验的局限　[美]王国斌 著　李伯重 连玲玲 译
38. 欧洲中国古典文学研究名家十年文选　乐黛云 陈珏 龚刚 编选
39. 中国农民经济:河北和山东的农民发展,1890—1949　[美]马若孟 著　史建云 译
40. 汉哲学思维的文化探源　[美]郝大维 安乐哲 著　施忠连 译
41. 近代中国之种族观念　[英]冯客 著　杨立华 译
42. 血路:革命中国中的沈定一(玄庐)传奇　[美]萧邦奇 著　周武彪 译
43. 历史三调:作为事件、经历和神话的义和团　[美]柯文 著　杜继东 译
44. 斯文:唐宋思想的转型　[美]包弼德 著　刘宁 译
45. 宋代江南经济史研究　[日]斯波义信 著　方健 何忠礼 译
46. 一个中国村庄:山东台头　杨懋春 著　张雄 沈炜 秦美珠 译
47. 现实主义的限制:革命时代的中国小说　[美]安敏成 著　姜涛 译
48. 上海罢工:中国工人政治研究　[美]裴宜理 著　刘平 译
49. 中国转向内在:两宋之际的文化转向　[美]刘子健 著　赵冬梅 译
50. 孔子:即凡而圣　[美]赫伯特·芬格莱特 著　彭国翔 张华 译
51. 18世纪中国的官僚制度与荒政　[法]魏丕信 著　徐建青 译
52. 他山的石头记:宇文所安自选集　[美]宇文所安 著　田晓菲 编译
53. 危险的愉悦:20世纪上海的娼妓问题与现代性　[美]贺萧 著　韩敏中 盛宁 译
54. 中国食物　[美]尤金·N.安德森 著　马孆 刘东 译　刘东 审校
55. 大分流:欧洲、中国及现代世界经济的发展　[美]彭慕兰 著　史建云 译
56. 古代中国的思想世界　[美]本杰明·史华兹 著　程钢 译　刘东 校
57. 内闱:宋代的婚姻和妇女生活　[美]伊沛霞 著　胡志宏 译
58. 中国北方村落的社会性别与权力　[加]朱爱岚 著　胡玉坤 译
59. 先贤的民主:杜威、孔子与中国民主之希望　[美]郝大维 安乐哲 著　何刚强 译
60. 向往心灵转化的庄子:内篇分析　[美]爱莲心 著　周炽成 译
61. 中国人的幸福观　[德]鲍吾刚 著　严蓓雯 韩雪临 吴德祖 译
62. 闺塾师:明末清初江南的才女文化　[美]高彦颐 著　李志生 译
63. 缀珍录:十八世纪及其前后的中国妇女　[美]曼素恩 著　定宜庄 颜宜葳 译
64. 革命与历史:中国马克思主义历史学的起源,1919—1937　[美]德里克 著　翁贺凯 译
65. 竞争的话语:明清小说中的正统性、本真性及所生成之意义　[美]艾梅兰 著　罗琳 译
66. 中国妇女与农村发展:云南禄村六十年的变迁　[加]宝森 著　胡玉坤 译
67. 中国近代思维的挫折　[日]岛田虔次 著　甘万萍 译
68. 中国的亚洲内陆边疆　[美]拉铁摩尔 著　唐晓峰 译
69. 为权力祈祷:佛教与晚明中国士绅社会的形成　[加]卜正民 著　张华 译
70. 天潢贵胄:宋代宗室史　[美]贾志扬 著　赵冬梅 译
71. 儒家之道:中国哲学之探讨　[美]倪德卫 著　[美]万白安 编　周炽成 译
72. 都市里的农家女:性别、流动与社会变迁　[澳]杰华 著　吴小英 译
73. 另类的现代性:改革开放时代中国性别化的渴望　[美]罗丽莎 著　黄新 译
74. 近代中国的知识分子与文明　[日]佐藤慎一 著　刘岳兵 译
75. 繁盛之阴:中国医学史中的性(960—1665)　[美]费侠莉 著　甄橙 主译　吴朝霞 主校
76. 中国大众宗教　[美]韦思谛 编　陈仲丹 译
77. 中国诗画语言研究　[法]程抱一 著　涂卫群 译
78. 中国的思维世界　[日]沟口雄三 小岛毅 著　孙歌 等译

79. 德国与中华民国　[美]柯伟林 著　陈谦平 陈红民 武菁 申晓云 译　钱乘旦 校
80. 中国近代经济史研究:清末海关财政与通商口岸市场圈　[日]滨下武志 著　高淑娟 孙彬 译
81. 回应革命与改革:皖北李村的社会变迁与延续　韩敏 著　陆益龙 徐新玉 译
82. 中国现代文学与电影中的城市:空间、时间与性别构形　[美]张英进 著　秦立彦 译
83. 现代的诱惑:书写半殖民地中国的现代主义(1917—1937)　[美]史书美 著　何恬 译
84. 开放的帝国:1600年前的中国历史　[美]芮乐伟·韩森 著　梁侃 邹劲风 译
85. 改良与革命:辛亥革命在两湖　[美]周锡瑞 著　杨慎之 译
86. 章学诚的生平与思想　[美]倪德卫 著　杨立华 译
87. 卫生的现代性:中国通商口岸健康与疾病的意义　[美]罗芙芸 著　向磊 译
88. 道与庶道:宋代以来的道教、民间信仰和神灵模式　[美]韩明士 著　皮庆生 译
89. 间谍王:戴笠与中国特工　[美]魏斐德 著　梁禾 译
90. 中国的女性与性相:1949年以来的性别话语　[英]艾华 著　施施 译
91. 近代中国的犯罪、惩罚与监狱　[荷]冯客 著　徐有威 等译　潘兴明 校
92. 帝国的隐喻:中国民间宗教　[英]王斯福 著　赵旭东 译
93. 王弼《老子注》研究　[德]瓦格纳 著　杨立华 译
94. 寻求正义:1905—1906年的抵制美货运动　[美]王冠华 著　刘甜甜 译
95. 传统中国日常生活中的协商:中古契约研究　[美]韩森 著　鲁西奇 译
96. 从民族国家拯救历史:民族主义话语与中国现代史研究　[美]杜赞奇 著　王宪明 高继美 李海燕 李点 译
97. 欧几里得在中国:汉译《几何原本》的源流与影响　[荷]安国风 著　纪志刚 郑诚 郑方磊 译
98. 十八世纪中国社会　[美]韩书瑞 罗友枝 著　陈仲丹 译
99. 中国与达尔文　[美]浦嘉珉 著　钟永强 译
100. 私人领域的变形:唐宋诗词中的园林与玩好　[美]杨晓山 著　文韬 译
101. 理解农民中国:社会科学哲学的案例研究　[美]李丹 著　张天虹 张洪云 张胜波 译
102. 山东叛乱:1774年的王伦起义　[美]韩书瑞 著　刘平 唐雁超 译
103. 毁灭的种子:战争与革命中的国民党中国(1937—1949)　[美]易劳逸 著　王建朗 王贤知 贾维 译
104. 缠足:"金莲崇拜"盛极而衰的演变　[美]高彦颐 著　苗延威 译
105. 饕餮之欲:当代中国的食与色　[美]冯珠娣 著　郭乙瑶 马磊 江素侠 译
106. 翻译的传说:中国新女性的形成(1898—1918)　胡缨 著　龙瑜宬 彭珊珊 译
107. 中国的经济革命:20世纪的乡村工业　[日]顾琳 著　王玉茹 张玮 李进霞 译
108. 礼物、关系学与国家:中国人际关系与主体性建构　杨美惠 著　赵旭东 孙珉 译　张跃宏 译校
109. 朱熹的思维世界　[美]田浩 著
110. 皇帝和祖宗:华南的国家与宗族　[英]科大卫 著　卜永坚 译
111. 明清时代东亚海域的文化交流　[日]松浦章 著　郑洁西 等译
112. 中国美学问题　[美]苏源熙 著　卞东波 译　张强强 朱霞欢 校
113. 清代内河水运史研究　[日]松浦章 著　董科 译
114. 大萧条时期的中国:市场、国家与世界经济　[日]城山智子 著　孟凡礼 尚国敏 译　唐磊 校
115. 美国的中国形象(1931—1949)　[美]T.克里斯托弗·杰斯普森 著　姜智芹 译
116. 技术与性别:晚期帝制中国的权力经纬　[英]白馥兰 著　江湄 邓京力 译

117. 中国善书研究 [日]酒井忠夫 著 刘岳兵 何英莺 孙雪梅 译
118. 千年末世之乱:1813年八卦教起义 [美]韩书瑞 著 陈仲丹 译
119. 西学东渐与中国事情 [日]增田涉 著 由其民 周启乾 译
120. 六朝精神史研究 [日]吉川忠夫 著 王启发 译
121. 矢志不渝:明清时期的贞女现象 [美]卢苇菁 著 秦立彦 译
122. 明代乡村纠纷与秩序:以徽州文书为中心 [日]中岛乐章 著 郭万平 高飞 译
123. 中华帝国晚期的欲望与小说叙述 [美]黄卫总 著 张蕴爽 译
124. 虎、米、丝、泥:帝制晚期华南的环境与经济 [美]马立博 著 王玉茹 关永强 译
125. 一江黑水:中国未来的环境挑战 [美]易明 著 姜智芹 译
126. 《诗经》原意研究 [日]家井真 著 陆越 译
127. 施剑翘复仇案:民国时期公众同情的兴起与影响 [美]林郁沁 著 陈湘静 译
128. 华北的暴力和恐慌:义和团运动前夕基督教传播和社会冲突 [德]狄德满 著 崔华杰 译
129. 铁泪图:19世纪中国对于饥馑的文化反应 [美]艾志端 著 曹曦 译
130. 饶家驹安全区:战时上海的难民 [美]阮玛霞 著 白华山 译
131. 危险的边疆:游牧帝国与中国 [美]巴菲尔德 著 袁剑 译
132. 工程国家:民国时期(1927—1937)的淮河治理及国家建设 [美]戴维·艾伦·佩兹 著 姜智芹 译
133. 历史宝筏:过去、西方与中国妇女问题 [美]季家珍 著 杨可 译
134. 姐妹们与陌生人:上海棉纱厂女工,1919—1949 [美]韩起澜 著 韩慈 译
135. 银线:19世纪的世界与中国 林满红 著 詹庆华 林满红 译
136. 寻求中国民主 [澳]冯兆基 著 刘悦斌 徐硙 译
137. 墨梅 [美]毕嘉珍 著 陆敏珍 译
138. 清代上海沙船航运业史研究 [日]松浦章 著 杨蕾 王亦铮 董科 译
139. 男性特质论:中国的社会与性别 [澳]雷金庆 著 [澳]刘婷 译
140. 重读中国女性生命故事 游鉴明 胡缨 季家珍 主编
141. 跨太平洋位移:20世纪美国文学中的民族志、翻译和文本间旅行 黄运特 著 陈倩 译
142. 认知诸形式:反思人类精神的统一性与多样性 [英]G.E.R.劳埃德 著 池志培 译
143. 中国乡村的基督教:1860—1900江西省的冲突与适应 [美]史维东 著 吴薇 译
144. 假想的"满大人":同情、现代性与中国疼痛 [美]韩瑞 著 袁剑 译
145. 中国的捐纳制度与社会 伍跃 著
146. 文书行政的汉帝国 [日]富谷至 著 刘恒武 孔李波 译
147. 城市里的陌生人:中国流动人口的空间、权力与社会网络的重构 [美]张骊 著 袁长庚 译
148. 性别、政治与民主:近代中国的妇女参政 [澳]李木兰 著 方小平 译
149. 近代日本的中国认识 [日]野村浩一 著 张学锋 译
150. 狮龙共舞:一个英国人笔下的威海卫与中国传统文化 [英]庄士敦 著 刘本森 译 威海市博物馆 郭大松 校
151. 人物、角色与心灵:《牡丹亭》与《桃花扇》中的身份认同 [美]吕立亭 著 白华山 译
152. 中国社会中的宗教与仪式 [美]武雅士 著 彭泽安 邵铁峰 译 郭潇威 校
153. 自贡商人:近代早期中国的企业家 [美]曾小萍 著 董建中 译
154. 大象的退却:一部中国环境史 [英]伊懋可 著 梅雪芹 毛利霞 王玉山 译
155. 明代江南土地制度研究 [日]森正夫 著 伍跃 张学锋 等译 范金民 夏维中 审校
156. 儒学与女性 [美]罗莎莉 著 丁佳伟 曹秀娟 译

157. 行善的艺术:晚明中国的慈善事业(新译本) 〔美〕韩德玲 著 曹晔 译
158. 近代中国的渔业战争和环境变化 〔美〕穆盛博 著 胡文亮 译
159. 权力关系:宋代中国的家族、地位与国家 〔美〕柏文莉 著 刘云军 译
160. 权力源自地位:北京大学、知识分子与中国政治文化,1898—1929 〔美〕魏定熙 著 张蒙 译
161. 工开万物:17世纪中国的知识与技术 〔德〕薛凤 著 吴秀杰 白岚玲 译
162. 忠贞不贰:辽代的越境之举 〔英〕史怀梅 著 曹流 译
163. 内藤湖南:政治与汉学(1866—1934) 〔美〕傅佛果 著 陶德民 何英莺 译
164. 他者中的华人:中国近现代移民史 〔美〕孔飞力 著 李明欢 译 黄鸣奋 校
165. 古代中国的动物与灵异 〔英〕胡司德 著 蓝旭 译
166. 两访中国茶乡 〔英〕罗伯特·福琼 著 敖雪岗 译
167. 缔造选本:《花间集》的文化语境与诗学实践 〔美〕田安 著 马强才 译
168. 扬州评话探讨 〔丹麦〕易德波 著 米锋 易德波 译 李今芸 校译
169. 《左传》的书写与解读 李惠仪 著 文韬 许明德 译
170. 以竹为生:一个四川手工造纸村的20世纪社会史 〔德〕艾约博 著 韩巍 译 吴秀杰 校
171. 东方之旅:1579—1724耶稣会传教团在中国 〔美〕柏理安 著 毛瑞方 译
172. "地域社会"视野下的明清史研究:以江南和福建为中心 〔日〕森正夫 著 于志嘉 马一虹 黄东兰 阿风 等译
173. 技术、性别、历史:重新审视帝制中国的大转型 〔英〕白馥兰 著 吴秀杰 白岚玲 译
174. 中国小说戏曲史 〔日〕狩野直喜 张真 译
175. 历史上的黑暗一页:英国外交文件与英美海军档案中的南京大屠杀 〔美〕陆束屏 编著/翻译
176. 罗马与中国:比较视野下的古代世界帝国 〔奥〕沃尔特·施德尔 主编 李平 译
177. 矛与盾的共存:明清时期江西社会研究 〔韩〕吴金成 著 崔荣根 译 薛戈 校译
178. 唯一的希望:在中国独生子女政策下成年 〔美〕冯文 著 常姝 译
179. 国之枭雄:曹操传 〔澳〕张磊夫 著 方笑天 译
180. 汉帝国的日常生活 〔英〕鲁惟一 著 刘洁 余霄 译
181. 大分流之外:中国和欧洲经济变迁的政治 〔美〕王国斌 罗森塔尔 著 周琳 译 王国斌 张萌 审校
182. 中正之笔:颜真卿书法与宋代文人政治 〔美〕倪雅梅 著 杨简茹 译 祝帅 校译
183. 江南三角洲市镇研究 〔日〕森正夫 编 丁韵 胡婧 等译 范金民 审校
184. 忍辱负重的使命:美国外交官记载的南京大屠杀与劫后的社会状况 〔美〕陆束屏 编著/翻译
185. 修仙:古代中国的修行与社会记忆 〔美〕康儒博 著 顾漩 译
186. 烧钱:中国人生活世界中的物质精神 〔美〕柏桦 著 袁剑 刘玺鸿 译
187. 话语的长城:文化中国历险记 〔美〕苏源熙 著 盛珂 译
188. 诸葛武侯 〔日〕内藤湖南 著 张真 译
189. 盟友背信:一战中的中国 〔英〕吴芳思 克里斯托弗·阿南德尔 著 张宇扬 译
190. 亚里士多德在中国:语言、范畴和翻译 〔英〕罗伯特·沃迪 著 韩小强 译
191. 马背上的朝廷:巡幸与清朝统治的建构,1680—1785 〔美〕张勉治 著 董建中 译
192. 申不害:公元前四世纪中国的政治哲学家 〔美〕顾立雅 著 马腾 译
193. 晋武帝司马炎 〔日〕福原启郎 著 陆帅 译
194. 唐人如何吟诗:带你走进汉语音韵学 〔日〕大岛正二 著 柳悦 译

195. 古代中国的宇宙论　［日］浅野裕一 著　吴昊阳 译
196. 中国思想的道家之论:一种哲学解释　［美］陈汉生 著　周景松 谢尔逊 等译　张丰乾 校译
197. 诗歌之力:袁枚女弟子屈秉筠(1767—1810)　［加］孟留喜 著　吴夏平 译
198. 中国逻辑的发现　［德］顾有信 著　陈志伟 译
199. 高丽时代宋商往来研究　［韩］李镇汉 著　李廷青 戴琳剑 译　楼正豪 校
200. 中国近世财政史研究　［日］岩井茂树 著　付勇 译　范金民 审校
201. 魏晋政治社会史研究　［日］福原启郎 著　陆帅 刘萃峰 张紫毫 译
202. 宋帝国的危机与维系:信息、领土与人际网络　［比利时］魏希德 著　刘云军 译
203. 中国精英与政治变迁:20世纪初的浙江　［美］萧邦奇 著　徐立望 杨涛羽 译　李齐 校
204. 北京的人力车夫:1920年代的市民与政治　［美］史谦德 著　周书垚 袁剑 译　周育民 校